Gerhard Hirschfeld, Gerd Krumeich, Irina Renz (Hg.)
Die Deutschen an der Somme 1914–1918

KLARTEXT

Gerhard Hirschfeld, Gerd Krumeich, Irina Renz (Hg.)

Die Deutschen an der Somme 1914–1918

Krieg, Besatzung, Verbrannte Erde

Die Titelabbildung zeigt:
Deutscher Schützengraben vor La Maisonnette (bei Péronne), Juli 1916

5. überarbeitete Auflage Oktober 2016
Satz und Gestaltung der ersten Auflage: Klartext Medienwerkstatt GmbH, Essen
Satz und Gestaltung der fünten Auflage: Heike Amthor | Klartext Verlag, Essen
Druck und Bindung: Majuskel Medienproduktion GmbH, Wetzlar
© Klartext Verlag, Essen 2016
ISBN 978-3-8375-1459-9
Alle Rechte vorbehalten

www.klartext-verlag.de

Inhalt

Die Somme – Menetekel des „totalen" Krieges 7

I   **Der Weg zur Somme: Deutsche Kriegführung 1914–1916**
     von John Horne 11
       Georg David Bantlin, Tagebuch 22
       Ludwig Berg, Tagebuch 26
       Gustav Sack, Briefe 29
       Paul Kessler, Brief 37
       Wilhelm Münz, Briefe 39
       Walther Vogt, Brief 49

II   **Deutsche Besatzungsherrschaft in Nordfrankreich**
     von Larissa Wegner 51
       Joseph Trimborn, Brief 65
       Christian Bangert, Briefe 67
    Zivilisten in Nordfrankreich – Zwei Tagebücher
     von Annette Becker 73
       Maria Degrutère, Tagebuch 76
       David Hirsch, Tagebuch 88

III **Die Somme-Schlacht von 1916**
     von Gerhard Hirschfeld 97
       Otto Maute, Briefe 109
       Karl Eisler, Bericht 117
       August Dänzer, Tagebuch 124
       Hans Gareis, Bericht 125
       Gustav Krauß, Bericht 129
       Georg David Bantlin, Tagebuch und Briefe 141
       Paul Kessler, Tagebuch und Briefe 147
       Maximilian Jackowski, Briefe 149
       Selmar Blass, Bericht 152
       Infanterieregiment 15, Erfahrungsbericht vom 26.9.1916 156
       Hugo Frick, Briefe 163
       Sächsische Pionier (Mineur) Kompanie 323, Befehl vom 25.10.1916 170
       Hugo Natt, Tagebuch 171

IV	Schriftsteller und Künstler an der Somme	
	Ernst Jünger und die Somme	
	von *Helmuth Kiesel*	179
	Der Kunststudent Otto Dix 1916 an der Somme	
	von *Dietrich Schubert*	191
V	**Bei unseren Helden an der Somme – Der deutsche Somme-Film**	
	von *Rainer Rother*	213
VI	**Rückzug und Zerstörung 1917**	
	von *Michael Geyer*	231
	Hugo Natt, Tagebuch	248
	Sebastian Heinlein, Tagebuch	258
	Georg David Bantlin, Tagebuch	261
	Cornelius Breuninger, Tagebuch	267
	Paul Kessler, Tagebuch	270
VII	**Die Rückkehr an die Somme 1918**	
	von *Markus Pöhlmann*	275
	Angriffsbefehl vom 10.3.1918	288
	Georg von der Marwitz, Briefe und Aufzeichnungen	290
	Alfred Bauer, Tagebuch	296
	Walther Vogt, Briefe	301
	Paul Knoch, Brief	306
	Otto Voegtle, Brief	307
	Josef Schaller, Brief	309
VIII	**Die deutsche Erinnerung an die Somme**	
	von *Gerd Krumeich*	311
	Paul Zech, Von der Maas bis an die Marne	325
	Edlef Köppen, Heeresbericht	328
	Ernst von Wolzogen, Die Wacht an der Somme	331
	Franz Peter Weixler, Die Somme – einst und jetzt	333
	Ludwig Harig, Ordnung ist das ganze Leben	335
IX	**Erinnerungsorte an der Somme**	339
	von *Frédérick Hadley*	

Autoren	353
Bildnachweis	355
Orte	357

Die Somme – Menetekel des „totalen" Krieges

Der Erste Weltkrieg steht am Beginn einer Epoche weltweiter historischer Umwälzungen und Verwerfungen. Er begann als ein europäischer Konflikt, und er endete als eine globale Katastrophe. Der Weltkrieg führte zum Untergang von drei Großreichen – Russland, Österreich-Ungarn und Osmanisches Reich –, und er bahnte den USA den Weg zur Weltmacht. Er löste die Russische Revolution aus und verhalf dem Kommunismus weltweit zum Durchbruch. Weder der Aufstieg des italienischen Faschismus noch der des deutschen Nationalsozialismus wären ohne den Ersten Weltkrieg denkbar. Bereits den Zeitgenossen, auch den Deutschen, erschien er als der „Große Krieg": „The Great War", „La Grande Guerre", „Velikaja Vojna".

Was den Krieg in den Augen der Mitlebenden allerdings tatsächlich „groß" werden ließ, war die Tatsache, dass der Erste Weltkrieg sich innerhalb kurzer Zeit zu einem industrialisierten Massenkrieg entwickelte, in welchem individuelle Opfer millionenfach gefordert und oft genug bereitwillig entrichtet wurden. Die Soldaten des Ersten Weltkriegs wurden immer stärker zu Menschenopfern eines Kriegsmolochs, in dem der mechanisierte Tod sie ergriff wie in einem „Menschenschlachthaus" (Wilhelm Lamszus). Das Schrapnell traf unterschiedslos Mutige und Feige, Vorsichtige und Draufgänger. Aus dieser Beliebigkeit des Massentodes entstand eine neue Gleichgültigkeit gegenüber dem menschlichen Leben, die zugleich fürchterliche Konsequenzen für die europäischen Nachkriegsgesellschaften hatte. Die totalitären Systeme der 1920er und 1930er Jahre mit ihrer Verachtung des Individuums, mit ihren wahnwitzigen Zukunftsvorstellungen und technokratischen Visionen unter Einschluss des Massenmords sind direkte Folgen dieser elementaren Kriegserfahrung der Beliebigkeit des Lebens und Überlebens in militärischen Planungszusammenhängen. Diese bildete sich bereits während des Krieges heraus, als die Generäle Falkenhayn, Ludendorff, Foch, Haig und Nivelle in ihren „weitab vom Schuss" befindlichen Kommandozentralen Operationen planten und durchführen ließen, bei denen das „Aufopfern" von Hunderttausenden von Soldaten kaltblütig einkalkuliert wurde. Überzeugt von der Überlegenheit der Offensive setzten diese Generäle der neuen Waffentechnik das moralische Element des Angriffs von Massenheeren entgegen. „Maximum slaughter at minimum expense" (das größtmögliche Abschlachten bei möglichst geringen Kosten) – mit dieser zynisch klingenden Feststellung hat der englische Philosoph und Pazifist Bertrand Russel die von der Generalität aller Seiten aufgestellte Kosten-Nutzen-Rechnung über die als „Verluste" bezeichneten Toten und Verwundeten im Weltkrieg auf den Punkt gebracht.

Die größte und zugleich verlustreichste dieser militärischen Operationen des Ersten Weltkriegs ereignete sich 1916 im östlichen Teil der nordfranzösischen Region Picardie, zu beiden Seiten des Flusses Somme. Dort standen sich von Ende Juni bis Ende November ca. 2,5 Millionen alliierte und 1,5 Millionen deutsche Soldaten gegenüber. Entsprechend hoch waren die Verluste auf beiden Seiten: Mehr als 1,1 Millionen Soldaten, doppelt so viele wie vor Verdun, starben, wurden verwundet oder gerieten in Gefangenschaft. Doch nicht nur die ungeheuerlichen Menschenverluste bei minimalen Geländegewinnen (für die Alliierten) charakterisierten die erste große Schlacht an der Somme. Es war vor allem die Art und Weise, wie die britischen und französischen Armeen gegen die zahlenmäßig zunächst weit unterlegenen deutschen Verbände anstürmten und sich Angriff und Verteidigung auf engem Raum schließlich in eine Material- und Abnützungsschlacht unvorstellbaren Ausmaßes verwandelten, die die militärischen Ereignisse an der Somme zum Signum eines industriemäßig geführten Krieges werden ließen. Allein beim Auftakt zur großen Somme-Schlacht 1916 verschoss die britische Artillerie auf einem Frontabschnitt von etwa 20 km Breite und 2,5 km Tiefe insgesamt ca. 1,5 Millionen Granaten. An der Somme wurde 1916 zum ersten Mal und 1918 dann in großem Stil die neue Waffe der gepanzerten Tanks eingesetzt, hier erprobten alle Seiten neue Techniken der Artillerietaktik und der modernen Luftkriegsführung. Angesichts des fürchterlichen Preises von 420.000 Toten und Verwundeten, den allein die britischen sowie die Truppen aus den Dominions und den Kolonien dort zu zahlen hatten, überrascht es nicht, dass die Somme-Schlacht für viele dieser Nationen bis heute als Synonym für den Ersten Weltkrieg schlechthin gilt.

Für die Deutschen – die Soldaten und ihre Angehörigen sprachen das Wort „Somme" meist deutsch aus – wurde dieser Landstrich damals noch aus einem ganz anderen Grund zu einem Menetekel des Weltkriegs: An der Somme waren Hunderttausende deutsche Soldaten gefallen, für die es nach dem Rückzug 1917 kein nennenswertes Denkmal „in Feindesland" gab. Nach ihrem Empfinden hatten sie eine „heroische" Abwehrschlacht geschlagen, gleichsam eine „Wacht an der Somme" bezogen. Das „Durchhalten" unter feindlichem Dauerbeschuss und gegen zahlenmäßig überlegene Gegner entwickelte sich geradewegs zu einem Topos der Erfahrung des Krieges an der Westfront; es war das deutsche Pendant zur französischen Verdun-Maxime „Ils ne passeront pas" (Sie werden nicht durchkommen). Nach Kriegsende wurde der Mythos des heroisch-stoischen Somme-Kämpfers, dem die Schrecken und das Erleiden der Schlacht nichts mehr auszumachen scheinen, prägend für die „Stahlhelm-Gesichter" des soldatischen Nationalismus der Weimarer Republik. Im stilisierten Konterfei des SS-Mannes erlebten sie nach 1933 ihre radikalste und inhumanste Ausformung. Dennoch verlor die Somme gegenüber Verdun als Mythenspeicher und Erinnerungsort des Weltkriegs bereits in der Zeit des Nationalsozialismus zunehmend an Einfluss, nach 1945 wurde diese Entwicklung irreversibel.

Doch die Somme sowie andere Teile Nordfrankreichs waren nicht nur mythische „Schlachtenorte", sondern auch Gebiete deutscher Herrschaft, von rigoroser Ausbeutung und Unterdrückung der Bevölkerung. Nicht zuletzt aber wurde die gesamte Region zu einer von den Deutschen bei ihrem Rückzug von 1917, dem „Unternehmen Alberich", mit unerhörter Brutalität geschaffenen und den Anwohnern hinterlassenen Kriegswüste. Die zuerst an der Somme praktizierte Strategie der Verbrannten Erde ist eine oft vergessene oder schlicht verleugnete Seite des „total" gewordenen Weltkriegs. Dies hat wohl auch dazu geführt, dass sich die Somme für die Deutschen – anders als etwa für die Briten – kaum als ein Ort des nationalen Totengedenkens hat entwickeln können.

Dieses Buch ist aus einer jahrelangen Begegnung der Herausgeber mit dem Ersten Weltkrieg an der Somme entstanden. Weder ist es ein spätes Denkmal noch eine Anklage. Es ging uns vor allem darum, eine heutzutage in Deutschland fast unbekannte Kriegslandschaft in die inzwischen Platz greifende wissenschaftliche und zugleich öffentliche Beschäftigung mit dem Ersten Weltkrieg einzubringen. Die hier versammelten, exemplarisch ausgewählten Dokumente unterschiedlicher Herkunft gewähren Einblick in die militärische Organisation des Kriegsgeschehens ebenso wie in die individuelle Erfahrung des Kriegsalltags. Neben offiziellen Verlautbarungen (Armeebefehle, Maueranschläge etc.) finden sich dabei auch sehr private Zeugnisse – die meisten stammen aus der Lebensdokumentensammlung der Bibliothek für Zeitgeschichte in der Württembergischen Landesbibliothek –, darunter viele unbekannte bzw. bislang noch niemals veröffentlichte Briefe und Tagebücher sowie zahlreiche Fotografien. Wir danken den Nachlassgebern dieser so genannten Ego-Dokumente, den Rechteinhabern ebenso wie den Autoren der in die sechs Kapitel des Buches einführenden Essays. Mit der abschließenden Vorstellung des Historial de la Grande Guerre in Péronne, eines in seiner wissenschaftlichen wie pädagogischen Präsentation gelungenen Weltkriegsmuseums, und der „Circuit du Souvenir", einer Informationsrundfahrt über die Schlachtfelder und an die Erinnerungsorte, verbinden wir unsere Einladung, die Kriegslandschaft an der Somme und ihre deutsche Vergangenheit näher kennen zu lernen.

April 2006   Gerhard Hirschfeld, Gerd Krumeich, Irina Renz

Zur Neuausgabe 2016

Die 100. Wiederkehr der Somme-Schlacht im Sommer 2016 und das erfreulich große Interesse an der ersten Veröffentlichung dieses Buches haben die Herausgeber bewogen, eine überarbeitete und zudem stark erweiterte Ausgabe vorzulegen. Diese enthält bislang völlig unbekannte oder erst in den letzten Jahren von der Forschung entdeckte private Aufzeichnungen vom Krieg an der Somme. Vier neu hinzugekommene Essays – allesamt aus der Feder von vorzüglichen Kennern ihres Themas – befassen sich mit der Organisation und Praxis der deutschen Besatzungsherrschaft in Nordfrankreich, mit der Somme-Schlacht als Gegenstand der deutschen Filmpropaganda sowie den Kriegserfahrungen von Ernst Jünger und Otto Dix, die beide an der Somme gekämpft haben. Deren spätere literarische bzw. künstlerische Annäherungen an diese Schlacht, insbesondere Jüngers Kriegswerk „In Stahlgewittern" und Dix' Radierzyklus „Der Krieg", sind zu bleibenden Zeugnissen der Somme als Menetekel des „Großen Krieges" geworden.

Die Herausgeber und Autoren hoffen, dass dieses Buch das neu erweckte Interesse an der Geschichte des Ersten Weltkriegs wachhalten und zugleich das Wissen über die wohl größte Schlacht dieses Krieges bereichern wird.

Januar 2016   Die Herausgeber

I Der Weg zur Somme: Deutsche Kriegführung 1914–1916

*von John Horne**

In der Frühe des 4. August 1914 überschritten deutsche Truppen die Grenze des neutralen Belgien. Ihr erstes Ziel war die Festung Lüttich, die auf ihrem Weg nach Westen lag. Die Stadt wurde bereits am 7. August besetzt, aber der die Stadt umgebende Verteidigungsring aus zwölf Forts leistete unerwarteten Widerstand. Nur nach beträchtlichen Verlusten auf beiden Seiten und unter Einsatz schwerster Belagerungsgeschütze fiel das letzte Fort am 16. August. Das fast eine Million Mann starke, aus fünf deutschen Armeen bestehende, Invasionsheer walzte nun in einem großen Bogen über Belgien hinweg, um nach Nordfrankreich zu gelangen. Das Ziel der Operation war es, Paris einzukreisen und anschließend die französischen Verbände den zwei deutschen Armeen entgegen zu treiben, die die Grenze Elsass-Lothringens verteidigten, wo die Franzosen gleichsam „zerrieben" werden sollten. Nach der „Vernichtung" des Feindes sollten sich die deutschen Truppen nach Osten wenden, um den Bundesgenossen Frankreichs, das Russische Reich, zu schlagen.

Der gescheiterte Aufmarsch

Der deutsche Kriegsplan hätte beinahe Erfolg gehabt. Der französische Oberbefehlshaber, Joseph Joffre, verfolgte blind die Absicht, in das deutsche Lothringen vorzudringen. Obwohl er wusste, dass die deutsche rechte Angriffsflanke in der Lage war, die Ardennen im Süden Belgiens rasch zu durchqueren, ignorierte er die sich häufenden Informationen seines eigenen militärischen Geheimdienstes, dass der Haupteinfall der Deutschen sehr viel weiter nördlich stattfinden werde: an der Maas und auf der zentralbelgischen Ebene. Erst nachdem die schwache französische linke Flanke, nur durch ein kleines britisches Expeditionskorps (BEF) unterstützt, sich unter der Übermacht dreier deutscher Armeen zurückzuziehen begann, begriff Joffre die gefährliche Situation. Geistesgegenwärtig nutzte er das französische Schienennetz, um den größten Teil seiner Truppen von Süden nach Norden zu verlegen und sie so den Deutschen entgegen zu stellen, die bereits im Anmarsch auf Paris waren.

Hier, an der Marne, wurden schon Anfang September 1914 die Schwächen des auf einer modifizierten Version des Schlieffen-Planes basierenden Großen Kriegsplans offensichtlich. In den Jahren unmittelbar vor dem Krieg war der deutsche Aufmarschplan dahinge-

---

* *Aus dem Englischen von Sibylle Hirschfeld*

hend abgeändert worden, dass die Anzahl der Armeekorps auf der rechten Flanke reduziert wurde, um die Truppen an der elsass-lothringischen Grenze sowie diejenigen im Osten des Deutschen Reiches zu verstärken. Dort sollten sie sich einer möglichen Invasion durch Russland entgegenstellen, das seine Mobilmachung durch ein verbessertes Eisenbahnsystem beschleunigt hatte. Die damit verbundene Schwächung des deutschen Angriffsflügels zog den Zwang nach sich, den stark überdehnten rechten Heeresflügel vor Paris abbiegen zu lassen, statt wie geplant die Stadt von Westen her zu umfassen. Damit jedoch setzten sich die deutschen Armeen einem von der Hauptstadt her geführten Flankenangriff der Franzosen aus. Selbst nach dieser Anpassung blieb noch eine gefährliche Lücke zwischen der 1. Armee und der 2. Armee, in die sich jetzt das Britische Expeditionskorps hinein bewegte. Joffre befahl einen gemeinsamen Vorstoß gegen die erschöpften deutschen Soldaten, die unter heftigen Kämpfen in drei Wochen bis zu 500 km zurückgelegt hatten. Der deutsche Vormarsch kam zum Stillstand.

Generaloberst Helmuth von Moltke hatte stets im Schatten seines berühmten Onkels gestanden, der als Sieger des Deutsch-Französischen Krieges von 1870 gemeinsam mit Bismarck zum Architekten der Deutschen Einheit geworden war. Theoretisch hatte Moltke, der sein Hauptquartier in Charleville-Mézières in den französischen Ardennen aufgeschlagen hatte, die volle Befehlsgewalt inne. Faktisch aber war er dort weitgehend isoliert und durch die schwachen Telefon- und Funkverbindungen, aber vor allem durch seine Weigerung, bereitstehende Flugzeuge für den Kontakt zu seinen Befehlshabern im Felde zu benutzen, in hohem Maße behindert. In seiner Verzweiflung beauftragte er den Chef der Nachrichtenabteilung, Oberstleutnant Richard Hentsch, die Armeeoberkommandos des abgekämpften und somit gefährdeten rechten Schwenkungsflügels aufzusuchen und deren weiteres Vorgehen zu koordinieren. Mit den Konsequenzen eines ungeordneten Rückzugs konfrontiert, wies Hentsch am 9. September die Führung der 1. und 2. Armee an, den Angriff abzubrechen und umzukehren. Dieser Befehl wurde am folgenden Tag von Moltke bestätigt. Die gesamten deutschen Streitkräfte traten jetzt den geordneten Rückzug an, verfolgt von französischen und britischen Truppen. Sie bewegten sich auf einer Achse nordwärts, die ihr Zentrum im Département Aisne hatte. Was die Franzosen später das „Wunder an der Marne" nennen sollten, hatte den deutschen Kriegsplan zunichte gemacht. Moltke erlitt einen Nervenzusammenbruch und wurde durch den preußischen Kriegsminister Erich von Falkenhayn ersetzt.

Der Krieg entlang des Flusses Aisne zeigte nun sein wahres Gesicht. Die Kämpfe bis dahin waren die mit Abstand blutigsten der Geschichte, mit höheren Opferzahlen, als jede der beiden Seiten sie noch bis zum Ende des Krieges erleiden sollte. Der Grund war, dass das industrialisierte Töten durch die Maschinengewehre, durch neuartige Geschosse mit hoher Reichweite und hochexplosive Artillerie-Granaten das Schlachtfeld in ein Blutbad verwandelte. Besonders betroffen hiervon war natürlich die bei einem Frontalangriff weithin ungeschützte Infanterie. Obwohl dem deutschen Generalstab – wie auch den militärischen Planern aller großen Mächte – diese Veränderungen bereits vor dem Krieg bewusst waren, hatte er es doch versäumt, die operative Taktik in diesem Bereich zu verändern. Stattdessen verstärkte man noch die Bemühungen um eine offensive Kampfführung und vertraute lediglich auf die gute Ausbildung der von Berufsoffizieren geführten Wehrpflichtigen, um höhere Opferzahlen zu vermeiden und den Krieg in Bewegung zu halten. Als die Deutschen oberhalb der Aisne festen Grund erreicht hatten, begannen sie, Schützengräben anzulegen, die praktisch uneinnehmbar waren, wenn sie von Artillerie und Maschinengewehren verteidigt wurden. Während der folgenden beiden Monate versuchten beide Seiten, dem Gegner „in die Flanke" zu fallen. Zu diesem Zweck jedoch mussten sie die Schützengräben der anderen Seite angreifen, wobei die Deutschen in der Regel die besten Positionen behaupten konnten. Auf diese Weise besetzte die bereits im Rückzug begriffene 2. Armee die Höhenzüge zwischen Albert und Péronne im Nordosten des Département Somme in der Picardie und grub sich dort gegen die anrückenden Franzosen in den trockenen Kreideboden ein. Nach einem letzten deutschen Versuch, die alliierten Truppen in Flandern „auszuflanken" und den Angriff auf Paris wieder aufzunehmen, erstarrte die Front im November 1914. Die Schützengräben verwandelten sich in ein statisches System, das vom Kanal bis zur Schweiz reichte. Die Militärtechnologie hatte der Defensive einen entscheidenden Vorteil verschafft.

Der fehlgeschlagene Vormarsch im Westen bedeutete, dass Deutschland in Belgien, Luxemburg und im Nordosten Frankreichs nun faktisch zu einer Besatzungsmacht wurde. Dasselbe galt auch für den Osten, wo die deutschen Armeen 1915 beträchtliche Landgewinne in den baltischen und polnischen Gebieten Russlands gemacht hatten. Die deutsche Vorherrschaft in Teilen Europas, die weiterhin die Kriegszielphantasien zahlreicher Militärs, Politiker und Geschäftsleute beflügelte, wurde jetzt in die Praxis umgesetzt. Angesichts der beim Einmarsch der deutschen Truppen gegenüber der Zivilbevölkerung gezeigten Brutalität war diese Herrschaft im Falle Belgiens und Frankreichs allerdings mit einer schweren Hypothek belastet.

Kriegsgräuel und Besatzung

Bereits beim Ausbruch der ersten Feindseligkeiten, also während des Angriffs auf Lüttich, zeigten sich die deutschen Truppen davon überzeugt, dass belgische Zivilisten mehr oder weniger offen Widerstand leisteten. Sie sahen hierin nicht vereinzelte Vorkommnisse, sondern einen organisierten Volkskrieg, der von der Regierung und örtlichen Autoritäten, einschließlich der Bürgermeister und Priester, angezettelt worden war. Auch die deutschen Soldaten, die vereinzelt bereits vor der allgemeinen Invasion in die Grenzregionen Französisch-Lothringens eingesickert waren, teilten diese Überzeugung. Nachdem der militärische Hauptvorstoß stattgefunden hatte, führte die Annahme, dass der erhebliche Widerstand von vermeintlichen Freischärlern (die man *Franktireurs* nannte) ausging, geradewegs zu einer Massenhysterie. In der Realität war diese Vermutung unbegründet, dennoch erfasste sie die gesamten Invasionsarmeen. Selbst in Deutschland griff sie um sich. Voller Empörung gegenüber der französischen und der belgischen Regierung reagierten auch Reichskanzler Bethmann Hollweg und der Kaiser. Der Franktireur-Mythos fußte auf den Erfahrungen von 1870, als preußisch-deutsche Truppen tatsächlich auf Widerstand durch französische Freischärler gestoßen waren. Aber er drückte vor allem die tiefe Abneigung des Offizierskorps gegen jegliche Einmischung von Zivilisten in Kriegshandlungen aus. Angesichts dieser Bedrohung ordneten die deutschen Armeekommandos scharfe Gegenmaßnahmen an, sodass nun die Soldaten mit übergroßer Brutalität und zunehmend in vorauseilendem Gehorsam gegen die vermeintlichen Beweise ihrer eigenen Paranoia vorgingen. Zahlreiche Städte und Dörfer wurden zerstört, Zivilisten kollektiv hingerichtet, als menschliche Schutzschilde im Kampf eingesetzt oder nach Deutschland deportiert. Etwa 6.500 Belgier und Franzosen kamen im Verlauf des deutschen Einmarsches auf diese Weise zu Tode. Die Regierung in Berlin wies kategorisch die alliierten Anschuldigungen zurück, dass deutsche Truppen die Haager Konvention von 1907 verletzt und Gräueltaten begangen hätten. Stattdessen erklärte sie, dass die Schuld eindeutig bei den französischen und belgischen Zivilisten selbst gelegen habe. Die Einwohner der betroffenen Regionen, von denen inzwischen mehr als eineinhalb Millionen geflüchtet waren, waren tief schockiert, als die deutsche Invasion im Herbst 1914 zur Besatzung wurde.

Misstrauen und Furcht der Zivilbevölkerung gegenüber den Deutschen bestimmten auch den Übergang zur geregelten Form der Besatzungsverwaltung. Tatsächliches oder angebliches Fehlverhalten unverhältnismäßig hart zu bestrafen und örtliche Würdenträger als Geiseln für die Sicherheit der Truppen zu nehmen, war zuerst als Reaktion Moltkes des Älteren auf den Widerstand französischer Zivilisten 1870 entstanden – jetzt wurde hieraus gängige Besatzungsroutine. Hinzu gesellte sich die Praxis, Bürger der besetzten Länder nach Deutschland zu verbringen, um sie in einigen der durch die Mobilmachung frei gewordenen Armeeunterkünften zu internieren, sowohl zur Strafe wie auch als vorbeugende Maßnahme. Es existieren keine genauen Zahlen dieser aus politischen Gründen Internierten, aber es waren sicherlich mehrere zehntausend belgische und französische Deportierte, unter denen sich auch Frauen, Kinder und ältere Leute befanden. Diese Praxis wurde während des gesamten Krieges beibehalten.

Bis 1915 war der von Deutschland und seinen Verbündeten besetzte Teil Europas beträchtlich angewachsen, und Anfang 1918, nach dem Zusammenbruch des Russischen Reiches und dessen Rückzug aus dem Krieg, war er praktisch vergleichbar mit den Eroberungen des nationalsozialistischen Deutschland ein Vierteljahrhundert später. Deutschlands Herrschaft in Europa zeichnete sich durch eine Vielfalt unterschiedlicher Verwaltungstypen aus: Beispielsweise wurde der größte Teil Belgiens und Polens von einem Generalgouverneur regiert, der direkt dem Kaiser unterstand, während die Armee die nordöstlichen Gebiete entlang der Ostseeküste als eine riesige Domäne nach kolonialem Muster verwaltete. Aber in den Gebieten, die direkt hinter den deutschen Frontlinien lagen, dem so genannten Etappengebiet, waren die Sicherheit und die Versorgung der Truppen von herausragender Bedeutung, was seinen Niederschlag in einem besonders repressiven Regime der Feldheere fand.

Dies war der Fall in den zehn französischen Departements mit ihren insgesamt etwa zwei Millionen Einwohnern, die ganz oder teilweise von den Deutschen besetzt waren, aber auch in jenem Teil Belgiens, der direkt hinter der flandrischen Front lag. Während die Verwaltungen der Generalgouvernements von Belgien und Polen politische und kulturelle Programme verfolgten, die darauf angelegt waren, diese Territorien langfristig zu Bestandteilen einer neuen deutschen Ordnung werden zu lassen, war die Behandlung des besetzten Frankreich zunächst von strikter militärischer Notwendigkeit geprägt. Brüssel hingegen wurde zum Vergnügungsort für deutsche Soldaten auf Urlaub, ein „Klein-Paris" als Ersatz für jene „Lichterstadt", die vorerst noch außerhalb der deutschen Reichweite lag. Im Gegensatz dazu war Lille, die größte Stadt im besetzten Teil Frankreichs, nicht viel mehr als eine riesige militärische Werkstatt und ein Durchgangslager. Die Stadt wurde seit Oktober 1914 von einem Militärgouverneur (Generalmajor Karl von Graevenitz) und dem Kommandanten der Festung Lille (General Wilhelm von Heinrich) mit eiserner Hand regiert. Nachdem der Präfekt des Départements Nord abgeurteilt und aus Lille vertrieben worden war, gestattete die Etappenkommandantur lediglich den Bürgermeistern als Sprachrohre der Zivilbevölkerung im Amt zu bleiben. Ansprechpartner für die Bevölkerung in diesen überwiegend katholischen Gebieten waren daher nun vor allem die örtlichen Pfarrer und regionalen Bischöfe. Die Bewegungsfreiheit wurde vollständig abgeschafft. Zugleich verlangte man von den Kommunen finanzielle Abgaben in Form von neuen Steuern. Männer im wehrfähigen Alter, also zwischen 17 und 50 Jahren, wurden, sofern diese nicht auf der anderen Seite kämpften, zu örtlichen Zwangsarbeitsdiensten herangezogen. Und natürlich quartierten die Militärbehörden deutsche Offiziere und auch einige Mannschaften in Privathäuser ein, während Geschäfte und Firmen unter strenger Kontrolle standen und zur ständigen Versorgung der deutschen Truppen verpflichtet wurden. Aufgrund des Umfangs der deutschen Streitkräfte an der Westfront war die militärische Präsenz überwältigend stark. Sie wurde von den Einwohnern angesichts der verlangten Grußpflicht gegenüber deutschen Offizieren, der Ersetzung der französischen durch deutsche Ausschilderungen und der Einführung einer „deutschen Ortszeit" – eine Stunde vor der französischen – umso bedrückender empfunden. Selbst die kleinsten Details des täglichen Lebens waren streng geregelt; bei Zuwiderhandlung drohten härteste Strafen.

Totaler Krieg im Westen

Der erzwungene Stillstand an der Westfront wirkte dynamisierend auf die deutsche Besatzung, da das Ausbleiben des „totalen Siegs" die Dringlichkeit einer immer „totaler" werdenden Kriegführung verstärkte. Die Verhängung einer Seeblockade durch Großbritannien, die Deutschland von Lebensmittellieferungen, Rohstoffen und kriegswichtigem Nachschub aus Übersee abschneiden sollte, beantwortete die deutsche Regierung damit, dass sie es ablehnte, irgendeine Verantwortung für die Versorgung der Bevölkerung der besetzten Gebiete Frankreichs und Belgiens zu übernehmen. Sie begründete dies damit, dass die Alliierten ihnen Nahrungsmittelimporte verweigerten. Das Argument war zumindest teilweise berechtigt, obwohl die betroffenen Regionen landwirtschaftlich ertragreich waren und für die Bedürfnisse der deutschen Armeen ausgebeutet wurden. Das Ergebnis war ein unter enormen internationalen Anstrengungen ausgehandelter Kompromiss, demzufolge Nahrungsmittel und Kleidung in die besetzten Gebiete gebracht und dort von freiwilligen Hilfsorganisationen verteilt wurden. Die Aktion wurde von dem amerikanischen

Geschäftsmann und späteren Präsidenten Herbert Hoover geleitet und von den alliierten Regierungen, wenn auch nur sehr zögerlich, unterstützt.

Die alliierte Befürchtung, dass die Deutschen auf diese Weise in die Lage versetzt würden, örtliche Ressourcen für ihre Kriegsanstrengungen zu nutzen, hatte durchaus ihre Berechtigung. Die anfänglich weithin verbreitete willkürliche Plünderung von Lebensmitteln, Pferdefutter und Haushaltsgegenständen war bereits 1915 einer systematischen Ausbeutung der wirtschaftlichen Ressourcen der besetzten Länder mit erheblichen Auswirkungen auf den Lebensstandard der Bevölkerung gewichen. Von Anfang an wurden Maschinen und schließlich sogar ganze Fabriken demontiert und nach Deutschland verbracht. In Frankreich und Belgien umfassten die besetzten Gebiete einige der wirtschaftlich am stärksten entwickelten Zonen Europas, die nun vollständig den Interessen der deutschen ökonomischen Kriegführung untergeordnet wurden. Ein in allen kriegführenden Ländern vom Herbst 1914 bis zum Frühjahr 1915 auftretender akuter Munitionsmangel machte deutlich, dass die in den Anfangskämpfen verschossenen Munitionsmengen ohne massive laufende Unterstützung der Armeen durch die Industrie nicht ersetzt werden konnten. Außerdem versuchte man, mit Hilfe von Wissenschaft und Technologie dem Gegner einen Vorteil abzuringen, um die Offensive wieder in Gang zu bringen. Nicht zufällig setzte die deutsche Armee im April 1915 (bei Ypern) zum ersten Mal bei Kampfhandlungen giftiges Chlorgas ein, was die Alliierten in ähnlicher Form im darauf folgenden Herbst taten. Es war auch kein Zufall, dass es den Briten noch im gleichen Jahr gelang, einen Prototyp („Little Willie") jener Tanks zu entwickeln, die ein Jahr später an der Somme erstmals eingesetzt wurden. Die britische Seeblockade machte es den Alliierten möglich, auf den Reichtum und die Produktionskapazitäten der USA sowie auf Rohstoffe aus aller Welt zurückzugreifen, während man Deutschland erfolgreich daran hinderte. Dasselbe galt für die zusätzlich benötigten Agrarprodukte zur Versorgung der Industriearbeiter und der Soldaten. Es war nicht überraschend, dass Deutschland versuchte, das besetzte Europa zum Ausgleich für den Zugang der Alliierten zur internationalen Wirtschaft heranzuziehen, wobei die Armee imstande war, dort eine Kommandowirtschaft durchzusetzen, die in Deutschland selbst noch auf Widerstand traf.

Dies wurde besonders bei den Arbeitskräften deutlich. Anfangs verpflichtete das deutsche Militär noch männliche Arbeitskräfte für Arbeiten vor Ort, mit der Begründung, dass gleichaltrige Männer in den meisten gegnerischen Ländern zum Kriegsdienst einberufen würden. Ab 1916 waren jedoch Zwangsarbeiter aus ganz Belgien und dem besetzten Frankreich dazu eingesetzt, Schützengräben auszuheben und ausgedehnte halbindustrialisierte Zonen mit Straßen, Eisenbahnen, Lagern und Versorgungsdepots anzulegen, die überall hinter der Front aus dem Boden gestampft wurden. Als der Arbeitskräftemangel akut wurde, wurden mehr als 50.000 Belgier zur Arbeit in den Munitionsfabriken nach Deutschland deportiert. Die Deutschen sahen sich dabei „in guter Gesellschaft". Die Alliierten beschäftigten Arbeiter aus China und den Kolonien; die Franzosen beispielsweise brachten mehr als eine Viertelmillion ziviler Arbeiter aus Afrika und Südostasien herüber, die hinter der Front, in der Landwirtschaft und auch in der Waffenproduktion beschäftigt wurden. Die Einwohner der besetzten Gebiete waren jedoch praktisch Gefangene und hatten keine andere Wahl, was auf die Arbeitskräfte aus den Kolonien in der Regel nicht zutraf. Außerdem verbot die Haager Landkriegsordnung von 1907 einer Besatzungsmacht, die Bevölkerung unter ihrer Kontrolle direkt für die Kriegführung und gegen ihr eigenes Land arbeiten zu lassen. Das deutsche Militär verschlimmerte diesen Verstoß gegen das Kriegsvölkerrecht noch, als es im April 1916 ältere Männer, aber auch Frauen und Mädchen in Lille teilweise mit Waffengewalt zusammentreiben ließ, um sie aufs Land zu schaffen. Die Maßnahme zielte ursprünglich darauf ab, die hohe Arbeitslosigkeit in der Stadt zu verringern, aber die Aktion verstieß gegen die starke Empfindung vieler Menschen, nämlich dass die Männer den Schutz der Frauen zu garantieren hätten, und sie gab Anlass zu den schlimmsten Befürchtungen. Die aufgebrachte französische Regierung appellierte an die internationale Meinung, wie es auch bereits die belgische Exilregierung bei der Deportation belgischer Arbeiter nach Deutschland getan hatte. Angesichts dieser weiteren Beschädigung ihres öffentlichen Ansehens sah sich die deutsche Regierung gezwungen, beide Maßnahmen einzustellen. Allerdings wurden Arbeiter aus Osteuropa weiterhin zum Arbeitseinsatz nach Deutschland geschickt. Innerhalb Belgiens und der besetzten nordfranzösischen Gebiete blieb Zwangsarbeit aber die Regel, wobei die hinter der Front arbeitenden einheimischen Männer zunehmend unter harten Bedingungen in Lagern untergebracht wurden.

Im November 1914 war bei Ypern der letzte deutsche Versuch gescheitert, den Krieg in Bewegung zu halten. Innerhalb der Obersten Heeresleitung (OHL) und der politischen Entourage des Kaisers kam es zu einer Krise, bei der sich zwei entgegengesetzte strategische Konzeptionen herauskristallisierten. Paul von Hindenburg und sein Stabschef und enger Vertrauter Erich Ludendorff, die gemeinsam die russische Invasion im August 1914 zurückgeschlagen hatten und jetzt die deutschen Truppen im Osten kommandierten, favorisierten eine defensive Taktik, ein Halten der Stellungen an der Westfront, währenddessen die russische Armee in Polen durch neu aufgestellte Einheiten vernichtend geschlagen werden sollte. Diese Umkehrung des Schlieffen-Plans sollte anschließend den Sieg im Westen möglich machen. Der Chef des Generalstabs Erich von Falkenhayn (als Nachfolger Moltkes) hingegen war der Meinung, dass ein totaler Sieg nicht zu erringen sei. Stattdessen schlug er vor, mit den Russen einen Separatfrieden mit relativ günstigen Konditionen für das Zarenreich auszuhandeln und sich darauf zu konzentrieren, die Franzosen von den Briten zu trennen, die er als den eigentlichen Erzfeind Deutschlands erachtete.

Falkenhayns Überlegungen zu Deutschlands Aussichten wurden von Reichskanzler Bethmann Hollweg, der eine diplomatische Lösung zu diesem Zeitpunkt noch ablehnte, sowie von Ludendorff und Hindenburg, in deren Augen sie an Hochverrat grenzten, kategorisch verworfen. Während ihre Pläne, Falkenhayn zu entlassen, am Einspruch des Kaisers scheiterten, der wiederum Ludendorffs Ehrgeiz misstraute, zeigte die Krise deutlich, dass Friedensverhandlungen von den politischen und militärischen Eliten des Kaiserreichs als Zeichen der Niederlage angesehen wurden und dass es deshalb nur eine militärische Lösung geben konnte. Somit hatte Falkenhayn keine andere Wahl, als die Westfront gegen unablässige französische Angriffe und eine zahlenmäßige Übermacht der alliierten Truppen zu verstärken. Er befahl, parallele Reihen von Schützengräben anzulegen und das eroberte Terrain ohne Rücksicht auf Verluste zu verteidigen. Die deutschen Verteidigungslinien wurden durch ausgebaute Unterstände und Betonbunker verstärkt, wie sie etwa auf den Anhöhen von Thiepval im Bereich der Somme angelegt waren. Jedoch blieb die Front 1915 bis auf sporadische Gefechte und die Explosion einer Anzahl von Minen hier ruhig. Die Franzosen starteten mit Unterstützung der BEF größere Offensiven zu beiden Seiten des ausgedehnten Hauptabschnitts der Somme-Front, im Norden im Mai und September im gesamten Kohlebecken der Region Artois sowie im Februar in der Hügellandschaft der Champagne. Diese Schlachten waren für beide Seiten sehr verlustreich, vor allem durch Falkenhayns Befehl, jeden verlorenen Meter zurück zu erobern, aber für Joffre bedeuteten sie militärische Niederlagen, da die Franzosen die deutsche Front nicht durchbrechen konnten. Das Ergebnis überzeugte Falkenhayn zweifellos, dass ein Durchbruch im Westen für beide Seiten zunehmend unwahrscheinlicher sei und nur derjenige den Sieg davontragen werde, der die Kräfte des Feindes erschöpfen und durch eine „Ermattungsstrategie" den gegnerischen Kampfwillen zerstören würde.

Falkenhayns gleichermaßen begründete Annahme, dass der Krieg nur im Westen gewonnen werden konnte, wurde scheinbar durch die weiteren Ereignisse in diesem Jahr widerlegt. In zunehmendem Maße zeigte sich inzwischen die Unterlegenheit der österreichisch-ungarischen Truppen gegenüber der russischen Armee, die zu Beginn des Jahres 1915 weite Teile Polnisch-Galiziens, das nordöstliche Territorium der Doppelmonarchie, überrannt hatte, was Deutschland nun veranlasste, seinem Bundesgenossen zu Hilfe zu kommen. In einer gemeinsamen Gegenoffensive im späten Frühjahr und Sommer, die von der neu aufgestellten 11. Armee unter August von Mackensen angeführt wurde, wurden die russischen Armeen auf eine Distanz von 200 km und 400 km auf jene Linie zurückgeworfen, an der sie dann bis 1917 stehen bleiben sollten. Ironischerweise war dies Falkenhayns größter Sieg. Mit der Unterwerfung Serbiens, der erfolgreichen Verteidigung Österreichs gegen eine Invasion Italiens, das inzwischen auf Seiten der Entente in den Krieg eingetreten war, und der Zurückschlagung des alliierten Landungsunternehmens auf der Halbinsel Gallipoli durch eine türkische Armee unter deutschem Kommando war 1915 für Deutschland ein Jahr der Siege im Osten und Süden Europas. Hingegen blieb die Lage im Westen weithin unverändert. Doch die Russen begannen, sich von dem Rückschlag zu erholen, und zeigten keine Neigung, um Frieden zu bitten. Seit Dezember konzentrierte sich der deutsche Generalstabschef deshalb erneut darauf, den Krieg gegen Frankreich erfolgreich zu Ende zu führen.

Überzeugt, dass Russland durch seine frühen Offensiven stark geschwächt war, wollte Falkenhayn die Franzosen zu einem separaten Frieden zwingen. Er glaubte, so Großbritannien isolieren und außer Stande setzen zu können, allein einen Krieg in Europa zu führen, denn Falkenhayn war der Ansicht, dass Großbritannien der Hauptgegner Deutschlands sei. Seine Absicht war es, die Franzosen ein Ziel verfolgen zu lassen, von dem sie zumindest nicht ohne eine psychologische Niederlage ablassen konnten, während man sie zugleich einem Dauerfeuer unterwarf, dessen starke Verluste eindeutig zugunsten Deutschlands ausfallen sollten. Die in einer Flusssenke liegende Stadt Verdun, die im Norden und Osten durch Höhenzüge entlang der Maas eingeschlossen wird, war das schließlich gewählte Ziel. Eine schnelle, erfolgreiche Eroberung dieser Höhen sollte der Artillerie einen günstigen Standort sichern, um die in der Stadt zusammengezogene französische Infanterie entscheidend zu dezimieren. Trotz der anfänglichen massiven Bombardierung gelang es den angreifenden zehn Infanteriedivisionen jedoch nicht, die Höhenzüge an der Maas einzunehmen. Deshalb begann der deutsche Generalstabschef ab Mitte März 1916, die Schlacht vor Verdun als eine Zermürbungsstrategie zu rechtfertigen, ganz im Sinne eines demographischen Wettlaufs, dessen Ziel es war, „Frankreich auszubluten". Doch Falkenhayn hatte die Bereitschaft der französischen Öffentlichkeit und der Pariser Regierung unterschätzt, diesen Kampf, der von vornherein als ein monumentaler nationaler Verteidigungskrieg gesehen wurde, zu ertragen. Ebenso wenig war es ihm gelungen, die Alliierten zu spalten. Als die britisch-französische Großoffensive an der Somme am 1. Juli begann, beendete sie endgültig die deutsche Offensive entlang der Maas. Die Somme war der Beweis dafür, dass die französische Armee vor Verdun noch keineswegs „ausgeblutet" war. Die Somme-Offensive demonstrierte ebenso anschaulich, dass die Briten fähig waren, ein Massenheer an die Westfront zu transportieren und dabei gleichzeitig ihre wirtschaftlichen Anstrengungen im eigenen Land aufrecht zu erhalten.

Mittlerweile eskalierte die Logik des totalen Krieges. Verdun hatte riesige Mengen an Munition verschlungen, wobei es zum ersten Mal zum massen- und dauerhaften Einsatz neuer Waffen und auch Kriegsausrüstungen kam, wie beispielsweise des Flammenwerfers oder des deutschen Stahlhelms. Falkenhayn drängte nun auf einen uneingeschränkten U-Boot-Krieg beim Kampf um dringend benötigte Nahrungsmittel und Kriegsmaterial, aber es gelang ihm nicht einmal, den Kaiser zu überzeugen. Die OHL begann, eine drastische Reorganisation der Waffenproduktion auf der Grundlage einer militärischen Kontrolle des deutschen Arbeitsmarkts in Erwägung zu ziehen. Zugleich deckte der Konflikt über die Kriegführung große Schwächen in den Entscheidungsprozessen der Regierung auf. Die schwelende politische Krise wurde Ende August 1916 gelöst, als Ludendorff und Hindenburg vom Kaiser Falkenhayns Entlassung erzwangen. Nachdem die Generäle selbst die Führung der OHL übernommen hatten, verwandelten sie das Militär in die eigentliche Macht im Staat und machten so den Weg frei für immer radikalere Maßnahmen der Kriegführung im Inneren wie nach außen. Dazu gehörten auch die weitgehende Kontrolle und Ausbeutung der Bevölkerung in den kriegsbesetzten Gebieten Belgiens und Nordfrankreichs.

John Horne

Literatur

Holger Afflerbach: Falkenhayn. Politisches Denken und Handeln im Kaiserreich, München 1996.
Annette Becker: Oubliés de la Grande Guerre. Humanitaire et culture de guerre. Populations occupées, déportés civils, prisonniers de guerre, Paris 1998.
Roger Chickering: Das Deutsche Reich und der Erste Weltkrieg, München 2002.
A Companion to World War I, hg. von John Horne, Chichester 2010.
Robert A. Doughty: Pyrrhic Victory. French Strategy and Operations in the Great War, Cambridge, Mass. 2005.
Robert T. Foley: German Strategy and the Path to Verdun. Erich von Falkenhayn and the Development of Attrition, 1870–1916, Cambridge 2005.
John Horne und Alan Kramer: Deutsche Kriegsgreuel 1914. Die umstrittene Wahrheit, Hamburg 2004.
Kaiser Wilhelm II. als Oberster Kriegsherr im Ersten Weltkrieg. Quellen aus der militärischen Umgebung des Kaisers 1914–1918, hg. von Holger Afflerbach, München 2005.
Martin Kitchen: The Silent Dictatorship. The Politics of the German High Command under Hindenburg and Ludendorff, London 1976.
Jörn Leonhard: Die Büchse der Pandorra. Geschichte des Ersten Weltkriegs, München 2014.
Helen McPhail: The Long Silence. Civilian Life under the German Occupation of Northern France, 1914–1918, London/New York 1999.
Wolfgang J. Mommsen: Die Urkatastrophe Deutschlands. Der Erste Weltkrieg 1914–1918, Stuttgart 2002.
Markus Pöhlmann, Harald Potempa, Thomas Vogel (Hg.): Der Erste Weltkrieg, 1914–1918. Der deutsche Aufmarsch in ein kriegerisches Jahrhundert, München 2014.
Hew Strachan: The First World War, Bd. 1: To Arms, Oxford 1998.

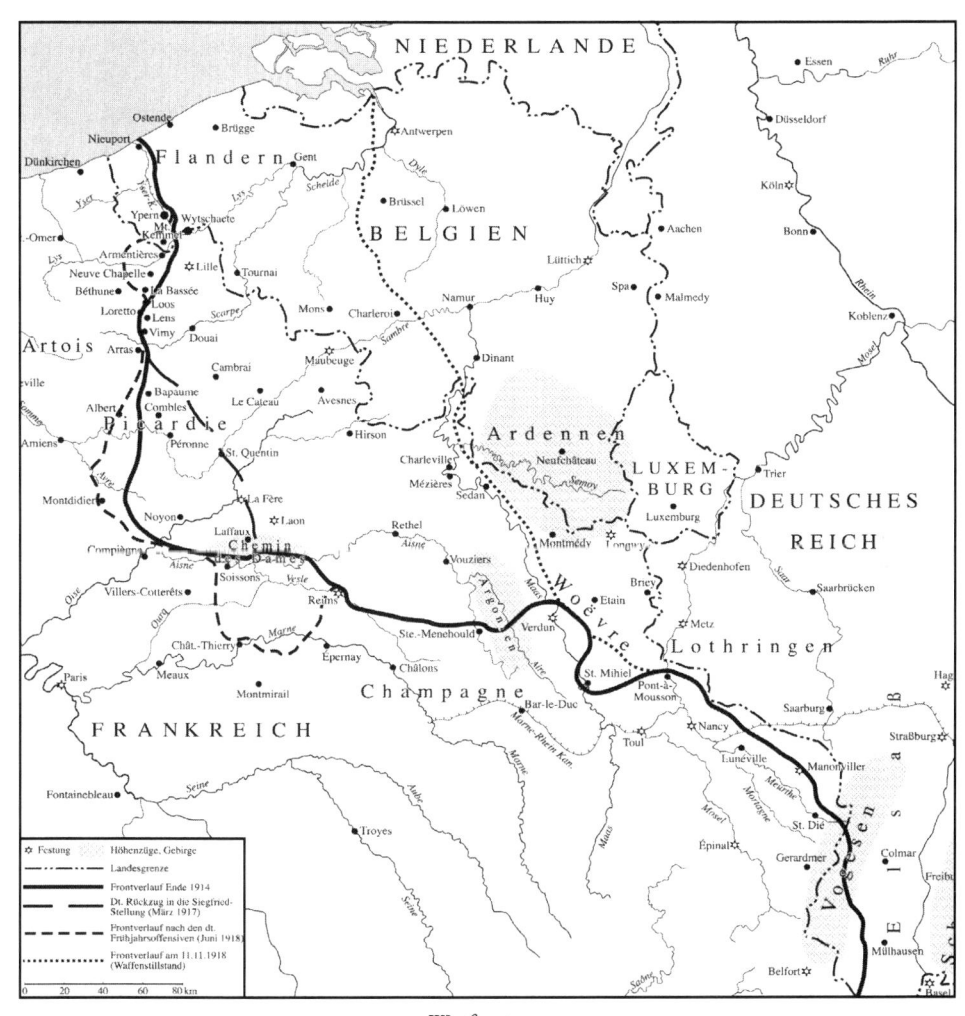

Der Weg zur Somme: Deutsche Kriegführung 1914–1916

Westfront 1914

Georg David Bantlin, Stabsarzt, Infanteriedivision 26
Tagebuch

14. Oktober 1914 [Roncq]
Marschtag. Lille ist im Besitz der Deutschen; die Division rückt zwischen Lille und Roubaix nördlich vor (Cysoing, Ascq, Mons-en-Barœl, Marcq-en-Barœl nach Roncq). Leider bin ich ohne genügende Karte, da wir nicht genügend Karten geliefert bekommen können. Der milde Wind hat Regen gebracht, der unabänderlich langsam auf unsere ziemlich einsilbig gewordene Marschkolonne niederrieselt. Es ist eine eigenartige Gegend, durch die wir kommen. Hier begreift man nicht, warum man vom Bevölkerungsrückgang in Frankreich spricht. Unsere ganze Marschroute ist ein zusammenhängendes Dorf bzw. Stadt oder noch richtiger eine Mischung von beidem, denn es wechseln Häuserviertel des kleinstädtischen oder dörflichen Charakters mit prächtigen Villen in schönen Parks ab. Da und dort sieht man größere Fabrikanlagen, alles aber liegt still. Die Einwohner drängen sich neugierig und etwas ängstlich, der weibliche Teil trotzdem etwas kokettierend auf den Straßen. Zum Glück ist alles intakt, nur einige Barrikaden an den Ortseingängen verraten den Kriegszustand. Wenn man die Art der Bebauung des Landes betrachtet, so fällt auf, dass die Dörfer alle nur fast aus einer Straße bestehen und nur sehr geringe Tiefe haben. So kommt es, dass sie alle gewissermaßen zusammenhängen. Gleich hinter der Straße beginnt das offenbar sehr fruchtbare Ackerfeld, die Weiden oder die für die Gegend sehr charakteristischen fast nur aus hochragenden Pappeln und Weidenunterholz bestehenden Haine. Ich reite als Quartiermacher voran, um in Roncq, einem Städtchen von 7.000 Einwohnern, mir die für uns nötigen Quartiere anweisen zu lassen. Es ist dies nicht so einfach, wenn man bedenkt, dass in solch einem Ort 2 große Stäbe, 1 Infanterieregiment, 2 Artillerie-Munitionskolonnen, 1 Artillerie-Abteilung, 2 Sanitätskompanien, also beiläufig 4–5.000 Mann und 6–800 Pferde unterkommen sollen. Doch man hat auch darin Erfahrung, und es geht sogar so, dass die Mannschaften alle im Quartier gefüttert werden, wo sie zu 12 und 12 auf Stroh in Wohnzimmer, Salon oder Küche liegen und jeder Offizier sein eigenes Bett bekommt. Die Pferde sind am schwersten unterzubringen, man stellt sie zuletzt in einer Fabrik unter. Am 15. X. benützen wir das Abziehen des Brigadestabs und quartieren uns zu 6 in das Schloss eines reichen Fabrikanten Desumerot (Weberei) ein. Wie fast die ganze Bevölkerung glücklicherweise zu Hause geblieben ist, so auch hier der Hausherr, so dass sich das Leben beinahe wie im Manöver abspielt. Wir speisen im prachtvollen Speisezimmer, mit dem Blick auf einen grandiosen Park, zu dem durch mächtige Flügeltüren ein paar Marmorstufen hinabführen; sorgfältig zubereitete Diners und herrlich gepflegte Weine schmecken von prächtigen Gedecken etwas anders als die Suppe der Feldküche von Blechtellern mit Blechlöffeln gegessen. Wir selbst bilden in unserem Aufzug allerdings einen ziemlich starken Kontrast zu der ganzen gepflegten Umgebung. Die Nagelschuhe treten auf feine Perserteppiche, die vom Wetter mitgenommene Uniform und die mehr feldmäßig praktische als elegante Wäsche

Lille 1914, fotografiert von Georg David Bantlin

stehen in merkwürdigem Gegensatz zu den seidenbezogenen oder gestickten Lehnstühlen, zu den flandrischen Ledertapeten und alten Gobelins, zu den reichvergoldeten Kaminen, auf deren Bord entzückende Broncen und altes Porzellan stimmungsvoll aufgebaut sind. Jeder bewohnt sein eigenes elegantes Zimmer mit herrlichem Bett und Waschtoilette. In diesem Wohlleben sollen wir wohl einige Tage bleiben, denn die Division (26.) hat den Auftrag, den Lys-Abschnitt vor uns zu verteidigen, während links von uns das XIX. Korps usw. einschwenken, rechts Fühlung mit der Belagerungsarmee von Antwerpen hergestellt ist. So hofft man, die Engländer trotz ihrer Panzerautomobile in den Wurstkessel zu treiben. Was sonst in der Welt los ist, wissen wir nicht. Seit 3. X. haben wir weder Post noch Zeitung. Die Bahn, meist vorerst nur provisorisch eingerichtet, hat zunächst nur für Truppen und Kriegsmaterial, nicht für Post Platz. So fügt man sich eben geduldig. Am Nachmittag mache ich mit Oberstabsarzt Buhl eine nicht erlaubte, aber umso interessantere Fahrt mit Einspänner nach dem 15 km entfernten Lille. 3 Tage lang war es, da es sich als befestigte Stadt nicht ergeben wollte, von unserer Artillerie beschossen worden. Seit 2 Tagen ist es jetzt in deutschen Händen. Die Engländer, die in größerer Anzahl als die Franzosen in Lille gelegen, sind teils geflohen, teils gefangen. Es ist ein grotesker, traurig und manchmal doch auch etwas komisch anmutender Anblick um solch eine bombardierte Großstadt. Neben der gut erhaltenen Börse (bis auf die Fenster, die wohl in der ganzen Stadt auch gelitten haben) und der Hauptwache ragen in der zum Bahnhof führenden Straße nur noch Reihen von 4 stockhohen Mauern gigantisch in die Höhe nach rechts und links sich neigend, dass man kaum wagt, fest aufzutreten, aus Angst, die Bescherung könnte einem aufs Dach kommen. Der Inhalt der ganzen Stockwerke ist in wirren Haufen im Parterrestock aufgehäuft. So stehen Dutzende einstige Häuser da, große Cafés etc. Zum Glück sind alle wichtigen Gebäude erhalten, das Museum des beaux arts, die Kirche St. Maurice. Die Präfektur sieht eigentümlich aus. Auf der großen Freitreppe ist eine Granate geplatzt. Überall ist die Fassade von 1000enden Splittern getroffen, aber doch ist nur wenig Schaden geschehen. Die Sprengwirkung unserer Granaten muss immens sein. Man sieht manche Hausruine, die nur so entstanden sein kann, dass das ganze Haus mit einem Ruck in sich zusammengestürzt ist. Durch die Boulevards wogt schon wieder der Menschenstrom; viele bekümmerte Gesichter – kein Wunder, wenn man die Zerstörung sieht und hört, dass in den Kellern noch mancher Vermisste begraben liegt, – aber auch schon wieder tändelnde Dämchen, geschlossene Läden neben wieder eröffneten Cafés und eleganten Geschäften, die sich allerdings bei Einbruch der Dunkelheit im schalen Licht einiger Kerzen (denn das Gas funktionierte noch nicht) recht dürftig und verwunderlich ausnahmen. Wie durch eine nächtliche mittelalterliche Stadt zog uns unter dem Scheine unserer Wagenlaterne unser Rösslein dem Quartier wieder zu.

Der Weg zur Somme: Deutsche Kriegführung 1914–1916

Deutsche Stellung bei Fransart, 1914

Mannschaftsquartier in der Kirche von Flers

Ludwig Berg, katholischer Theologe, Krankenpfleger

Tagebuch[1]

14. Oktober 1914 Bapaume

In dieser Wirtschaft gibt es nichts mehr zu essen und zu trinken. Es sind hier kranke Offiziere des Lazaretts einquartiert, die der Ruhe bedürfen.

Ankunft mit Major von den Franzosen aus Berlin und jungem Leutnant aus Magdeburg. Zum Lazarett in der Schule. Hier gegen 7½ Uhr. Beichte der Soldaten gehört und Offiziere besucht. [...]

Viele Schwerverwundete, einer beide Beine amputiert; viele Amputierte lagen in dem Saale, im Blute, direkt auf dem Boden auf Strohsäcken [...] Alle verlangen nach der Heimat zurück.

Bapaume ca. 60, Typhuskranke!

7½ Uhr: Aus dem Suppenkessel für Verwundete mit den Verwundeten gegessen [...] Ein Protestant wollte mir unter allen Umständen etwas mitteilen, um sein Gewissen zu erleichtern, trotz meines Sträubens, dass ich katholischer Priester wäre.

Darnach zu Mr. le Doyen [Dechant]; der Stabsarzt sagte mir, dass dieser nicht sehr gnädig heute Abend sei, da man ihm den Wein aus dem Keller genommen hatte.

Der Zorn über Deutsche und ihre barbarische und spitzbübische Kriegführung und Auftreten überall. Er immer sehr gut. Ging spazieren mit mir in ein Waldhaus, wo ein von dem Dorf vertriebener Geistlicher angekommen war. Anfangs Oberin wenig entgegenkommend, nachher außerordentlich gut. Machte warme Rindfleischsuppe und gebackene Eier. Rotwein stand schon auf dem Tisch.

Zum Schluss Tee. Wies mir ein großes Zimmer mit gutem Bett zum Schlafen an. Aber der Geistliche, ähnlich wie der Dechant, sehr scharf gegen Deutsche. Sie können nicht unterscheiden zwischen Religion und Nation, zwischen Kriegsnot der Verwundeten und dem, was Einwohner schuldig sind im Krieg. Immer: Krieg gegen den katholischen Klerus in Belgien, so auch hier.

Schließlich mit dem vertriebenen Geistlichen allein zum Abendessen, weil er sich nicht überzeugen lassen will. Die Schwester, die mich zum Schlafzimmer begleitet hatte und mit der Oberin ein gut Teil der Unterhaltung angehört hatte, sagte mir auf dem Zimmer: Ich bin nicht mit dem einverstanden, was der Geistliche zu mir gesagt hat. Gute Klosterseele, die direkt sagte: es sei dieses Gouvernement sehr schlecht, fortwährend Unterdrückung durch die Pfarrei, ... Regierung, Verhältnisse in Deutschland gefallen ihr. Aber der Gedanke des Protestantismus bleibt der Feind; unversöhnlich vorläufig.

---

[1] Ludwig Berg: Pro Fide et Patria. Die Kriegstagebücher von Ludwig Berg, 1914–1918, katholischer Feldgeistlicher im Großen Hauptquartier Kaiser Wilhelms II., hg. von Frank Betker und Almut Kriele, Köln u. a. 1998.

Den ganzen Nachmittag Kanonendonner ganz nahe; ca. 8 bis 9 km von hier. Öfters Schnellfeuer. Morgens habe ich zum Donner der Geschütze heilige Messe in der Hauskapelle des Waisenhauses gelesen.
[...]
Das große Auto mit Verwundeten beladen und weiter. Unterwegs: französische Schützengräben hinter den Hecken; über Landstraße, Geschützstellungen Schießen durch Hecken, möglich, ohne gesehen zu werden.

Im Ort selbst Soldaten, Bagage, ein größeres Lazarett mit ca. 6 Ärzten; einer aus Berlin Professor! Auf den Straßen viele französische Gewehre, Mäntel der französischen Soldaten, auf dem Hof des Lazaretts ausgeschüttete Patronentaschen und Tornister der verwundeten Soldaten. – Auf dem Lastauto vorher Benzinfässer, deutsche Verwundete.

In dem letzten Saal [des Lazaretts], wo 9 mit Kopfschuss lagen: „Dort unsere Kopfschüsse; ohne Bewusstsein. Kein Zweck, dass Sie hingehen." – Fast alle evangelisch. Ein Sterbender; war in der Kapelle, 3 sehr schwer. Auf dem Auto Stöhnen und Schreien der Verwundeten. Personalien wurden notiert, und dann ab.

Ich zu Tankstelle in Bapaume und ab an Front.

Am Abend vorher von 8 bis 1 Uhr marschbereit, Instrumente und Apotheke eingepackt. Furchtbares Feuer unserer Artillerie; den Angriff wieder zurückgeworfen.

Unsere Infanterie viel zu schwach; alle 10 Schritte ein Mann, meist Zwischenraum von 500 bis 600 m und gar 15 bis 200 m, gegenüber liegt der Feind in den Schützengräben, einmal mit [Periskop?] war Angriff ausspioniert und wird weggeschossen. Bei dem gestrigen Angriff wieder Tote, Verwundete; ein Soldat erzählte, ihm durch Helm geschossen und seine Patronentasche.

Infanterie bei Franzosen wenig, aber Flieger und Artillerie! Abschlachten, abkochen, Lagerleben.

Die Liebesgaben kommen gut an. Ehrlich verteilt. Unter Liebesgaben auch Damenstrümpfe, die sehr lang sind. Echter Tabak [...] Die Franzosen sind sehr gut verproviantiert, in den Tornistern viele Konserven, Wäsche, Fleisch! Unsere Soldaten dürfen diese Tornister leeren und alles mitnehmen.

„Die Kugel, die für dich gegossen, kriegt dich schon zum Verpulvern."

Bei Arras furchtbare Schlacht. Leichen der Franzosen 2 und 3 aufeinandergelegt als Schutz gegen Feinde.

Divisionsgefechtsstand im Somme-Tal

Deutsche Soldaten präsentieren „Gefangenentypen" aus den Kämpfen bei Frise

Gustav Sack, Unteroffizier (seit Dezember 1914),
bayerische Infanteriedivision 1, bayerisches Infanterieregiment 1,
bayerisches Infanterieregiment 24 (ab Juni 1915)

Briefe an seine Frau Paula Sack in Hamburg[1]

20. Oktober 1914 [Vermandovillers]
So mein lieber Karl, der erste Brief aus dem Schützengraben. Am Freitag Morgen, also gerade nach acht Tagen, war die wahnsinnige Fahrerei aus. Ich kochte noch dem Vogel, der in dieser Zeit ein starkes Anschlussbedürfnis zeigte, eine Bouillonwürfelsuppe, dann marschierten wir zwei Stunden weit in ein Ortsquartier, von da am Samstag in ein anderes, und am Sonntagnachmittag wurden wir dem Regiment zugeteilt, und dann sogleich in den Schützengraben. Eigentlich kein Graben, es ist ein dichter Mischwald mit viel Unterholz, an dessen Rand alle 3–5 Meter jeder seine Höhle oder sein Schützenloch hat; mit Brustwehr gegen die nur 2–300 Meter entfernte, feindliche Schützenlinie und einer Seitenwehr gegen stündlich erwartetes feindliches Artilleriefeuer; zum großen Teil selbst gebuddelt; auf dem Boden Stroh, ein alter Sack, in den man gerne hineinkriecht, und ein Haufen Lumpen, der als Kopfkissen dient. Ganz wohnlich, nur verteufelt kalt. An Essen gibt's: morgens um sieben einen Becher Tee oder Kaffee, beides schwer voneinander zu unterscheiden, mittags noch einen Becher, und nachts gegen elf, zwölf einen Feldkesseldeckel voll kräftiger Suppe; dazu im Brotbeutel das Kommiss[2]. Zu rauchen habe ich noch. Vom Feind habe ich noch nicht gesehen. Die feindlichen und freundlichen Granaten und Schrapnells fahren zwar ununterbrochen über uns hin, die ersteren ganz nahe, gewöhnlich in einem Dorf krepierend, Gewehrfeuer ab und zu – das ist alles. Mir fehlen nur Taschentücher. Ich schneuze mich nun seit beinahe zweimal acht Tagen in dasselbe rote Taschentuch, das mit der Zeit – ich bin dazu tüchtig verschnupft – einen ganz sonderbaren Geruch angenommen hat. – Also als Liebesgabe: Taschentücher und Seife! Der Dienst ist leicht – am Tag eine Stunde Posten und nachts einmal zwei und einmal eine Stunde Horchposten. Gestern vormittag überfiel mich eine unglaubliche Melancholie, dazu völlig apathisch; eine Pfeife Tobak brachte mich wieder zur Vernunft. – [...] Es wird feucht, dunkler, es fängt an zu regnen, es pinkelt ein büschen. In zehn Tagen soll ein Sturm gemacht werden – man tau! Und die Belagerung von Paris wird über den Winter dauern. Ich habe Dich lieb und küsse Dich. Dein Karl
   Jetzt gerade schlagen „unheimlich" nahe Schrapnells ein. Korl, halt den Daumen! Mein Bart ist lang und wird feuerrot. Grüße meine Eltern!

---

[1] Gustav Sack: Prosa, Briefe, Verse, München 1962.
[2] Kommissbrot.

26. Oktober 1914 Péronne
Lebst Du noch? Lebst Du noch! Alle Leute kriegen Briefe und dutzendweise Liebespakete, nur ich, der ich solche am allermeisten verdiene, kriege nischt! Immer noch Ruhetag und hinter der Front – das heißt, nur ein paar Kilometer – als Armeereserve. Wir liegen eine halbe Stunde von Péronne im Quartier und machen unsere täglichen Bummel in dies langweilige Nest, in dem es nichts als Kognak, immer Kognak und Kaffee gibt, und Fleisch, von dem ich mir heute wieder ein Pfund aufgetan habe, das ich, da die Feldkost mir ganz widersteht, mir hier im Café[3] zu einem Büffstück verarbeiten lasse. Ein ganzes Pfund für mich! Draußen Platzmusik, das ganze Nest, das übrigens auch eine Pfreudenmaison[4] beherbergt, leergefressen und total feldgrau; meine französischen Kenntnisse sind übrigens besser, als ich glaubte. Und was den Krieg betrifft – das ist alles ganz, ganz anders und wahnsinniger, als Ihr nur ahnt.

Kuss Karl

31. Oktober 1914 [Hardecourt]
So [Skizze] mein liebster Karl, liege ich mit Eisbeinen und Diarrhöe im hintersten Schützengraben, im Unterstützungszug, noch drei Tage. Eine kleine Stadt ist hier beinahe in den Boden hineingebuddelt, die senkrechten „Schlangenlinien" die Laufgräben, die anderen die Schützengräben, rechts das Schützenloch, in dem Dein Gatte, halbwegs gegen Regen und Granatsplitter geschützt, übernächtigt. Aber man sieht nischt, trotzdem der böse Feind nur 3–400 Meter vor uns liegt, aber man hört desto mehr; vor und hinter uns bullert die Artillerie, respektive krepieren ihre Granaten – man gewöhnt sich daran. Dazu brummen die Flieger, und die Lerchen lassen sich nicht im geringsten stören. Wann kommt Post?! Es wird wahrhaftig Zeit, mein Lieb. Es ist ein Uhr Mittag, gegessen habe ich noch nischt, darf auch nichts essen.

Kuss Karl

2. November 1914 [Hardecourt]
[...] Mein Liebling, ich habe auf Deinen letzten (vierten) Brief hin ganz die drei ersten vergessen und das, was ich gegen selbige schreiben wollte. Denn dass ich Dich „mag", magst Du aus dem Grunde sehen, dass ich Dir fast täglich ein bis drei Karten schreibe – hoffentlich kommt wenigstens die Hälfte an! Aber Karl, guter, Du darfst jetzt nicht muffen – erstens, weil Du wirklich keinen (tieferen) Grund hast, und dann –, die Granaten pfeifen, summen, singen, zischen ümmertau über mir und krepieren ümmer mit dem gleichen infernalischen Krach und ümmer ganz nahe. Und ich friere! Heute nacht von sieben bis sieben Uhr draußen auf Vorposten – guter Mond, Wattewolken, guter Sonnenaufgang, Rebhühner in der Nähe, überhaupt das ganze höchst malerisch, aber kalt, kalt und hungrig! Sieh mal, wo Du so-

---

[3] Café Moellon.
[4] Freudenhaus.

viel Geld hast – eine Büchse Sardinen, eine Wurst, Schokolade etc. –, bitte, liebster Karl, und ein büschen Alkohol!! Besonders, da meine Eltern nichts von sich mehr hören lassen – kein Brief, kein Paket, keine Schokolade, keine Wurst! Und wo das Porto nur zehn Pfennig kostet. Die Sonne kommt durch, und wir können etwas in unseren Löchern wieder austrocknen. Korl, wir kleben vor Dreck. Umschau halten, ob ich nicht in Hamburg so was wie eine Stelle finde!! F. zwar etc. soll, darf uns den Puckel runter rutschen. Noch einen Tag im Graben, morgen Abend wieder auf vier Tage zurück. Immer hin und her. Liebling, willst Du mal was Gutes mir schenken? Ein Paar dicke wollene Handschuhe stricken! Ja? Ich liege hier in einem Loch, lehne mich halb heraus, habe in den Graben meinen Tornister gelegt, und auf dem

Gustav Sack

schreibe ich, und über Brief und Tornister turnen einer nach dem andern die Latrinengänger herüber – selbige ist nämlich in der Nähe, aber der Wind ist günstig! Etwas Opium gegen Durchfall musst Du mir auch beilegen. Mit dem Morphium, das gibt's natürlich nicht, mein Kind. Es gibt sicher bessere, solidere Eheleute als mich, Du kannst es also immerhin nochmals versuchen. Deutlich vorstellen mag ich mir das allerdings wenig gern – gar nicht. Aber ich darf ja nicht fallen, wir müssen zuerst noch Geld verdienen, schachern, um nach Kopenhagen etc. Aber Du ahnst nicht, wie anspruchslos ich jetzt bin – ein Bett: ich war mehr als drei Wochen nicht mehr im Bett! Eine Tasse, ein Stuhl, rein gewaschen, ein Spiegel, eine Tasse Tee aus unserer plötzlich schief gewordenen Teekanne – alles unerreichbar schöne Sachen. Ich möchte ein bisschen verwundet sein, und Du sollst mich pflegen. Ich würde in dem Fall bitten, in ein Rheinisches Lazarett, nicht nach München, denn München habe ich herzlich satt, gebracht zu werden. Korl, in einem halben Jahr bin ich vielleicht zurück und dann – lass das Mufffen, denn Du bist und bleibst mein Korl!   Kuss! Karl

5. November 1914 [Hardecourt]
Mein Liebling,
heute der siebte Tag im Graben; wir sehen aus, buchstäblich wie die Säue; eine Dreckschicht von einem Zentimeter Dicke – unübertrieben – klebt an Mantel, Rock und Hose, und der Artikel über Nietzsche[5] ist, so gut er gemeint ist, infam schlecht. Besser der über Löns[6]; schade um den, einer von den wenigen sympathischen, weil wahren und harmlosen Scriblern. Gestern Regen, und draußen vor dem Schützengraben auf „Horchposten". Wenn es in den ekelhaften Zeitungen heißt: langsam Boden gewinnen, so will das sagen, dass wir uns in zwei Nächten um 50–60 Meter näher an den Feind herangraben! Ja, die Zigaretten waren gut, mein Lieb. Und wie ich mich auf die Wurst und die Sardellenbutter freue!! Also Deinen dicken Brief in die Gabelsbergerstraße habe ich bekommen, wie ich Dir auf der vorigen Karte schrieb – falls Du sie nicht bekommen haben solltest. Kein Pfefferminz mehr, mein Engel – jetzt schwitzt man nicht mehr. Ja, meine Mutter hat mir Kopfhaube und Zigarren geschickt, die Ohrenwärmer sind mir aber trotzdem sehr willkommen. Korl, so langsam, dann und wann, gewinne ich an der Sache Spaß – bis jetzt ist noch keine Kugel aus der Flinte raus, nur Artillerie und Artillerie. In den quatschenden, klebenden, nassen Gräben oft genug köstliche, ulkige Bilder. Meinen Eltern schreibe ich vorläufig nicht mehr. Ich soll nach Hause kommen, „damit wir über eine sichere Lebensstellung für Dich nachdenken". Danke; immer dasselbe. Übermorgen soll es nun endlich und definitiv für vier Tage wieder eine Ruhepause geben – Waschen!! Ein paar annehmbare Kameraden: ein Dr. Davidson, Assistent für Byzantinistik in München, der Typus eines akademischen Snobs, und ein Oberregisseur aus Posen, der todsicher mit als erster mit dem „Refraktair"[7] bombardiert werden wird. Auch der Hauptmann, Straßburger Universitätsprofessor und auch Turnerschaftler, also Verbindungsbruder, will mir wohl, überlegt sogar, wie er mich bald befördern kann. Sag mal, wieviel Karten ungefähr Du von mir bekommen hast! Es müssen mindestens 20–25 sein. Die Bayern sind unglaublich, unbeschreiblich dumm, ungeheuer dumm – sacrament! sacrament! das einzige, was sie wissen. Bitte, schick mir auch „Japanisches Closettpapier". Meine drei Packen sind fast alle, da ich jeden dritten Tag an Diarrhöe laboriere. Lebt der Vogel noch? Weißt Du, was das feinste ist? Wenn ich von München nach Hamburg fahre – im Speisewagen, Telegramm voraus. Und dann beduhnen wir uns! Korl, liebst Du mich? Jetzt scheint die Sonne wieder 'n büschen. Ich habe immer eine Mordsangst, dass meine Erdhöhle nachts über mir zusammenbricht – scheußliches Gefühl!
Kuss Karl

---

[5] Friedrich Nietzsche.
[6] Hermann Löns.
[7] Drama von Sack.

Weihnachtsfeier

in Feindesland

Zugleich eine vaterlændische Gedenkfeier

in der Kirche zu Frémicourt

HEILIGABEND 1914

8. Artillerie (F) Munitions-Kolonne
des Garde-Corps

Kommandeur: Hauptmann d. L. MOSTERT
Ritter des Eisernen Kreuzes.

Programmheft von 1914

17. November 1914 [Hardecourt]
Liebster Karl,
das ist eine Schande: es wird alles geklaut! Von Esssachen bis jetzt nur Senf, Sardellenbutter, Milch, Schokolade und zwei Happen Wurst – sonst nichts! Ich verhungere! Ich kann die Feldkost nicht vertragen – nachts ein Deckel voll ungenießbarer Suppe –, habe Diarrhöe und lebe buchstäblich von Brot und sehr wenig Wasser. Da kann man nichts machen, als unentwegt schicken! Täglich ein Paket! Speck, Wurst, Senf, Sardellenbutter, Milch, Sardinen, Schokolade, Zigaretten und Kümmel!! – muss. Schulden sind gleichgültig, und über den Krieg schreibe ich nicht einen Buchstaben, und „nach den Kriegseindrücken etwas Großes schreiben" ist ein Schmarrn! Verstanden? Die „Paralyse"[8] zum Beispiel ist etwas Großes! Besten Dank für das große Taschentuch, denn als solches werde ich es verwenden. Heute endlich wieder Ablösung für ein paar Tage. Es war scheußlich: Regen, Frost, Dreck und wieder unaussprechlicher Dreck. Herzlich und morgen Brief!
Gustav

31. Dezember 1914 Nachmittag im Graben von Hardecourt
[…] Dies ist, bei Gott! der scheußlichste Silvester, den ich je an mir vorbeikriechen ließ; ich war an diesem Tage immer herunter, aber so wie heute …! Erst ganz äußerlich: unser Essen bestand aus Brot, das zwar überreichlich vorhanden, aber total feucht und durchweicht ist, bestreut mit Salz und kaltem Kaffee von heute Nacht, dazu Deine Feigen zum Frühstück. Heute Nacht um zwölf Uhr werde ich die kleine Flasche Punschessenz – die vorige ist schon auf – in einem Zuge auf Dein kleines Wohl trinken. Weiter, nachdem es heute Nacht gefroren hatte, pinkelt es jetzt wieder, so ekelhaft dünn und grau und endlos – zum Heulen traurig. Und überall stürzen die mühsam wieder ausgebesserten Grabenwände ein – Sumpf, Dreck, ein Schweinekoben. Regnet es noch lange, so wird es wieder durch unser „Dach" durchregnen, wir können dann suhlen wie die Säue. Weißt Du übrigens, dass diese Unterstände so niedrig sind, dass man, auf dem Boden sitzend, gerade noch aufrecht sitzen kann? Habe ich Dir auch schon geschrieben, dass vor unseren Stellungen schon vierzehn Tage lang ganze Reihen toter Franzosen liegen? Eben eingezogene, ganz junge, frische Bengel, vierzehn Tage in dem Dreck und Regen, kein Mensch begräbt sie, diese schwarzen, faulenden Klumpen. Heute Nacht bringt uns eine Patrouille Sardinen und Konservenbüchsen mit, die man in den französischen Brotbeuteln reichlich findet. Die öffnet man dann halb seelenruhig, halb von Ekel geschüttelt, und futtert sie auf. Aber – dulce et decorum est, pro patria mori. Schauderhaft, höchst schauderhaft. Wenn man sich doch betrinken, sinnlos betrinken könnte! Und dann: warum habe ich heute, als am letzten Tage dieses seltsamen Jahres, keinen Brief von Dir? […]

---

[8] Prosa von Sack.

1. Februar 1915 Feldwache bei Ferme Hem [Hem Monacu]
Liebster Karl,
wieder draußen an der Somme – es ist eigentlich eine wunderbare Sache; nur das eine: man müsste ein Ende absehen. Gestern schneite es, und ich durchstöberte mit meiner Horde und Drahtscheren das Dorf auf Suche nach Stacheldraht; welchen Draht wir dann aus diversen Hecken und Zäunen rissen. Darauf kehrten der arme Doktor und ich bei dem hübschen Mädel von vorgestern ein – es gibt in diesem Dorf überhaupt nur Weiber, rund zwanzig Stück –, brachten dem hungrigen Gör – denn es ist nur ein entzückendes Gör – Kommissbrot mit und ließen uns unseren Kaffee kochen. Es ist gut, dass wir heute abend diese Ferme verlassen! Nicht dass ich mich in dieses schlanke Ding – es ist 16–17 Jahr, ganz schlank, mit wunderbaren Augen und einer hinreißenden Koketterie – verlieben könnte, aber es macht mich unruhig! Denn stelle Dir vor: es ist seit mehr als einem Vierteljahr das erste Weibliche, das uns weiberlosen Zigeunern entgegentrat und dabei in dieser entzückenden Aufmachung. Wenn man dieses Mädchen hätte, man müsste es immer nur und immer wieder auf die Augen – braun-grau-grüne, ähnlich wie Du! und die dünnen armseligen Schultern küssen. Aber wir haben uns nur geschneeballt – bist Du eifersüchtig, Karl? –, und ich werde aus diesem kleinen Sumpfmädchen – es passt so wundersam hinein in diese hübsche, das ist das seltsame, Sumpflandschaft – eine kleine Novelle[9] machen.

25. Juni 1915 [Hardecourt]
Liebster Karl,
Du kannst Dir aber gratulieren! Ich schrieb Dir heute vormittag, ich säße draußen vor meinem Unterstand unter einem Zelttuch im Regen und schriebe dort meinen Brief – an genau diese Stelle schlug nachmittags eine Mine ein, zerfetzte mir die vordere Wand vom Unterstand, und dort, wo meine Veranda – so nannte ich es, war, ist ein wüstes Loch, Fetzen vom Zelttuch baumeln oben an den Baumspitzen. Ich lag im Unterstand auf meiner Pritsche und hatte, glaub ich, recht unzüchtige Gedanken, als das Vieh einschlug und mich gegen die Wand warf. Es sah niedlich in meiner Bude aus! Am meisten tut mir leid, dass das Glas – ein gewölbtes – vor dem Rahmen, in dem Du prangst – kapott ist. Also gratuliere Dir von Herzen, mein Karl, insbesondere weil ich eine Viertelstunde noch vorher auf dem Platz saß und mich rasieren ließ; ich wäre in tausend Fetzen zerrissen. Und warum ich so grausam bin und Dir das schreibe?
Karl, ich glaube wahrhaftig, es riecht nach Frieden. Junge, Herrgott! wenn ich im Oktober mit Dir durch einen in der Sonne und im Herbst liegenden Wald gehen könnte! […]

---

[9] Das Prosastück erhielt den Titel „Eva".

30.–31. August 1915 [Hardecourt]
[…] Die Engländer sind eine Schweinebande, jeden Tag einen Verwundeten (mit den teuflischen Hohlmantelgeschossen: Aluminiumspitze – Aluminiummantel – Bleikern. Da zwischen Spitze und Kern sich ein Luftraum befindet, reißt beim Aufprallen der dünne Mantel auseinander, und der auseinanderspritzende Bleikern macht viehische Verletzungen), und jetzt – in Hardecourt sind wir mal wieder, mein Engel – schiaßen sie uns ins Dorf herein; es sind ja nur französische Dörfer, die die Franzosen schonen wollten, so wenig auch noch von ihnen stand, ihnen aber ist das weniger als Wurscht. So ist man immer auf dem Sprung, sozusagen mit einem Bein im Keller. […] Ansonsten – es wird Herbst, nicht wahr? Karl, wenn wir – die Deutschen, meine ich – Frieden haben wollten, so würden wie ihn, nach dem offenen Brief Greys[10] an den Reichskanzler – siehe insbesondere den Schluss! –, sofort haben können, aber die „Großkopfeten" sind eben großkopfig und größenwahnsinnig und haben noch lange nicht genug verdient, und bis dahin muss eben der geduldige schafköpfige Feldgraue feldgrau und Held bleiben. Karl, es gibt nichts Ekelhafteres als diese Zeit! Karl, so was – „Hindenburg" druckt der Inselverlag? Was ist da noch zu hoffen? Nacht, mein Lieb.
Karl

---

[10]   Edward Grey, britischer Außenminister.

Paul Kessler, Feldpostsekretär, Gardeinfanteriedivision 2

Brief an seine Frau Elise Kessler in Lahr

26. November 1914 [Lille]
[...] Seit zwei Tagen befinde ich mich wieder bei meinen bayrischen Freunden, mit denen ich prächtig harmoniere. Ich bin der einzige Reichspöstler, den sie in ihren engeren Zirkel aufgenommen haben; von den andern, den „Praißen", hat noch keiner das Quartier eines bayrischen Kollegen gesehen. Ich sollte nämlich zur zweiten Armee weiterreisen, zu der ich versetzt bin, habe aber vorgezogen, mich hier krank zu melden wegen meines Beines; vielleicht kann ich doch noch hier bleiben. Ich muss immer noch am Stock gehen. Un officier blessé, höre ich dann und wann hinter mir mit leisem Bedauern. Hinsichtlich meines Quartiers habe ich wieder einmal Dusel gehabt. Ich wohne im Hause eines Arztes, der im Feld steht und dessen Frau ebenfalls abwesend ist. Nur eine alte Haushälterin ist da, die sich schon 32 Jahre in diesem Hause befindet. Unter vielen Tränen erzählte sie mir, dass sie selbst zwei Söhne im Felde habe, von denen sie seit Monaten nichts mehr weiß, denn jede Korrespondenz ist natürlich ausgeschlossen. In diesem Augenblick sitze ich im Arbeitszimmer des Doktors und schreibe meinem Datz. Hier treibe ich auch meine französischen Sprachstudien aus dem Tornister-Wörterbuch[1], das mir ein Kollege geliehen hat. Davon einige Proben:
Wie man Quartier macht: Sie sind der Besitzer dieses Hauses? Ich werde mich hier einquartieren, ich und mein Bursche. Zeigen Sie mir sofort mein Zimmer. Was, dieses schmutzige Loch, was

Paul Kessler

---

[1] Französisches Tornisterwörterbuch mit genauer Angabe der Aussprache, neu bearbeitet von Viktor E. von Weltzien, Oberleutnant im Infanterie-Regiment Nr. 26, kommandiert zur Kriegsakademie, Berlin-Schöneberg, mehrere Auflagen erschienen im Mentor-Verlag.

Seite 168 und 169 aus „Französisches Tornisterwörterbuch",
33. vermehrte und verbesserte Auflage, Berlin-Schöneberg, Mentor-Verlag, um 1913

fällt Ihnen ein, ich werde mir selbst eins suchen. Öffnen Sie sofort alle Türen. – [Zeichnung einer Pistole] – So, hier werde ich bleiben. Trocknen Sie zunächst meine Sachen: und jetzt will ich 2 Stunden schlafen. Vermeiden Sie jedes Geräusch währenddessen. Klopfen Sie dann an meine Türe, und nachher will ich etwas zu essen haben. Ich mache Sie für alles verantwortlich. Wenn Sie das geringste gegen mich arrangieren, werden Sie erschossen. – Herausgeber des Buches ist Oberleutnant Weltzien, Kriegsakademie Berlin! – Prosit, da kann man froh sein, wenn man nicht zur Gegenpartei gehört. In diesem Tone bin ich noch nirgends verfahren und kann dabei nur sagen, dass ich immer besser gefahren bin. [Die] Leute haben dann mehr Vertrauen zu einem und sind viel entgegenkommender. Man kann freundlich sein und dabei doch auf der Hut sein. – […]

*Wilhelm Münz, Gefreiter, später Unteroffizier,
Reservedivision 26, Reserveinfanterieregiment 119*

Briefe an Pfarrer Pressel in Schornbach

7. Dezember 1914 Ovillers/Somme

Sehr geehrter Herr Pfarrer!
Wenn mir nicht durch das Krachen der einschlagenden Granaten und durch das Zischen der ständig vorbeifliegenden Infanteriekugeln immer der Ernst der Lage vor die Augen geführt wäre, so könnte ich meinen, ich hätte mich auf einer geologischen Exkursion in die Höhle eines Kreidefelsens verirrt. – Da sitze ich bereits oder besser erst 4 Tage zusammengekauert 2 m unter der Erdoberfläche, um meine Glieder auf ihre Gelenkigkeit hin zu untersuchen. Wir sind also mehr mit Maulwürfen als Menschen zu vergleichen, denn nur nachts dürfen wir unsere unterirdischen Wohnungen verlassen, um dann unsere Glieder wieder nach Herzenslust strecken zu können. Das ist dann auch die Zeit für uns, um Postsachen in Empfang zu nehmen. Und es ist geradezu rührend, wie wir von allen Gegenden der lieben Heimat beschenkt werden. Nehmen auch Sie meinen herzlichsten Dank für das Paket mit seinem willkommenen Inhalt entgegen; ebenso auch für das Blättchen vom 22. November, das ich vor unserem Abmarsch in Jules erhielt!

Endlich wäre also mein sehnlichster Wunsch, in der vordersten Schützenlinie zu liegen, erfüllt! Wir befinden uns hier ca. 7 km vor Albert rechts von der großen Heeresstraße in einer kleinen Talmulde, zwischen Ovillers und La Boisselle; gegenüber die französischen Stellungen auf einer kleinen Anhöhe, 700 m von uns entfernt. Leider dürfen wir bis auf weiteres nur defensiv tätig sein; von unserer Seite aus fällt kein Infanterieschuss. Daher kommt es auch, dass die Franzmänner ruhig und frech ihre holden Gesichter im grellsten Tageslicht zeigen, während uns ein derartiges Experiment eine kleine Sendung kupferner Grüße von drüben kostet. Unsere Hauptaufgabe besteht eben darin, die häufigen nächtlichen Angriffe unserer Gegner mit Ruhe abzuweisen. Wie wir Luftsignalen in der vorletzten Nacht entnehmen konnten, soll in der nächsten günstigen Nacht wieder ein feindlicher Ausbruchsversuch erfolgen. Wenn man da nachts so allein auf Posten steht und in der Ferne das Feuer der abbratzenden feindlichen Artillerie aufleuchten sieht und alsbald in allernächster Nähe ein dumpfer Knall erfolgt, da ist eben ein Psalm 91 die einzige Aufmunterung. Nur im festen Vertrauen auf die göttliche Hilfe kann man dann ruhig auf seinem Platze ausharren und die Nerven in der Gewalt behalten. Und wenn jetzt schon so mancher Seufzer im Hinblick auf die kommende Weihnachtszeit zu vernehmen ist, so wollen wir uns getrost in unser Schicksal fügen und uns im Feindesland nicht als weichliche deutsche Männer und Jünglinge zeigen. Wir wollen geduldig in der Ferne Weihnachten feiern, denn in unserer Heimat soll und darf es nicht so aussehen wie hier! Ovillers ist z. B. ein Ort in der Größe Schornbachs und ist buchstäblich dem Erdboden gleichgemacht. Wir müssen die Feinde besiegen!

Ihnen inmitten Ihres trauten, vollzähligen Familienkreises ein fröhliches Weihnachtsfest wünschend, grüßt Sie, sowie die werte Frau Pfarrer und die lieben Kinder recht herzlich Ihr dankbarer

W. Münz

10. Februar 1915 Ovillers

Sehr geehrter Herr und Frau Pfarrer!

2½ Monate war also Ihr Etappenpaket unterwegs, und doch kam es noch glücklich in meine Hände! Es war ganz vernünftig, dass uns die Post an Weihnachten nicht alle großen Pakete auf einmal zustellte, zumal uns ja in den Weihnachtsfeiertagen durch die feindliche Artillerie der Appetit ordentlich verdorben wurde. Mit vergnügteren Gesichtern als an Weihnachten bissen auch vorhin meine 10 „Schlafkameraden" in das Backwerk. Es wurde redlich mit ihnen geteilt; denn beim Gedanken an die gegenwärtige Getreideregelung wäre ich ja unwürdig, mich einen Deutschen zu nennen, wenn ich die Menge Weihnachtsbrötchen allein verzehren wollte. Statt eines gedachten also vorhin 11 deutsche Krieger Ihrer bei einer „Teevisite" mit dankbarem Herzen. Nehmen Sie meinen herzlichsten Dank auch für die lieben Zeilen entgegen.

Wie ich von meinen lieben Eltern erfuhr, veröffentlichte scheint's mein Bruder daheim wirklich wahrheitsgetreue Schilderungen von dem Aussehen der Infanteristen, die im Argonnenwalde vom Schützengraben zurückkommen. Ich hatte mir bisher zwangsweise Schweigen darüber auferlegt. Es ist ja wahr: Wir sehen geradezu grauenhaft aus, und mancher hält in gesundheitlicher Beziehung weit mehr aus, als er früher auszuhalten vermeinte. Schweigen sollte ich aus zweierlei Gründen: Denn einmal lassen sich diese Sachen sicher später mündlich viel humorvoller erzählen, und für's andere haben jetzt die Angehörigen daheim nur unnötig Bedauern. Da sieht es offenbar bei den Franzosen drüben noch ganz anders aus: ein Stück des französischen Schützengrabens war eingefallen an einem fürchterlichen Regentag, und zwar an der Stelle, wo die Entfernung hinüber mindestens 1000 m beträgt. Die Franzosen, die diese Stelle passieren wollten, mussten nun immer dem Graben entsteigen und außen geschwind vorbeigaloppieren, da wir uns diese Gelegenheit, wieder einmal unsere Schießkunst zu zeigen, nicht nehmen ließen. Einer unserer Posten will nun gesehen haben, wie ein Franzmann, als er hinüberschoss, an dieser berüchtigten Stelle in den Graben sprang und er dann das Wasser nach allen Seiten hinausspritzen sah. Wenn man bedenkt, dass wir jetzt mit der Zeit 2–3 m tiefe Laufgräben haben und man noch die Entfernung von 1000 m in Betracht zieht, so kann man sich die Wassermenge selbst ausmalen. Auf jeden Fall hatte der Posten Adleraugen. So schlimm ist es bei uns doch nicht, und wenn hier einer unzufrieden ist, so heißt's: „Weißt nicht mehr, wie drüben das Wasser in die Höhe spritzte, als der Franzmann in seinen Graben sprang?" Vor der nassen, weichen Erde darf man sich allerdings nicht fürchten. Ich muss immer so im Stillen über mich selbst lächeln, wenn ich an meinen 1. Tag im Schützengraben denke. Ganz vorsichtig bewegte ich mich da, jeder Pfütze ausweichend, jedes Dreckchen sorgfältig sofort wieder von meiner Uniform entfernend. Auch wenn ich mich jetzt ansehe, von oben bis unten mit

Erde und Lehm überzogen, so bin ich vergnügt und glücklich, denn das ist doch noch eine bessere „Schutzfarbe" als unser Feldgrau. Die Hauptsache ist, dass wir, wenn wir wieder 10 Tage in der Stellung sind, wenigstens Gelegenheit haben, uns gründlich zu waschen. So ein „Bad" ist einem immer eine sichtliche Erleichterung! Vom Zivilstandpunkt aus sollte man sich allerdings am Tag mindestens 10 mal waschen, denn wir sind gegenwärtig die reinsten Bergwerksleute: Auf Befehl sollen wir uns bombensichere Deckungen graben. So eine Deckung baut sich folgendermaßen auf: Zunächst kommen ziemlich starke Dielen, die den Plafond darstellen; über ihnen eine Lage ordentlicher Baumstämme; darüber noch 3–4 m gewachsener Boden und zuletzt noch die aufgeworfene Erde, mit Stroh vermengt. Die Gefahr von Volltreffern wird dann noch dadurch verringert, dass die Deckungen höchstens 1 m breit gemacht werden. Es war dies eine Notwendigkeit, da offenbar die feindliche Artillerie ausrichten soll, was die französische Infanterie am 17. Dezember nicht vermochte. Offenbar bereitet sich aber auch bei uns vorne wieder ein französischer Angriff vor. Dazu haben die Gegner jetzt Turkos[1] hergeschafft, die uns durch nächtlichen Angriff überrumpeln sollen. (Wir fingen bei dem nebeligen Wetter gestern eine französische Patrouille ab, die derartige Aussagen gemacht haben soll.) Bei dem kalten Wetter gegenwärtig wird bei diesen Kolonialtruppen die Angriffslust auch nicht so großartig sein. Nun, sie sollen nur kommen, wir werden ihnen unter dem Beistande Gottes schon einheizen! –

Vielleicht interessiert es Sie, noch einiges über das 200 m links von uns liegende La Boiselle zu hören, da es ja im französischen Tagesbericht so oft als ein Ort des Ringens erwähnt wird: La B. liegt auf einem kleinen Höhenrücken, der gegen die französischen Gräben vorgeschoben ist. Es hatte insofern eine strategische Bedeutung für die Franzosen, als sie uns 119ern dauernd Flankenfeuer von dort aus beibringen konnten. Seitdem es in unserem Besitz ist, sind wir von diesem Übel verschont. Überdies kann unsere Artillerie die Heeresstraße Bapaume–Albert ziemlich genau unter Feuer nehmen, da sie von der Höhe aus gut beobachten kann.

Als ich hierher kam, gehörte La B. noch zur Hälfte den Franzosen, durch einen nächtlichen Angriff der 120er wurden sie bis zum Süd-Westausgang zurückgeworfen. Die Unsrigen behaupteten trotz ungeheuren Artilleriefeuers ihre Eroberung. Durch unsere Artillerie wurde nun dieser Dorfrand ungeheuer bearbeitet, und die Franzosen mussten, allerdings nur vorübergehend, auch diesen Teil vollends räumen. Kaum hatten aber die Unsrigen sich eingenistet, so mussten sie den Platz wieder räumen, gezwungen von der feindlichen Artillerie. So wogte der Kampf häufig hin und her in dem jetzt so genannten „Granathof" von La B. (Bei so einem Sturmangriff fiel u. a. Pionierleutnant Constantin Eberhard von Schorndorf, ein früherer Schulkamerad von mir, am 27. Dezember). Bald nachher waren aber schon wieder die Franzosen drin. Da unternahm das 3. Bataillon 119 ungefähr vor 2 ½ Wochen nachts 11 Uhr einen Angriff. Ohne Hurrarufen ging es lautlos vor, und richtig gelang der Überfall. 80 Gefangene wurden gemacht und beinahe ebenso viele vernichtet. Bayrische Festungspioniere unterminierten nun, während die Infanterie die Stellung bis

---

[1] Französische Kolonialtruppen aus Nordafrika.

morgens 7 Uhr hielt. Dann wurde von uns der Platz geräumt und nicht ohne Verluste von den Franzosen wieder besetzt. Sie durften sich nun bis 13 Uhr mittags wieder gemütlich einrichten. Da aber, zur uns schon vorher angekündigten Stunde erfolgte ein Knall, und wir sahen den Granathof drüben in die Luft fliegen. So war dem vorigen Hin und Her ein Ende gemacht. – Offenbar kommt jetzt der Friedhof drüben an die Reihe. Solange wir noch vorn waren, hatten unsere Gegner sich darin festgesetzt. Unsere Artillerie zwang sie zum Räumen. Wie ich heute erfuhr, befindet sich jetzt niemand drinnen, sondern sowohl unsere wie die französische Artillerie schießt hinein. – Während also bei La B. die Gegner bisher nur 30–50 m voneinander entfernt waren und sich gegenseitig überfielen, sind die Franzosen jetzt doch auf ihre eigentliche Linie zurückgetrieben. Und auch die 120er haben vorerst nur noch die Aufgabe, wie wir, ihre Stellung unter allen Umständen zu halten. Sie haben allerdings etwas mehr in dieser Beziehung auszuhalten als wir, d. h. sie werden öfters angepackt. Unser bester Drahtverhau sind eben die toten Franzosen, die immer noch vom 17. Dezember her ca. 100 m vor unseren Schützengräben liegen. Selbst die Engländer sind offenbar nicht über ihre toten Verbündeten vorzubringen. Deshalb werden auch die Turkos hierher gekommen sein. Nun, wir sind jederzeit bereit, sie zu empfangen. Das Schönste ist, dass wir beinahe immer vorher von unserem Generalstab darauf aufmerksam gemacht wurden, dass ein feindlicher Angriff erfolge. Es ist mir geradezu rätselhaft, wie auch jedesmal die Sache stimmt. So ist auf den 15. II. scheint's wieder ein französischer Frontalangriff geplant. An diesem Tage sollen in ganz Frankreich die Glocken läuten und allgemein gefastet werden, damit der Sieg umso sicherer sei. Nun, hoffentlich kommen sie auch! Unsere Gegner können ja nichts Besseres tun als anzugreifen. Da ist ja der Prozentualsatz der gegenseitigen Verluste unter normalen Umständen höchstens 1 : 5. Am 17. Dezember war er bei uns speziell ungefähr 1 : 30. Wenn man bedenkt, dass seit dem 28. September ununterbrochen bei uns hier Verteidigungsmaßregeln getroffen wurden, so können Sie sich denken, was es heißt, eine solche Stellung zu nehmen. Höchstens durch Artillerie, wenn sie schließlich lauter Volltreffer herübersenden würde, könnten unsere Reihen so gelichtet werden, dass wir den Platz räumen müssten. Doch das ist kaum anzunehmen, denn wir kämpfen für Recht und Freiheit und ein Höherer lenkt die feindlichen Granaten und lenkt sie an einen sicheren Ort, von dem sie uns wenig schaden. Die französische Artillerie schießt z. B. täglich mindestens 100 Granaten in ein Tälchen zwischen Ovillers und Pozières. Wahrscheinlich vermutet sie dort Artillerie von uns. Jedoch nur eine Scheinbatterie ist dort ausgehoben, und mit einem wirklichen Hochgenuss sehen wir die feindlichen Granaten und Schrapnells täglich dort einschlagen.

Wir hoffen, dass wir also am 15. die Gegner unter Gottes Beistand wieder mit blutigen Köpfen heimschicken und den Lieben in der Heimat so einen ehrenvollen Frieden wieder um ein Stück näher gebracht haben!

Mit nochmaligem herzlichen Dank grüßt Sie, sowie Frau Pfarrer und die lieben Kinder vom Feindesland herzlich Ihr dankbarer

W. Münz

29. April 1915 Bapaume
[…] Ich will das Andenken meines lieben Vaters dadurch ehren, dass ich ihm immer ähnlicher zu werden strebe. Vor allem soll er mir in seiner treuen Pflichterfüllung immer ein leuchtendes Vorbild sein! –
In der Nacht vom 7. auf 8. Mai sollen wir voraussichtlich wieder in den Schützengraben vorkommen, wahrscheinlich nach B. [Beaumont], das 2 Regimentsbreiten rechts von Ovillers liegt. Und zwar sollen wir von da an als Reserve der 2. Armee zählen, bisher waren wir ja Korpsreserve. Wir haben also Gelegenheit, eventuell einmal in Flandern den Engländern einen Besuch abzustatten. Gern lösen wir die Kameraden draußen wieder ab. Wir hatten ja hier lange Zeit, unsere Nerven ausruhen zu lassen und uns innerlich zu sammeln. Unter anderem haben wir neulich einen Gesangverein gegründet, der dann am Abend, bevor wir gehen, vor der Wohnung des Kommandierenden Generals und vor der unseres Regimentsführers heimatliche Weisen ertönen lassen wird. Für nächsten Sonntag ist bereits ein Wohltätigkeits-Kirchenkonzert zu Gunsten der Hinterbliebenen von Gefallenen des Reserveregiments 119 ausgeschrieben: Orgel, Gesang und Violine! Auch ein reichhaltiges Lesezimmer hatten wir hier. – So kann auch von uns jetzt wieder etwas verlangt werden. Und Sie dürfen überzeugt sein, jeder von uns wird seine Pflicht erfüllen! Mit Gott wollen wir wieder hinausgehen! […]

30. September 1915 Schützengraben [Beaumont]
Lieber Herr Pfarrer!
für die Übersendung der Septembernummer des Gemeindeblattes und die beiden letzten Nummern von „Durch Kampf zum Sieg" recht herzlichen Dank!
Unsere Ereignisse hier treten natürlich gegenwärtig zurück vor denen an den Brennpunkten der neuen französisch-englischen Offensive. Auch wir hatten uns auf einen Angriff gefasst gemacht, denn 3 Tage wurden wir, d. h. unsere ganze Division, von der englischen schweren und leichten Artillerie stark beschossen. Offenbar sollte das Bombardement hier nur zur Täuschung dienen, denn 2 Tage darauf ging es ja an der ganzen Westfront los, nur nicht bei uns. Bezeichnend ist, dass die neue Offensive uns am Abend vorher bekanntgegeben wurde. Es hieß: „Bei Arras wurde eine feindliche Patrouille gefangen genommen, die ausgesagt hat, dass heute Nacht die Franzosen und Engländer an 5 Stellen der Front angreifen!" Das wurde uns am Abend vorher bekanntgegeben! Morgens um 4 Uhr ging es dann richtig auch so ca. 8 km rechts von uns los bei Roclincourt. Auch wir standen von morgens 3 Uhr an in jener Nacht in höchster Alarmbereitschaft. Auch die Artillerie und unsere Minenwerfer standen bereit. Ein „Hurra!" von den Posten draußen, und unsere Leute wären im Graben gestanden und die Handgranaten wären nur so geflogen – eine rote Leuchtkugel vom Grabendienst abgeschossen, und unsere Granaten und Minen hätten ordentliche Lücken in die Reihen der anstürmenden Engländer gerissen! Es ist immer eine wunderbare Stimmung, wenn man nachts so beieinander in der Deckung sitzt und einen feindlichen Angriff erwartet! Aber wie ja die neue Offensive gezeigt hat, sehen unsere Feinde es endlich ein, dass es fast völlig ausgeschlossen ist, einen deutschen Graben ohne Artille-

rievorbereitung zu nehmen. Deshalb, wie der neue Tagesbericht sagt: Vorher 70 Stunden ständige Artillerievorbereitung! Das ist etwas Furchtbares! Und wenn 2 Divisionen von uns ihre Gräben räumten und eine Stellung 2 km rückwärts bezogen, so können wir das ohne weiteres verstehen. In diesem Fall hat dann der Gegner allerdings keine „Gräben" mehr genommen, sondern nur einen „Kirchhof tot und lebendig begrabener Kameraden". Die Artillerie entscheidet eben. Und zunächst ist eben die Artillerie des Angreifers in der Geschützüberzahl. Doch die große Herbstoffensive unserer Westgegner ist jetzt bereits zusammengebrochen, wenn wir uns auch auf weitere Versuche gefasst machen müssen. Gott allein die Ehre! […]

27. Dezember 1915 Beaumont/Somme

Lieber Herr Pfarrer!

Für den Weihnachtsgruß, der mich recht gefreut hat, herzlichen Dank!

Jetzt wäre „Weihnachten 1915" vorüber. Wir haben es hier vor dem Feinde in aller Stille begangen. Die Stimmung in unserem Unterstand, mit dem brennenden Christbaum in der Mitte, war eine feierliche und für mich wirklich wieder ein unvergessliches Erlebnis. […] Schon manchen Schmerz und manche Enttäuschung musste ich während des Krieges erleben! Als ich mich im August vorigen Jahres mit meinem Bruder Hans freiwillig stellte, da war es neben dem Pflichtbewusstsein und der Vaterlandsbegeisterung auch der Wunsch, den Krieg recht tief auf mein Innenleben wirken zu lassen. Ich stellte mir das so schön vor: Da stürmt man mit seinen Kameraden im Kugelregen mit Hurra vor – kommt mit Gottes Hilfe glücklich durch – und hat ein Erlebnis, das einen im Leben nie mehr sinken lässt! Jetzt liege ich aber schon 13 Monate im Schützengraben, und zwar beinahe immer in derselben Stellung. Man erlebt wohl manches, das einen großen Eindruck auf einen macht, aber durch das häufige Wiederholen birgt vieles manchmal schon etwas zum „Abstumpfen" in sich. – […]

Und zwar geht's übermorgen Abend für 10 Tage nach Mir … …! [Miraumont] Unser Wunsch ist, dass es 10 Tage der Ruhe werden mögen. Das ewige Schlammwaten und Schlammschaufeln nahm einen doch etwas mit. Dazu kam dann für meinen Zug noch andauernde Beschießung durch die englische Artillerie. Allerdings nur Einzelschüsse – aber gerade diese Schießerei schlaucht einen am meisten, wenn man schanzen soll. Die Ursache zu der Schießerei gaben zwar wir selbst! Unsere „Pios"[2] mussten am 19. einen unserer größten Minenstollen sprengen, da die Engländer wieder auf unsere Gräben zu minierten. Die Sprengung des <u>21 m tiefen</u> und bis an den englischen Graben reichenden Stollens hatte eine kolossale Wirkung! Die reinste Talmulde riss es heraus! Die Menschen, die gerade auf dieser Strecke waren, sind eigentlich zu bedauern. Man kann sich tatsächlich nichts Scheußlicheres denken als so eine Sprengung: Da krümmt sich plötzlich der Boden unter einem – man hat noch Zeit zum Nachdenken – und dann geht's in Stücken in die Luft und in Stücken

---

[2] Pioniere.

wieder herunter, um sofort mit Erde zugedeckt zu werden. Glücklich, wer sofort tot ist! Das alles mussten wir eben im Bewegungskrieg nicht mitmachen. Wie gerne machten wir bei einer deutschen Offensive mit und setzten im Sturm unser Leben ein! Vielleicht dürfen wir's bald! Und dann hoffen wir, dass wir durch einen energisch ausgeführten Durchbruch der englisch-französischen Front dem heißersehnten Frieden um ein gutes Stück näher kommen. Die Hauptsache ist, dass wir rufen dürfen:

„Das Land ist frei, und der Morgen tagt,
wenn wir's auch nur sterbend gewonnen!"

[…]

Brief an die elfjährige Trudel Pressel in Schornbach

12. September 1915 Schützengraben [Beaumont]

Liebe Trudel!

Dass Du an Deinem Geburtstage auch an mich im Schützengraben gedacht hast, hat mich riesig gefreut. Ich wünsche Dir zu Deinem Geburtstage nachträglich alles Gute. Mögest Du ihn noch recht oft gesund mit Deinen lieben Eltern und Geschwistern zusammen erleben dürfen!

Als vorhin unser schwarzer Kriegskaffee in einem großen Wassereimer auf den Tisch gestellt wurde, ließen wir uns die „Kecks" aus Deinem Paketchen gut dazu schmecken. Besten Dank dafür, vor allem auch für Deinen lieben Brief! Gerne würde ich Dir auch eine Freude bereiten. Aber gegenwärtig besitze ich nicht einmal ein Bildchen vom Schützengraben, das ich Dir schicken könnte. Auch Deinen alten Wunsch, den mir einst Dein lieber Papa mitteilte, Dir belgische Briefmarken zu verschaffen, kann ich Dir nicht erfüllen, deshalb musst Du Dich eben damit begnügen, wenn ich Dir als Ersatz für ein Geburtstagsgeschenk ein wenig von unserem Schützengraben erzähle.

Zunächst möchtest Du natürlich wissen, wie weit unser Graben von dem französischen Schützengraben entfernt ist, d.h. ich muss jetzt sagen, von dem englischen. Denke Dir einmal, wir würden miteinander einen Spaziergang auf der Straße von Schornbach an die Ölmühle hinaus machen: die Straße wäre dann unser Schützengraben und der „alte Bach" drunten der englische. Mein Platz auf der Straße wäre dann da, wo die Straße nach Mannshaupten abzweigt: ich bin also am rechten Straßenrand und die Engländer am „Ölmühlbächle" drüben unter der Brücke. Nicht wahr, da haben wir unsere Feinde nahe bei uns! Da wäre es ja eine Kleinigkeit, bei Nacht einmal hinüberzuspringen. Aber da haben wir vor unserem Graben und die Engländer drüben vor ihrem Schützengraben starke Drahthindernisse [es folgen zwei Zeichnungen].

Diese 2 Arten von Drahthindernissen haben wir hier. Es sind einfach Draht- und Eisengestelle, die ganz mit Stacheldraht durchzogen sind. So musst Du Dir den Platz zwischen den beiden Schützengräben ausgefüllt denken. Nur in der Mitte ist noch ein Raum von 15–20 m frei. Jetzt wirst Du auch verstehen, dass das Hinüberspringen nicht mehr so ein-

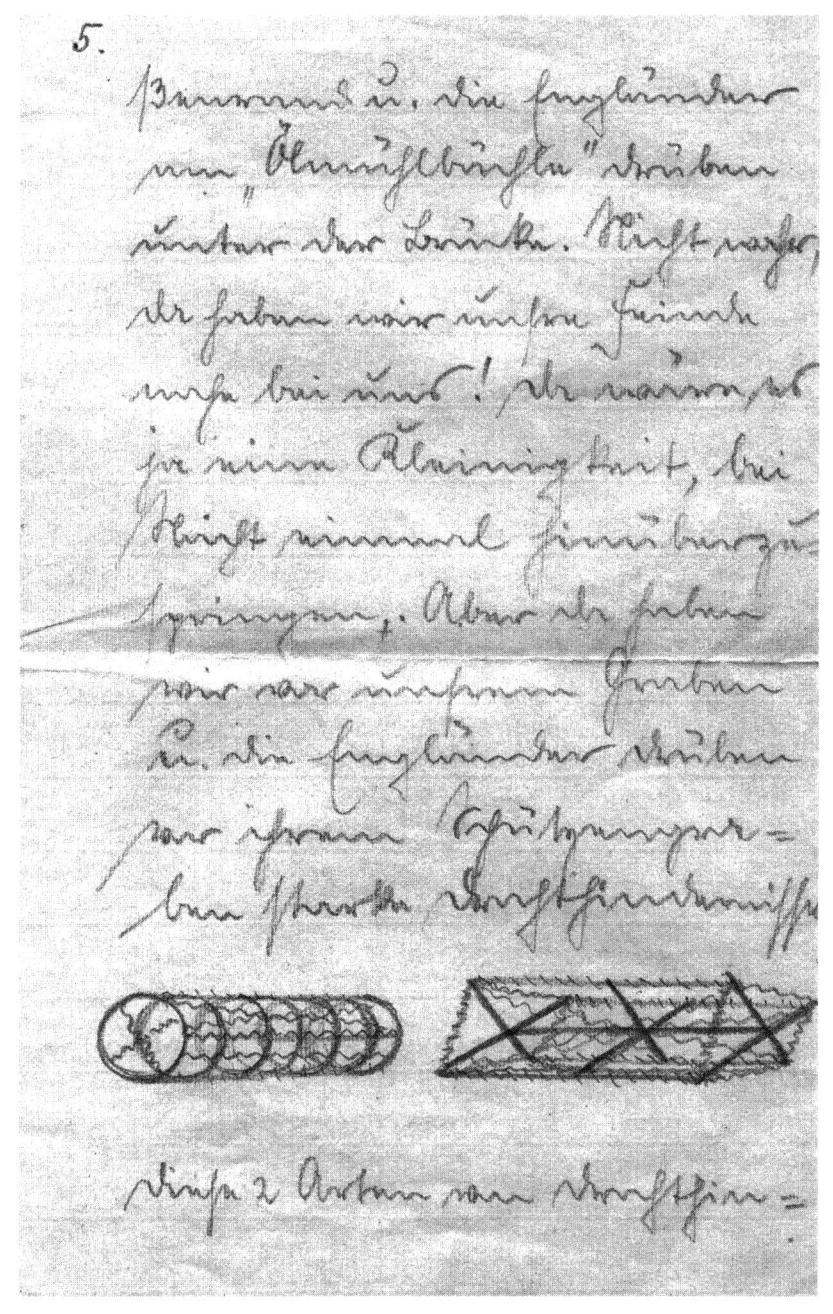

Seite 5 des Briefs von Wilhelm Münz an Trudel Pressel vom 12. September 1915

fach ist. Denn bei jedem Tritt klirrt der Draht, und die Posten, die es hören, schießen sofort. Zugleich werden dann auch Leuchtkugeln abgeschossen, die das ganze Gelände bei Nacht erhellen. In Stuttgart wirst Du ja schon hie und da zugesehen haben, wenn Raketen abgeschossen wurden. Ganz ähnlich sind unsere Leuchtkugeln. Wie so ein Schützengraben aussieht, wirst Du ja auf Bildern schon gesehen haben. (Von unserem werde ich Dir in Bälde einige Bildchen schicken), Du darfst nun aber nicht meinen, dass wir immer im Graben oben selbst sind. Nein, wer nicht auf Posten steht, d. h. den englischen Schützengraben beobachten muss, der bleibt in seiner unterirdischen Wohnung, in der er gegen Kugeln und Granaten geschützt ist. Vom Schützengraben oben führen steile Treppen hinunter in die Löcher. Gerade so wie die Treppe bei Dir daheim, die von der Glastüre in den Hausflur hinunterführt, nur sind unsere Treppen ziemlich steiler und so nieder, dass man gebückt gehen muss. Die Höhle, in der ich wohne, ist ungefähr so groß wie Eure Veranda und 5 m unter dem Boden. In der Mitte haben wir wie in einem Gartenhäuschen einen Tisch stehen, der rings von Holzbänkchen umgeben ist. Die Bretterwände haben wir schön mit Bildern behängt. Und da unten sitzen wir nun und lesen und schreiben, wozu uns die Kerze, die über dem Tische an einem Draht hängt, das Licht spendet. Es ist nur schade, dass Du nicht einmal geschwind selbst zu uns hereinsehen kannst. Was meinst dazu, wenn ich zu den Engländern hinüberschreien würde: „Lasst mal eure Schießerei gehen; Trudel aus Schornbach möchte sich heute unseren Schützengraben ansehen!"?

Aber weißt, wenn ich das hinüberschreien würde, würden die während Deines Besuches erst recht viel Granaten zu uns herüberschicken. Und deshalb ist es wohl am besten, wenn ich auch noch hier bleibe, bis wir die Engländer besser erzogen haben. Haben wir aber die Engländer zu besseren Menschen erzogen, dann werden daheim die Friedensglocken läuten. Und dann, liebe Trudel, darf auch ich vielleicht, wenn mich Gott wie bisher vor den feindlichen Kugeln schützt, nach Schornbach zurückkehren. Mit dem Wunsche, dass dieser Tag bald kommen möge und wir uns dann wiedersehen, grüßt Dich recht herzlich
Dein Wilhelm

*Postkarte aus dem Sammelmäppchen „Der Krieg 1914/15 in Postkarten,
Abteilung: Frankreich, Inhalt: Umgebung von Sankt Quentin", München, Lehmanns Verlag*

*Postkarte aus dem Sammelmäppchen „Vom Kriegsschauplatz der 26. Reserve-Division,
6 Ostermayer-Postkarten", Verlag der 26. Reserve-Division*

Walther Vogt, Feldunterarzt, Infanteriedivision 35

Brief an seine Eltern in Marburg/Lahn

27. Oktober 1915 Seraucourt

[…] Seit gestern haben wir uns in Seraucourt eingenistet, einem reizenden kleinen Somme-Städtchen. Die Quartiere die besten, die wir überhaupt je gehabt oder bei anderen gesehen haben. In der großen altertümlichen Privatwohnung des Direktors der großen Zuckerfabrik (zugleich mairie[1]) ist unser Kasino und in seinem Büro die Ortskommandantur. Hier herrscht unser Rittmeister als kleiner König über sein 1.000–1.500 Einwohner zählendes Reich. Es herrscht eine fabelhafte Ordnung und Disziplin in allen Einrichtungen. Alles, alles steht unter sorgfältig organisierter militärischer Kontrolle. Was an Vorräten da ist, Weizen, Futter, Heu, Stroh, Kohlen, Holz, Obst, Gemüse, Fabrikanlagen, Maschinen, Mühlen, der ganze Somme-Kanal mit seinen Anlagen, alles ist in militärischer Verwaltung. Die Vorräte registriert, jedem Einwohner seinen Wintervorrat für bestimmte Zeit zugewiesen und die großen übrig bleibenden Erntevorräte beschlagnahmt. Über die verfügt nicht einmal der Ortskommandant, sondern ein großer aus Offizieren des Korps gebildeter Wirtschaftsausschuss im Einvernehmen mit dem Armeeoberkommando. Jegliche Requisation ist absolut verboten. Geflügel, Kühe, Pferde, die zahlreichen prachtvollen großen weißen Zugochsen, das alles ist, soweit es den Einwohnern geblieben ist, genau registriert, alle Erzeugnisse wie Eier, Milch, Gemüse, Obst werden vom Ausschuss den Einwohnern abgekauft, soweit es ihnen nicht als regelmäßige Verbrauchskost zugewiesen wird. Brotgetreide für die Zivilbevölkerung wird von einer holländisch-spanischen Gesellschaft an bestimmte Mühlen geliefert, und dies darf wieder ausschließlich nur von den Einwohnern verbraucht werden, nicht einmal wir Offiziere können z. B. beim Bäcker Weißbrot kaufen. Es ist eine sehr komplizierte bis ins Kleinste gehende oft etwas schwerfällige Organisation. Aber von einer ganz erstaunlichen Gründlichkeit und Zweckmäßigkeit. Für uns wilde Ostkrieger zuerst befremdend und oft komisch und noch öfters unbequem, aber sehr wichtig als Lebensquelle für Heimat und Heer. Nur in einem äußerst straff und sparsam verwalteten besetzten Gebiet lassen sich so hohe landwirtschaftliche Erträge herauswirtschaften, ohne die Einwohnerschaft zu vergewaltigen. Die ganze Landwirtschaft, jetzt Bebauung und Aussaat und Ausdreschen der eingefahrenen Ernte, geschieht von Soldaten oder von Einwohnern unter militärischer Aufsicht. Ochsen und Pferde gehören den Einwohnern, aber arbeiten für die Gesamtheit. So wird der Korps-Brücken-Train jetzt in einem Gutsbetriebe aller größten Stiles aufgehen, die beiden Leutnants haben ihre eigenen Wirtschaftsressorts. Ich bin Ortsarzt und vorläufig noch mit Einrichtung der Ortskrankenstube beschäftigt. Mein Heim teile ich mit einem Leutnant Claussen, dem netten hochgebildeten Amtsrichter aus Hamburg, an den ich mich schon länger näher angeschlossen habe. Wir wohnen

---

[1] Bürgermeisteramt.

in einer wunderschönen Villa eines kleinen Rentiers, haben jeder unser Schlafzimmer, mit dem unvergleichlich riesigen französischen Bett, und gemeinsam ein Wohnzimmer, als Esszimmer sehr gemütlich eingerichtet mit schweren Eichenmöbeln, Marmorkamin mit kleinem eisernen Vorsatzofen, sehr zierlichen altfranzösischen bunten Tellern an den Wänden, elektrisches Licht, kurz alles sehr wohnlich. Ein gutes Klavier im Salon. Ich glaube, hier würden wir es gut bis zum Kriegsende aushalten, vom Krieg selbst haben wir ja genug gesehen. Schickt mir bitte Noten, Requiem von Brahms, Rhapsodien, Balladen, Klavierstücke. [...]

II Deutsche Besatzungsherrschaft in Nordfrankreich

von Larissa Wegner

Die Gebiete Nordfrankreichs, welche die Deutschen seit November 1914 besetzt hatten und gleichsam durch ihre „Wacht an der Somme" verteidigten, umfassten 3,7 Prozent des französischen Territoriums. Hier fand eine Feindberührung anderer Art statt, nämlich die zwischen deutschen Soldaten und der feindlichen Zivilbevölkerung. Das Verhältnis zwischen Besatzungstruppen und Zivilisten war von Anfang an von dem Umstand geprägt, dass die Deutschen sich in einer Verteidigungsposition wähnten und zudem wirtschaftlich immer mehr unter Druck gerieten. Wie alle anderen von Deutschland besetzten Gebiete wurden auch die okkupierten Teile Frankreichs schließlich weitgehend rücksichtslos für die deutsche Kriegsanstrengung ausgebeutet. Sämtliche Belange und Bedürfnisse der Zivilbevölkerung wurden diesem Ziel untergeordnet, die „militärische Notwendigkeit" war auch hier das bestimmende Prinzip. Im Umgang mit den feindlichen Zivilisten zeigte sich jedoch auch, dass dieses Prinzip zwei Seiten hatte – eine entgrenzende und eine begrenzende. Dies prägte insbesondere die Selbstwahrnehmung der militärischen Akteure und ihre Einordnung der eigenen Besatzungspolitik.

Deutsche Kriegsziele in Frankreich

Die Besetzung Nordfrankreichs war in erster Linie eine Folge der missglückten Umsetzung des so genannten Schlieffenplans. Nachdem ihr Vormarsch auf Paris im September 1914 von französischen Truppen an der Marne gestoppt worden war, wurden die deutschen Armeen zum Rückzug nach Norden gezwungen. Als im November 1914 an der gesamten Westfront der Stellungskrieg begann, bildete die Frontlinie im Nordosten Frankreichs einen weit ausgedehnten Bogen, der einen Teil Flanderns, des Artois, der Picardie und der Champagne umfasste. Diese Gebiete blieben, bis auf kleinere Veränderungen, beispielsweise durch den strategischen Rückzug während der „Alberich"-Aktion im Frühjahr 1917, die gesamte Dauer des Krieges vom restlichen Frankreich abgeschnitten und somit unter deutscher Besatzung.

In gewisser Weise war dies also eine „Zufallsbesetzung", doch sollte hier bald entscheidend werden, dass es sich beim Ersten Weltkrieg auch um einen Wirtschaftskrieg nie gekannten Ausmaßes handelte. Dieser hatte zwei Dimensionen – eine auf die Zukunft gerichtete und eine unmittelbar auf die Kriegführung bezogene. Erstere betraf die Nachkriegsordnung: Zumindest auf deutscher Seite war man überzeugt, dass es galt, diesen Krieg um die wirtschaftliche Hegemonie in Europa und Deutschlands Platz als Weltmacht auszufechten.

Bezogen auf Frankreich gab es hier allerdings keinerlei konkrete Zukunftsszenarien, im Unterschied etwa zu Belgien, das ja mindestens ein von Deutschland politisch und

Kommandantur Lille

Kommandantur-Befehle
fuer Offiziere, Sanitaets- und Veterinaer-Offiziere, Offiziers- und Beamten-Stellvertreter

1. **Geschaeftszimmer:**
Gouvernement: rue Royal 97.
Kommandantur: rue Jean Roisin 6.
Beitreibungsbuero: Grande place 25.

2. **Lazarette** beim Gouvernementsarzt: rue Jean Roisin 6 zu erfragen.

3. **Unterkunft:** Siehe Proklamation vom 3. 12. 1914, angeschlagen am Bahnhof und in der Kommandantur. Freie Verpflegung und Unterkunft steht nur jenen Offizieren usw. zu, welche aus dienstlicher Veranlassung in Lille uebernachten muessen.

4. **Anzug:** Die Offiziere usw. muessen auf den Strassen entweder den Saebel oder sichtbar eine Pistole tragen. Das Gehen mit Reitstock ohne Waffe ist verboten. Ausschreitungen im Anzuge werden unter Feststellung des Namens des Traegers zur Meldung gebracht. Auch auf Paletots (Gummimaenteln) sind Achselstuecke zu tragen.

5. **Ehrenbezeugungen:** Es ist auf schaerfste Strassendisziplin zu achten.
Offiziere usw. haben gegenseitig zuvorkommend zu gruessen und nicht erst den Gruss abzuwarten.
Sowohl die Ehrenbezeugungen der Untergebenen als auch der den franzoesischen Polizeibeamten anbefohlene Gruss sind unter allen Umstaenden zu erwidern.

6. Die Benutzung der **Strassenbahn** ist fuer Offiziere usw. frei.

7. Bei Unterhaltung in den Wirtschaften, in der Strassenbahn usw. ist groesste Zurueckhaltung und Vorsicht zu beachten.

8. Saemtliche Unteroffiziere und Mannschaften haben um 9 Uhr (im Sommer um 10 Uhr) abends in ihren Unterkuenften zu sein.

9. Die **Polizeistunde** fuer die Gasthaeuser ist mit Ausnahme einiger von der Kommandantur mit besonderer Erlaubnis bis 11 Uhr abends versehenen Lokale, die durch einen Ausweis kenntlich gemacht sind, auf 9 Uhr (im Sommer 10 Uhr) abends festgesetzt.

10. **Militaer-Polizei.** Die Militaer-Polizei wird durch Patrouillen der Kommandantur ausgeuebt, die durch eine schwarz-weiss-rote Armbinde mit der Aufschrift „Militaer-Polizei" kenntlich sind. Sie tragen ausserdem eine Ausweiskarte bei sich. Sie ueben auch besonders die Wirtshauspolizei aus. Ihren Anordnungen ist von allen Militaer-Personen, auch von Offizieren, unbedingt Folge zu leisten.

11. Das **Museum** an der place de la Republique ist vormittags von 10 bis 1 Uhr, nachmittags von 3,30 bis 6 Uhr unentgeltlich geöffnet.
Das Betreten der **Praefektur** ist verboten.

12. Die **Zitadelle** darf nur mit einem von der Kommandantur ausgestellten Erlaubnisschein betreten werden.

13. Den **weiblichen Angehoerigen** von deutschen Offizieren usw., Beamten, Unteroffizieren und Mannschaften ist der Aufenthalt in Lille verboten.

14. In der rue nationale und dem boulevard de la liberté befinden sich einige deutsche **Uniform- und Militaerausruestungsgeschaefte.**

15. Es ist verboten, mit Damen der Halbwelt auf der Strasse zu gehen und in Restaurants mit ihnen zusammenzusitzen.

16. **Badeanstalten:** fuer Offiziere an der place d'Arsenal, taeglich geoeffnet gegen Bezahlung; fuer Unteroffiziere und Mannschaften in der rue des Sarrazins 35 am Dienstag und Donnerstag und in der rue Dupuytren 24 am Mittwoch und Freitag zur kostenfreien Benuetzung.

17. **Offizierlesezimmer** rue de Pas 9 taeglich von 9 Uhr vormittags bis 7 Uhr 30 Min. abends geoeffnet.

Ausgabe von 1915

wirtschaftlich abhängiger Vasallenstaat werden sollte. Zwar existierten alldeutsche Annexionsfantasien, die eine Angliederung französischen Territoriums bis zur Somme-Mündung anvisierten, doch die Kriegsziele der deutschen Regierung fassten in erster Linie die Erzbecken von Longwy-Briey ins Auge. Vor allem aber sollte Frankreich militärisch besiegt und dann in eine europäische Nachkriegsordnung unter deutscher Führung eingegliedert werden. Diese Zukunftspläne wirkten sich jedoch nicht wesentlich auf die Besatzungspolitik aus. Viel mehr als von langfristigen Kriegszielen war die deutsche Besatzungspolitik in Nordfrankreich von den kurzfristigen ökonomischen Folgen des Wirtschaftskriegs geprägt.

Schon kurz nach Kriegsbeginn zeichnete sich ab, dass der Krieg nicht nur auf dem Schlachtfeld entschieden werden würde, sondern zugunsten desjenigen, der ausreichend kriegswichtige Rohstoffe und Menschen zur Verfügung hatte. Alle Kriegsteilnehmer bemühten sich daher, so viele Ressourcen wie möglich zu sichern, um die eigene Kriegsanstrengung zu unterstützen. Deutschland – das seit August 1914 durch die britische Seeblockade von überseeischen Einfuhren abgeschnitten war – griff hierfür weitgehend rücksichtslos auf die besetzten Gebiete zurück. In Frankreich erfolgte diese kurzfristige wirtschaftliche Ausbeutung in doppelter Hinsicht. Da das besetzte französische Territorium bis Kriegsende offiziell Operations- und Etappengebiet und somit unter der Kontrolle der Armeeführung blieb, war es weit reichenden Requisitionen durch die deutschen Truppen ausgesetzt. Diese umfassten nicht nur Nahrungsmittel wie frisches Fleisch, Eier, Milch und Wein für die Truppen, sondern auch alle möglichen Gebrauchsgegenstände: vom Kochtopf über Möbel, Öfen, Werkzeug und Nutztiere bis hin zu Musikinstrumenten und Billardtischen für die Offizierskasinos.

Zwar hatten die deutschen Vorkriegsplanungen dem Kriegsbrauch entsprechend zwei Quellen für die Versorgung der Feldarmee einkalkuliert: den Kriegsschauplatz und die Heimat. Doch je länger der Krieg dauerte und je mehr Wirkung die britische Seeblockade zeigte, desto weniger wollte man auf die ohnehin knappen Ressourcen der „Heimatfront" für die Heeresversorgung zurückgreifen. Es wurde zum wirtschaftlichen Ziel im besetzten Nordfrankreich, „die Heimat zu entlasten".

Letzteres bedeutete zum einen, dass die Heeresversorgung „aus dem Land" zunehmend weiter gefasst wurde und immer größeren Umfang annahm. Zum anderen aber wurde nun hemmungslos auf die im besetzten Gebiet verfügbaren Rohstoffe und Maschinen zurückgegriffen, um sich dort die fehlenden Mittel für die deutsche Kriegsanstrengung zu beschaffen. Gelegen kam Deutschland hierbei, dass zum besetzten französischen Gebiet eine der wichtigsten Industrieregionen Frankreichs gehörte. Eine umfassende wirtschaftliche Ausbeutung des französischen Territoriums war somit auch im Interesse der deutschen Reichsleitung. Die von ihr aufgestellten Grundsätze der wirtschaftlichen Ausbeutung des besetzten Frankreichs ließen sich in folgenden zwei Zielen zusammenfassen:

1. Die Truppen sind, soweit angängig, mit dem zu versorgen, was das besetzte Gebiet bietet, denn dadurch wird der Nachschub aus der Heimat entlastet und ihr die Überführung der Friedens- und die Kriegswirtschaft erleichtert.

2. Über diese mittelbare Hilfe hinaus bedarf die Heimat jedoch auch äußerster unmittelbarer Unterstützung durch die Rückführung von Lebensmitteln, industriellen Rohstoffen und Erzeugnissen aller Art, Futtermitteln, Düngemitteln usw., kurz alles dessen, was für sie von wirtschaftlichem Werte ist.[1]

Von der Beschlagnahme so genannter Kriegsrohstoffe für die Heimat waren zunächst vor allem Vorräte und Maschinen stillgelegter oder zerstörter Fabriken sowie Metallreste und alle möglichen Abfälle betroffen. Im Laufe des Krieges wurde jedoch zunehmend auch auf Privathaushalte zurückgegriffen. So wurden ab 1916 in großem Umfang Haushaltsgegenstände aus Kupfer beschlagnahmt – eine Maßnahme, die zuvor auch schon in Deutschland eingeführt worden war. Waren anfangs Gegenstände mit künstlerischem Wert oder z. B. Kirchenglocken und Orgelpfeifen noch von der Beschlagnahme ausgenommen, so wurden am Ende auch diese nach Deutschland abtransportiert. Schließlich wurde den Bewohnern der besetzten Gebiete sogar die Matratzenwolle weggenommen, um diesen Füllstoff für die Textilindustrie (zur Herstellung von Uniformen) verwenden zu können. Die Maßnahme sei notwendig, argumentierte der Beauftragte des Generalquartiermeisters: „Die Rückführung der Wolle ist für die Schlagfertigkeit der Armee von größter Bedeutung. Wegen der Beschlagnahme und Rückführung der Matratzenwolle ist die Truppe darüber zu belehren, dass aus jedem Kilo abgelieferter Wolle die vollständige Uniform eines Mannes hergestellt wird und daher aus den vielfach vorkommenden Matratzen von 20 bis 25 kg Gewicht eine entsprechende Anzahl von Leuten bekleidet werden können."[2]

Während die Ausnutzung der besetzten Gebiete für unmittelbaren Heeresbedarf Kriegsbrauch entsprach und durch Artikel 52 der Haager Landkriegsordnung und das damals geltende kodifizierte Völkerrecht legitimiert war, ging die wirtschaftliche Ausbeutung der besetzten Gebiete durch Deutschland bald weit über das hinaus, was in früheren Kriegen üblich war. Auch die Verwaltungsorganisation wurde ganz auf das Ziel der wirtschaftlichen Ausbeutung zugeschnitten.

Die Verwaltungsorganisation

Offiziell blieben die besetzten Gebiete Nordfrankreichs bis Kriegsende Operations- und Etappengebiet. Während das Operationsgebiet die Gebiete meinte, wo die unmittelbaren Kampfhandlungen stattfanden, bezeichnete „Etappe" eine Zone im Rücken der kämpfenden Truppen, deren ursprüngliche Aufgabe die Versorgung des Feldheeres mit Nachschub war. Die oft zu findende Definition der Etappe als „Gebiet zwischen Front und Heimat" ist insofern leicht irreführend, als die Etappe nicht zwangsläufig in Feindesland sein muss,

---

[1] Die Grundsätze der Ausnutzung des besetzten Frankreichs, Berlin 1918, S. 18.
[2] B. d. G. West, 31.08.01917 (Bayerisches Hauptstaatsarchiv Abt. IV Kriegsarchiv München, Bund 174, Akte 7).

sondern, je nach Frontverlauf, auch auf eigenem Territorium sein kann. Laut Kriegs-Etappen-Ordnung vom 12. März 1914 hatte sich die Etappe um die Unterbringung, Verpflegung und Überwachung der zur Front gehenden oder von ihr kommenden Truppen, die Zurückführung von Kranken, Verwundeten, Kriegsgefangenen und der Kriegsbeute sowie um das Sammeln und Vorschieben von Ausrüstung und Vorräten zu kümmern. Zudem hatte sie für die Sicherheit der Truppen und die Verwaltung der besetzten feindlichen Landesteile zu sorgen.[3] Es waren also die Etappenbehörden und ihre Einrichtungen, die mit der administrativen Durchführung der „Kriegsbesatzung" betraut waren.

Dass in den besetzten nordfranzösischen Gebieten 1914 kein Generalgouvernement wie in Belgien eingerichtet wurde, hatte zunächst einmal nichts mit den langfristigen Kriegszielen in Bezug auf Belgien zu tun. Die Institution des Generalgouvernements hatte sich im deutschen Heerwesen vor allem im Krieg 1870/71 bewährt. Diese Verwaltungsform war ursprünglich für den Fall vorgesehen, dass zwischen Front und Heimat ein Gebiet besetzt war, das für eine Etappenverwaltung zu weitläufig war.[4] Der wichtigste Unterschied zur Etappe bestand darin, dass hier die Armeeführung keinen unmittelbaren Einfluss auf die Verwaltung ausüben konnte. Zwar stand an der Spitze der Ver-

Programmheft zu einer Aufführung der Oper „Der Freischütz" von Carl Maria von Weber, Lille, 27. Januar 1916

[3] K.E.O., 12.3.1914: II. Abschnitt: Die Etappe und ihre Einrichtungen. A. Aufgaben der Etappe.
[4] Hermann Cron: Die geschichtliche Entwicklung des Etappenwesens von 1870–1918 und die Abgrenzung der Etappenverwaltung gegen Generalgouvernements. Vortrag vom 27.3.1924, S. 1–2 (Bundesarchiv Militärarchiv Freiburg, MSG 2/611).

waltung als Generalgouverneur ein hoher Militär, doch besaß dieser große Selbstständigkeit, da er unmittelbar dem Kaiser verantwortlich war. Zudem aber wurde im Generalgouvernement eine Zivilverwaltung eingerichtet, deren institutionelle Aufsicht dem Reichsamt des Innern, und damit dem Reichskanzler, zufiel. Tatsächlich erwog die Reichsleitung im September 1914, auch in Frankreich ein Generalgouvernement einzurichten. Dies wurde jedoch von der Militärführung erfolgreich verhindert. Dass sich das Reichsamt des Innern darauf einließ, war mit Sicherheit vor allem dem Umstand geschuldet, dass man zunächst mit einem kurzen Krieg rechnete. Tatsächlich war die Etappe in ihrer ursprünglichen Form nicht als dauerhafte Besatzungsverwaltung gedacht, sondern ganz auf den Bewegungskrieg zugeschnitten. Je länger der Krieg dauerte, desto mehr veränderte sich diese Form der Kriegsbesatzung und damit auch deren Aufgaben. Bereits bei Kriegsbeginn lag der Etappenverwaltung eine komplexe Organisationsstruktur zugrunde, die von Kompetenzüberschneidungen und Interessenkonflikten geprägt war, was sich während des Krieges eher noch verstärkte.

Für die Leitung des Etappenwesens und die gesamte Heeresversorgung war grundsätzlich der dem Chef des Generalstabs des Feldheeres unmittelbar unterstellte Generalquartiermeister zuständig. Dessen Hauptaufgabe bestand laut Kriegs-Etappen-Ordnung vom 12. März 1914 darin, „[d]urch weitausschauende Maßnahmen [...] dahin zu wirken, dass die Schlagfertigkeit des Feldheeres der leitende und ausschlaggebende Gesichtspunkt für die Tätigkeit auf allen Gebieten der Heeresversorgung" blieb.[5] Im Hinblick auf die besetzten französischen Gebiete war der Generalquartiermeister und sein Stab oberste Verwaltungsbehörde bei allen Fragen einheitlicher Regelung.[6] Zusammen mit den Armee-Oberkommandos (A.O.K.) hatten also er und sein Stab entscheidenden Einfluss auf die Besatzungspolitik, denn er gab „in allgemeinen Weisungen die großen Richtlinien an, die für die Verwaltung des Landes maßgeblich" waren.[7]

Die eigentlichen Träger des Etappendienstes waren die Etappeninspektionen, von denen jede Armee eine besaß. Die Etappeninspektionen unterstanden mit dem Gebiet, für das sie zuständig waren, dem Oberkommando ihrer Armee und erhielten auch die Weisungen des Generalquartiermeisters „in der Regel" durch die A.O.K.s. Sie konnten diese jedoch auch unmittelbar vom Generalquartiermeister empfangen. Somit befanden sich die Etappeninspektionen in einem doppelten Unterstellungsverhältnis, was die Verwaltungsstruktur nicht übersichtlicher machte. Hinzu kam, dass infolge des Stellungskrieges auch die Armeeoberkommandos „sesshaft" wurden und nun „vieles selbst in die Hand [nahmen],

---

[5] K.E.O., 12.3.1914: I. Abschnitt: Die Heeresversorgung, Ziff. 4.
[6] Hugo Freiherr von Freytag-Loringhoven: Menschen und Dinge wie ich sie in meinem Leben sah, Berlin 1923, S. 264.
[7] Bericht über die Verwaltung des besetzten Gebiets Nordfrankreichs 1914/1915, S. 13 (Bundesarchiv Berlin-Lichterfelde, R 1501/1119602).

was sie während des Bewegungskrieges gern den Etappeninspektionen überlassen hatten."[8] Die Oberkommandos der Armeen hatten auch das Recht, ihr eigenes Etappen- und Operationsgebiet für ihre Bedürfnisse wirtschaftlich auszunutzen. Dies bedeutete eine Kompetenzüberschneidung zwischen Generalquartiermeister und A.O.K.s, die nicht selten zu Reibungen zwischen beiden Militärbehörden führte.

Diese ohnehin schon recht komplexe Verwaltungsstruktur wurde noch komplizierter durch die Aufgaben des Generalintendanten des Feldheeres, der neben Generalquartiermeister und A. O. K.s als weitere Instanz bei der Verwaltung der besetzten Gebiete mitreden durfte. Der Generalintendant war für das Feldverpflegungswesen und alle Kassen- und Rechnungsangelegenheiten des Feldheeres sowie bis 1. Januar 1917 auch für die wirtschaftliche Ausnutzung der besetzten Gebiete und die Ernährung der Bevölkerung im besetzten Gebiet zuständig. Zwar war der Generalintendant dem Generalquartiermeister unterstellt, doch kam es auch hier wegen Überschneidung der Verantwortungsbereiche zu Dissonanzen. 1917 wurde vom Generalquartiermeister für die wirtschaftliche Ausbeutung der besetzten Gebiete ein „Beauftragter des Generalquartiermeisters West" (B.d.G. West) geschaffen, der nun als „Zentralinstanz" für die Verwaltung der besetzten Gebiete und insbesondere ihre einheitliche wirtschaftliche Ausbeutung sorgen sollte.

Die ausführenden Organe der Etappeninspektion in den einzelnen Orten und Gemeinden des Etappengebiets waren wiederum die Mobilen Etappenkommandanturen, die unmittelbar dem Etappeninspekteur unterstanden.[9] Sie waren die „untersten militärischen Verwaltungsinstanzen" und standen „in unmittelbaren Beziehungen" zu den einheimischen Bürgermeistern, sofern diese noch im Amt waren.[10] Die Etappenkommandanturen blieben zum Teil für einen längeren Zeitraum oder sogar die ganze Kriegsdauer an einem Ort und unter einem Kommandanten. Dagegen wurden sowohl der Generalquartiermeister als auch der Generalintendant des Feldheeres und das Personal der Etappeninspektionen im Laufe des Krieges mehrmals ausgetauscht. Auch die Etappentruppen, die sich ursprünglich vor allem aus dem Landsturm zusammensetzten, veränderten sich im Laufe des Krieges. Aufgrund der hohen Verluste und des Mangels an Offizieren und Soldaten wurden immer mehr Etappenangehörige als kriegsverwendungsfähig eingestuft und an die Front geschickt. Sie wurden zunehmend auch durch Frauen – sogenannte Etappenhelferinnen – ersetzt. Somit hatte schließlich die „Etappe", wie sie die K.E.O. mit ihren Aufgaben noch 1914 definiert hatte, mit der Besatzungsorganisation von 1918 nur noch wenig gemein.

---

8   Karl Schröder: Die Etappe, in: Max Schwarte (Hg.): Der große Krieg 1914–1918, Bd.9: Die Organisation der Kriegführung, Teil 2: Die Organisationen für die Versorgung des Heeres, Leipzig 1923, S. 208.
9   Nach Hermann Cron: Die Organisation des deutschen Heeres im Weltkriege, Berlin 1923, S. 153–154, gab es zu Kriegsbeginn 165 mobile Etappenkommandanturen, deren Zahl im Laufe des Krieges auf 354 anstieg.
10 Bericht über die Verwaltung des besetzten Gebiets Nordfrankreichs 1914/1915, S. 15 (Bundesarchiv Berlin-Lichterfelde, R 1501/119602).

PROCLAMATION

L'attitude de l'Angleterre rend de plus en plus difficile le ravitaillement de la population.

Pour atténuer la misère, l'Autorité Allemande a demandé récemment des volontaires pour aller travailler à la campagne. Cet offre n'a pas eu le succès attendu.

En conséquence, des habitants seront évacués par ordre et transportés à la campagne. Les évacués seront envoyés à l'intérieur du territoire occupé de la France, loin derrière le front, où ils seront occupés dans l'agriculture et nullement à des travaux militaires.

Par cette mesure, l'occasion leur sera donnée de mieux pourvoir à leur subsistance.

En cas de nécessité, le ravitaillement pourra se faire par les dépôts allemands.

Chaque évacué peut emporter avec lui 30 kilos de bagages (ustensiles de ménage, vêtements, etc.) qu'on fera bien de préparer dès maintenant.

J'ordonne donc: Personne ne peut, jusqu'à nouvel ordre, changer de domicile. Personne ne peut non plus s'absenter de son domicile légal déclaré de 9 heures du soir à 6 heures du matin (h. a.), pour autant qu'il ne soit pas en possession d'un permis en règle.

Comme il s'agit d'une mesure irrévocable, il est de l'intérêt de la population-même de rester calme et obéissante.

Lille, avril 1916.

Le Général Commandant.

Proklamation des Etappenkommandeurs von Lille über die Evakuierung von Einwohnern aufs Land sowie Anordnung einer nächtlichen Ausgangssperre vom April 1916

Der Umgang mit der Zivilbevölkerung

Oberste Priorität in den besetzten französischen Gebieten, die sich ja zum Teil unmittelbar „im Rücken der Armee" befanden, hatte die Aufrechterhaltung der Ruhe und Ordnung sowie die Sicherheit der Truppen. Diesem Zweck diente die Einführung von Ausgangssperren, Pass- und Meldepflicht, Einschränkung der Bewegungs- und Pressefreiheit sowie zahlreicher Maßnahmen zur Spionageabwehr, wie zum Beispiel die Beschlagnahme von Telefonen und Brieftauben. Zudem gaben die Besatzungsbehörden eine Flut an Bekanntmachungen heraus, die der Bevölkerung per Maueranschlag drastische Strafen für eine Vielzahl von Vergehen androhten. Im Allgemeinen wurde hier auf eine Strategie der Abschreckung gesetzt, in vielen Fällen die Todesstrafe angedroht, die tatsächlich aber nur in sehr seltenen Fällen exekutiert wurde, und hier vor allem für Spionage bzw. das Verstecken von Waffen oder feindlichen Soldaten. Ein häufiges Mittel der Bestrafung waren dagegen Deportationen, die sowohl nach Deutschland als auch in andere Teile des besetzten Gebietes erfolgten.

Obwohl es im Laufe der Besatzung vielfach zu einer Annäherung zwischen Besatzern und Bevölkerung kam und viele Soldaten von freundschaftlichen Beziehungen zu Einwohnern berichteten, war das Verhältnis zwischen Besatzungsmacht und Zivilbevölkerung im Großen und Ganzen von Konflikten geprägt. Dieser Krieg, der von allen Seiten als existentieller Verteidigungskrieg geführt wurde, ließ kaum Spielraum für Zusammenarbeit und Verständigung. Die Bevölkerung reagierte auf den Besatzer vielfach mit Widerstand, der jedoch in erster Linie passiv war. Bei den Besatzern steigerte die ablehnende bis feindselige Haltung das Misstrauen, das sie vor allem der Arbeiterbevölkerung in den städtischen Ballungsgebieten entgegenbrachten. Viele Militärs waren um die eigene Autorität besorgt und glaubten, sich bei der Bevölkerung nur durch „energisches Auftreten" Respekt verschaffen zu können. Dies hatte jedoch oft das Gegenteil des erwünschten Effekts zur Folge. Ein Beispiel hierfür ist die von einigen Etappenkommandanten und Armeeführern geforderte „Grußpflicht" gegenüber deutschen Offizieren, die von den Einwohnern als Schikane und Demütigung empfunden wurde.

Die Frage, die sich den deutschen Besatzern grundsätzlich im Umgang mit den Bewohnern der besetzten Gebiete stellte, war: Welcher Stellenwert soll den Bedürfnissen der feindlichen Zivilbevölkerung zugestanden werden, in einem tendenziell immer totaler werdenden Krieg, unter dem auch die eigene Zivilbevölkerung zunehmend zu leiden hatte? Es war die fixe Vorstellung, einen – wenn auch präventiven – Verteidigungskrieg zu führen, die dazu führte, dass die Interessen der Zivilbevölkerung denen des eigenen Heeres und der eigenen Bevölkerung untergeordnet wurden. Hinzu kam aber auch die prekäre wirtschaftliche Lage in der Heimat. Angesichts der wachsenden Hungersnot in Deutschland war nicht nur die Armeeführung der Meinung, dass es der Bevölkerung der besetzten Gebiete nicht besser gehen dürfe als der eigenen. So hieß es beispielsweise in dem von Generalquartiermeister von Freytag-Loringhoven in Auftrag gegebenen Bericht über die Verwaltung des besetzten Gebiets Nordfrankreichs: „Es kann in der Tat nicht angängig erscheinen, dass die

Bevölkerung unseres Feindes unter günstigeren Bedingungen lebt, als unsere eigene."[11] Die wirtschaftliche Ausbeutung führte in den besetzten Gebieten bald zu einer akuten Lebensmittelknappheit, die ab 1915 nur teilweise durch die amerikanisch-spanische Commission for Relief of Belgium (C.R.B.) ausgeglichen werden konnte. Diese Hilfe von neutraler Seite ermöglichte es den Besatzern, weiterhin hemmungslos auf die Ressourcen Nordfrankreichs zurückzugreifen, ohne die einheimische Bevölkerung dem Hungertod auszuliefern, weshalb vor allem Großbritannien zunächst Widerspruch gegen die Hilfsleistungen erhob. Deutschland dagegen argumentierte, dass die völkerrechtswidrige Blockadepolitik der Alliierten ihm keine andere Wahl lasse und daher das Vorgehen rechtfertige.

Die deutsche Militärführung griff jedoch nicht nur auf die Rohstoffe und Lebensmittel Nordfrankreichs zurück. In zunehmendem Maße wollte man auch hier, wie in anderen besetzten Gebieten, das Arbeitskräftereservoir für die eigene Kriegsanstrengung einspannen. Noch früher als etwa in Belgien, setzten die Verantwortlichen hierbei auf Zwang. Zwangsarbeit war zunächst eine Folge rein militärischer Logik und eine direkte Reaktion auf passiven Widerstand. Die deutschen Besatzungstruppen forderten von der Bevölkerung Arbeitsleistungen. Sie beriefen sich hierbei auf den in Artikel 52 der Haager Landkriegsordnung festgeschriebenen Kriegsbrauch, wonach die Besatzungsarmee für ihre Bedürfnisse solche Dienste von Einwohnern besetzter Gebiete verlangen durfte. Dort heißt es im ersten Satz des ersten Absatzes: „Naturalleistungen und Dienstleistungen können von Gemeinden oder Einwohnern nur für die Bedürfnisse des Besatzungsheers gefordert werden." Als sich viele Einwohner jedoch weigerten, für die Deutschen zu arbeiten, war dies der Ausgangspunkt für ein Zwangsarbeitssystem, dass im Laufe des Krieges immer mehr ausgeweitet wurde.

Ein grundsätzliches Problem, welches auch die Haager Landkriegsordnung nicht löste, war, wie weit die „Bedürfnisse" des Besatzungsheeres gefasst werden konnten. Von französischer Seite wurde dieser erste Teil von Artikel 52 schlicht ignoriert, man führte mit Bezug auf die Arbeitsverweigerung der Bevölkerung stets den zweiten Satz des Artikels an, welcher lautete: „Sie [die Natural- und Dienstleistungen] müssen im Verhältnisse zu den Hilfsquellen des Landes stehen und solcher Art sein, dass sie nicht für die Bevölkerung die Verpflichtung enthalten, an Kriegsunternehmungen gegen ihr Vaterland teilzunehmen." Was jedoch waren „Kriegsunternehmungen"? Die Deutschen beharrten auf einer engen Interpretation. Für sie bedeuteten „Kriegsunternehmungen" nur, dass man die Bevölkerung nicht zwingen dürfe, an unmittelbaren Kampfhandlungen teilzunehmen oder etwa Schützengräben auszuheben (wobei in Bezug auf die Rechtmäßigkeit von Letzterem unter deutschen Militärführern Uneinigkeit herrschte). Die Franzosen legten „opérations de la guerre" sehr weit aus und konnten somit jegliche Form der Zusammenarbeit mit Hinweis auf diesen Artikel verweigern. Tatsächlich dehnten sich ja in dem Maße, wie der Krieg immer „totaler" wurde, kriegsrelevante Aktivitäten auf nahezu alle Lebens- und Wirtschaftsbereiche aus.

Aufgrund der wirtschaftlichen Situation in Deutschland und der Folgen des Abnützungskrieges wuchs der Bedarf der Besatzungsmacht an Arbeitskräften. Da die Ernte der

---

[11] Bundesarchiv Berlin Lichterfelde, R 1501/119602.

besetzten Gebiete die durch die Blockade verursachte Lebensmittelknappheit der Heimat ausgleichen sollte, gleichzeitig aber immer mehr Soldaten an die Front geschickt wurden, wurden zusätzliche Arbeiter in der Landwirtschaft gebraucht. Zudem benötigte man Arbeiter, um Soldaten hinter der Front zu ersetzen, insbesondere in Bereichen, die traditionell von Pioniereinheiten ausgeführt wurden, wie z. B. Straßenbau und Holzfällarbeiten – und eben für den Stellungsbau.

Schon ab Herbst 1914 gab es Arbeiterbataillone, in die Arbeiter eingewiesen wurden, die sich weigerten, für die Deutschen zu arbeiten. Diese waren jedoch nicht einheitlich organisiert, sondern jede Armee verfuhr hier selbstständig. Im August 1916 begannen schließlich die Armeeoberkommandos, die bereits existierenden Systeme von Zwangsarbeit zu vereinheitlichen und Arbeitszwang in großem Maßstab einzuführen, um die Arbeitskraftressourcen effektiv ausnutzen zu können. Nun wurden in großem Umfang Zivilarbeiterbataillone (Z.A.B.) geschaffen, in die Männer zwischen 16 und 45 (später 15 und 60), die sich weigerten, für die deutschen Besatzer zu arbeiten, eingewiesen und zur Arbeit gezwungen wurden.

Die „Arbeiterfrage", wie die Deutschen das Problem der Beschaffung ziviler Arbeitskräfte nannten, wurde allerdings nicht nur durch reinen Zwang zu lösen versucht. Militär und Verwaltung bemühten sich von Anfang an bis Kriegsende, die Zivilbevölkerung zur freiwilligen Arbeit zu bewegen. Was die Deutschen tatsächlich einführten, war ein System aus Zwang und Anreiz, bei dem für „freiwillige" Arbeit – die es natürlich nicht mehr geben konnte, nachdem das Zwangselement einmal eingeführt war – u. a. bessere Bezahlung, bessere Unterkunft und mehr freie Tage in Aussicht gestellt wurden. Während ein männlicher freier Arbeiter einen Tageshöchstlohn von 5 bis 7 Francs erhalten konnte und eine weibliche freie Arbeiterin einen Höchstlohn von 3,50 Francs bis 5 Francs, stand den Angehörigen der Zivilarbeiterbataillone nur ein Höchstlohn von 40 bis 65 Centimes zu. Auf der untersten Ebene waren die Strafgefangenenbataillone, deren Arbeit überhaupt nicht bezahlt wurde.

Man bemühte sich vor allem deshalb bis zum Schluss um „freie Arbeiter", weil man davon ausging, dass diese mehr und besser arbeiteten als jene, die zur Arbeit gezwungen wurden. Ein weiterer Grund war jedoch, dass „freie Arbeiter" für jede Art von Arbeit verwendet werden konnten, auch für den Stellungsbau, für den man besonders dringend Arbeiter suchte, vor allem ab 1916/17 für die Errichtung der massiven Verteidigungsstellungen der so genannten Siegfried-Linie. Somit wurde also dem Artikel 52 der Haager Landkriegsordnung durchaus Rechnung getragen – zumindest der eigenen Auslegung dieses Artikels und der engen Auffassung von „Kriegsunternehmungen" entsprechend. Ob für den Stellungsbau allerdings tatsächlich nur „freiwillige" Arbeiter verwendet werden durften, war innerhalb der Armeeführung umstritten. Zwar enthielt die der Errichtung der Z.A.B. zugrunde liegende Verfügung des Generalquartiermeisters vom September 1916 diesbezüglich eine klare Anweisung:

> Zur Entlastung von Heer und Heimat ist eine möglichst weitgehende Heranziehung der Einwohner des besetzten Gebiets zu Arbeitsdiensten erforderlich. [...] Alle arbeitsfähigen Männer, die es ablehnen, sich anwerben zu lassen, obwohl sie von der Gemeinde oder von anderer Seite Unterstützung empfangen, sind zwangsweise zur Arbeit heran-

zuziehen. Sie dürfen hierbei gemäß Artikel 52 der Haager Landkriegsordnung nicht gezwungen werden, an Kriegshandlungen [...] gegen ihr Vaterland, z. B. beim Ausheben von Schützengräben, teilzunehmen.[12]

Doch die Armeeoberkommandos setzten sich, wenn sie nicht genügend Arbeiter für den Stellungsbau fanden, was eigentlich immer der Fall war, über diese Verfügung hinweg. So leitete zum Beispiel das A.O.K. 6 diese mit folgendem Zusatz an seine Etappeninspektion weiter:

Die [...] Beschränkung für zwangsweise Verwendung von Einwohnern für den Bau von Schützengräben bezieht sich nur auf die Schützengräben im vorderen Kampfgebiet, das planmäßiger Beschießung ausgesetzt ist. Die Verwendung zu diesen Arbeiten in rückwärtigen Stellungen [...] ist zulässig.[13]

Darüber hinaus wurden „freie Arbeiter" bei der Rekrutierung oft getäuscht. So sollte das Wort „Stellungsbau" bei ihrer Anwerbung vermieden werden und ihnen erst, nachdem sie sich zur Arbeit bereit erklärt hatten, „die mündliche Erklärung" gegeben werden, „dass neben Wegebauten etc. auch Arbeiten zur Herstellung von Wohnräumen über und unter Tage, von Unterkunftsräumen gegen Fliegergefahr, sowie zur Abschließung des Geländes gegen den Feind in Frage" kamen.[14]

Diese absichtliche Irreführung freiwilliger Arbeiter zeigt – wie die Zwangsarbeitspraxis insgesamt – dass sich das Militär, wenn es eine „militärische Notwendigkeit" für eine Maßnahme sah, über Rechte und Bedürfnisse der Zivilbevölkerung hinwegsetzte. Trotzdem griffe es zu kurz, die deutsche Besatzungsherrschaft in Nordfrankreich als eine willkürliche Terrorherrschaft zu begreifen, die die Bevölkerung ausbeutete und ansonsten sich selbst überließ. Vielmehr zeigte sich im direkten Umgang der Besatzungsbehörden mit der Bevölkerung, dass die „militärische Notwendigkeit" wie sie das deutsche Militär damals verstand, zwei Seiten hatte. Zwar durfte (fast) alles getan und verlangt werden, was als „militärisch notwendig" eingestuft wurde – aber die getroffene Maßnahme durfte auch nicht darüber hinausgehen.

Dieses Prinzip spiegelt sich in den durchaus widersprüchlichen Handlungsanweisungen, die sich wie ein roter Faden durch sämtliche Befehle der Besatzungsbehörden ziehen. Sie lauteten stets, „energisch" oder sogar „rücksichtslos" durchzugreifen – dabei aber „unnötige Härten" zu vermeiden. Dies stellte die Besatzungsbehörden vor eine kaum lösbare Aufgabe. Die an den widersprüchlichen Direktiven ausgerichtete Besatzungspolitik führte dann letztendlich dazu, dass zwar in großen Linien den tatsächlichen und vermeintlichen

---

[12] Generalquartiermeister IIc, Nr. 27594, 12.9.1916, (Bayerisches Hauptstaatsarchiv, Kriegsarchiv, Etappen-Inspektion 6, Bund 155).
[13] Zusatz des A.O.K. 6, ebd.
[14] A.O.K.6 VI Nr. 17300, 22.5.1917 (Bundesarchiv Berlin Lichterfelde, R 3003 472).

Zugzwängen des „Verteidigungs-" und Wirtschaftskrieges gefolgt, aber gleichzeitig versucht wurde, im Kleinen „unnötige Härten" wieder auszugleichen.

Der Bevölkerung wurde grundsätzlich das Recht eingeräumt, sich über Maßnahmen der Besatzer zu beschweren, zum Teil wurden hierfür eigens „Beschwerdeoffiziere" – wie beispielsweise in Longuyon – eingesetzt. Den Protesten und Beschwerden der Bevölkerung wurde dabei stets akribisch nachgegangen, zudem erfolgte teilweise die explizite Anweisung, dass solche Beschwerden „gerecht und wohlwollend entschieden werden" sollten.[15] Dies bedeutete auch, dass Requisitionen nach Protest rückgängig gemacht werden konnten, was aber wohl eher die Ausnahme war. Häufig kam es dagegen vor, dass Zivilisten, die zu Arbeitszwecken deportiert worden waren, wieder zurückgebracht wurden, weil ihre Abwesenheit eine „unnötige Härte" für ihre Familien bedeutete, etwa weil sie kranke Familienangehörige hatten oder die einzigen Ernährer waren. Zudem wurde immer wieder versucht, durch Kriegshandlungen oder Besatzungsmaßnahmen versprengte Familien zusammenzuführen. Insgesamt wurde ein erheblicher bürokratischer und organisatorischer Aufwand betrieben, um Beschwerden zu überprüfen und um als unrechtmäßig bzw. eben nicht militärisch notwendig empfundene Maßnahmen wieder rückgängig zu machen.[16]

An den großen Linien der Besatzungspolitik – die geprägt waren von Zwangsarbeit, Deportationen und wirtschaftlicher Ausbeutung – haben solche Maßnahmen zur Vermeidung „unnötiger Härten" indes wenig geändert. Sie waren jedoch trotzdem zumindest „Kurskorrekturen", die darauf hindeuten, dass die „Totalisierung" der Kriegführung kein linearer, unumkehrbarer Prozess war, sondern es hier auch Gegenbewegungen und Brüche gab. Darüber hinaus aber waren sie für die Selbstwahrnehmung des deutschen militärischen Besatzungspersonals entscheidend. Für dies bedeutete die Zivilbevölkerung in erster Linie eine Bürde, und die Fülle bürokratischer Verwaltungsaufgaben, die sie verursachte – wie etwa Kriminalitätsbekämpfung, Organisation von Schulunterricht, medizinische Hilfe – gab vielen Deutschen das Gefühl, sich zu Lasten der eigenen Kriegsanstrengung um die Angelegenheiten des feindlichen Staates zu kümmern. Zudem bemühte man sich ja in den alltäglichen Abläufen in allen möglichen Belangen um ein besseres Einvernehmen mit den Bewohnern der besetzten Gebiete, beispielsweise indem man ihnen Zugang zu den deutschen Theater- und Kinoaufführungen gewährte und Konzerte gab.[17]

Grundsätzlich entwickelten die Besatzer im Laufe des Krieges eine immer größere Empfindlichkeit gegenüber dem in der alliierten Propaganda omnipräsenten Barbarenvorwurf.

---

[15] Etappen-Inspektion 5, Abt. Ia, Nr. 34240, 2.9.1917 (Hauptstaatsarchiv Stuttgart, M 280 Bü 3).
[16] Dies spiegelt sich ansatzweise auch in den (authentischen) Dokumenten der deutschen Verteidigungsschrift von Fritz Herms: Lille vergewaltigt? Auf Grund der Akten des Generalquartiermeisters, des Armeeoberkommandos VI, des Gouvernements und der Kommandantur Lille gesammelte Eindrücke über die sämtlichen Gebiete der deutschen Verwaltung, Oldenburg/Berlin 1920.
[17] Vgl. Martin Baumeister, Kriegstheater. Großstadt, Front und Massenkultur 1914–1918, Essen 2005, S. 258 ff.

Daher suchte auch die Militärführung, durch eigene Fotodokumentationen und Filme das friedliche Zusammenleben zwischen deutschen Soldaten und feindlicher Zivilbevölkerung unter Beweis zu stellen. Inwieweit diese Inszenierungen auch der Wahrnehmung der Bevölkerung entsprachen, lässt sich nicht abschließend sagen. In der Selbstwahrnehmung vieler deutscher Soldaten entsprachen sie aber der Wahrheit. Viele an der Besatzung beteiligte Militärangehörige kamen aus diesem Krieg wohl mit der Überzeugung heraus, einiges dafür getan zu haben, „der Bevölkerung ihr hartes Los nicht unnötig zu erschweren" – wie der Generalquartiermeister Hugo Friedrich von Freytag-Loringhoven in seinen Memoiren resümierte. Deshalb dürfte es auch für viele ehemalige Angehörige der Besatzungsbehörden schwer zu akzeptieren gewesen sein, dass der Versailler Vertrag ihnen attestierte, mit ihrer Besatzungspolitik große Schuld auf sich geladen zu haben. Sie hatten letztendlich ihren Realitätssinn den vermeintlichen und tatsächlichen Zugzwängen eines nahezu totalen Wirtschaftskriegs angepasst.

Literatur

Roger Chickering: Die Alldeutschen erwarten den Krieg, in: Jost Dülffer/Karl Holl: Bereit zum Krieg. Kriegsmentalität im wilhelminischen Detuschland, 1890–1914, Göttingen 1986.

Hermann Cron: Die Organisation des deutschen Heeres im Weltkriege, Berlin 1923.

Gerd Hardach: Der Erste Weltkrieg, München 1973 (Geschichte der Weltwirtschaft im 20. Jahrhundert, Bd. 2).

Alan Kramer: Dynamic of Destruction. Culture and Mass Killing in the First World War, Oxford 2007.

Gerd Krumeich: Der deutsche Soldat an der Somme 1914–1916. Zwischen Idylle und Entsetzen, in: Siegfried Quandt und Horst Schichtel (Hg.): Der Erste Weltkrieg als Kommunikationsereignis, Gießen 1993, S. 45–62.

Gerd Krumeich: Kriegsfotografie zwischen Erleben und Propaganda. Verdun und die Somme in deutschen und französischen Fotografien des Ersten Weltkrigs, in: Ute Daniel/Wolfram Siemann (Hg.): Propaganda. Meinungskampf, Verführung und politische Sinnstiftung 1789–1989, Frankfurt a. M. 1994, S. 117–132.

Philippe Nivet: La France occupée, 1914–1918, Paris 2011.

Max Schwarte (Hg.): Der große Krieg 1914–1918, Bd.9: Die Organisation der Kriegführung, Teil 2: Die Organisationen für die Versorgung des Heeres, Leipzig 1923.

Georges-Henri Soutou: L'or et le sang. Les buts de guerre économique de la Première Guerre mondiale, Paris 1989.

Adolf Wild von Hohenborn: Briefe und Tagebuchaufzeichnungen des preußischen Generals als Kriegsminister und Truppenführer im Ersten Weltkrieg, hg. von Helmut Reichold, Boppard am Rhein 1986.

Joseph Trimborn, Generalmajor, Gardeinfanteriedivision 2, Gardefeldartilleriebrigade 2

Brief an seine Familie[1]

28. März 1915 Cambrai

Gestern fuhr ich mit meinen beiden Herren per Auto auf einige Stunden nach St. Quentin, wo mein früherer lieber Ordonnanzoffizier Guilleaume im Wirtschaftsausschuss der Etappe tätig ist, zusammen mit Herrn Deichmann, dem Kölner Bankier, Major der Reserve beim 2. Garde Ulanen Regiment. Wir haben einen sehr netten interessanten Tag dort verlebt. Bei Guilleaume trafen wir ausser Deichmann noch einen Universitätsprofessor, Geheimrat Lamprecht, von der Leipziger Universität, Historiker, der im Auftrag des Kaisers die Etappen bereist und patriotische Vorträge hält. Auf einem gemeinschaftlichen Spaziergang besichtigten wir unter Lamprechts sachkundiger Führung die alte Kathedrale von St. Quentin. Dann hatte ich eine nette Begegnung mit dem 2. oder 3. Kümpchenssohn aus Rheine, Reserve Offizier bei meinem alten 22. Regiment und jetzt bei einem Reserve Regiment, netter Junge. Es war eine herzliche Begrüßung und Verabschiedung. Dann besuchte ich auch noch den Bruder von Edeltraut, Hauptmann Bodem, der von seiner Verwundung wieder hergestellt, jetzt Platzmajor in St. Quentin ist. Ein kluger, sehr sympathischer Mensch, hat anscheinend während des Krieges schon recht schwere Tage durchgemacht, sodass ihm der jetzige ruhigere Posten sehr zu gönnen ist.

Dann gab uns Guilleaume ein Frühstück bei Kasten, dem Besitzer des berühmten Restaurants in Hannover, der in Saint Quentin eine Filiale aufgemacht hatte. Vor unserer Rückfahrt besichtigten wir noch unter Guilleaumes Führung das Arbeitsgebiet des sogenannten Wirtschaftsausschusses der Etappe. Wir sahen zuerst 2000 junge Schweine, die in Deutschland wegen Futtermangels nicht mehr gehalten werden können, sie waren hierher transportiert, um hier im Etappengebiet aus den reichlichen Futterresten, namentlich den in Nordfrankreich so überreich angebauten Zuckerrüben gemästet und von der Etappe für die Verpflegung der Truppen schlachtreif gemacht zu werden. Täglich kommen neue Sendungen. Das Personal natürlich nur militärisch, alles biedere Landsturmleute aus allen Teilen Deutschlands. Dann ging es zu den Getreidespeichern, wo Tausende von Tonnen Hafer, Weizen, Roggen usw., die wir in Belgien und dem okkupierten Teile von Frankreich erbeutet und gedroschen haben, zur Truppenverpflegung und zur Abfuhr nach Deutschland bereitliegen; von da auf den Hühnerhof der Etappe, der täglich 4–500 Eier liefert. Guilleaume und Deichmann haben das alles und noch viel mehr unter sich. Es ist wirklich erstaunlich und begeisternd zu sehen, wie famos das alles durch die deutsche Militärver-

---

[1] Mars. Kriegsnachrichten aus der Familie, 1914–1918. Max Trimborns Rundbrief für seine rheinische Großfamilie, hg. von Heinrich Dreidoppel, Max Herresthal, Gerd Krumeich, Essen 2013, S. 277 f.

waltung organisiert ist und wie wir auf diese Weise hier den Krieg wirtschaftlich sozusagen auf Kosten unserer Feinde führen.

Werbeplakat

Christian Bangert, Gefreiter, Gardereservedivision 1,
Reserveinfanterieregiment 64

Briefe an seine Frau Mathilde Bangert in Frankfurt-Eschersheim

20. Oktober 1915 Awoingt [bei Cambrai]

Liebes Herz,
ich bin nun schon einen vollen Tag hier und habe mich in die neuen Verhältnisse eingelebt. Wir hatten nur eine Stunde Dienst und konnten uns im Übrigen mit unserer näheren Umgebung bekannt machen. […] – Wir sitzen eben am runden Tisch und die Kameraden wissen viel von ihren Erlebnissen in Russland zu erzählen. Dort hat man sich weniger gesittet benommen als es hier an der Tagesordnung ist. Das Verhältnis zwischen Militär und Zivilbevölkerung ist genau geregelt, wodurch Reibungen möglichst vermieden werden. Requirieren ist streng verboten. Wir können uns aber mancherlei kaufen. Es ist uns zur Pflicht gemacht worden, rücksichtsvoll gegen die Bevölkerung zu sein, um ein gutes Einvernehmen zu ermöglichen. Unsere Quartierleute sind ganz nett, besonders seit ich hin und wieder mit ihnen plaudere. Ich dachte, die besetzten Gebiete seien fast ganz entvölkert. Das ist nicht der Fall. Von den 400 Einwohnern, die Awoingt zählt, sind 350 anwesend. Einen guten Einblick in die Zustände, die wir hier verwalten, gewähren die zahlreichen Bekanntmachungen, die an den Mauern angeschlagen sind. Männliche Personen zwischen 17 und 50 Jahren haben sich zu melden. Niemand darf ohne Erlaubnisschein das Ortsgebiet verlassen. Nach 8 Uhr abends darf sich keiner mehr auf der Straße zeigen. Vieh und Früchte sind beschlagnahmt. Brot gibt es nur gegen Brotkarten, wie zu Hause. Die Lebensmittel sind natürlich teuer, die Butter kostet 3 Francs, das Ei 20 Centimes. Kohlen und Holz sind so rar, dass wir sie nicht einmal kaufen dürfen. Auch Hühner, Enten etc. dürfen nicht gekauft werden. Übrigens ist unser Essen gut, besonders das Mittagessen. Abends gibt es Kaffee dazu Wurst, Käse oder Marmelade. Es wurden auch jeden Tag Zigarren und Zigaretten verteilt. Den Franzosen fällt es auf, dass die deutschen Soldaten alle so gesund und kräftig aussehen. Sie scheinen das bei ihren Truppen nicht gewohnt zu sein. […]

7. November 1915 Masnières [bei Cambrai]

[…] Wir haben uns hier so eingelebt, dass uns der Abschied ordentlich schwer fällt. Die Leute leiden ja unter der Einquartierung, aber sie haben auch manchen Vorteil, ganz abgesehen von den Geschäftsleuten. Bei uns im Quartier liegt noch ein Feldwebel, da fällt immer soviel ab, dass die Familie mitleben kann. Wir sorgen außerdem für Kohlen und Licht. Die Frau hätte ganz gern, wenn wir noch blieben; denn wir sind aneinander gewöhnt. Nach uns gibts ja doch wieder neue Einquartierung. Die Militärverwaltung holt aus dem Lande heraus, was nur zu holen ist. Alle Gemeinden sind schwer verschuldet. Sogar kleine Dörfer haben Papiergeld ausgegeben. Ob das später einmal eingelöst werden kann, ist fraglich. Einstweilen leisten die Papierfetzen als Austauschmittel ihre Dienste. Natürlich sind die

Leute nicht gut auf die Deutschen zu sprechen. Aber sie haben sich zu fügen. Die Gendarmen sollen ganz rücksichtslos vorgehen. Wer ohne Erlaubnisschein – und den gibts so leicht nicht – in das 10 Minuten entfernte Nachbardorf geht, wird 4–5 Tage eingesperrt. Es ist ja sicher Strenge am Platze, schon wegen der Spionagegefahr, aber das Auftreten mancher Gendarmen hat schon von vornherein etwas Brutales und persönlich Verletzendes an sich. […]

8. Januar 1916 Masnières

[…] Die Preußen fackeln nicht, man ist mit Einwohnern gleich bei der Hand. Es sitzen fortgesetzt Dutzende im Kittchen. Wie streng man verfährt, magst Du aus folgendem Beispiel sehen. Es ist den Familien erlaubt, an die Kriegsgefangenen Franzosen in Deutschland zu schreiben und zwar Karten mit 10 Zeilen. Eine Frau schrieb 12 Zeilen und wurde 2 Tage eingelocht, eine andere für 15 Zeilen 5 Tage. Ich glaube, das geht doch über berechtigte Strenge hinaus. Die Leute werden auf jede Weise vom Krieg etwas gewahr, und mancher zuhause weiß es vielleicht nicht genügend zu würdigen, dass Deutschland frei ist vom Feinde. – […]

21. April 1916 L[ille]

[…] Ich glaube auch jetzt zu wissen, warum wir hier sind. Gestern Abend wurden große Zettel angeklebt, worin man bekannt gibt, dass arbeitsfähige Leute aufs Land gebracht und in der Landwirtschaft Verwendung finden sollen. Freiwillig hat niemand gehen wollen, nun tritt Zwang ein. Wie ich höre, soll es sich um etwa 8.000 Personen handeln. Es herrscht nun ziemliche Aufregung in der Bevölkerung. Niemand weiß ja, wen es betrifft. Uns hat man wahrscheinlich zur Beruhigung der Einwohner hergeschickt. Wir sollen auch nur kurze Zeit hierbleiben. Die Lebensmittel scheinen hier sehr knapp zu sein und müssen mit Phantasiepreisen bezahlt werden. Butter 12 Francs, Fleisch 10 Francs je ein Pfund. Übrigens ist nichts zu haben. So schlimm kann es doch zu Hause nicht sein. Wie sich die arme Bevölkerung durchschlägt, ist mir ein Rätsel. Es muss mancher am Hungertuche nagen. […]

22. April 1916 L[ille]

Liebes Herz,
Ostersamstag, es regnet ununterbrochen. Ich bin noch nicht abgereist, weiß überhaupt von nichts. Und hatte doch gehofft, die Ostertage mit Dir und dem Bub zu verleben. Das ist nichts. Du kannst Dir meine katzenjämmerliche Stimmung denken. Dazu unangenehmer „Dienst". Wir wurden um 2 Uhr geweckt. Um 3 Uhr stand die Kompanie. In Nacht und Regen ging es hinaus nach einem Vorort. Wir umstellten ein Viertel mit Posten, die niemand durchlassen durften. Dann wurden die Leute aus dem Schlaf gerüttelt und den in Betracht kommenden Personen mitgeteilt, dass sie in 15 Minuten zur Abreise fertig sein müssten. Ein Posten blieb zurück und führte sie zur Sammelstelle. So ging es von Haus zu Haus, bis wir gegen Mittag 80 Frauen und 60 Männer zusammen hatten. Sie wurden nach

Soldatenheim Lille
(Sommergarten, Palais d'Été)
58. Unterhaltungsabend
am Ostersonntag, dem 23. April 1916.

1. **Jetzt kommt das Militaer**, Marsch   Eilenberg
2. **Ouverture** „Zar und Zimmermann"   Lortzing
3. **Gemischter Chor:**
   „Schaefers Sonntagslied" . . .   Kreutzer
4. **Erzaehlung:** Die Oberprima .   Fritz Mueller
5. **Violinsolo:**
   a) Romanze . . . . . .   Svendson
   b) Grossmuetterchen. Laendler . .   Lange
6. **Czardas** aus „Geist des Wojewoden"
                                   Grossmann
7. **Maennerquartett:**
   Sturmbeschwoerung   Durrner
8. **Drei Gedichte:**
   a) Der tapfere Junge . . . .   Max Hartung
   b) Die Briefe ohne Marken
   c) Die schlemmende Flunder .   G. Hochstetter
9. **Ungarische Taenze Nr. 5 und 6**   Brahms
10. **Tenorsolo:**
    a) Arie aus „Martha" . . . . . .   Flotow
    b) Ich sende diese Blumen dir, Lied   Wagner
11. **Die Rose am Rhein,** Lied . . .   Schlutter
12. **Gemischter Chor:**
    Abendlied v. W. v. Goethe . . .   Kuhlau
13. **Perpetuum mobile,** Marsch . . .   Blon

Vorlesung: Garnisonpfarrer Benze, **Gemischter Chor und Maennerquartett:** Kriegslazarett bay. 61 A, **Tenor:** Gefr. Bierbass Res. Inf. Reg. 231, **Violine:** Msk. Hohnstock Res. Inf. Reg. 231, **Kapelle.** Res. Inf. Reg. 231.

Beginn 6 Uhr   Ende 8 Uhr
Freier Eintritt fuer jeden Heeresangehoerigen.
Am Ostermontag spielt eine Kepelle von 5 Uhr ab im Soldatenheim.
Sonntag, den 30. April: 59. Unterhaltungsabend

Druckerei der Liller Kriegszeitung

Programmzettel

der Bahn gebracht und abtransportiert. Wohin? Es heißt aufs Land zum Arbeiten. Ich hatte als Dolmetscher die unangenehme Aufgabe, den Leuten die entsprechenden Eröffnungen zu machen. In jeder Wohnung befindet sich ein Verzeichnis der Insassen. Personen zwischen 17 und 53 Jahren müssen fort. Natürlich bleiben Mütter bei ihren Kindern. Du kannst Dir wohl denken, was das für eine Aufregung und ein Gejammer war, zumal in diesem Stadtteil vorher nichts angekündigt worden war. Wenn ich auch die Maßregel im Allgemeinen billige, so tut es doch weh zu sehen, wie Familien auseinandergerissen wurden. Man hatte wohl mit Widerstand gerechnet. Darum waren Maschinengewehre aufgefahren worden, und in den Straßen blitzten die aufgepflanzten Seitengewehre. Aber an ein Widersetzen hätte wohl keiner gedacht. Alle waren furchtbar eingeschüchtert, weinten, flehten. Aber es ist nichts zu machen. Auch Willkürlichkeiten laufen mit unter. Man hätte uns von vornherein nach den Listen die „Evakuierten" bezeichnen und nichts unserem Befinden überlassen sollen. Für mich würde es eine erdrückend schwere Aufgabe sein, die Verantwortlichkeiten auf mich zu nehmen. Wo ich konnte, habe ich zur Nachsicht geredet, auch mit einem Worte freundlichen Zuspruchs nicht gekargt. – Das soll über eine Woche so weiter gehen. Schöne Aussichten und was für Feiertage!
Wie sehne ich mich nach Dir und dem Bub! Dein Chr.
Urlaub nehmen? Du denkst Dir das doch zu einfach.

27. April 1916 L[ille]
Liebe, gute Tilli,
herzlichen Dank für Deinen lieben Brief vom 24. des Monats. Ich weiß nun, wie Ihr Ostern gefeiert habt und wie sich der Bub gefreut hat beim Eiersuchen. Du wirst auch die schönen Frühlingstage ausnutzen und fleißig mit ihm spazieren gehen. Ich komme wenig dazu, weil wir den Rest des Tages zum Schlafen benützen. Wenn man von nachts 2 Uhr bis mittags 2 Uhr auf den Beinen ist, hat man Ruhe nötig. Wir holen jeden Tag 1–2.000 Personen heraus. Was es da für Szenen gibt, kannst Du Dir wohl vorstellen. Wir gehen so schonend wie möglich vor. Vor allem kann ich es nicht gut übers Herz bringen, ehrbare Frauen, deren Männer im Kriege sind, fortzubringen. Dagegen ist es sehr in der Ordnung, anrüchigen Existenzen beiderlei Geschlechts gesunde Beschäftigung auf dem Lande zu verschaffen. Es ist interessant, wie sich die Einzelnen mit ihrem Schicksal abfinden. Es gibt wenige, die freiwillig oder gern gehen, einige, die das Unvermeidliche mit Würde hinnehmen, viele, die jammern und weinen, einzelne, die es sich zur Ehre anrechnen, den Märtyrer zu spielen. Die Aufregung und Spannung der Leute ist außerordentlich. Viele brechen in Weinen aus, wenn sie erfahren haben, dass sie bleiben können. Die weniger Aufgeregten atmen doch befreit auf. Und dann die frohen zuversichtlichen Gesichter derer, die wissen, dass sie bleiben können. Man erwirbt sich allerhand Menschenkenntnis. [...]

30. April 1916 L[ille]
[…] Wie es mir in Lille gefällt? Es ist eine schöne Stadt, die sich fast mit Frankfurt vergleichen kann. Trotz des Krieges herrscht ein reger Verkehr. Allerdings spielt dabei das Militär die erste Rolle. In den Hauptverkehrsstraßen hat man fast soviel zu grüßen wie in Berlin. Es haben sich große deutsche Geschäfte aufgetan. Das neuerbaute, während des Krieges von uns vollendete Theater öffnet allabendlich seine Pforten und pflegt dicht besetzt zu sein. Im Laufe der Woche wurde „Carmen" gegeben. Ich hatte gestern Abend eine Karte und konnte mich an der schönen Oper ergötzen. Wenn man mit Interesse dem Spiel folgt, kommt es einem gar nicht in den Sinn, dass 10 – 12 km entfernt unsere Kameraden im Graben liegen und dass die Geschütze der Engländer bequem in die Stadt reichen. Ein Gegensatz, wie er nicht größer gedacht werden kann. Krieg und Frieden dicht beisammen. Lille bietet manche Abwechslung. Es steht uns ein herrliches Soldatenheim mit Schreib-, Lese- und Billardzimmer, mit Vortrags- und Gesellschaftsräumen zur Verfügung. Am Ostertag wurde im Sommergarten ein Vortragsabend mit allerlei guten Darbietungen gegeben. Am Karfreitag hatten wir ein schönes Kirchenkonzert. Dazu stehen Bücher, Zeitschriften und Zeitungen in Menge zur Verfügung. Es lässt sich hier also leben und es freut mich, dass ich Gelegenheit hatte, die Stadt kennen zu lernen. Unsere Tätigkeit muss in den nächsten Tagen zu Ende sein und dann geht es zurück, nicht nach Masnières, sondern in einen Nachbarort, wie man hört. […]

Deutsches Soldatenheim in Lille. Postkarte von 1916

2. Mai 1916 L[ille]

Liebe, gute Tilli, seit Sonntag haben wir unsere Polizeitätigkeit aufgegeben. Ich war es auch leid, den Büttel zu spielen und verstehe nicht recht, wie man derartige Hausknechtdienste einer fechtenden Truppe zumuten konnte. Der Soldat hat ja zu gehorchen und nicht nach den Gründen zu fragen, aber ich konnte doch ein beschämendes Gefühl nicht loswerden. Ich kam mir vor wie der Bub, der die Jungen aus dem Nest zieht. Wir haben nicht die ganze Stadt abgesucht, sondern nur vorwiegend die Arbeiterviertel. Die besseren Leute haben sich ja doch aus dem Staube gemacht oder sind irgendwie tätig, sodass man sie dalassen muss. Seit gestern haben wir wieder Dienst, wie er sich für einen Soldaten geziemt. Parademarsch auf dem großen Exerzierplatz bei der Zitadelle, das ganze Regiment. Du glaubst nicht, was das für ein Haufen Menschen ist, ein einziges Regiment. Wie lange wir noch hier bleiben, wissen wir noch nicht. Aushalten können wir es hier schon. […]

Zivilisten in Nordfrankreich – Zwei Tagebücher

*von Annette Becker**

Die nachfolgend wiedergegebenen Tagebuchaufzeichnungen[1] von zwei Einwohnern des besetzten Nordfrankreich illustrieren anschaulich die Probleme und Schwierigkeiten, die die Besatzung „vor Ort" aufwarf, und die Reaktionen im Etappengebiet auf die teilweise in „Hör-Nähe" sich abspielenden Schlachtenereignisse an der Somme. Die Verfasser, David Hirsch, ein älterer jüdischer Kaufmann aus Roubaix, und Maria Degrutère, eine katholische Lehrerin aus Lille, sind durchaus repräsentativ für jene Teile der Bevölkerung, die in der von deutschen Truppen besetzten Zone verbleiben mussten: Es waren ausschließlich Männer, die zu alt waren, um mobilisiert zu werden, sowie Frauen und Kinder. Die Tagebucheintragungen sind geprägt von den Erfahrungen des Kriegs- und Besatzungsalltags, von Furcht und feindseligen Erwartungen, aber nicht zuletzt auch von umlaufenden Gerüchten und der Propaganda beider Seiten.

Die Bewohner der unter militärischer Besetzung stehenden Gebiete befanden sich in einer ganz besonderen Lage. Sie fühlten sich wie an der Front, aber trotzdem abgeschnitten von der kriegführenden französischen Nation. Die Erfahrungen, die sie unter der deutschen Besatzung machten, waren außergewöhnlich, denn sie erlebten gewissermaßen zwei Kriege gleichzeitig. Zum einen den Krieg, dem die meisten Zivilisten in Frankreich jenseits der Kampflinien ausgesetzt waren, zum andern aber einen Krieg inmitten eines Kampfgebietes, umgeben von Tod und Verwüstung, gekennzeichnet von psychischen Belastungen und materiellen Entbehrungen. Zudem waren die dort lebenden Franzosen Objekt einer heftig geführten Propagandaschlacht. Im Etappengebiet waren den Zivilisten nahezu ausschließlich die Zeitungen der Besatzungsmacht zugänglich, und nur in seltenen Fällen gelang es, auch an französische Zeitungen zu kommen. Informationen vermischten sich daher mit Gerüchten und Wunschdenken.

Der Hauptinhalt der alliierten Propaganda bestand darin, zu zeigen, dass die Deutschen im Feindesland „wie die Hunnen" hausten, nachdem sie 1914 eine regelrechte Blutspur durch Belgien und Nordfrankreich gezogen und dabei unter anderem die Bibliothek von Löwen und die Kathedrale von Reims willkürlich zerstört hätten. Die Deutschen hingegen bemühten sich in Verlautbarungen und Veröffentlichungen aller Art, nachzuweisen, dass sie nach den Regeln der Haager Landkriegsordnung handelten und auch seinerzeit nichts anderes getan hätten, als gegen völker- und kriegsrechtswidrig agierende Freischärler, die so genannten Franktireure, vorzugehen. Überdies – und das war besonders für das Gebiet der

---

[*] Aus dem Französischen von Gerd Krumeich
[1] Auszüge aus dem Band: Annette Becker (Hg.): Journaux de combattants et de civils de la France du Nord dans la Grande Guerre, Villeneuve d'Ascq (Nord) 1998.

Annette Becker

> DER BOCHE (DEUTSCHE)
> AUF URLAUB: *Wie! ...*
> *So ein kleines Feuer*
> *kriegst du nicht an, aber ganze*
> *Häuser hast du niederbrennen*
> *können!!!*
> *Aus „Le Pêle-Mêle.*
> *Journal Humoristique*
> *Hebdomadaire",*
> *Paris, 19. März 1916*

LE BOCHE EN PERMISSION

Comment!... Tu n'es pas capable d'allumer un petit feu comme ça, toi qui as brûlé des maisons entières!!!

(Composition de Ludovic RIEZER).

Somme-Schlacht wichtig – stellten sie ihre Anstrengungen heraus, mit denen sie französisches Kulturgut vor dem Artilleriebeschuss durch Franzosen und Briten schützen wollten.

Ein in den Tagebüchern der französischen Zivilisten immer wieder angesprochenes und durchlittenes Problem stellten die Deportationen – die Deutschen sprachen beschwichtigend von „Verschiebungen" oder „Verpflanzungen" – der Männer und auch von Frauen und Kindern aus Lille in der Osterwoche 1916 dar. Dies war ein traumatisches und bereits während des Krieges dokumentiertes und von Protesten begleitetes Ereignis, das noch Jahrzehnte später in der Erinnerung blieb und zu starken Polemiken gegen die „Hunnen" führte. Die Ereignisse in Lille vermischten sich in der Erinnerung der Menschen in den besetzten Ländern mit den brutalen Deportationen belgischer Arbeitskräfte durch die deutschen Besatzer im Herbst 1916, die zu einem Aufschrei auch der Öffentlichkeit in den neutralen Staaten führten. Die teilweise bereits im Krieg veröffentlichten Dokumente über die Ereignisse in der Karwoche 1916 zeigen, dass mit dieser Aktion eine hohe Schwelle zum totalen Krieg durch die Besatzer überschritten worden war. Die Deutschen hingegen sahen die Deportationen als kriegsnotwendige und somit völkerrechtlich unbedenkliche Handlungen an. Deren Rechtfertigung kreiste stets um das Thema, dass die „Abschüblinge" – so der bürokratische Militärjargon – nur aus Lille und Umgebung entfernt worden seien, um die durch die englische Blockade unerträglich gewordene Ernährungssituation in den Ortschaften zu verbessern und um den daher zu erwartenden Unruhen vorzubeugen.

Bei den hier vorgestellten privaten Aufzeichnungen mag den heutigen Leser der ausgeprägte Patriotismus irritieren, der in den Jahren 1914 bis 1918 aber durchaus geläufig war. Die Franzosen waren davon überzeugt, dass dieser Krieg ausschließlich zur Verteidigung des eigenen Territoriums geführt wurde, zur Abwehr eines zutiefst als ungerecht empfundenen Angriffs. Ob man nun als Soldat oder Zivilist in diesen aufgezwungenen Krieg hineingeraten war, die Menschen wollten sich des Vaterlandes würdig erweisen. Vom August 1914 bis zum November 1918 galt für sie unverändert: „Wir leiden, aber wir leiden für Frankreich".

UN HEROS BOCHE

— Allons!... Je ne laisse rien?... Tiens, si, j'oubliais mon fusil!...

(Composition de KELLER).

EIN BOCHE(DEUTSCHER)-HELD:
Auf dann! ... Hab ich auch nichts dagelassen? ... – Und wenn ich einfach mein Gewehr stehenlassen würde?
Aus „Le Pêle-Mêle. Journal Humoristique Hebdomadaire", Paris, 28. November 1915

Maria Degrutère, Lehrerin in Lille

Tagebuch

11. Oktober 1914, Sonntag

Ich gehe zur Sechs-Uhr-Messe und kehre zurück, alles ist ruhig, ich kehre wieder um zur Messe um sieben Uhr. Beim Evangelium kommt es zu einer Panik, weil man bekannt gibt, dass die Deutschen ankommen. Eine Massenflucht setzt ein, gegen 9.15 Uhr beginnt der Beschuss, der bis mittags andauert. Den Vormittag verbringe ich im Keller, am Nachmittag ist es beinahe ruhig, man hört die Geschütze in der Umgebung. Um 8 Uhr abends gehe ich oben in der Wohnung zur Ruhe, um halb 10 setzt der Beschuss wieder ein, mit größerer Stärke. Überstürzte Rückkehr in den Keller mit den eingeschlafenen Kindern in ihren Wiegen. Die Nacht im Sitzen verbracht. Gegen 6 Uhr früh hört das Schießen für einige Stunden auf, es ist eine fürchterliche Nacht gewesen.

12. Oktober 1914

Schützengefecht in der Umgebung, in der Nähe des Ostfriedhofs und beim Festungsring. Um 6 Uhr: Lauferei, um Milch und Brot zu bekommen. Acht Uhr: Der Beschuss beginnt wieder mit stärkerer Intensität, und das dauert an bis Dienstag um zwei Uhr morgens. Den Tag und die Nacht im Keller verbracht, wir bleiben dort auch für die Toilette und alle Mahlzeiten.

13. Oktober 1914

Lille hat sich Montagnachmittag um halb sechs ergeben, und die Deutschen ziehen mit Musik ein, inmitten der brennenden Häuser. Ungefähr viertausend Geschosse sind auf die Stadt abgefeuert worden. Im Umkreis von Lille gab es 40.000 Deutsche und 120 Geschütze gegen 2.000 Franzosen und drei oder vier Geschütze. Die wichtigsten Stadtviertel der Stadt stehen in Flammen, ungefähr 1.200 Häuser sind betroffen. Die Schadenhöhe ungefähr zwei Milliarden Francs. Wechselndes Geschützfeuer. Den Tag teilweise im Keller verbracht, z.T. im Erdgeschoss, und die Nacht zur Hälfte im Keller und zur Hälfte im Bett. Es ziehen viele deutsche Regimenter im Madeleine-Quartier hin und her, die von der Parade in Lille zurückkehren. Durchzug von 400 in Lille gefangengenommenen Franzosen und Algeriern.

14. Oktober 1914

Nahezu normales Leben, die Nacht im Bett, in der Umgebung Geschützlärm. Häuser werden mit Dynamit gesprengt, um die Ausbreitung des Feuers zu verhindern, denn das Wasser ist von den Deutschen abgesperrt worden.

15. Oktober 1914

Abreise der Großeltern, Reparatur der zerbrochenen Scheiben. Besichtigung der Ruinen von Lille. In der Nacht ziehen zahlreiche Konvois durch.

16. Oktober 1914

Die Deutschen sind in La Madeleine. Alle Uhren werden auf deutsche Zeit umgestellt, der Straßenverkehr ist ab acht Uhr abends untersagt.

19. Oktober 1914

Die ganze Nacht über und am Vormittag Vorbeimarsch deutscher Kavallerie und Infanterie, Musik und Gesang. Sie nehmen die ganze Fahrbahn und auch noch das Trottoir ein. Zum Unterricht nach Marcq. Ich bin ganz allein mitten unter ihnen. Ein ganz eigenartiges Gefühl. Ein englisches Flugzeug fliegt über uns hinweg. Nach dem Abendessen sehen wir einen Zweikampf zwischen zwei Flugzeugen. Es gibt keine Butter mehr und kein Schmalz, auch kein Fleisch. Die Metzger verkaufen Gänse in Einzelteilen.

20. Oktober 1914

La Madeleine wird besetzt. Soldaten und Pferde werden bei den Einwohnern untergebracht. Es gibt keine Elektrizität. Die von den Bewohnern von Madeleine im Rathaus abgelieferten Waffen werden weggeschafft. Die Deutschen laden sie auf einer vierrädrigen Karre auf. Nachts gibt es Aufregung in der Rue du Chaufour, in Fives, in der Rue du Jardin de l'Arc. Sie gehen so weit, auch noch die Rollläden aufzubrechen, um in die Wohnungen einzudringen.

21. Oktober 1914

Besichtigung der Ruinen von Lille. Den ganzen Tag über sehr naher Geschützlärm. Kampf zwischen einem englischen und vier deutschen Flugzeugen. Dichtes Gewehrfeuer. Drei Deutsche schellen bei uns und verlangen Unterkunft.

28. Oktober 1914

Ankunft neuer Truppen: 3.500 Mann kommen nach La Madeleine. Die nicht bewohnten Häuser werden von den Truppen aufgebrochen. Die Soldaten kaufen mit Bargeld Wein und Kekse. Ein Deutscher tummelt sich in Jeannes Waschküche.

31. Oktober 1914

Der Geschützlärm kommt noch näher. Ein neuer Aushang verkündet, dass wir unter deutsche Herrschaft gestellt sind, und gibt verschiedene Verordnungen bekannt. Durchzug von 130 englischen Gefangenen und vielen deutschen Verletzten. Autos und Motorräder werden requiriert. Der deutsche Kaiser Wilhelm hat sich in Lille aufgehalten und ist dabei durch La Madeleine gefahren.

29. November 1914

Die Familie ist zusammen mit den Deutschen. Sie essen den ganzen Tag über, sind aber sehr zuvorkommend. Immer noch derselbe Geschützlärm, das ist fürchterlich. Die Deutschen verlassen die Häuser um sieben Uhr abends. Die bei Herrn Vermaere gewesen sind, geben Suzon Schokolade. Im Faidherbe-Gymnasium ist ein Brand ausgebrochen.

Französische Gefangene werden durch Lille geführt, 1914

24. Dezember 1914
Recht trauriges Weihnachtsfest. Anstelle der Muscheln essen wir ein Stück grässliches Pferdefleisch und sind doch froh, überhaupt etwas zu haben. Die Deutschen haben Weihnachten auf alle möglichen Weisen gefeiert. Weihnachtsbäume überall dort, wo sie untergebracht sind, in den Kirchen Messfeiern, Bankette usw.

17.–18. Januar 1915
Nichts Besonderes, es herrscht vollständige Stille. Am 8. Januar haben die Deutschen Herrn Damons aus St. André füsiliert, weil er Soldaten Zivilkleidung geliehen hat. Er hat gesagt, er sei unschuldig. Der Krieg um das tägliche Brot geht weiter. [...]

3. September 1915
Die Deutschen ordnen die Zählung der Einwohner von Lille und von La Madeleine an. Man muss auf einen Zettel, der im Hausflur angeklebt werden muss, den Namen und das Alter aller Mitglieder der Familie schreiben. Das stört uns arg, weil Jeanne jetzt zum Schlafen nach Hause zurückkehren muss. Die Deutschen haben soeben Kupfer und Wein bei Mme F. requiriert. Sie nehmen fast 4.000 Flaschen mit und lassen nur 250 übrig, ohne auch nur eine Requirierungsbestätigung zu geben.

8. September 1915
Die Deutschen untersagen den Verkauf von Kartoffeln. Es gibt keine einzige mehr, und deshalb kommt es zu Unruhen auf dem Markt. Glücklicherweise bekommen wir alle 14 Tage vom amerikanischen Komitee Reis, Bohnen und Maiskörner und Schweineschmalz und jede Woche Rindfleisch oder gesalzenen Speck. Wenn es das nicht gäbe, könnten wir vor Hunger sterben, denn die Brotration ist unzureichend und Butter ist genau wie Fleisch nicht bezahlbar.

4. November 1915
Weil die Deutschen das Klavier verlangen und ich vermeiden will, dass sie in unseren Salon kommen, schaffe ich das Piano hinaus und stelle es in das kleine Schreibzimmer. Damit sind sie zufrieden. […]

8. November 1915
Die Deutschen füsilieren in Lille einen jungen Mann von 16 Jahren, Léon Trulin, der in der Rue Jeanne Maillotte in La Madeleine wohnt. Er gehörte zu einem Spionagering, aber die anderen jungen Leute, unter anderem der Sohn von Gonti, sind zu Zwangsarbeit verurteilt worden. Es hat den Anschein, dass sie Schützengräben fotografiert haben. M. Brackers d'Hugo ist auch verurteilt worden, weil er Waffen versteckt hat. Vom 7.–12. November haben wir eine fürchterliche Kanonade gehört. Sehr nahes Gewehrfeuer, weshalb wir nachts überhaupt nicht mehr schlafen konnten. Das kommt von Zeit zu Zeit vor, dann gibt es aber auch wieder ruhige Augenblicke.

März 1916
Das Leben wird langsam unerträglich. Es gibt keine Butter mehr, keine Eier und Milch, kein Fleisch und nicht einmal Kartoffeln. Wir haben zwar Brot, aber das ist sehr schlecht. Die Läden sind leer. Pferdefleisch kostet 10 Francs das Kilo und alter Käse 8 Francs. Kein Gemüse mehr, keine Schuhe, kein Stoff. […] Wir essen nur noch Reis, und das Ernähren der Kinder ist sehr schwierig. Nachdem die Deutschen schon Kühe, Schafe, Schweine, Hühner eingefordert haben, wollen sie jetzt auch die Hasen haben. Brennstoff gibt es auch nicht mehr, eine Kerze kostet 0,50 Francs oder sogar 1 Franc pro Kerze.

2. März 1916
Alle Hundebesitzer müssen ihre Tiere anmelden und dafür 40 Mark Gebühren bezahlen. In unserer Stadt sieht es aus wie in einer Wüste, seitdem die Lampen weggeholt worden sind. Außerdem ist es den Einwohnern untersagt, in den Wohnungen Licht anzumachen, es sei denn, man hat ganz dichte Vorhänge, dass kein Licht herausfallen kann. Das ist alles sehr traurig.

14. März 1916
Die Lebensmittel sind noch rarer geworden und werden immer teurer […] Die Deutschen schließen alle Läden und verteilen Bußgelder von 200 oder 300 Mark an alle diejenigen,

die oberhalb des vom Militärbefehlshaber festgelegten Maximums verkaufen. Höhere Preise wären ja noch machbar, aber da die Grenze zu Belgien dicht ist, findet man in den Geschäften, die noch geöffnet sind, nichts mehr. Es gibt nur noch <u>trockenes Brot, Reis und ein bisschen Pferdefleisch</u>. Das ist besonders schlimm für die Kinder und die Hinfälligen, und davon gibt es im Augenblick genug.

19. März 1916

Die Deutschen fordern Gebühren von 10, 20 oder 30 Mark für die Hunde. Eine gewisse Anzahl von unpatriotischen Leuten zahlen die Gebühren, aber viele töten auch die wertvollen Hunde, unter anderem der Bürgermeister von Lille, der seine drei Hunde getötet hat, die 4.000 Francs wert waren. Man tötet auch Polizeihunde, Bernhardiner, das sind wirklich große Opfer.

20. März 1916

Das Café Hèquette wird von seinen Eigentümern geräumt, weil dort ein deutscher Bekleidungsladen für die durchziehenden Truppen eingerichtet werden soll […] Die Deutschen gehen dazu über, Chicoree zu beschlagnahmen, sie kommen in unsere Straße und nehmen die Häuser in Augenschein, die über Speicher verfügen, weil sie die Speicherbretter haben wollen. Sie requirieren die Gärten von Brabant und Brunswick und setzen dort ihre Hühner aus. Sie untersuchen alle Keller, und gegenüber von unserem Haus haben sie 12 Flaschen gefunden, die eine kranke Person aufbewahrt hatte.

22. März 1916

Seit einigen Wochen hört man überhaupt nicht mehr oder kaum noch den Lärm der Geschütze.

30. März 1916

Erste Verteilung von Frischfleisch durch das amerikanische Komitee. Die Preise sind immer noch sehr hoch, aber wir freuen uns trotzdem […] Es gibt 200 Gramm pro Person, aber es ist nicht für alle genug da, leider auch nicht für uns. Glücklicherweise ist Marthe Kassiererin in einer der drei Metzgereien, und mit Hilfe einer Armenkarte haben wir auch Fleisch bekommen, was uns sehr gefreut hat. Es werden auch saure und gesalzene Heringe verteilt […], einer pro Person. Eine Menge Leute drängen sich darum, und man kann den ganzen Tag Schlange stehen.

April 1916

Wir müssen den ganzen Tag Schlange stehen, weil das bisschen, was es zu kaufen gibt, von den Komitees verteilt wird. Man drängt sich um Brot, Milch […].

6. April 1916

Auch das Gras in den Luxusgärten auf den Plätzen, am Straßengraben usw. wird beschlagnahmt.

10. April 1916
[…] Reise nach Roubaix. Wir sehen, wie 1.800 französische Zivilisten zum Bahnhof verbracht werden, die man auf der Straße arretiert hat. Sie werden von Deutschen mit aufgepflanztem Bajonett geführt. Die Angehörigen folgen weinend dem Zug, das ist ein sehr trauriger Anblick. Es werden auch einige Männer festgenommen.

18. April 1916
In Lille werden auch Männer und Frauen weggeholt, weshalb man sich nicht mehr dorthin traut. Bischof Charost und der M. Delesalle[2] schreiben dem Gouverneur Protestbriefe. Die Lebensmittel sind unbezahlbar […] Zucker und Pferdefleisch gibt es auch nicht mehr.

23. April 1916, Ostern
Welch traurige Ostertage. Die Lebensmittel werden immer rarer, zum Abendessen wird es Brot und Reis geben, da wir nichts anderes mehr gefunden haben. Auch das Wetter mischt sich ein, es regnet ohne Unterbrechung, und das Wasser steigt in den Kellern immer stärker an. In der Nacht wecken die Deutschen die Einwohner des Quartiers auf, um die Meldezettel zu kontrollieren. Nicht genug damit: Die Deutschen schicken inzwischen ganze Familien in andere besetzte Regionen fort, die doch nichts wollten, als zu Hause sein. Das macht man in Roubaix, Tourcoing, Lille. Das hat in Fives begonnen, alle Einwohner müssen sich bereithalten. Sie haben anderthalb Stunden, um 35 Kilo Gepäck zu packen, aber sie müssen auch Küchengerät mitnehmen. Um jeden Aufruhr zu verhindern, werden in den Straßen Maschinengewehre postiert, in der Zeit vor der Abfahrt schließt man sie in der Kirche und den Schulen ein. Überall ist große Aufregung und Panik. Das Leben wird wirklich in jeder Beziehung immer unerfreulicher. Dieser Abtransport dauert in Lille eine ganze Woche lang, jeden Tag kommen die deutschen Soldaten (20 pro Haus) gegen drei Uhr morgens mit aufgepflanztem Bajonett in einem Quartier an, zwingen alle Leute aufzustehen und nehmen die Männer mit, insbesondere aber die Frauen und die jungen Mädchen von 20 bis 35 Jahren, und man weiß nicht, wo sie hingebracht werden. Es gibt unbeschreibliche Szenen, Stunden der Angst und der Panik für die Mütter, denen man so ihre Kinder weggerissen hat. Mehrere Leute fallen in Ohnmacht, andere werden verrückt, einige versuchen fassungslos, mit den Offizieren zu diskutieren. Mehrere von unseren Freunden haben so Schreckliches erlebt. Wir werden hier krank, wenn wir nur daran denken, ob auch unser Viertel – La Madeleine – derart Schreckliches erleiden wird. Es ist ein herzzerreißender Anblick. Man führt uns wie Verbrecher zum Schafott. Am Ostersonntag können wir nicht mehr zum Hochamt in die Kirche, weil man uns ankündigt, dass die Kirche von Truppen belegt worden ist.

1. Mai 1916
Die Deutschen stellen alle Uhren um eine Stunde vor. Ein fürchterliches Durcheinander, weil niemand damit Erfahrung hat. Alle müssen um 7 Uhr nach Haus zurückgekehrt sein

---

[2] Bürgermeister von Lille.

und um fünf vor sieben geht schon die Patrouille herum. Sofort müssen alle überstürzt in die Häuser zurück.

3. Mai 1916

Aushang, in dem befohlen wird, dass die Hangars[3] den deutschen Autoritäten alles deklarieren müssen, was sie im Depot haben. Neue Panik, denn viele Leute glauben, dass die Deutschen vorhaben, sich des Goldes und des Silbers oder interessanter Wertpapiere zu bemächtigen.

16. Mai 1916

Ein weiterer Aushang, auf dem eine zweite Weinrequirierung angeordnet wird.

18. Mai 1916

Es hängt ein Plakat aus, auf dem den Eigentümern von Hühnern befohlen wird, ihre Tiere anzugeben. Es hat den Anschein, dass man sie nicht wegnehmen will, aber dass die Deutschen die Eier verlangen, und wenn sie davon nicht genug bekommen, müssen wir sie kaufen, um sie ihnen abliefern zu können. [...]

29. Mai 1916

Die Deutschen durchsuchen unser Haus nach metallenen Dingen, und vor allem suchen sie Kupfer. Sie beschlagnahmen den Küchenherd, die verkupferten Ecken der Treppenhausverkleidung, Deckenlampen, verkupferte Schirmständer, Möbel, Waagen, Maße, Gewichte usw.

5. Juni 1916

Besitzer von Hühnern werden verpflichtet, den Deutschen jeden Tag ein Ei pro drei Hühner abzuliefern. Wenn man das nicht kann, muss man ihnen die Hühner übereignen oder Eier kaufen, was aber fast unmöglich ist. [...]

20. Juni 1916

Die Deutschen fordern eine neue Kriegskontribution von 47 Millionen für Lille, Tourcoing und die Umgebung ein, davon 23 Millionen für Lille und 1,6 Millionen Francs für das Madeleine-Quartier usw. Der Bürgermeister von Lille schreibt einen wunderbaren Brief an den deutschen Militärgouverneur, in dem er gegen diese neue Ungerechtigkeit protestiert. Im übrigen haben wir gar kein Geld mehr, aber die Deutschen zwingen uns zu zahlen, unter Androhung der schwersten Repressalien gegen die Gesamtbevölkerung. So überweisen wir 2 Millionen von den für den 1. Juli geforderten 6 Millionen.

---

[3] Depots der amerikanischen Hilfsgüter.

27. Juni 1916
Schuhe gibt es gar nicht mehr oder nur zu Wahnsinnspreisen. Sie werden angeboten zu 58 Francs für das Paar, deshalb schicken uns die Amerikaner 30.000 Paar Schuhe für Frauen und Kinder bei einer Bevölkerung von 660.000. Die kosten 11 bis 25 Francs das Paar, das ist also 4 bis 11 Francs für Kinderschuhe, aber es sind nicht genug für alle da. Das ist sehr schade, wir werden bald barfuß laufen.

29. Juni 1916
Ein neues Plakat, in dem Arbeiter für die Feldarbeit gesucht werden. Man sichert Unterkunft und hinreichende Ernährung zu. Die Bevölkerung von Lille ist aber sehr beunruhigt, denn man fürchtet, dass das nur Vorboten für weitere Zwangsevakuierungen sind, und viele der Betroffenen sind sehr unglücklich. Wir hören jetzt die Geschütze Tag und Nacht in fürchterlicher Lautstärke.

1. Juli 1916
Seit einigen Tagen werden wir von einer Reihe von Flugzeugen überflogen, die Deutschen schießen mit großkalibrigen Geschützen darauf, und eine ganze Reihe dieser Geschosse fallen über der Stadt ab und explodieren, wobei es zu sehr vielen Unfällen kommt. Zwei Geschosse haben in die Kirche St. Sauveur eingeschlagen während des Abendgebetes, und ein kleines Mädchen ist dabei umgekommen. Es gab eine Panik, und eine Menge Kinder sind niedergetrampelt worden, 42 Verletzte. Eine Person ist in ihrem Zimmer in der Rue des Augustins getötet worden, und mehrere Häuser sind demoliert worden. [...] Unserer Stadt geht es wirklich sehr schlecht. Heute leben wir noch, aber wir wissen nicht, was in der nächsten halben Stunde passiert. Das ist noch schlimmer als die Besatzung. [...] Noch eine Aufstellung über die Kaninchenbestände: Wer ein Kaninchen schlachtet, erhält 1.000 Mark Strafe und drei Monate Gefängnis. Fleisch wird selten und kostet 30 Mark ein Kilo [...] Aus Holland kommen keine Nahrungsmittel mehr, deshalb ernähren wir uns von Gemüse, das aber wahnsinnig teuer ist [...] Die Deutschen ordnen die Beschlagnahmung von allem Obst bei Privatpersonen an. [...]

21. Juli 1916
Jeden Tag überfliegen uns Flugzeuge, auf die geschossen wird. Sehr häufig platzen die Geschosse nicht in der Luft, und beim Herunterfallen gibt es oft Opfer und materielle Schäden. [...]

23. Juli 1916
Mme. Ruear ist für 15 Tage in der Zitadelle eingesperrt worden, weil sie Briefe von ihrem Gatten erhalten hat. Sie erhält in ihrer Zelle 250 g Brot pro Tag, Wasser und ein wenig Reis. Im Viertel St. André sind Stickgase niedergegangen, deshalb werden Plakate ausgehängt betreffend die Vorsichtsmaßnahmen gegen die Stickgase. Unter anderem soll man sich feuchte Lappen gegen das Gesicht halten (man glaubt, man ist ganz an der Front). Die Deutschen setzen ihre Schutzmasken auf. [...]

14. August 1916
Es wird ein Plakat ausgehängt betreffend die Beschlagnahme von Kupfer, Bronze und Messing in Privathaushalten. Neuer Ärger, denn diese Materialien dienen doch direkt dem Angriff auf unsere Armeen. Deshalb wollen die Städte Roubaix, Tourcoing und Lille keine Aufstellungen vornehmen. Der Dechant der Pfarrei St. Christophe, Tourcoing, ist zu zehn Jahren Festungshaft verurteilt worden, weil er den Pfarrmitgliedern empfohlen hat, keine Aufstellungen vorzunehmen. Der Präfekt und der Bürgermeister von Lille protestieren, wir haben immer wieder neuen Ärger. Allmählich nimmt man uns alles fort, was wir besitzen. Es hat keinen Vorteil, im besetzten Land zu leben, wenn es einem genauso geht wie denjenigen, die alles aufgegeben haben. Jedes Mal eine neue Strafe, und dazu nimmt man uns noch jegliche Freiheit und alle lebensnotwendigen Dinge. Die Kinder dürfen keine Drachen mehr aufsteigen lassen, weil das als ein Signal angesehen wird. Jemand hat in der Nacht ein Streichholz angezündet und hat 12,50 Mark Strafe erhalten von einer Patrouille, die gerade vorbeikam, denn es ist untersagt, nachts ein Licht bei sich zu tragen. [...]

16. August 1916
Diejenigen, die ein Bankschließfach besitzen, können nur noch mit Erlaubnis der Deutschen und von einem Deutschen begleitet an dieses gelangen.

28.–29. September 1916
Ein neuer Aushang mit der Bekanntmachung, dass eine freiwillige Evakuierung ins nicht besetzte Frankreich vielleicht stattfinden würde, aber nur Frauen, die in Frankreich Unterstützung erhalten, die von ihren Eltern getrennten Kinder, die Kranken, vor allem Tuberkulosekranke können wegziehen. Es gibt noch keine Details bezüglich der Fahrtkosten und Modalitäten, aber weil das Leben hier wirklich schwierig ist, haben sich eine Menge Leute in die Liste eingetragen, nicht weniger als 900 im Madeleine-Viertel, 600 in Marcq, usw.

2. Oktober 1916
Aushang, auf welchem dem Bürgermeister befohlen wird, aus den unbewohnten Häusern Kleidungsstücke und Schuhe der nicht anwesenden Personen herauszuholen, weil es in den Läden keine mehr gibt und weil die Zusendungen (amerikanischer Komitees) unzureichend sind. Die Kommandantur verlangt vom Madeleine-Viertel die Stellung von 150 Arbeitern. Da die Gemeinde diese nicht bereitstellen kann, muss sie jeden Tag 1.000 Mark Strafe zahlen, und als am ersten Tag die Summe noch nicht überwiesen war, wurden Geiseln genommen. Darüber hinaus erhält die Gemeinde zur Strafe keine Gemüsezuteilungen mehr, und die Deutschen nehmen alle Gerätschaften für das Gemeindeland fort, bis dass die geforderten Arbeiter endlich aufgefunden sind.

3. Oktober 1916
Starke Verwirrung in der Gemeinde wegen des Aushangs eines neuen Plakates, auf dem den 18–45 Jahre alten Arbeiterinnen befohlen wird, sich in eine Liste einzutragen, genauso wie die Männer bis 52 Jahre. Alle sind beunruhigt, denn es wird vermutet, dass es sich hier

um Arbeitsdienstpläne handelt. Ein weiteres Plakat befiehlt denjenigen, die es noch nicht gemacht haben, die Aufstellung von Leinen, Jute, Kautschuk, Kupfer, Zinn, Zink, Öl usw. Autos, Fahrräder, Motorräder. Mit einem Wort: Alles, was man sich vorstellen kann, und das mit einer Strafandrohung von 50.000 Mark oder zehn Jahren Gefängnis. So wird das Land bald völlig trockengelegt sein.

5. Oktober 1916

Ein weiterer Aushang, der den Einwohnern befiehlt, ihre Trottoirs und die ihrer abwesenden Nachbarn vor acht Uhr morgens zu reinigen, insgesamt fünf Aushänge in drei Tagen. Von ungefähr 7 Uhr bis 10 Uhr abends sind 20 Granaten auf Lille abgeschossen worden. Wir hören den Knall des Abschusses und das Pfeifen der Granaten, als ob sie uns gelten. Das ist unheimlich, und man wagt nicht, schlafen zu gehen. Als das Schießen nachlässt, gehen wir ins Bett, aber ganz angezogen, bereit, die Flucht zu ergreifen, wenn es notwendig ist. […]

16.–17. Oktober 1916

In Roubaix und Tourcoing sind alle jungen Männer von 17–25 Jahren festgenommen worden, in Lille ist eine Anzahl von Männern fortgeholt worden, sie mussten eine Decke, Holzschuhe, Wäsche und Lebensmittel für zwei Tage mitnehmen. Es ist ein wirklich ausgesprochen trauriger Anblick, zu sehen, wie die Mütter und Frauen ihre Kinder oder ihre Ehemänner weinend begleiten, andere singen die „Marseillaise".

27. Oktober 1916

Hausdurchsuchung bei uns. Zwei Deutsche kehren das Haus vollkommen um, Keller, Speicher, jedes Möbel wird geprüft, alles wird zerschlagen. Sie nehmen uns ein kleines Kupfergefäß vom Speicher weg und einen kleinen demontierten Gaszähler. Mme. Cordonnier muss 50 Mark Strafe bezahlen, weil sie diese kupfernen Gegenstände versteckt habe. […] Sie wühlen sogar in den Kohlen und in den Abfallgruben herum, das ist wirklich erniedrigend.

1. November 1916

Eine Anzahl Industrieller aus Lille, Roubaix und Tourcoing sind als Geiseln nach Deutschland verbracht worden wegen der deutsch-französischen Streitigkeiten. Diese Personen sind an Allerheiligen um 12 Uhr benachrichtigt und um 17 Uhr weggebracht worden. Einige Damen sind mindestens schon 55 Jahre alt. […] An allen Stadttoren von Lille werden jetzt die Identitätskarten überprüft.

27. November 1916

Besuch von zwei Gendarmen, um den Wert des Kupfers, das man auf dem Speicher gefunden hat, zu schätzen. Mama muss am kommenden Tag um 14.30 Uhr zur Kommandantur, sie erhält eine Strafe von 5 Mark, wir kommen noch ganz gut dabei weg, denn mehrere unserer Nachbarn werden härter bestraft. […] Das Leben ist immer noch unter allen Gesichtspunkten sehr mühsam. Man weiß nicht mehr, wie Fleisch schmeckt, wir leben von

Gemüse, Reis und amerikanischem Speck. Glücklicherweise erhalten wir alle 14 Tage ein Kilo Kartoffeln pro Person zum Preis von 0,30 Mark.

6. Dezember 1916

20 % der im November eingeschriebenen Personen können ins nicht besetzte Frankreich zurückkehren. Kinder von weniger als vier Jahren zahlen nichts, von vier bis zehn Jahren 50 %. Die Fahrt kostet 69 Francs in der zweiten Klasse und 46 Francs in der dritten bis nach Schaffhausen. Die Betroffenen dürfen 30 Kilo Gepäck pro Person mitnehmen. […] Alles muss den Deutschen übergeben werden, die es versiegeln und an der Grenze zurückgeben. Man hat kein Recht, Geld bei sich zu führen. Man sagt sogar, dass die Betroffenen kein Handgepäck und keine Lebensmittel mitnehmen dürfen, wir hatten Postkarten mit Fotografien der Familie an einige Freunde weitergegeben, aber die Deutschen erlauben nicht, diese mitzunehmen. Das macht uns sehr traurig. […]

25. Dezember 1916

Nur trauriges Weihnachten. […]

Deutsche Besatzungsherrschaft in Nordfrankreich

Consignation de Vins

Vins Mousseux, Liqueurs, Spiritueux, etc.

I. Toutes les provisions de **vins, vins mousseux, liqueurs, spiritueux**, etc., existant à Lille, sont consignées par la présente, à l'exemption des quantités totales de moins de 50 litres par ménage.

II. Toutes les provisions d'un total dépassant 50 litres doivent être déclarées. Le chef de famille ou, en son absence, son remplaçant (membre de la famille, concierge, domestique, etc.), sont tenus de faire la déclaration.

III. Toute personne tenue de faire la déclaration devra faire prendre les **8 et 9 avril 1916**, au **Commissariat de son arrondissement**, une feuille de déclaration dont les deux parties devront être consciencieusement remplies. Cette déclaration doit être remise au **PALAIS-RAMEAU, les 10 et 11 avril 1916**, dans l'ordre suivant :

Pour les personnes dont le nom de famille commence par les lettres :

A-De . . . . . le **10** avril de **9 à 12** h. le matin.
Df-G . . . . . . **10** „ „ **3 à 6** h. de l'après-midi.
H-O . . . . . . **11** „ „ **9 à 12** h. le matin.
P-Z . . . . . . **11** „ „ **3 à 6** h. de l'après-midi.

L'Autorité allemande mettra son cachet sur la partie droite de la feuille de déclaration, servant de quittance, et la rendra au déclarant.

Les habitants de Canteleu-Lille, Faubourg des Postes et Faubourg de Béthune devront faire, en temps utile, les démarches nécessaires pour se procurer un laissez-passer.

IV. Des exemptions de saisie peuvent être accordées par la **KOMMANDANTUR** :

a) Aux hôpitaux et autres établissements reconnus d'utilité publique ;

b) Aux hôteliers et restaurateurs, ainsi qu'à des commerçants, pour autant que les provisions soient nécessaires à leur fonctionnement (a) ou à l'exercice de leur profession (b), ou qu'elles ont été importées avec l'assentiment de l'Autorité militaire ;

c) En cas d'urgence dûment constaté.

Les demandes motivées, tendant à obtenir l'exemption de la saisie de tout ou partie des vins, doivent être adressées, par écrit, à la **KOMMANDANTUR** (Police Militaire), jusqu'au 12 avril 1916.

V. Les déclarants devront tenir les quantités de vins consignés prêtes à l'enlèvement. La **KOMMANDANTUR** délivrera un bon pour les quantités réquisitionnées.

VI. Sera puni d'une amende de **10 à 5,000 Mark** ou d'un emprisonnement pouvant aller jusqu'à **3 mois**, à moins qu'une peine plus sévère ne puisse être appliquée suivant les lois en vigueur :

a) Quiconque cachera du vin pour le soustraire à la réquisition ou qui se rendra complice de cette manœuvre ;

b) Quiconque omettra, sciemment ou par négligence, de déclarer des provisions de vins ou les déclarera inexactement ou se rendra complice de ces manœuvres ;

c) Quiconque falsifiera, rendra mauvais ou impropre à la consommation, les vins et liqueurs confisqués ou se prêtera à ces pratiques.

Lille, le 30 mars 1916.

Le Gouverneur de la Place de Lille.

Weinverordnung der Kommandantur von Lille. Plakat vom 30. März 1916

David Hirsch, Kaufmann in Roubaix

Tagebuch

7. Januar 1916
Vor drei Tagen wurden in Lille Eier verkauft. Es gibt überhaupt kein Abfallpapier mehr, als Toilettenpapier verbrauchen wir die offiziellen Verlautbarungen.

9. Januar 1916
Der General von Castelnau, der aus dem Orient zurückgekommen ist, sagt den Sieg mit mathematischer Sicherheit voraus. Man hört keine Geschütze mehr.

11. Januar 1916
Um halb vier in der Nacht von Montag auf Dienstag gab es ein einzelnes fürchterliches Einschlaggeräusch, ein Munitionsdepot zwischen der Porte de Douai und dem hinteren Teil des Bahnhofs von St. Sauveur ist in die Luft geflogen. Die Deutschen sagen, es war ein Unfall, die Bewohner von Lille sagen, dass drei englische Geschosse darin detoniert sind. Das ganze Quartier hinter dem St. Sauveur-Bahnhof sieht fürchterlich aus. Man spricht von 400–500 Toten, mehr als die Hälfte aller Scheiben in Lille sind zersplittert, sogar noch in Roubaix sind Scheiben zu Bruch gegangen. [...] Enorme Steinblöcke sind noch auf dem Platz der Republik niedergegangen.

12. Januar 1916
Das deutsche offizielle Communiqué spricht von einer Kasematte, die südlich von Lille in die Luft gegangen ist. Bei der Explosion soll es 70 tote und 40 verletzte Zivilisten gegeben haben. Im Communiqué der Deutschen steht, dass die Liller Bevölkerung die Engländer beschuldigt, diese Explosion durch ihren Beschuss verursacht zu haben. Andererseits wird in Lille von der Kommandantur ein Aushang gemacht, auf dem demjenigen 1.000 Mark versprochen werden, der zur Überführung der Urheber des Attentats hilft.

13. Januar 1916
Wie auch immer, niemand macht den Engländern einen Vorwurf. Im Unterschied zu dem, was die Deutschen gern hätten, die vielleicht selber die Pulverkammer in die Luft gejagt haben.

9. Februar 1916
Es ist schon komisch, wenn man mit ansehen muss, wie eine große Nation wie Deutschland das ganze Rohrsystem in einer kleinen Fabrik abmontiert, wie sie es heute bei Desbonnets gemacht haben.

Das zerstörte Munitionsdepot von Lille nach der Explosion vom 11. Januar 1916

10. Februar 1916
Man hört die Geschütze nur noch wenig. In Wattrelos ist eine Verordnung ausgehängt, dass es unter Todesstrafe verboten ist, sich der Grenze zu nähern oder diese zu überqueren. Heute Morgen ist eine junge Frau, die aus Belgien zurückkam (22 Jahre alt, 2 Kinder), erschossen worden. Man erzählt, dass die Soldaten sie ohne zu schießen durchgelassen haben und dass der Offizier ihnen dann befohlen hat, sie zu töten.

24. Februar 1916
In der Woëvre, Richtung Verdun, im Osten, haben die Deutschen auf einer Frontlänge von 10 Kilometern angegriffen. Sie sind an einigen Stellen 3 Kilometer weit vorgedrungen und haben 3.000 Gefangene gemacht. Um elf Uhr abends haben wir ein lebhaftes Geschützfeuer gehört, wie wenn man auf Flugzeuge schießt.

25. Februar 1916
Der Vorstoß auf Verdun geht weiter, sie haben einige Dörfer im Vorfeld von Verdun eingenommen. Wir beginnen, um Verdun zu fürchten. Die Engländer haben das St. André-Quartier mit einigen Granaten beschossen, die einige Deutsche und mehrere Franzosen getötet und nicht wenige verletzt haben.

Straße in Lille nach der Explosion vom 11. Januar 1916

27. Februar 1916
Die Deutschen hatten dem Bürgermeister befohlen, die Glocken zu läuten wegen der Einnahme des Panzerforts von Verdun. Heute Abend ist erzählt worden, dass wir dieses Fort wieder eingenommen haben. Vielleicht haben die Glocken aus diesem Grund nicht geläutet. Wir haben die Geschütze seit gestern Abend elf Uhr bis heute Nachmittag drei Uhr gehört.

28. Februar 1916
Die Offensive der Deutschen vor Verdun scheint aufgefangen worden zu sein. Sie sagen jetzt, dass unsere Angriffe auf das Fort, das sie vorgestern eingenommen haben, vergeblich geblieben sind. [...]

7. März 1916
Der Angriff der Deutschen auf Verdun scheint trotz großer Intensität zum zweiten Mal gestoppt worden zu sein. Die Lebensmittel werden überall weniger, es gibt kein Fleisch mehr, keine Kartoffeln, keine Butter, keine Eier. [...]

10. März 1916
Die Deutschen haben gelogen, als sie behauptet haben, dass sie das Fort Vaux eingenommen haben. Das haben sie gar nicht, und heute sagen sie, dass die Franzosen es wieder zurück

erobert haben. Die französischen Communiqués sagen, dass die Deutschen es niemals eingenommen hatten. Kann es sein, dass sie wegen ihrer am 4. März begonnenen Anleihe[4] genötigt sind, von einem vorgeblichen Sieg zu sprechen, um ihre öffentliche Meinung zu beeinflussen? Sonst gibt es nichts Neues. Man hört die Geschütze nicht mehr.

18. März 1916

Die Deutschen behaupten genau wie wir, den „Toten Mann" im Westen von Verdun eingenommen zu haben. Es gibt auf diesem Berg zwei Höhen, mit 295 und 265 m. Wir haben die höhere eingenommen. Die Deutschen haben seit einigen Tagen keinerlei Fortschritte mehr in der Umgebung von Verdun gemacht. Man hat den Männern, die vor den Lebensmittelläden demonstriert haben, mehr als 600 Identitätskarten abgenommen. Die Deutschen wissen so, wer demonstriert hat, und können folglich mit Schärfe reagieren.

19. März 1916

Plakate, auf denen 10 Jahre Gefängnis für das Ausrauben von Lebensmittelläden angekündigt werden. Jegliche Zusammenrottung vor den Läden ist verboten worden.

29. März 1916

Die Sterblichkeit ist groß. Zu normalen Zeiten genügen zwei Totengräber in Roubaix, und jetzt haben wir sechs. Selbst zu einem Preis von 125 Francs für 100 Kilo kann man keine Kartoffeln mehr finden. Die Deutschen sind bei Malancourt nahe Verdun ein wenig vorangekommen und haben 500 Gefangene gemacht.

4. April 1916

Zum Thema deutsche Mentalität: Der Unteroffizier, der damit beauftragt ist, die Franzosen zur Kommandantur vorzuladen, ist eine große Person. Er hat ungefähr 20 Jahre im La Vilette-Quartier in Paris zugebracht und spricht Pariser Argot. Er hat sich erlaubt, denjenigen, die der Vorladung gefolgt sind, folgendes zu sagen: „Ihr habt wohl alle Angst, nicht wahr, dass man euch nach Deutschland bringt. Was wollt ihr denn, was man sonst mit einem Haufen von Angsthasen wie euch machen soll!! … " Das Feldgericht von Namur hat ungefähr ein Dutzend Leute zu acht Jahren Zuchthaus bis einen Monat Gefängnis dafür verurteilt, dass sie die deutschen Behörden nicht vom Aufenthalt eines französischen Hauptmanns unterrichtet haben.

6. April 1916

Gestern Abend hat man 200–300 Menschen, junge Männer und Frauen, gewaltsam fortgebracht, um sie, so sagt man, in der Gegend von Valenciennes zum Holzfällen einzusetzen, zweifellos, um Schützengräben zu bauen. Ein Aushang im Rathaus kündigt an, dass es ein Informationsbüro gibt, um den Familien, die beunruhigt sind, über das Schicksal der Ihren

---

[4] 4. Kriegsanleihe.

Auskunft zu geben. Im Reichstag hat der Kanzler erklärt, dass die Deutschen Polen behalten wollen und dass Belgien so organisiert werde, dass die Deutschen diese Nachbarschaft nicht mehr zu fürchten hätten.

7. April 1916
Gestern Abend um elf Uhr hat man Haus für Haus ungefähr 900 Mann ausgehoben, die man heute früh zum Bahnhof gebracht hat zum Holzfällen oder zum Kartoffelsetzen oder, um sie nach Deutschland zu verbringen? In der Straße werden ziemlich viele junge Leute arretiert, bei Leroy nimmt man alles Holz fort, und man hat ihm gesagt, dass man „selbst kleine Mengen davon für die Schützengräben" braucht.

8. April 1916
Man sagt, dass man junge Leute von 18 Jahren sucht, um sie nach Deutschland zu bringen. Gestern sind die Deutschen in der Rue de L'Epeule in Häuser gekommen, die auf Listen erfasst waren, und haben die jungen Leute mitgenommen. Am Nachmittag und am Abend bis elf Uhr hat man starken Geschützlärm gehört.

9. April 1916
Beginn der Karwoche. Die Deutschen fahren damit fort, Leute abzutransportieren. Eine Anzahl von ihnen ist in ein Konzentrationslager bei Sedan gebracht worden, die anderen arbeiten in den Wäldern beim Holzfällen. Pro 30 Mann wird eine Frau mitverschickt, die die Nahrung zubereiten soll.

10. April 1916
2.000 französische Zivilisten sind heute Nachmittag weggebracht worden.

11. April 1916
Am Morgen haben wir zuschauen müssen, wie 700 Männer und Frauen fortgebracht wurden. Man sagt, dass sie nach Sachsen verschickt werden. Wir haben die Geschütze gehört. Immer wieder wird gesagt, dass in ca. 10 Tagen alle Männer von Roubaix weggeschafft sein werden. Die deutsche Verwaltung hat die Stadtverwaltung von Roubaix aufgefordert, ihnen eine Liste all ihrer Angestellten zu übergeben.

12. April 1916
In der Nacht hat man ein wenig Geschützlärm gehört. In Roubaix gibt es eine Art von Abschiedsaufregung, alle Männer glauben, dass sie fortgebracht werden, aber man hat ihnen noch nichts gesagt. So verbringen sie drei Viertel des Tages damit, Sachen zusammenzupacken für den Fall, dass sie fort müssen.

20. April 1916
Gestern Abend gab es in Roubaix eine sehr große Aufregung. Es wurden Anschläge ausgehängt mit dem Inhalt, dass die Deutschen einen Teil der Einwohner in das besetzte Frankreich verbringen würden, weil es hier Schwierigkeiten gäbe, sie zu ernähren, und diese Schwierigkeiten hätte England verursacht. Jeder kann 30 Kilo mitnehmen, und man soll schon anfangen, die Abfahrt vorzubereiten. In der Gegend des Caillette-Waldes nahe von Douaumont haben die französischen Truppen Fortschritte gemacht. Die Engländer haben ungefähr 800 Meter Schützengräben in der Gegend von Ypern eingenommen. […]

21. April 1916
Man hat damit begonnen, ungefähr 1.200–1.500 Bewohner wegzubringen, meistens Arbeitslose, und ungefähr 3 Prozent Frauen, die im Lager Essen machen sollen.

22. April 1916
Das Wegbringen der Männer und Frauen geht weiter. Während der Nacht wird ein ganzes Quartier abgesperrt, und gegen drei Uhr morgens lassen sich die Deutschen Haus für Haus öffnen und bestimmen diejenigen, die drei Stunden später sich bei Motte in der Rue d'Alger einfinden sollen, von wo die Lastwagen sie nach Sedan bringen, wie man sagt. […]

23. April 1916, Ostern
In der Nähe von Verdun im Caillette-Wald sind wir ein wenig vorangekommen, genauso wie im Süden von Douaumont und Haudremont. In Roubaix flaut die Aufregung nicht ab, denn nach wie vor werden Männer und Frauen weggeschafft. In Lille hat man es genauso gemacht und gegen alles Kriegsrecht und Menschenrecht verstoßen, besonders in Bezug auf die Frauen.

24. April 1916, Ostern
Am Morgen um halb sieben sollen die Deutschen die jungen Leute von 16 und 17 Jahren in der Hindenburg-Kaserne zusammengerufen haben (das ist die Motte-Fabrik), vorgeblich, um ihre Identitätskarten auszutauschen, und man hat eine große Anzahl von ihnen festgehalten und ihre Eltern benachrichtigen lassen, dass sie das Gepäck fertigmachen sollen. […]

25. April 1916
Heute morgen sieht unser Quartier ganz seltsam aus. Die Deutschen sollen kommen, um Leute wegzubringen. Seit fünf Uhr früh ist das Quartier in voller Aufregung. Die alte Léonie bittet Caroline weinend, dass sie den Kindern ihrer Arbeitgeber Erinnerungsstücke aushändigen möge für den Fall, dass man sie wegbringt […] Die vielen Straßenbahnen in Richtung der Motte-Fabrik sind voll gestopft mit Leuten, die die „Marseillaise" singen und „Le Petit Départ", vor allem die Männer haben fertig gepackt. 140 Leute von Tugotins[5] sind

---

5 Quartier in Roubaix.

abgefahren und haben tapfer die „Marseillaise" gesungen, sie hatten das vorbereitet und haben auf sehr ergreifende Weise im Chor gesungen. […]

26. April 1916

Man fährt damit fort, die Leute wegzubringen. Die Beziehungen zwischen Amerika und Deutschland sind sehr gespannt wegen der deutschen Art, den Unterseebootkrieg zu führen und die Schiffe ohne Vorwarnung zu torpedieren. Man spricht von einem Aushang, der uns noch viel Ärger bereiten wird.

27. April 1916

Die Deutschen sind in Alfreds Quartier gewesen. Er ist in der Hindenburg-Kaserne (Motte-Fabrik) eingesperrt worden und dann wieder freigelassen worden, weil er einen Beschäftigungsnachweis hatte. Man sagt, dass das ganze Fortbringen nun zu Ende sei und die Wache morgen nach Roubaix abziehen wird. In Lille große Aufregung wegen des Wegbringens der Leute, und es laufen dumme Gerüchte um. Bemerkenswert ist das Gerücht, dass die Frauen in die Kommandantur einberufen worden seien und man ihnen dort die Brüste abschneidet.

14. Mai 1916

Bei allem, was ich gelesen und gehört habe, frage ich mich, ob Frankreich bereits für die große Offensive bereit ist. Es scheint, dass wir noch nicht genug Munition zusammengebracht haben. Arras soll seit Januar komplett evakuiert worden sein. 70 Prozent der Häuser sollen durch den dauernden Beschuss zerstört worden sein.

29. Mai 1916

In Deutschland soll es ernsthaften Nahrungsmangel geben, unter anderem wird erzählt, dass ein deutscher Soldat, der Nachschub besorgen sollte, gestohlen hat, um Nahrung an seine Eltern zu verschicken. Landsturmleute haben gestern Frauen, die aus den französischen Versorgungsdepots kamen, angeboten, ihnen alles abzukaufen, was sie hatten. […]

31. Mai 1916

[…] Joffre[6] soll gesagt haben, dass der Krieg von einem Augenblick auf den anderen aufhören könne und dass auf jeden Fall im September die Besetzung hier im Norden zu Ende sei.

15. Juni 1916

Das Spanisch-Amerikanische Komitee hat aus Amerika eine wirklich beachtliche Menge von Frauen- und Kinderkleidung, Schuhen, Hemden, Stoffen, Vorhängen usw. usw. geschenkt bekommen, ungefähr 15 Waggonladungen voll. Unter anderem hat man im Kragen eines

---

[6] Oberbefehlshaber der französischen Armee.

Männerhemdes die Botschaft eingenäht gefunden: „In Hochachtung von einer Kanadierin für ihre Vorfahren 1.000 Wollhemden".

27. Juni 1916

Neue Bekanntmachungen, die die alten Vorschriften in Erinnerung rufen, weil diese nicht hinreichend beachtet würden: Verbot, Pakete von mehr als 5 Kilo Gewicht zu transportieren [...] Der kommandierende General hat dem Bürgermeister von Lille geantwortet, dass er dessen Interpretation der Haager Konvention nicht akzeptiere und dass er ihm befehle, die Kontribution tatsächlich zu bezahlen. Wenn dies nicht geschehe, so würden die Einwohner noch mehr leiden, als wenn sie bezahlten. [...]

28. Juni 1916

Man sagt, dass eine große Offensive bei Roye in der Richtung auf Nesle begonnen habe. Wir haben viel Geschützfeuer gehört.

III Die Somme-Schlacht von 1916

von Gerhard Hirschfeld

Die Deutschen hatten sich bereits im Oktober des ersten Kriegsjahres, nach nur kurzen, aber heftigen Kämpfen mit der französischen Armee („Wettlauf zum Meer"), im Gebiet der Somme festgesetzt. Mit Beginn des Stellungskrieges (etwa ab Mitte November 1914) war dort eine zunehmend stärker befestigte, etwa 70 km lange Frontlinie entstanden, die sich, von Norden nach Süden verlaufend, entlang der Dörfer Gommecourt, Beaumont-Hamel, Thiepval, Fricourt, Maricourt, Curlu (dort einer Flussbiegung der Somme folgend), bis nach Dompierre, Fay, Chaulnes und Maucourt erstreckte. Insgesamt 21 Monate hatte die 2. deutsche Armee unter General Fritz von Below nun Zeit, ihre Schützen- und Verbindungsgräben nördlich und südlich des Flusses auszubauen, Waldstücke „zu verdrahten" und die von der Bevölkerung geräumten Dörfer zu verbarrikadieren. An einigen Stellen errichtete man bunkerähnliche Schutzräume und Mannschaftsunterkünfte (etwa die „Schwabenfeste" bei Thiepval) oder legte unterirdische Stollen – oftmals bis zu einer Tiefe von zwölf Metern – an. Zwar kam es in dieser Zeit beinahe regelmäßig zu gegenseitigen Artilleriebeschießungen, zum Einsatz von Minen (Fricourt, Fay) und auch zu gezielten Vorstößen in die feindlichen Gräben, doch ein größeres Gefecht lieferten sich Deutsche und Franzosen lediglich im Juni 1915 bei Serre im Norden des Somme-Gebiets, ohne dass sich allerdings die Frontlinien entscheidend veränderten. Ende Januar 1916 unternahm die im Mittelabschnitt liegende 11. bayerische Infanteriedivision einen Ausfall, in dessen Verlauf sie das kleine Dorf Frise eingangs der Somme-Schleife eroberte. Zum Zeitpunkt der alliierten Offensive Anfang Juli 1916 standen nördlich der Somme (unter dem Kommando des Generals Hermann von Stein, Chef des XIV. Reservekorps) fünf deutsche Divisionen in Vollstärke sowie eine ⅔ (10. bayerische) Infanteriedivision und südlich des Flusses (unter General von Pannewitz, Chef des XVII. Armeekorps) vier deutsche Divisionen und ein Gardekorps mit unterstellter Landwehrdivision, dahinter nach Osten noch weitere drei Reservedivisionen (sowie der Rest der 10. bayerischen Division).[1] Die Gesamtstärke der deutschen Verbände (einschließlich der technischen Einheiten) an der Somme belief sich auf zunächst etwa 300.000 Mann. Ihnen gegenüber hatten die gegnerischen Armeeführungen am Vorabend der großen Schlacht ca. 500.000 britische und ca. 200.000 französische Soldaten in Stellung gebracht. Zahlreiche Angehörige und auch ganze Einheiten dieser Armeen kamen

---

[1] Der Weltkrieg 1914–1918, bearb. im Reichsarchiv, Bd. 10, Berlin 1936, S. 348 f. (im Folgenden abgekürzt als WKW).

aus den Kolonien oder im Fall Großbritanniens aus den Dominions Australien, Kanada, Neuseeland und Südafrika.[2]

Der Auftakt

Die grundsätzliche Entscheidung der Ententemächte, 1916 den Durchbruch zu wagen, um den festgefahrenen Stellungs- und Zermürbungskrieg zu überwinden, war im Dezember 1915 auf der Konferenz von Chantilly (nördlich von Paris) gefallen. Die Deutschen sollten auf allen Kriegsschauplätzen gleichzeitig angegriffen werden, um ihnen keine Gelegenheit zu geben, ihre Reserven von einer Front an die andere zu verschieben. Allerdings hatte man sich in Chantilly weder über den genauen Ort noch den Zeitpunkt für die Generaloffensive im Westen verständigt. Erst bei einem Treffen zwischen den französischen und britischen Oberbefehlshabern, Joseph Joffre und Sir Douglas Haig, am 14. Februar 1916 wurde die östliche Picardie zum Austragungsort der Schlacht bestimmt. Entscheidend, insbesondere aus Sicht der Franzosen, für die Wahl des Somme-Gebiets waren die Geographie und die Beschaffenheit der Landschaft. Das hügelige Gelände und der Kalkboden versprachen einen festeren Untergrund als die schweren Lehmböden in Flandern – und die Tatsache, dass dort, gleichsam an der Nahtstelle der beiden Armeen, am ehesten eine enge militärische Kooperation zwischen den Alliierten möglich war. Joffre und Haig gingen zunächst davon aus, dass der Hauptangriff von den Franzosen geführt werden sollte und die Briten lediglich eine unterstützende Rolle zu übernehmen hätten. Die Stärke der südlich des Flusses Somme operierenden französischen Armee wurde dabei auf ca. 40 Divisionen und 1.700 schwere Geschütze festgelegt.

Der deutsche Angriff vor Verdun am 21. Februar und die anschließenden heftigen, äußerst verlustreichen Kämpfe nördlich der Stadt und westlich der Maas machten mit einem Schlag alle Planungen der Alliierten zunichte. Die Zahl der einsatzfähigen französischen Divisionen an der Somme wurde auf zunächst 22 reduziert; für den Angriff selbst standen dem Oberbefehlshaber der französischen 6. Armee, General Marie Émile Fayolle, für den von ihm kontrollierten etwa 15 km langen Frontabschnitt schließlich nur noch ganze zwölf Divisionen zur Verfügung. Das Hauptgewicht der militärischen Operationen, die um den 1. Juli herum beginnen sollten, lag somit bei der British Expeditionary Force (BEF). Vergeblich suchte Haig, den Beginn der Großoffensive auf Mitte August hinauszuzögern, um weitere Truppen und zusätzliche Artillerie heranschaffen zu können, doch Joffre drängte, mit dem Hinweis auf die immer gefährdeter erscheinende Lage der französischen Armee vor Verdun, auf die Einhaltung des vereinbarten Angriffstermins. Am 23.

---

[2] Historiker nennen mehr als 20 Nationen (nach heutiger Festlegung), die auf alliierter Seite an der Somme kämpften oder die dort als Schanzarbeiter usw. eingesetzt wurden, darunter Indien, Birma, Pakistan, Barbados, Rhodesien, Irland, Burkina Faso, Elfenbeinküste, Guinea, Mali, Niger, Senegal, Vietnam, Madagaskar, Algerien, Tunesien, Marokko, aber auch Russland, Italien und China.

Juni unternahmen deutsche Verbände mit etwa 78.000 Mann nordöstlich der Stadt Verdun einen (letzten) großen Angriff.

Auch die deutsche Militärführung hatte seit längerem mit einem großen „Entlastungsangriff" (so der deutsche Generalstabschef Erich von Falkenhayn) der Alliierten im Gebiet der Somme gerechnet. Ob der Angriff freilich „gewünscht" war, wie Falkenhayn in seinen Erinnerungen schreibt, muss „mit Rücksicht auf die Lage bei Verdun und an der russischen Front bezweifelt werden".[3] Während bei den deutschen Armeen 1916 vor Verdun und in Galizien (Brussilow-Offensive) kein Mangel an schweren Waffen und Munition herrschte und auch dort regelmäßig Kampf- oder Beobachtungsflugzeuge zum Einsatz kamen, „wurden diese an der Somme mit tausend Flüchen herbeigewünscht", wie der Weltkriegschronist Hermann Stegemann noch 1921 erbittert kritisierte.[4] Vergeblich hatte General von Below im Vorfeld der alliierten Offensive auf eine Verstärkung seiner 2. Armee gedrängt und wiederholt „um Reserven, Artillerie und Flieger" (Hermann von Kuhl) gebeten. Doch Falkenhayn räumte den Angriffen vor Verdun absolute Priorität ein, und, was noch schwerer ins Gewicht fiel, er unterschätzte die britische Entschlossenheit, im Sommer 1916 in Nordfrankreich den großen Wurf zu wagen.

Die Schlacht

Am 24. Juni eröffneten Briten und Franzosen mit einem gezielten Vorbereitungsfeuer die Schlacht an der Somme. Den Auftakt machten leichte britische Feldhaubitzen mit einem direkten Beschuss der deutschen Drahtverhaue und oberirdischen Stellungen, zwei Tage später setzte ein unablässiges, massives Trommelfeuer der gesamten Artillerie entlang der mittleren Frontlinie, nördlich und südlich der Straße von Albert nach Bapaume, ein. Eine Woche lang feuerten 1.537 Geschütze mehr als 1,5 Millionen Granaten auf die deutschen Stellungen ab. An einigen Stellen der Front (Fricourt) setzten die Briten auch geringe Mengen an Giftgas und Phosphor als Brandbeschleuniger ein.[5] Doch die Wirkung des Bombardements war insgesamt geringer als die britischen und französischen Stabschefs erhofft und die Deutschen befürchtet hatten: Insbesondere den Briten mangelte es an schwerer Artillerie (467 Geschütze), die außerdem zu weiträumig entlang der etwa 20 km langen Angriffsfront verteilt war. Heftiger Regen und schlechte Sicht wirkten sich zusätzlich negativ auf die Zielgenauigkeit aus und verhinderten eine vollständige Zerstörung der deutschen Schützen- und Verbindungsgräben sowie vor allem der sehr soliden, teilweise sogar mit Beton erbauten oder verstärkten Unterstände.

---

[3] So der Militärhistoriker (und ehem. Generalstabschef der Heeresgruppe Kronprinz Rupprecht) Hermann von Kuhl: Der Weltkrieg 1914–1918. Dem deutschen Volke dargestellt, Berlin 1929, S. 488.

[4] Hermann Stegemanns Geschichte des Krieges, Bd. 4, Stuttgart/Berlin 1921, S. 117.

[5] Major General John Headlam: Notes on Artillery Material in the Battle of the Somme, 6th July 1916, S. 10, in: Battlefront Somme, hg. von Keith Bartlett, Richmond 2002, Document 5.

Die fehlerhafte Artillerievorbereitung und das ungünstige Wetter waren nicht die einzigen Faktoren, die den Erfolg der alliierten Offensive an der Somme von Beginn an in Frage stellten. Auch die operativen und taktischen Vorstellungen der beiden für die Schlacht verantwortlichen britischen Generäle unterschieden sich erheblich. Während der Oberbefehlshaber der BEF mit einem raschen Vorstoß tief in die feindlichen Stellungen, „bis zur dritten Linie" (Haig), die im Stellungskampf erstarrte Somme-Front mit einem allgemeinen Durchbruch nach Norden hin aufzurollen gedachte, verfolgte der Oberkommandierende der die Hauptlast des Angriffs tragenden britischen 4. Armee, General Henry Rawlinson, zunächst nur sehr begrenzte Ziele. Rawlinson, Verfechter einer Taktik des „Sich-Festbeißens" (bite and hold), wollte den Vormarsch der Infanterie vom durchschlagenden Erfolg der Artillerie abhängig machen; ihm schwebten konzentrierte Angriffe der Bodentruppen vor, wobei die eigene Artillerie jeweils nachgezogen werden sollte.[6] Das Ergebnis war ein fataler Kompromiss, wobei Haig es überdies zeitweise an der notwendigen Autorität gegenüber seinen ihm unterstellten Kommandeuren an der Somme, den Generälen Rawlinson (4. Armee), Edmund Allenby (3. Armee) und Sir Hubert Gough (Reservearmee), fehlen ließ.

In der Überzeugung, die gegnerischen Unterstände und Maschinengewehrstellungen seien nach dem einwöchigen Bombardement sturmreif geschossen, traten britische und französische Infanterieeinheiten am Morgen des 1. Juli zum Sturm auf die deutschen Stellungen an. Der 1. Juli, der offiziell als der *erste* Tag der Somme-Schlacht von 1916 gilt, wurde zugleich zum blutigsten Tag in der britischen Militärgeschichte. Die BEF verlor 57.470 Mann, davon waren 19.240 gefallen, der Rest verwundet, gefangen oder vermisst.[7] Besonders hoch waren die Verluste auf der linken Flanke, wo sich das VIII. Korps bei seinem Angriff auf Serre und Beaumont-Hamel bereits in der ersten deutschen Linie festgerannt hatte. Der wegen ihrer Tapferkeit später viel gerühmten 36. (Ulster) Division gelang es zwar, die stark befestigte „Schwabenfeste" bei Thiepval vorübergehend einzunehmen, doch mussten sich die Iren noch am selben Tag wieder zurückziehen, weil die benachbarten Divisionen den Anschluss nicht halten konnten. Etwas erfolgreicher gestaltete sich der Angriff auf der rechten Flanke, wo die Einheiten der 4. Armee sämtliche Tagesziele (Mametz, Montauban) erreichten. Doch der Geländegewinn von 1,5 km Tiefe auf einer Länge von 6 km war nur gering und rechtfertigte kaum die auch dort erlittenen schweren Verluste.

Eine ältere Generation der britischen Militärhistoriker hat für die Katastrophe des 1. Juli 1916 vor allem ein unzeitgemäßes operatives Konzept geltend und hierfür den auf „Masse und Moral" (John M. Bourne) fixierten Oberbefehlshaber der BEF, Haig, verantwortlich gemacht. Auch in der britischen Öffentlichkeit wirkt diese Negativzeichnung Haigs bis

---

[6] Vgl. Enzyklopädie Erster Weltkrieg, hg. von Gerhard Hirschfeld, Gerd Krumeich, Irina Renz, Studienausgabe, 2. Aufl., Paderborn u. a. 2014, (Somme), S. 851; Hew Strachan: Der Erste Weltkrieg, München 2014, S. 235.

[7] Enzyklopädie Erster Weltkrieg, (Somme), S. 853. Die deutschen Verluste am 1. Juli werden mit ca. 8.000 angegeben, davon 2.200 Gefangene. Vgl. Martin Middlebrook: The First Day on the Somme. 1 July 1916, London 1971.

heute fort. Die Londoner Zeitung *Express* brandmarkte ihn noch im November 1998 als den Mann, „der Millionen in den Tod führte". Andere Historiker wiederum sehen in dem Umstand, dass an der Somme zahlreiche frisch ausgebildete und oftmals unerfahrene Soldaten (Kitchener's Army) zum Einsatz kamen, eine Erklärung für das Desaster des ersten Tages. Aber auch die Art und Weise, wie die Infanteriedivisionen das Niemandsland überquert hätten, aufrecht und in enger Linienformation, und so geradewegs in das deutsche Maschinengewehrfeuer hinein marschiert seien, habe wesentlich – so argumentierte auch noch die populäre BBC-Produktion „The Great War" von 1999 – zu den hohen Verlusten der britischen Armee an diesem Tag beigetragen.

Demgegenüber weisen die australischen Militärhistoriker Robin Prior und Trevor Wilson in ihrer 2005 veröffentlichten, äußerst detaillierten Untersuchung der Somme-Schlacht nach, dass belegbar nur zwölf (sowie möglicherweise noch weitere fünf) der insgesamt 80 britischen Bataillone am 1. Juli die eigenen Gräben zum Angriff verließen („went over the top") und sich auf gleicher Linie und in gleichmäßigem Tempo auf die feindlichen Stellungen zu bewegten.[8] Die übrigen Bataillone seien bereits im Schutz der Nacht unmittelbar an die erste deutsche Linie vorgerückt, oder aber die Soldaten hätten sich, mehr oder minder spontan, im Niemandsland zu kleinen Kampftrupps zusammengefunden, wobei sie durchaus unterschiedliche Angriffstaktiken anwandten. Doch auch das habe den britischen Infanteristen insgesamt nur wenig genützt. Wo immer deutsche Maschinengewehrschützen und Kanoniere die Angreifer unter direkten Beschuss hätten nehmen können, seien diese – ungeachtet ihrer jeweiligen Vorgehensweise – dem tödlichen Kugel- und Granathagel der Verteidiger ausgesetzt gewesen. Die entscheidenden Fehler der Briten und damit die Ursache für die enormen Verluste am ersten Tag der Somme-Schlacht waren demnach eine unzureichende Artillerievorbereitung der nachfolgenden Bodenangriffe, die mangelnde Qualität und Durchschlagskraft der britischen Granaten (zahlreiche Blindgänger) sowie die ungenaue und wenig effektive Beschießung der deutschen Maschinengewehr- und Geschützstellungen, die im Gegenzug ein Sperr- und Streufeuer unerwarteten Ausmaßes zuließen.

Wie hingegen ein Angriff erfolgreich vorbereitet und auch durchgeführt werden konnte, bewiesen am 1. Juli die südlich des Flusses Somme zur Schlacht angetretenen Franzosen. Unterstützt von ihrer schweren Artillerie (mit 688 Geschützen) und auf einer Breite von nur 15 km angreifend, erreichte Fayolles 6. Armee alle ihr gesetzten Tagesziele (nördlich der Somme bis Hardecourt und südlich bis Fay). Das 1. Kolonialkorps stieß bis zur deutschen Hauptverteidigungslinie vor und konnte sich dort vorübergehend einigeln. In den folgenden Tagen gelang es den französischen Truppen, ihre Geländegewinne zu konsolidieren und an einigen Stellen sogar die Frontlinie etwa 5 km nach Osten, in Richtung auf Péronne, zu verschieben. Doch von dem erhofften Durchbruch an der Somme waren auch die Franzosen weit entfernt. Am 12. Juli notierte der Oberbefehlshaber der 6. Armee, Gene-

---

[8] Robin Prior und Trevor Wilson: The Somme, New Haven/London 2005, S. 115.

ral Fayolle, in sein Tagebuch: „Diese Schlacht hatte nie ein Ziel. Von Durchbruch kann keine Rede sein. Wenn aber kein Durchbruch, wozu dann eine Schlacht?"[9]

Trotz der unverhältnismäßig hohen Verluste und der vergleichsweise geringen Geländegewinne dachte weder die französische noch die britische Armeeführung daran, die Somme-Offensive abzubrechen. Allerdings waren sich die beiden Stabschefs Haig und Joffre zunehmend uneinig über die weitere Richtung und auch das Ziel der begonnenen Operation. Von einem koordinierten Vorgehen konnte bald kaum noch die Rede sein; Briten und Franzosen führten von nun an ihre Angriffe, ohne sich in operativen und taktischen Einzelfragen abzustimmen, gleichsam nebeneinander her. Statt großräumiger Offensiven und Umfassungen des Gegners verloren sich die britischen und französischen Einheiten immer mehr in verlustreichen Einzelkämpfen, die schließlich um jede Anhöhe, jedes Wäldchen und jedes Dorf geführt wurden. Nach den einleitenden Angriffen der beiden Armeen auf breiter Front war dies nun die zweite Phase der Somme-Schlacht; sie währte von Mitte Juli bis Mitte September 1916. Die Militärhistoriker bezeichneten später die blutigen Gefechte, die unter erheblichem Einsatz von Menschen und Material geführt wurden, schlicht als „Abnützungskämpfe" (batailles d'usure).[10] Ein Beispiel hierfür ist die Einnahme von Pozières sowie einer nahe des Dorfes gelegenen Mühlenruine durch das I. ANZAC-Korps zwischen dem 23. Juli und dem 5. August. Der „Sieg" des „Australian and New Zealand Army Corps" an der Verbindungsstraße von Albert nach Bapaume war mit dem Verlust eines Drittels (ca. 23.000 Mann) der drei in diesem Abschnitt eingesetzten australischen Divisionen überaus teuer erkauft, doch verfügten die Alliierten nun dort immerhin über eine für das mittlere Schlachtfeld wichtige Ausgangsstellung. Der verlustreiche Angriff der ANZAC-Einheiten auf Pozières wurde später – neben der Beteiligung australischer Verbände an der Schlacht um Gallipoli – zu einem Gründungsmythos des unabhängigen Staates Australien.

Die deutschen Verteidiger an der Somme waren sowohl numerisch als auch waffentechnisch den alliierten Angreifern deutlich unterlegen. Bis Ende August hatten die Briten 62 und die Franzosen 44, zusammen also 106, Infanteriedivisionen gegen 57 ½, an Kopfzahl zudem deutlich geringere, deutsche Divisionen ins Feld geführt (wobei etliche Divisionen allerdings mehrfach eingesetzt wurden).[11] Den mehr als 1.500 Geschützen der Briten und Franzosen zu Beginn der Schlacht standen auf deutscher Seite gerade einmal 598 leichte und 246 schwere Geschütze gegenüber. Noch größer war die Überlegenheit der Alliierten bei den Aufklärungseinheiten (Flugzeuge und Ballone) sowie den Luftstreitkräften (Kampf- bzw. Jagdflieger). Die Historiker des Reichsarchivs bezifferten dieses anfängliche Ungleichgewicht auf 1 zu 3 zugunsten der britischen und französischen Seite.[12]

Die deutsche Militärführung reagierte auf den alliierten Großangriff mit einer umfassenden Neugliederung ihrer Verbände an der Somme (19. Juli): Below kommandierte fortan

---

[9] Maréchal Fayolle: Carnets secrets de la Grande Guerre, hg. von Henri Contamine, Paris 1963, S. 169.
[10] Kuhl, S. 494.
[11] Entsprechend sind sie hier auch mehrfach gezählt. Vgl. WKW, Bd. 10, S. 384.
[12] Ebd., S. 349.

ausschließlich die nördlich des Flusses operierende (neue) 1. Armee, General Max von Gallwitz führte die im südlichen Frontabschnitt kämpfende 2. Armee und übernahm zugleich den Oberbefehl über beide Armeen. Dies allerdings war nur eine vorläufige Maßnahme, denn bereits am 28. Juli wurden die Somme-Armeen (gemeinsam mit der zwischen Lille und Arras stationierten und von Generaloberst Freiherr von Falkenhausen geführten 6. Armee) der Heeresgruppe Kronprinz Rupprecht von Bayern unterstellt. Damit war zunächst einmal die dringend notwendig gewordene Ablösung der „abgekämpften Divisionen" durch frische Einheiten auf eine breitere Grundlage gestellt. Keine dieser „neuen" Infanteriedivisionen sollte – so lautete das erklärte Ziel – fortan länger als 14 Tage in der Schlacht eingesetzt werden. Bei den in der Regel kaum weniger beanspruchten Artillerieeinheiten dagegen erfolgte ein Austausch erst nach vier Wochen. Die kurz vor der Ablösung Falkenhayns und der Errichtung der 3. OHL unter Hindenburg und Ludendorff (29. Juli) getroffenen weitreichenden Um- und Neugruppierungen der deutschen Armeen im Westen spiegeln das ganze Ausmaß der Verunsicherung in der militärischen Führungsspitze, aber auch die allmähliche Realisierung des sich im Gebiet der Somme vollziehenden ungeheuren Schlachtengeschehens.

Am 15. September erschienen zum ersten Mal Panzer auf einem Schlachtfeld. Doch die 36 (von 49 seinerzeit eingesetzten) britischen „Tanks" vom Typ Mark I, die nordöstlich des Dorfes Pozières einen Angriff auf deutsche Stellungen fuhren, waren nur wenig erfolgreich. Dennoch sorgten die gepanzerten Ungetüme unter den deutschen Soldaten für erhebliche Unruhe, konnten sie den Alliierten doch nichts Vergleichbares entgegenstellen. An einer weiteren Offensive zur Monatsmitte sowie bei einem erneuten Großangriff am 25. September beteiligten sich wiederum auch Einheiten der 6. französischen Armee. Zwar gelang es Briten und Franzosen, die Front an einer Anzahl von Stellen (Thiepval, Martinpuich, Combles, Rancourt, Cléry-sur-Somme, Barleux und Chilly im Süden) zu durchbrechen und die Frontlinie schließlich noch einmal um einige Kilometer weiter nach Osten zu verschieben, doch der erhoffte Durchbruch blieb erneut aus.

Dank der verbesserten und schließlich im großen Stil praktizierten Ablösung von im Kampf erschöpften Einheiten, einer ständigen Auffrischung der anfänglich viel zu geringen Munitionsvorräte sowie der Verstärkung ihrer bislang eher schwach ausgestatteten Fliegerbeobachtung und Fliegerkampfverbände vermochten die Deutschen, ihre bisherige Unterlegenheit allmählich auszugleichen. Mit dem Einsatz eigens errichteter fliegerischer „Jagdstaffeln" gelang es ihnen seit Mitte September auch, die zuvor erdrückende Luftüberlegenheit der Alliierten an der Somme zu beenden. Geradezu legendären Ruhm erwarb sich die aus zwölf Kampfflugzeugen, so genannten Jagdeinsitzern, bestehende „Jasta 2" des Hauptmanns Oswald Boelcke, dem allein 40 Abschüsse gegnerischer Flugzeuge, davon 20 über der Somme, gelangen. Der mit dem „Pour le mérite"-Orden ausgezeichnete deutsche „Fliegerheld" Boelcke verunglückte Ende Oktober 1916 in der Nähe von Bapaume tödlich.

Ende September begann die dritte und letzte Phase der Somme-Schlacht, die sich nun in zahllose Einzelgefechte aufzulösen begann. Manche der örtlich durchgeführten Angriffe der Alliierten scheiterten (wie die der Briten auf die Anhöhe von Warlencourt oder die der Franzosen im Wald von St. Pierre-Vaast) oder sie verzeichneten nur sehr begrenzte Erfolge.

Hinzu kam, dass das Herbstwetter sich von Mitte Oktober an stetig verschlechterte: Dauerregen verwandelte schließlich das Schlachtfeld in eine „Urschlammlandschaft" (Ernst Jünger), mitunter gar in eine regelrechte Kloake, in der Soldaten, Pferde und Fahrzeuge stecken blieben und kaum noch bewegt werden konnten. „Überall tiefe Granattrichter, meist bis oben mit Wasser gefüllt. An deren Rand tastet man sich durch den Schlamm. Dann wieder zerschossene und umgestürzte Baumstämme, über die man hinüber klettert. Dann eine schauderhafte Gruppe von Leichen, etwa 6, die Körper zerfetzt, mit Blut und Schlamm bedeckt. Von dem einem ist der Kopf halb abgeschossen, ein Stück weiter liegt ein abgeschossenes Bein, ein paar Leiber sind so ineinander verschlungen, dass man unter der Schlammschicht die einzelnen Körper nicht unterscheiden kann" – so beschrieb der deutsche Regimentsarzt Hugo Natt seine Begegnung mit dem Schlachtfeld an der Somme im November 1916.[13]

Auch der letzte Großangriff, den die britische 5. Armee (bis zum 1. November die Reservearmee) unter General Gough Mitte November, nach einer vorübergehenden Wetterbesserung, entlang des Flusses Ancre durchführte, verlief aus Sicht der Alliierten enttäuschend – trotz der endgültigen Einnahme der bereits am 1. Juli heftig umkämpften Weiler von Beaumont-Hamel durch die 51. (schottische Highland) Division. Die Franzosen, die bereits im September unter erheblichen Verlusten das kleine Dorf Bouchavesnes nördlich von Péronne erreicht hatten – ihr weitester Vorstoß in die deutschen Linien nach Osten –, waren kaum mehr in der Lage, die territorialen Gewinne in diesem Raum zu konsolidieren, geschweige, dort den endgültigen Durchbruch zu erzwingen. Die Städte Bapaume und Péronne, die angestrebten Zielorte der britischen und französischen Offensiven, blieben fest in deutscher Hand. Die Schlacht an der Somme versank in Erschöpfung – sie „brannte langsam aus", wie ein populärer deutscher Militärchronist dies später anschaulich beschrieb.[14] Keine der beiden Seiten hatte einen irgendwie bemerkenswerten Erfolg erzielen können: Angreifer und Verteidiger hatten an der Somme neuartige Formen und Einsatzweisen der militärischen Technik erprobt und erfolgreich angewandt; sie hatten neue operative Strategien und taktische Konzepte entwickelt, einige davon erfolgreich umgesetzt oder nach Misserfolgen wieder verworfen. Beide Seiten gaben vor, als Sieger aus der Schlacht hervorgegangen zu sein – der Preis, den sie hierfür zahlen mussten, war fürchterlich.

Zwischenbilanz

Die Somme-Schlacht von 1916 war die mit Abstand verlustreichste Schlacht des Ersten Weltkriegs. Zwischen dem 24. Juni (Beginn des Artillerieangriffs) und dem 25. November (vorläufige Einstellung der Kämpfe) verloren die Briten insgesamt 419.654 Mann (Gefallene, Verwundete, Gefangene und Vermisste), die Franzosen 204.353 und die Deutschen etwa

---

[13] Tagebucheintragung vom 23. November 1916 in Miraumont, S. 176 in diesem Band.
[14] Stegemanns Geschichte des Krieges, S. 237.

465.000.[15] Damit hatten die angreifenden Alliierten auf diesem Schlachtfeld erheblich mehr Soldaten eingebüßt als die dort verteidigenden Deutschen. Vor allem die Verluste der britischen Einheiten übertrafen noch die schlimmsten Erwartungen ihrer militärischen Führung. Die Somme zerstörte, und zwar auf Dauer, die Kampffähigkeit von 25 britischen Divisionen[16]; mit anderen Worten: jeder zweite britische Soldat, der an der Somme kämpfte, kehrte von dort nicht zurück oder war so schwer verwundet, dass er fortan als kampfunfähig galt und nicht wieder eingesetzt werden konnte.

Aber auch für die deutsche Seite stellte die Somme-Schlacht einen ungeheuren „Aderlass" dar, von dem sich das durch die vorhergehenden Offensiven bei Verdun ohnehin geschwächte deutsche „Westheer" nicht wieder erholen sollte. Die Militärhistoriker des Reichsarchivs resümierten später die an der Somme erlittenen Verluste in der ihnen eigenen Sprache: „Der noch vorhandene alte, friedensmäßig geschulte Kern der deutschen Infanterie verblutete sich auf diesem Schlachtfeld."[17] Als Ersatz für diese kampferfahrenen Soldaten, unter denen sich zahlreiche „Unterführer" befanden, kamen nun frisch und dazu oftmals unzureichend ausgebildete Rekruten zum Einsatz, was deren Überlebenschancen zwangsläufig erheblich minderte. Verantwortlich für die überaus hohen Verluste war nicht zuletzt die eigene Armeeführung, die zu Beginn der Somme-Schlacht darauf bestanden hatte, die vorderen Gräben unter allen Umständen zu halten. Die in der Regel stark besetzte erste deutsche Kampflinie durfte überhaupt nur mit ausdrücklicher Zustimmung des Armee-Oberkommandos freiwillig geräumt werden.[18] Damit aber war die Beweglichkeit der Infanteristen, die in der vorderen Linie kämpften, erheblich eingeschränkt, ja nahezu unmöglich geworden.

Angesichts der immensen Verluste durch den alliierten Dauerbeschuss und einer zunehmenden Weigerung vieler Soldaten, weiterhin nur „in Linie" zu kämpfen, setzte sich an der Somme schließlich ein neues taktisches Konzept durch: die so genannte „Sturmtruppen-Taktik". Das von General Erich Ludendorff (bereits vor seinem Eintritt in die 3. OHL) entwickelte und Ende August in der 2. Armee offiziell eingeführte Konzept sah vor, dass künftig kleinere Kampfeinheiten, die ad hoc auf der Ebene der Regimenter gebildet wurden und unter dem Kommando von Offizieren mit einschlägiger Fronterfahrung standen, zum Einsatz kommen sollten. Dadurch gewannen Teile der deutschen Infanterie an der Somme, trotz der weiterhin erdrückenden Übermacht der alliierten Artillerie, zumindest vorübergehend erneut an Kampfkraft. Die Erfahrungen des Zusammenhaltes in kleinen Gruppen

---

[15] Zahlenangaben nach Enzyklopädie Erster Weltkrieg, S. 855 und Strachan, S. 240. Der Sanitätsbericht über das Deutsche Heer im Weltkrieg 1914/1918, Berlin 1934, Bd. 3, S. 51–54 gibt die deutschen Verluste hingegen mit 335.688 an, englische Autoren sprechen von bis zu 650.000 (einschließlich der Leichtverwundeten). Die geschätzten Gesamtverluste bei Verdun (Februar bis Dezember 1916) betrugen etwa 700.000, die an der Somme (Juni bis November 1916) hingegen ca. 1,1 Millionen Soldaten.
[16] Prior/Wilson, S. 301.
[17] WKW, Bd. 11, S. 105.
[18] Ebd., S. 108.

unter der Führung eines ausgewiesenen Frontkämpfers schufen aber auch einen neuen Soldatentyp, dem Ernst Jünger in seinen, vor allem auf seine Erlebnisse an der Somme rekurrierenden, Weltkriegserinnerungen „In Stahlgewittern" ein bleibendes Denkmal setzte. Jünger zeichnet hierin, mythisch überhöht, den stoisch gewordenen Kämpfer und „wahren Helden" des Weltkriegs, dem die Schrecken und das Erleiden der Schlacht nichts mehr auszumachen scheinen. Dieser antibürgerliche, ultra-militaristische Soldatentyp fand in den 1920er Jahren Eingang in die Literatur und die Ideologie des soldatischen Nationalismus der Weimarer Republik, bevor sein „Stahlhelm-Gesicht" (Gerd Krumeich), die Erfahrung des totalen Kampfes erneut aufnehmend, im stilisierten Konterfei des SS-Mannes seine radikalste und inhumanste Ausprägung erlebte.

In gewisser Weise allerdings korrespondiert der nach dem Krieg in Deutschland verbreitete Mythos des heldenhaften „Somme-Kämpfers" durchaus mit dem in der englischen Militärgeschichtsschreibung bis heute anzutreffenden „heroischen Bild des Kriegers", genauer gesagt des britischen Infanteristen, dessen Geschick, Mut und Opferbereitschaft die ausschlaggebenden Qualitäten in der Somme-Schlacht gewesen seien.[19] Doch bereits der „erste" Tag der Schlacht, der 1. Juli 1916, hatte gezeigt, dass derartige soldatischen Tugenden kaum noch über Erfolg oder Misserfolg des Angriffs entschieden. Der Erste Weltkrieg war ein industrialisierter Volkskrieg, dessen Materialschlachten in Flandern, bei Verdun oder eben an der Somme, vor allem durch den Einsatz massenhaft produzierter, großkalibriger Waffen und durch die neuen Möglichkeiten der Technik, etwa der Luftkriegsführung, geprägt und letztlich auch entschieden wurden. Die dieses als erste erkannten, waren die dort kämpfenden Soldaten. Anfang Oktober 1916 schrieb der Jurastudent und Vizefeldwebel Hugo Frick, Angehöriger einer Reservedivision an der Somme-Front, an seine Mutter in Deutschland: „Das ist kein Krieg mehr, sondern gegenseitige Vernichtung mit technischer Kraft, was soll da der zarte Menschenleib dabei?"[20]

---

[19] Vgl. Robin Prior: The Heroic Image of the Warrior in the First World War, in: War & Society 23 (September 2005), S. 43–51.

[20] Zu Hugo Frick siehe S. 163–168 in diesem Band.

Literatur

Battlefront Somme. 12 documents, hg. von Keith Bartlett, Richmond 2002.
Brian Bond und Nicholas Cave (Hg.): Haig. A Reappraisal 70 Years on, Barnsley 1999.
Enzyklopädie Erster Weltkrieg, hg. von Gerhard Hirschfeld, Gerd Krumeich, Irina Renz, Studienausgabe, 2. Aufl., Paderborn u. a. 2014.
Gerard de Groot: Douglas Haig, 1861–1928, London 1988.
Peter Hart: The Somme, London 2005.
Peter Hart: The Great War. A Combat History of the Great War, Oxford 2013.
Holger Herwig: War in the West, 1914–16, in: A Companion to World War I, hg. von John Horne, Chichester 2010, S. 49–65.
André Laurent: La bataille de la Somme, Amiens 1998.
Peter Liddle: The 1916 Battle of the Somme: A Reappraisal, Wordsworth 2001.
Chris McCarthy: Somme. Day by Day Account, London 1993.
Lyn Macdonald: Somme, 4. Aufl., London 1983.
Martin Middlebrook: The First Day on the Somme. 1 July 1916, London 1971.
Pierre Miquel: Les oubliés de la Somme. Juillet – Novembre 1916, Paris 2002.
Christoph Nübel: Durchhalten und Überleben an der Westfront. Raum und Körper im Ersten Weltkrieg, Paderborn 2014.
William Philpott: Bloody Victory. The Sacrifice on the Somme, London 2010.
Robin Prior und Trevor Wilson: The Somme, New Haven/London 2005.
Frieder Riedel: Zwischen Kriegsgericht und Heldentod. Der Grabenkrieg an der Somme 1914–1916, Leinfelden-Echterdingen 2007.
Joe Sacco: Der Erste Weltkrieg. Die Schlacht an der Somme, Zürich 2014 (ein sieben Meter langes Bilder-Leporello zum ersten Tag der Schlacht, mit einem Beiheft von Adam Hochschild).
Gary Sheffield: The Somme, London 2003.
Jack Sheldon: The German Army on the Somme 1914–1916, Barnsley 2005.
Hew Strachan: Der Erste Weltkrieg. Eine neue illustrierte Geschichte, München 2004.
Tim Travers: The Killing Ground. The British Army, the Western Front and the Emergence of Modern Warfare 1900–1918, London 1987.
Ray Westlake: British Battalions on the Somme 1916, London 1994.
Denis Winter: Haig's Command, London 1991.

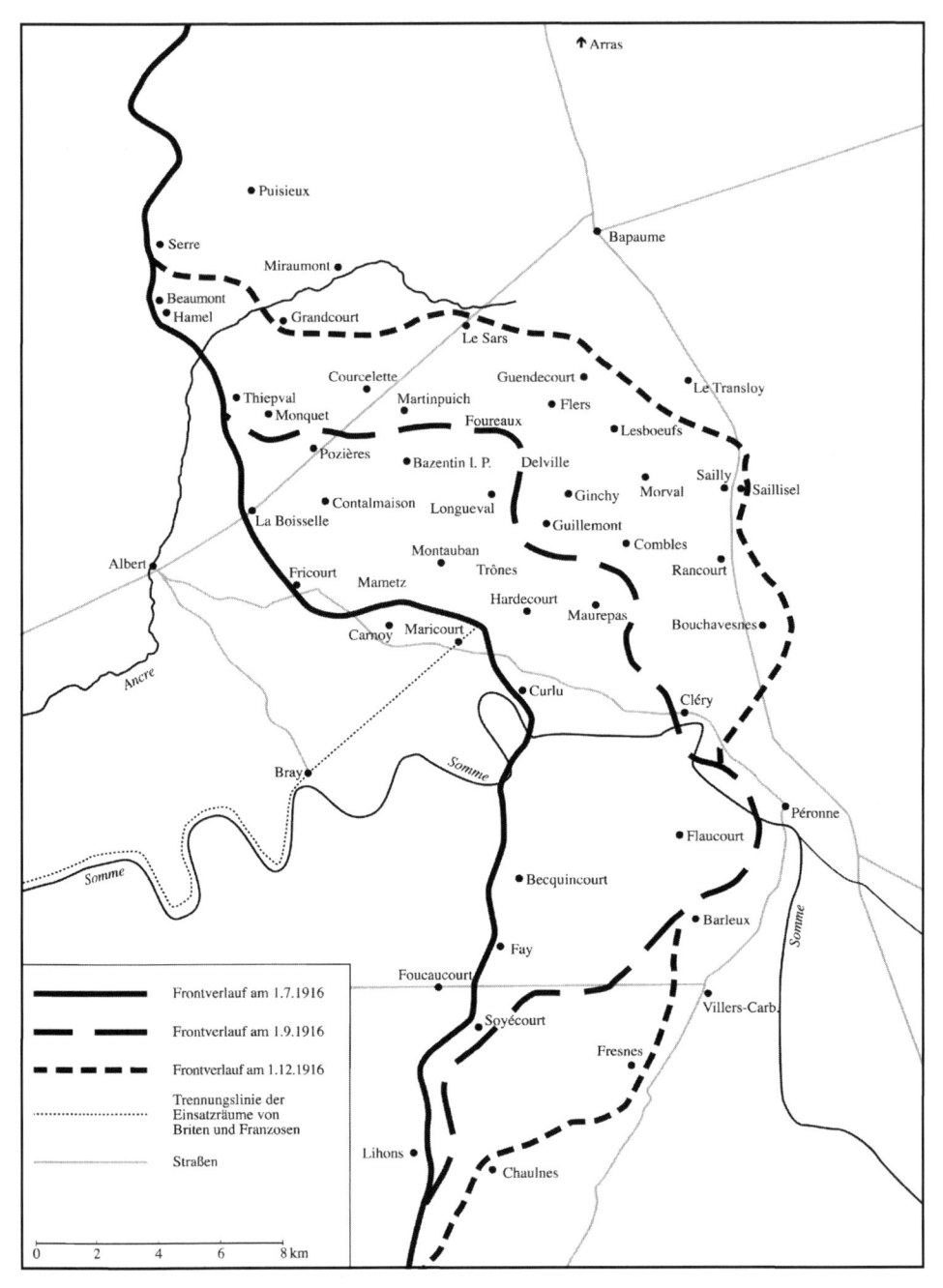

Die Somme-Schlacht von 1916

Die Somme-Schlacht 1916

Otto Maute, Fahrer, Reservedivision 26, Infanterieregiment 180

Briefe an seine Familie in Tailfingen bei Balingen

23. Juni 1916 Warlencourt […] Will Euch auch wieder schreiben, nachdem ich sozusagen meine Feuertaufe bestanden habe. Ich musste nämlich mit noch 3 Fahrern 2 Vierspänner am Abend 10 Uhr in Stellung fahren, weil der 1. und 2. Zug Schützen in Graben kam. Von Warlencourt, wie unser Dorf heißt, fuhren wir über Le Sars, Courcelette der Stellung zu, wo wir dann am Laufgraben der 3. Stellung Halt machten. Hier wurden dann die Gewehre, Munition usw. abgeladen. Gleich schickten die Engländer einige Leuchtraketen herüber, und dann setzte auf beiden Seiten heftiges Artilleriefeuer ein. Da hörte ich das 1. Mal das richtige Pfeifen der Granaten, welche in nächster Nähe einschlugen. Wir erhielten deshalb so Feuer, weil wir in der Nähe einer deutschen Artilleriestellung hielten. Unsere Pferde waren natürlich kaum zu bändigen. Sobald der Wagen abgeladen war, fuhren wir, ich als Vorderreiter, wieder zurück. In Warlencourt kamen wir um ½ 4 Uhr an. Von der Eisenbahnfahrt will ich Euch auch noch Verschiedenes schreiben. Ich habe Euch ja jedesmal, wo wir verlegt wurden, geschrieben. […] In Bapaume wurden wir ausgeladen, ihr könnt die Stadt ja auf der Karte suchen. Von Bapaume aus mussten wir noch 1 Stunde fahren bis hierher. Nachdem wir uns soweit eingerichtet hatten, ging eine Schreiberei los. Am Dienstag hatten wir Besichtigung bei Miraumont durch den Divisionskommandeur General Leutnant Freiherr von Soden. Am Mittwoch hatten wir dann vom Regimentsführer Besichtigung. Dieser heißt Oberstleutnant Fischer. Gestern hatten wir nicht viel zu tun als unsere Pferde zu pflegen. Dann abends 10 Uhr in Stellung zu

Otto Maute

fahren. Heute möchte ich nicht fahren, denn die Engländer schießen wie verrückt. Sonst ist es garnicht so übel hier, besser wie in Münsingen. Das Essen tut's gerade, im Feld bekommt man ja alle 2 Tage 1 Laib Brot. Schreibt mir auch bald, wie es daheim aussieht. Wie steht die Bauerei, und habt Ihr schon mit Heuen angefangen? Wir hinter der Front heuen alles ab. Von hier aus ist's nicht weit nach Arras. Jetzt wisst ihr also, wo ich bin. Schreibt mir also bald und schickt mir auch was für den Durst. […]

25. Juni 1916 Warlencourt

[…] Es ist heute der 1. Sonntag, den ich in Feindesland zubringe. Man merkt aber gar nichts davon. Gleich als wir kamen, hieß es, die Engländer hätten eine Offensive vor, und diese scheint jetzt zu beginnen. Seit gestern Morgen schießt die englische Artillerie, wie ich es noch nie gehört habe, es ist das richtige Trommelfeuer. Gestern Abend sollten wieder 3 Vierspänner in Stellung fahren, wir kamen aber nur bis Pozières, und da mussten wir auf Befehl wieder umkehren, weil die Anmarsch-Straße saumäßig beschossen wurde. Als wir zurückkamen, durften wir nicht abschirren, wir mussten alarmbereit sein. Die andern hatten alle schon angeschirrt. Schlafen konnten wir bei diesem Kanonendonner auch nicht. Doch es kam nichts. Heute Morgen erfuhren wir dann, dass die Ortschaft Miraumont geräumt werde. Diese liegt nur ½ Stunde vor uns der Front zu. Natürlich haben wir alles gepackt, dass wir, wenn etwas kommen sollte, nur schirren und anspannen dürfen. Bei diesem Artilleriefeuer sind ja doch die Gräben vollständig zusammengeschossen. Unsere Artillerie antwortet natürlich auch entsprechend, gestern Abend fuhr eine Munitionskolonne hinter der andern der Stellung zu. Es ist nicht ausgeschlossen, dass die Engländer an unserer Front durchbrechen und wir auch ausziehen müssen. Solche Zeiten bei uns sind anders als bei Euch daheim, wo heute Sonntag Mittag alles spazieren kann, wie wenn kein Krieg wäre. Es darf keiner aus dem Hof hinaus. Neben unserem Regiment 180 liegt das Reserveregiment 119, bei welchem auch viele Tailfinger sind u. a. Scharr, Rieber, Eppler von Truchtelfingen […] In unserer Ortschaft sind fast keine Zivilpersonen mehr, auf dem Hof, wo wir sind, ist nur 1 Frau, deren Mann auch Soldat ist, und ihr etwa 14jähriger Sohn. […]

2. Juli 1916 Warlen

[…] Der gestrige Tag war ein heißer. Das Artilleriefeuer, das seit am Samstag voriger Woche dauerte und manchmal besonders bei Nacht das reinste Trommelfeuer war, hörte gestern Mittag plötzlich auf. Dann kam der lang erwartete Angriff der Engländer. Sie griffen gerade an der Front von unserer Division an und brachen beim Regiment 99 durch. Sie kamen bis an unsere Artilleriestellungen. Dann wurde zur Unterstützung die 10. bayerische Division eingesetzt. Im Gegenangriff warfen dann die Unsrigen die Engländer wieder aus unsern Gräben hinaus und nahmen noch den 1. Graben der Engländer. Während diesem war es ganz still, nur die Munitionskolonnen fuhren wie verrückt. Dann kamen aber auch Verwundete herein, die Leichtverwundeten zu Fuß und die Schwerverwundeten in Wagen und

Sanitätsauto. Wir hatten auch von Mittag an unsere Gäule alle geschirrt. Ich musste dann nach Bapaume hineinfahren und Munition holen. Da bin ich aber gefahren wie noch nie. Die Engländer schossen sogar bis nach Bapaume hinein über uns hinweg. Besonders auf die Straße Bapaume–Albert hatten sie es abgesehen. Wir bekamen auch wieder einige schwere Treffer, dass faustgroße Stücke nur so herumflogen, und ihr müsst denken, diese schlugen etwa 2–3 m von uns weg ein. Wie wird erst ein Volltreffer von diesen 30 cm Schiffsgeschützen sein? Die Munition musste dann sogleich in Stellung gefahren werden, ich durfte nicht mit, weil ich sie geholt hatte. Wie Verwundete erzählen, hatte auch unser Regiment bei dem Angriff schwere Verluste, die meisten aber das Regiment 99, man sagt 50%. In der Nacht setzte das heftige Artilleriefeuer wieder ein. Wir ließen die Gäule die Nacht durch geschirrt, schliefen aber trotzdem bei unsern Gäulen drin sehr gut. Am heutigen Morgen waren in dem, dem unteren Stall gegenüberliegenden Haus fast alle Fensterscheiben kaputt von Granatsplittern, es lagen noch viele im Hof herum. Heute Morgen war es dann wieder ruhig, wir schirrten ab und putzten unsere Gäule, mussten gegen Mittag wieder schirren, wie sie jetzt noch sind. Es sind vorige Woche 4 vor uns liegende Ortschaften geräumt worden. Auf diese schossen sie dann gleich mit Brandgranaten, der Ort Miraumont brannte vorgestern Nacht, als ich Ortswache hatte, lichterloh. Ihr habt daheim einfach gar keine Ahnung, wie es im Krieg zugeht. Wir haben also heute Abend wieder alles gepackt im Falle wir wieder fort müssen, wie vor 8 Tagen. Gefangene Engländer haben sie auch schon hereingebracht, es sind die ersten, welche ich sah. Heute stürzte auch ein Flieger in unserer Nähe ab. Wenn ihr mir wieder schreibt, dürft ihr ja nicht mehr den Ort hinschreiben, ich könnte sonst Unannehmlichkeiten bekommen. Dieses dürfte ich eigentlich gar nicht schreiben. Ich bin nicht, wie ich Euch das letzte Mal schrieb, in der Nähe von Arras, sondern vor Albert. Es sind bis dahin von hier noch ungefähr 10 km. Der hiesige Ortskommandant heißt auch Maute. Er ist Leutnant und sei Fabrikantensohn von Spaichingen. Wenn Du, Vater, weißt, ob Du ihn kennst, so teile es mir auch mit. Mir geht es also trotzdem bis jetzt sehr gut, das Essen ist so, dass ich meiner Lebtag nicht so viel Fleisch gegessen habe, wenn es in Deutschland wäre, wollte ich gar nicht mehr heim. […]

6. Juli 1916 Warlencourt
[…] Ich will Euch auch gleich sagen, dass ihr ja nicht mehr <u>Nordfrankreich</u> und <u>Warlencourt</u> auf die Briefe schreibt, denn es ist ja verboten, dass man heim schreibt, wo man ist. Ihr müsst es auch auf der <u>Redaktion</u> sagen, dass es weggelassen wird. Es ist mir schon gesagt worden vom Dienstzimmer, dass die Ortsbezeichnung überflüssig und zudem noch verboten ist. Ich bekomme doch alles, wenn ihr nur die Adresse schreibt. Gestern musste ich auch mit zum Essen tragen in die vorderste Stellung. Da sieht man erst was Krieg ist. Bis Courcelette fuhr man die Lebensmittel, und dann mussten es wir im Laufgraben tragen, 2 Stunden weit. Was das heißt, habt ihr keine Ahnung, denn stellenweise ist der Graben so voll Wasser, dass es uns bis an die Hosentaschen ging. Da hatte man schon genug an den Stiefeln zu schleifen, denn es ist der reinste Lehmboden. Bei einem zusammengeschossenen Hof ist gar kein Graben mehr da, er ist vollständig eingeebnet. Auf dieser ca. 500 m langen

Strecke erhielten wir auch starkes Artilleriefeuer. Der Luftdruck der einschlagenden Granaten warf uns jedesmal mit unserem Sack auf dem Rücken auf den Boden. Wir sprangen einer hinter dem andern drein und schwitzten, dass der Schweiß förmlich herunterfloss. Auf einmal sauste eine Granate heran, dass wir schon meinten, wir seien alle kaputt, aber es war zum guten Glück ein Blindgänger. Derselbe bohrte sich dann ungefähr 5–6 Schritte neben uns in den Boden ein. Auf dieses hin gingen wir in einen Unterstand hinein und ruhten etwas aus. Nachher tappten wir dann weiter vor durch den Graben. Die Stellen, die zusammengeschossen waren, mussten im Laufschritt überwunden werden, denn schon schossen die Engländer mit Maschinengewehren zu uns herüber. Endlich kamen wir bei dem Küchen-Unterstand an, wo wir unsere Sachen abgeben mussten. Dort blieben wir eine ½ Stunde und schauten auch die englischen Stellungen an. Dann kehrten wir wieder zurück, und weil die Artillerie nicht mehr schoss, liefen wir als wir ½ Stunde von der Front weg waren, nicht mehr im Graben, in welchem man schier ersoff, sondern wir gingen übers freie Feld weg. Da sah ich auch mal wieder einen Toten. Um 6 Uhr kamen wir dann hundsmüde heim. Hier musste ich mich dann vollständig umziehen, der Dreck lief nur so aus den Stiefeln heraus. Die Hosen, Socken und alles mussten wir waschen. Ihr seht also, dass es auch manchmal schwierig her geht, aber wir haben auch schöne Tage wie heute wieder. Gestern Abend erhielt auch jeder, der beim Essentragen war, noch zum Nachtessen 1 Stück Schweizerkas und Fleisch. Es ist also trotzdem, dass es manchmal recht gefährlich ist, gar nicht so übel im Feld. Es gefällt mir also immer noch gut und bin auch immer gesund. [...] Geld brauche ich keines, ich habe mehr als ich je einmal in Zivil gehabt habe. [...]

1. August 1916 [Grévillers]
Geschrieben, am Jahrestag des 1. Mobilmachungstag
[...] Alle 2 Tage kommt fast jeder dran, zum in Stellung fahren. Jedesmal müssen 2 Vierspänner und ein oder 2 Zweispänner fahren. Wir müssen dann von hier über Irles, Miraumont bis Grandcourt fahren, wo ein Bahnhof von der Feldbahn ist, die bis dorthin fährt, und zu diesem Bahnhof müssen wir fahren, und dort wird aufgeladen: Handgranaten, Holz für Unterstände und Stacheldraht. Dann geht es hinaus in die Stellung, und jedesmal müssen wir 2 oder 3 mal fahren. Der Weg bis zur Stellung ist natürlich kein ebener Weg, nur ein durch das viele Fahren ausgefahrener Weg voller Granatlöcher, und weil es Nacht ist, muss man schier die Augen ausgucken. Wenn wir dann an Ort und Stelle sind, wird dann so schnell wie möglich abgeladen, weil diese Stelle jedesmal wie auch der Weg dahin stark beschossen wird. Als ich das vorletzte Mal dran war, schlug bei Grandcourt 2 Wagen vor mir eine Granate in einen Munitionswagen, der verbrannte mit den Pferden und den Fahrern. Da flogen die Splitter nur so auf uns herab. Da hat man manchmal mehr Glück als Verstand. Es wird jedesmal morgens 6 Uhr, bis wir dann wieder hierher kommen. Wir sind dann jedesmal voll Staub. Es ist unter Tag saumäßig heiß. Gestern und heute warfen Flieger Bomben auf Grévillers, heute wurden von den Bomben 4 Mann getötet und 30 verwundet. Auch ein Fahrer von uns wurde verwundet, sodass wir jetzt schon 3 verloren haben, 2 durch

Pferdeschlag und diesen. Sonst gefällt es mir aber doch. Morgens fahren wir ins Futter, und mittags gehen wir mit unseren Gäulen auf die Weide und liegen zu ihnen hin. […]

7. August 1916 [Favreuil]

[…] Kaum hatte ich Euch am 3. einen Brief geschrieben und auf das Dienstzimmer getan, kam ein Fliegergeschwader über unseren Ort Grévillers und warf hintereinander 10 Bomben, wodurch 5 Personen getötet und 15 verwundet wurden, auch 8 Pferde lagen verwundet auf der Straße. Am anderen Tag um die gleiche Zeit kamen sie wieder und warfen Bomben. Diesesmal wurde auch ein Fahrer von uns an Händen und Füßen verwundet durch umherfliegende Splitter. Am gleichen Tag (4.) flogen dann um ½ 8 plötzlich 4 Granaten hintereinander heran und schlugen alle 4 in und bei der Kirche ein. Die Kirchenuhr blieb von dem Augenblick an stehen, denn der halbe Kirchturm war eingestürzt. Aber jetzt ging's an ein Ausziehen. Ihr könnt Euch gar nicht vorstellen, wie es da zuging, der ganze Ort war nämlich vollgepfropft mit Militär. Die Sanitätsautos fuhren wie besessen. Zuerst kamen natürlich die Pferde fort. Es wurden auch wieder ziemlich viele getötet und verwundet, auch von Steinen und Balken. Wir erhielten dann auch Befehl zum Aufschirren. Um 1 Uhr zogen wir dann los, nachdem wir alles gepackt und auf die Fahrzeuge verladen hatten. Wir gingen jetzt einige Ortschaften weiter zurück und fuhren über Biefvillers, Favreuil nach Beugnâtre. Dort blieben wir von 5. auf 6. Dann gingen wir wieder eine Ortschaft weiter vor nach Favreuil, hier sind wir jetzt, wir sind aber nur in Scheunen. Natürlich haben wir jetzt viel weiter zum in Stellung fahren, weil es weiter hinten ist, weit hinter Bapaume. Aber ist doch gut, dass wir von Grévillers fort sind, denn inzwischen haben die Engländer Grévillers fast zusammengeschossen. Heute waren wir bei der Beerdigung von 2 gefallenen Kameraden von unserer Kompanie. Wir hatten sie in der Stellung geholt, und heute wurden sie auf dem hiesigen Kriegerfriedhof beerdigt. Alle 2 wurden von einer Granate getötet. Sonst weiß ich nicht viel Neues. […]

10. August 1916 [Favreuil]

[…] Will Euch mitteilen, dass ich vergangene Nacht fast ums Leben gekommen wäre. Wir fuhren nämlich wie jeden Abend von hier (Favreuil) aus mit 2 Vierspännern in Stellung und mussten wie gewöhnlich vom Bahnhof Grandcourt aus Material in die Stellung führen und waren bereits am Platz, wir hatten noch etwa 400 m auf St. Pierre-Divion, wo wir hin mussten. Wir hatten Eisen und Blech aufgeladen, was natürlich schwer wetterte, auf einmal schlugen Schrapnell in uns mitten hinein. Sofort lagen alle 4 Gäule da, mich und meinen Vorderreiter schlug es in die Gäule hinein, dabei verwickelte ich mich noch in das Handstück, und solange ich mich losmachte, schlug auf uns wieder ein Schrapnell ein. Dann schlüpften wir 2 Fahrer und der Begleitsmann, der bei uns war, unter den Wagen hinunter, und dann schlugen nochmals 3–4 auf den gleichen Platz über unsern Gäulen ein. Mein Sattelgaul war sofort tot, die anderen 3 lebten noch, aber alle Füße hatte es ihnen abgeschlagen. Mir hat es soweit nichts getan als ein Stein schlug es mir auf die Brust, wo ich eine kleine Wunde habe. Mein Vorderreiter hatte ein Loch in der Stirn von einer Schrapnellkugel und sonst noch einige Löcher im Fuß, der Begleitsmann hatte das Gesicht und den linken Arm voll Löcher, der Unteroffizier, der bei uns war, verband dann den anderen Fahrer, und dann schossen sie so fürchterlich, dass wir nicht vor noch zurück konnten. Etwa 1 ½ Stunden waren wir so da neben dem Wagen, ich ging alle mal wieder zu den Gäulen hinüber, welche immer aufstehen wollten mit ihren abgeschossenen Füßen. Als es ruhiger war, ging ich dann auf St. Pierre-Divion hinaus und holte ein Gewehr, bis ich herein kam, war auch der vordere Sattelgaul tot, der Unteroffizier, der bei uns war, erschoss dann die 2 Handgäule. Dann gingen wir miteinander zurück auf Grandcourt. Dort meldeten wir uns beim Feldwebel vom Pionierpark, der dann alles aufschrieb, unsere Namen alles. Dann schliefen wir bis ungefähr 5 Uhr in dem Unterstand. Dann gingen wir 2 miteinander bis Miraumont, und von dort aus führte uns ein Wagen von unserer Kompanie heim, welcher Munition hinausgeführt hatte in Stellung. Das war uns also passiert ungefähr um ½ 1 Uhr. Wie ich schon schrieb, ist es ein gefährlicher Punkt diese Straße von Grandcourt auf St. Pierre-Divion, weil man ganz eingesehen ist von den englischen Stellungen aus, die immer dazu noch Leuchtkugeln herüber schießen, dass es taghell ist. Die Gesichter hättet ihr sehen sollen, die sie daheim machten, als wir heimkamen und erzählten, der andere Vierspänner, der bei uns war, sah uns nicht, und von der Gefechtsbagage hatte einer gesagt zum Feldwebel, dass alle 4 Gäule tot und die Fahrer (also wir 2) verwundet seien, was ja soweit richtig war. Mir hat es also soweit nichts getan als einen Stein oder Splitter auf die Brust geschleudert, macht aber nichts, mein Vorderreiter ist am Kopf und an den Füßen verwundet. Gäule habe ich also keine mehr und habe so gute gehabt. Bin jetzt schon oft in Stellung gefahren, und noch nie ist mir etwas passiert, aber es kann halt doch mal treffen. Vor unserer Front geht's immer heiß her, den Namen Pozières, das <u>vor</u> uns an der Straße Bapaume–Albert liegt, könnt ihr jedesmal fast im Tagesbericht sehen. Die Engländer sind durch ihre Offensive weit vorgekommen, und dann schießen sie gleichmäßig alle Ortschaften hinter der Front zusammen, darum sind wir auch so weit hinten. Warlencourt ist auch zusammengeschossen, wo wir zuerst waren, und von Grévillers haben wir ja auch am 5. ausziehen müssen, weil sie hereingeschossen haben. Sonst weiß ich nicht viel, als dass es hier in Frankreich so viele Fliegen hat, dass man unter Tag, wenn es heiß ist, fast nichts tun kann, sie fressen einen fast. Es hat seit ich im Feld bin fast nicht geregnet, auf den Straßen hat es einen Staub, dass Ross, Mann und Wagen voller Staub sind. […]

18. August 1916 [Favreuil]
[…] Der Fahrer Renz, der ja gestern Nacht gefallen ist, wird morgen begraben. Den ganzen Leib hatte er voller Schrapnellkugeln. Ihr müsst Euch deswegen keine Angst machen, wenn's einen eben trifft, dann in Gottes Namen. […]

Die Somme-Schlacht von 1916

„Süh, Korl, den Granattrichter! Da seggen se ümmer,
wi maken GESCHICHTE – wi maken ook GEOGRAPHIE".
Aus Heinrich Zille: Vadding in Ost und West, Berlin 1916

27. August 1916 [Favreuil]
[...] Wenn ihr ein Hemd habt, welches weniger als 1 Pfund wiegt, so schickt mir auch eins. Wir haben so wie so alle Läuse, und wenn wir auch die alten Hemden waschen, so kommen sie doch immer wieder. Zeitenweise haben wir auch alle miteinander die Scheißerei, dass es eine Schande ist. Sonst bin ich aber immer gesund und munter. [...]

1. September 1916 Favreuil
[...] Die Gegend wo wir sind, überhaupt ganz Frankreich, ist sehr fruchtbar. Hafer gibt es genug. Da sieht man, was es heißt, den Krieg im eigenen Land, die Zivilgefangenen sind jetzt alle Erntearbeiter. [...] Mir gefällt es so viel besser als in der Garnison, es geht eben im Feld nicht so kommissmäßig her. Es geht hier auch immer lebhaft zu, tagtäglich werfen feindliche Flieger in unserer Umgebung Bomben ab oder stürzt ein oder 2 ab, welcher im Luftkampf von einem deutschen abgeschossen wird. Mein Kamerad Gottlieb ist jetzt auch

in unserer Gegend, aber weiter südlich, er schrieb mir, dass hier an der Somme ein anderes Artilleriefeuer sei als bei Ypern, wo er ja vorher war. […]

15. September 1916 Favreuil
[…] Vorgestern war ich wieder in Stellung gefahren, diesesmal war es wieder windig hergegangen. Auf dem Fortweg schon zwischen Miraumont und Grandcourt platzte direkt über einem Fuhrwerk ein Schrapnell, 2 Schrapnellkugeln flogen mir auf die Brust, machten aber nichts, natürlich fuhr ich dann von diesem gefährlichen Platz im Galopp weg. Als wir dann später von Grandcourt nach der Stellung fuhren, Thiepval zu, schossen die Engländer wieder Gasgranaten herein. Trotz der Gasschutzmaske bekam ich auch noch ein Maul voll. Auf dem Heimweg bekam ich dann, von dem eingeatmeten Gas, so das Kopfweh und musste mich lange brechen (gewöhnlich sagt man: kotzet „wie ein Schlosshund"). Dann wurde mir aber bald besser, mein immer guter Appetit macht es wieder gut. – Letzten Sonntag (10.), morgens ½ 2 Uhr, wurden wir auch umsonst aus dem Schlaf geweckt. Ein feindlicher Flieger hatte nämlich die schöne mondhelle Nacht benützt und hatte Bomben auf unseren Ort geworfen, die auf Munitionswagen fielen. 8 Munitionswagen flogen mit furchtbarem Krach in die Luft. Sonst machten sie aber wenig Schaden, 2 Mann wurden verwundet, 3 Pferde und 5 Kühe getötet. […]

Karl Eisler, Sergeant, Reservedivision 28,
Reservefeldartillerieregiment 29

Bericht[1]

Aus meinem Kriegstagebuch über die Großkampftage beim Ausbruch der Sommeschlacht vom 24. Juni bis 4. Juli 1916, die ich als Artillerist beim Stabe der I. Abteilung Reservefeldartillerieregiment 29 miterlebte!

Die Aufgabe ist zwar schwer, ich weiß nicht, ob und wie weit ich sie lösen kann; ich werde versuchen, aus den spärlichen Notizen niederzuschreiben, was ich aus jenen Tagen noch weiß und was unsere Batterie, unsere I. Abteilung Reserve Feldartillerieregiment 29, in jenen Tagen, in fast übermenschlicher Anstrengung und Aufbietung der letzten Nervenkraft, geleistet haben. Wir liegen zur Zeit in der Champagne, bei dem zerschossenen Dorfe Fontaine (an der Dormoise), wo wir uns erst den richtigen Begriff über die grauenvollen vergangenen Tage machen konnten und wir erst die vielen Erlebnisse in großen Zügen skizzieren konnten. Trotzdem die Schlacht schon länger als einen vollen Monat, in allergrößtem Ausmaß und Einsatz enorm großer Mengen von Kriegsmaterial und Kampfgasen weitertobt, ist es dem Engländer zwar gelungen, in unsere Linie einzubrechen, jedoch sein groß angelegter Durchbruch scheiterte durch den eisernen Willen – noch nach sieben Tage langem Trommel- und Vernichtungsfeuer – kleiner Kampfgruppen, ohne nennenswerte Verstärkung, die die gewaltigen feindlichen Infanteriemassen aufgehalten und zum vorübergehenden Stillstand brachten.
  Die große englische Durchbruch-Offensive der Sommeschlacht war gescheitert!

Sommeschlacht, welch traurigen Klang hat dieses Wort, solang noch eine deutsche Zunge klingt, von unsagbarem Leid, von grenzenloser Opferbereitschaft in Not und Tod, dort in Nordfrankreich sanken unsere Kameraden der 28. Reservedivision zu Tausenden ins Grab. Meistens Söhne unserer badischen Heimat, zu vielen Hunderten sind sie, von Granaten zerrissen, in Höhen und Täler tief eingepflügt, die anderen ruhn in vielen Kriegergräberstätten, und schließlich die wenigsten, die dort die Todeswürde empfingen, ruhen in den Ehrenfriedhöfen der deutschen Heimat. In Ehrfurcht beugen wir das Haupt vor der Größe dieses Opfers. Der Name Sommeschlacht ist uns allen Überlebenden der 28. Reservedivision ein Heiligtum.
  Es war Anfang Mai 1916 als der Engländer vor unserem Abschnitt auffallend unruhig wurde, ein Unternehmen jagte das andere. Durch die vorigen Beunruhigungsschüsse fiel unser Stabsarzt in Pozières, sowie Major Radeck und Oberleutnant Weißmann, welcher zuvor bei unserer I. Abteilung tätig war, wurden dort verwundet. Auch fast jede Batterie

---

[1] Niederschrift vom August 1916.

hatte Anfang Mai 1916 einige Kanoniere sowie einige Beobachter durch Abschuss verloren. Es wurde immer unruhiger, man wusste nicht recht, was die Kerle vorhatten. Dennoch ahnte niemand, was uns bevorstand. Auf der Höhe 110 bei Fricourt war oft eine tolle Schießerei, sodass die Verbindungsgräben sowie große Strecken der Hauptwiderstandslinie eingeebnet wurden. Unserer Beobachtung Fricourt West wurde nur zu oft das Leben sauer gemacht, besonders beim Essenholen und bei der Ablösung. Es ist für mich heute noch ein ungeklärtes wie ein unverständliches Rätsel, was unsere Artilleriebeobachter da vorne machen sollten, da der Hauptkampfgraben beim kleinsten Angriff des Gegners zum Überranntwerden bestimmt ist und wir alle aufgegeben und erledigt sind. Bis Mitte Mai waren fast alle Verbindungsgräben auf der Höhe 110 zerschossen und eingeebnet. Vom vorderen Teil der Traversengraben, auf die Höhe 110 führende Gräben waren teils unerkennbar zusammengeschossen zu einem Grabengewirr. Gewöhnlich am Nachmittag feilte der Engländer mit schweren Minen und größerem Kaliber auf fast allen Gräben herum.

Am 3. und 4. Juni war jeweils eine gewaltsame Erkundung von uns und am 5. Juni unternahm der Engländer ebenfalls eine gewaltsame Erkundung, um Gefangene zu machen, um die Kräftegliederung durch Gefangenenaussagen zu ermitteln. Auf unseren Beobachtungen wurde erhöhte Aufmerksamkeit verlangt, da der Gegner nicht wie sonst bei einer Unternehmung nach Rückkehr der Patrouillen mit dem Artilleriefeuer abflaute, sondern oft ganze Nächte oder Tage wie toll herumschoss.

Mitte des Monats Juni wurde es etwas ruhiger. Es war die Ruhe vor dem Sturm. Vom 20. Mai ab war hinter der englischen Linie Hochbetrieb. Von unserer Beobachtung auf dem Schlossturm Contalmaison sahen wir ununterbrochen jeden Tag große Lastauto-Kolonnen auf der Straße Bray-sur-Somme nach der Stadt Albert und zurück. Es waren oft mehr als 100 Lastautos hinter einander. Ebenso sahen wir sehr oft große Artillerie-Kolonnen, welche manchmal mehr als 3 Stunden brauchten bis sie an einer Pappel, die wir als Punkt bezeichneten, vorbei waren. Eine Eisenbahnlinie, Normalspur, wurde mit deutschen Kriegsgefangenen vom Gegner bis an die englischen Infanterie-Stellungen, zwischen Fricourt und Bécourt gebaut. Bei Punkt 80 m an der Straße Bray-sur-Somme nach Albert errichteten die Engländer ein großes Fliegerlager. Die feindliche Infanterietätigkeit war durch die vielen Patrouillen-Unternehmungen und gewaltsamen Erkundungen sowie durch die vielen Minenwerfer durchweg sehr auffallend! Alle diese Meldungen gehen von der I. Abteilung Reserve Feldartillerieregiment 29 zurück zur Division.

Am 23. Juni, es war Freitagmorgen 3 Uhr, ging eine tolle Schießerei los, bereits in unseren ganzen Divisionsabschnitt platzten feindliche Granaten, auf unsere Grabenlinie, verschiedene Gräben wie den Siegelgraben, die ganzen Verteidigungsgräben bei dem Dorfe Fricourt und auf die Höhe 110, den Steinbruch, dann rechts oder westlich von Fricourt, die Lehmgrubenhöhe bis zur Lehmsenke lagen unter starkem feindlichen Feuer. Unser Erdkabel zur Beobachtung Fricourt West wurde abgeschossen, trotzdem es auf der Grabensohle noch 1 m tief liegt. Am Nachmittag flaute das starke feindliche Artilleriefeuer ab und nochmals beruhigte sich – Mars.

[...]

Am 24. Juni, es war Samstag früh ½ 2 Uhr, begann über unserer ganzen Linie im Halbkreis um uns herum beim Feind ein gewaltiges Aufleuchten, viele ungezählte Blitze zuckten durch die Luft, ein Zischen und Heulen ein Rollen und Fauchen, ein Splittern und Krachen erfüllte die Luft. Ich saß gerade auf dem Schlossturm Contalmaison auf Beobachtung, ich brülle in das Telefon, meine eigenen Worte höre ich nicht mehr, ich musste nur annehmen, meine Worte wurden im Schlosskeller verstanden. In einigen Augenblicken steht Hauptmann Kipling, Batteriechef der 7. Haubitzbatterie, neben mir. Es war ein schaurig schöner Anblick, das unselige Aufleuchten und Aufblitzen der feindlichen Artillerie. Der Engländer beschießt hauptsächlich das rückwärtige Gelände, unsere Batteriestellungen, soweit sie erkannt sind, sowie alle ihm bekannten Beobachtungen, Zufahrtswege und die bis jetzt unbeschossen gebliebenen weil zurückliegenden Ortschaften erhalten schweres Feuer. Auf den Schützengräben liegt schwaches Feuer. Es ist unheimlich Schrecken erregend, ein Heulen und Zischen, ein Fauchen, ein Splittern und Krachen der schweren Einschläge, ein bis jetzt in 2 Jahren Krieg noch nie gekanntes Artilleriefeuer aus allen Kalibern und Geschossarten dröhnte und zischte um uns herum, fern und nah. Auf den Wegekreuzungen und Zufahrtswegen flatterten bei Sonnenaufgang die Schrapnellwölkchen, dazwischen spritzten die Einschläge ganz schwerer Granaten hoch auf. Eben erhalten wir im Schloss einen großen Feuerüberfall aus verschiedenen Kalibern, mehrere Volltreffer erschüttern das Gebäude, ein roter Backsteinqualm verdeckt jede Sicht, die Granaten heulen wieder über uns hinweg, schon bekommt der Dorfrand von Pozières, auf einmal wird das ganze Dorf in Rauch und Qualm gehüllt. Fast zu gleicher Zeit spritzen mächtige Einschläge ganz schwerer Granaten in unserm Dorf die letzten Trümmer der noch stehenden Häuser auseinander.

[...]

Der Abend des 30. Juni bringt noch keine Veränderung und versinkt in Rauch, Gas und Qualm. Der Engländer beschießt bis spät in die Nacht hinein unser Dorf sowie den Dorfrand, wo der Zug 911 des I. Bataillons steht, mit Granaten mit Verzögerung, man verspürt im Unterstand den gewaltigen Ruck und das Erdbeben zugleich von den Maulwurfsgranaten, mit welchen er das Dorf ausgiebig belegt.

Ganz schwere Granaten heulen und torkeln hoch über uns hinweg in unsere Etappenorte, die ganze Nacht hindurch. Im ganzen rückwärtigen Gelände liegt, wie schon gewohnt, jede Nacht das Abwiegelungssperrfeuer auf allen Zufahrtswegen. Draußen dämmert der Morgen des 1. Juli, ich kraxle gegen ½ 4 Uhr aus unserem Unterstand, um zu lauschen, wo das Feuer liegt. Die Mulde zwischen Contalmaison und dem Edinger-Dorf[2] wird soeben wieder mit Gas beschossen; es riecht stark nach bitteren Mandeln; es kann vermutlich Blausäure sein. Eine milchig weiße, träge Wand wälzte sich langsam unserm Dorfe zu. Von unserem Infanteriereserveregiment 111 kommt die Meldung aus Fricourt, der Engländer füllt seine Gräben, überall riecht's nach Blausäure, wir wissen auch, dass bei Blausäure unsere Gasmasken nicht schützen. Von Pozières bis zur Fricourtmulde liegt alles in weißen Gasschleier gehüllt. Von La Boiselle kommt beim Tagesgrauen die Meldung vom Reserve

---

[2] Stellung zwischen Contalmaison und Fricourt.

Grenadierregiment 110: der Feind füllt seine Gräben. Ebenso erhalten wir aus Mametz vom Reserve Grenadierregiment 109 die Meldung: Feind füllt seine Gräben. Mit großer Spannung warten wir die Dinge ab. Was heute der 1. Juli alles bringen mag? Vielleicht überleben wir ihn nicht mehr – diese Gedanken kreuzten das Gehirn von vielen. Als die ersten Sonnenstrahlen ganz weiß glänzten, steigt die scheußliche Gasflut immer höher, und bald waren auch wir darin untergetaucht. Kaum auf 10 m konnte man noch sehen. Das Tosen der feindlichen Geschütze wächst von Sekunde zu Sekunde, die Hölle brüllt wieder auf; aber nur für kurze Zeit! Seit Donnerstag den 29. Juni, sehen wir auf der Höhe 110 nur noch Rauch, Feuer und krepierende Granaten, am östlichen Teil der Höhe 110 sehen wir lang anhaltende Explosionen. Es muss von der feindlichen Artillerie ein Munitionsstollen unserer Minenwerfer getroffen worden sein. Mit tiefem Weh denken wir an unsere Kameraden von der Infanterie im Graben; wieviele werden wohl noch von einer Kompanie am Leben sein; wieviele kampffähige Kameraden wird wohl ein Bataillon oder ein Infanterieregiment noch haben!? Wir wissen auch, dass auf der Höhe 110 unsere Kameraden von der Artillerie, unsere Grabenbeobachtungen, in höchster Gefahr sind; oder sind sie vielleicht schon tot? Die Artilleriebeobachtung Höhe 110, beim Steinbruch, die Kanzel und Fricourt (westl.) sind im vorderen Kampfgraben, welcher sehr dünn besetzt ist. Dort, wusste ich, dass die Beobachtung besteht aus einem unserer besten Leutnants, der nicht feige ist, der sich auch nicht ergibt oder in Gefangenschaft geht und lieber für sein Vaterland stirbt. Es ist Leutnant Mayer mit zwei Unteroffizieren, Hittler und Viehoff, und zwei Telefonisten, Enderle und Baumann. Ein leichter Morgenwind reißt die Gasnebelschwaden ein wenig auseinander. Von der Grabenbeobachtung Höhe 110 und von Fricourt wird dringend Sperrfeuer verlangt; für diesen Abschnitt stehen nur noch zwei Batterien mit nur einigen feuerbereiten Geschützen zur Verfügung, es ist unsere 2. und die 7. Batterie der leichten Feldhaubitzen, welche sofort das Sperrfeuer aufnehmen. Von Fricourt bis Mametz, ebenso bis nach La Boisselle, wird dringend Sperrfeuer verlangt, die 1. und die 3. Batterie liegen nun ebenfalls im Schnellfeuer. Unsere gesamten schweren Batterien im Wald von Mametz sind durch das große Vergasen sowie durch Volltreffer außer Gefecht gesetzt. Mit unserer II. Abteilung fehlt die Verbindung in der Granatschlucht! Durch sämtliche unserer noch schnell erreichbaren Batterien, mit den zum Teil neuen Geschützen, welche kaum in Stellung stehen, wird unser ganzer Abschnitt unter Sperrfeuer gesetzt. Die Hölle, die jetzt nochmal aufbrüllt, kann ich nicht wiedergeben, das englische Artilleriefeuer gleicht einem wahren Orkan, unsere eigenen Geschütze hört man überhaupt nicht. Unsere gesamte Artillerie schießt über eine volle Stunde, dann schweigt nach und nach der eiserne Mund der Geschütze, Volltreffer auf Volltreffer setzen unsere gesamte Artillerie außer Gefecht. Ein wildes Huschen der Meldegänger beginnt, kommen und gehen von und zu unserer Abteilung. Der Zug 911 vor unserem Dorfausgang hat auch einen Volltreffer erhalten, die guten Kameraden, die ich alle kenne, sind schwerverwundet, der Schrempf, der Kappenberger, der kleine Noe sind tot. Mit einem Schlag hört das bis zum Wahnsinn gesteigerte feindliche Artilleriefeuer auf. Nur hoch über uns hinweg heulen und torkeln schwere Granaten der englischen Fernfeuer-Batterien in unsere Etappenorte. Der schauernde Augenblick für den Angreifer sowie für den Verteidiger ist gekommen. Zwischen dem Ziegeleiweg bei Fricourt und der Bahngrubenhöhe hat der Engländer beim Reserve Infanterieregiment 111 soeben einen kompaniebreiten Abschnitt gesprengt. An dieser Stelle folgten die englischen Sturmtruppen sofort in unsere Gräben. Der Feind ist fast zu gleicher Zeit in unserem ganzen Divisionsabschnitt, bis nur auf kleinere Teile, in unsere Infanterielinie eingebrochen. Durch den scharfen Morgenwind verziehen sich glücklicherweise die großen Gasschwaden und ermöglichen jetzt auf den Beobachtungsstellen einigermaßen die Fernsicht. Vor uns liegt das Edinger-Dorf, das heißt es ist kein wirkliches Dorf; sondern nur eine sehr gut festungsartig ausgebaute Infanteriebereitschaftsstellung. Der Haupt-Küchenstollen unseres Infanterieregiments sowie unserer Pioniere und alle Art von Material befindet sich dort. Bis hierher kam die Kleinbahn von Martinpuich und dem Ganterwerk. Von hier auf der Anhöhe ist das Totenwäldchen, etwas nordwestlich die Ferme von Fricourt. Etwa 500 m nach Westen von unserm Dorf steht an dem kleinen Waldstückchen und dem bekannten Hohlweg unsere 3. Batterie Hauptmann Fröhlich, der mit seinem großen Draufgängergeist und derben Humor überall gut bekannt ist; von hier 200 m südlich ist eine kleine Artillerie-Schutzstellung (die Völkerbereitschaft genannt). Unsere 1. Batterie steht in drei Teile auseinander gezogen an der Straße von Contalmaison nach Fricourt, zwei Geschütze, der Zug 911 steht am Dorfrand von Contalmaison, ein Geschütz in der Mulde von der Straße nach Fricourt und das andere oben auf der Höhe, es wurde bisher als Scheingeschütz bezeichnet, hat aber in treuer Pflichterfüllung bis zum letzten Augenblick fast Übermenschliches geleistet.

Dieses soeben bezeichnete Gelände wird allmählich von den großen Gasschwaden durch den Morgenwind frei, und wir bekommen größeres Gesichtsfeld. In unserem ganzen Divisions-Abschnitt ist es ganz auffallend ruhig, ja fast erschreckend ruhig geworden. Nur die englischen Fernfeuer-Geschütze senden ihre Granaten hoch über uns hinweg in unsre Etappenorte, die gesamte englische Artillerie hat in unserem Abschnitt ihr Feuer eingestellt.

Es mag 8 Uhr vormittags des 1. Juli gewesen sein. Am Totenwäldchen hämmern zwei Maschinengewehre, ein lang gezogenes Schützenfeuer setzt ein, die Geschossgarben klatschen in unserem Dorf ein. Endlich sehen wir die englischen Sturmtruppen mit ihren weißen Erkennungsflecken auf ihrem Rücken am Totenwäldchen und der Ferme Fricourt auftauchen; also sie sind schon tief in unsere Infanterielinie eingebrochen. Eben stürmen die Kerle das 1. Geschütz, das Scheingeschütz unserer 1. Batterie, das Geschütz feuert nicht mehr, auch auf das 2. Geschütz beim Offizierunterstand im Hohlweg an der Straße nach Fricourt laufen sie zu. Die anderen beiden Kanonen des Zug 911 sind nicht feuerbereit. Von unserer Abteilung gehen nach allen Richtungen zu allen Batterien durch Meldegänger und Läufer die Feuerbefehle. Unser guter Kamerad, Kanonier Schölch, hat den Befehl zum Zug 911 zu laufen, ist aber auf unserer Dorfstraße durch Infanteriegeschoss gefallen. Ich selbst springe zur 3. Batterie über das grauenhaft zusammengeschossene Trichterfeld, von einem Granatloch in das andere.

Die 3. Batterie soll sofort das Totenwäldchen und Ziegelei und Bahnhof von Fricourt unter Feuer nehmen. Dort kommen die Engländer bataillonsweise auf der Straße nach Contalmaison heran. Unsern Hauptmann Fröhlich treffe ich bei seinen zusammengeschossenen Geschützen. Er sieht blass und übernächtigt aus, gibt mir an die Abteilung den Bescheid, dass er zur Zeit kein feuerbereites Geschütz mehr habe, alles ist zusammengeschossen und durch Volltreffer zerstört. Die Batteriestellung unserer 3. Batterie sieht furchtbar aus. Noch kaum 200 m vor der Batterie sind die Engländer schon herangekommen. In diesem Moment entwickelt sich die Völkerbereitschaft[3], dort befindet sich die Baukompanie, die zur Zeit zusammengesetzt ist aus Armierungs-Soldaten und Teilen vom Reserve Grenadierregiment 110. Diese Kompanie entwickelt sich rasch und wirft sich auf kaum 30–50 m den englischen Sturmtruppen entgegen und gibt ein rasendes Schnellfeuer ab und wirft den Engländer bis zum Totenwäldchen zurück. Das schon vom Engländer genommene Geschütz der 1. Batterie (unser Scheingeschütz von Unteroffizier Krüger) fängt sofort wieder an zu feuern nach dem zurückweichenden Feind. Das Geschütz schießt zuerst viele Kartätschen und dann auf 100–200 m Granatenbrennzünder auf die dichten Reihen und fügt dem Gegner erhebliche Verluste zu. Endlich fängt das 2. Geschütz im Hohlweg an zu feuern; auch das 4. Geschütz vom Zug 911 konnte noch zur rechten Zeit durch Reparatur feuerbereit gemacht werden. Diese 3 Geschütze nahmen das Feuer auf und befunken zuerst das Totenwäldchen, dann nahmen sie den Westausgang von Fricourt sowie den Friedhof und Bahnhof unter Feuer, wo der Engländer in dichten Massen herankam. Die paar Geschütze schießen verschiedentlich über Visier und Korn. Jeder Schuss ist ein Treffer. Die Engländer springen wie Mäuse vor der Katze her aus dem Totenwäldchen auf Fricourt zurück. Die Granaten-Brennzünder unsrer 1. Batterie richten ein grauenhaftes Blutbad unter der englischen Infanterie an. Nur ein kleines Stück Graben können sie in der 3. Infanterielinie noch halten. Bei Mametz wird bitter schwer gekämpft; wo unsere Grenadier Reserve 109 im Nahkampf stehen und verteidigen Zoll für Zoll der Grabenlinie. Auch sehen wir ganze Gruppen Reserve 109 in englische Gefangenschaft gehen. Auf der Straße Contalmaison nach Fricourt gehen Infanterietruppen vor, es sind einige Kompanien vom Rekrutendepot. Für uns Artilleristen ist es herzzerreißend, keine Geschütze, keine nennenswerte Verstärkung zu haben, aber trotzdem hat unsere Division den Durchbruch für heute abgeschlagen. Unsere Batterien in der Schrapnellmulde mussten aufgegeben werden, dort gelingt es dem Gegner bis zur 7. Batterie, den leichten Feldhaubitzen am Waldrand von Mametz, vorzustoßen.

Von La Boisselle, unserm rechten Flügelabschnitt, hört man unaufhörlich die Detonationen vieler Handgranaten, dort gewinnt der Gegner am 1. Juli sehr wenig Boden. Es ist fast bewunderswert, einige Geschütze von verschiedenen Batterien liegen schon stundenlang im Schnellfeuer, schießen hauptsächlich mit Langgranaten-Brennzünder und erhalten keinen Schuss feindliches Feuer. Wir schauen in banger Erwartung eines weiteren feindlichen Angriffs so fast den ganzen Tag zu; aber der Engländer wagt es nicht, weiter vorzustoßen, in einzelnen Grabenteilen hat er sich festgesetzt und verschanzt. Dass wir kein feindliches Artilleriefeuer erhalten, geht daraus hervor, dass der Gegner nicht genau im Bilde ist, wie weit seine eigenen Truppen vorgetragen sind. In unseren Batteriestellungen liegen die abgeschossenen Kartätschen mannshoch, ganze Berge von leeren Geschosskörben liegen umher. Der Engländer brauchte nur ein paar schneidige Kompanien, und er wäre glatt bis in unser Etappenstädtchen Bapaume durchgekommen.

---

[3] Artilleriestellung.

Am Abend des 1. Juli war folgendes Bild!:

Keine nennenswerte Verstärkung, keine weiteren Befehle von oben! Vor uns traurige Kunde, Mametz und Montauban sind verloren und befinden sich fest in englischer Hand. Die Höhe 110 bei Fricourt kaum noch zu halten. Die Ortschaft Fricourt, noch in unserer Hand aber schon umgangen. Unser rechter Flügel bei La Boisselle ist ebenfalls verloren und ist in englischer Hand. Von unserer Grabenbeobachtung wird gemeldet:

Leutnant Mayer im Trichterfeld gefallen, Kanonier Baumann tödlich verwundet, Unteroffizier und Kanonier Hittler und Viehoff sowie Telefonist Enderle in englischer Gefangenschaft.

Mit Schaudern denkt man an die Worte: Keine Verstärkung!!! Eine tiefe Erbitterung greift um sich; warum lässt man uns allein und sendet uns keine Verstärkung oder Ablösung?

Ist das der Lohn, dass wir so aufgegeben und geopfert wurden? Noch können wir unsere Linie halten mit wenig Verstärkung an Artillerie und ein paar frischen Infanterieregimentern. Vor uns haben wir so viel wie keine Infanterie mehr. Das englische Gewehrfeuer hat jetzt auch nachgelassen. Ist das ein Zeichen der Erschöpfung oder folgt der Angriff von neuem? Wir lassen die Stunde ungenutzt. In unserer Etappe fahren sie mit Auto davon, über Nacht wurden die Stabsquartiere mit den komplizierten Telefonverbindungen nach rückwärts in Sicherheit verlegt, weil die Herren den Durchbruch fürchteten. Das alles erfahren wir, die wir seit 8 Tagen von tausendfachem Tod umtobt wurden. Uns lassen sie allein. Und warum? Am späten Abend des 1. Juli kam eine Kompanie vom Landwehrbataillon 55 und besetzte unser Dorf [Contalmaison]. Die Offiziere derselben hatten keine Karten und wussten überhaupt nicht recht Bescheid, was eigentlich hier los ist.

Die drei noch feuerbereiten Geschütze der 1. Batterie machen in der Nacht 1. auf 2. Juli Stellungswechsel und gehen hinter unserem Schlosspark in Feuerstellung in eine im Bau befindliche Stellung. In der Nacht kommen sehr viele Verwundete vom Reserve Infanterieregiment 110 und 111, welche sich noch mühsam fortschleppen konnten, bei uns vorbei nach hinten. Es wurden die schauderhaftesten Mordgeschichten erzählt, wie der Engländer mit unseren einzelnen Gefangenen umgegangen sei. Die fürchterlichsten Geschichten wurden erzählt, und wir mussten alles mit anhören, trotzdem wir gar keinen Kopf für all die Gräuelmeldungen haben. Der Engländer schießt heute Nacht sein schon gewöhntes Abriegelungssperrfeuer auf Straßen und Zufahrtswege, besonders mit großen Feuerüberfällen. Die 3 Geschütze unserer 1. Batterie hinter unserem Schloss haben sich kaum eingeschossen, da hat sie der Engländer schon heraus, und sie erhalten starkes Feuer. Am 2. Juli schießt der Engländer zwar in unserem Abschnitt noch wie toll herum, aber sein Feuer ist gebrochen. […]

August Dänzer, Fürstlicher Kammerpräsident in Freiburg im Breisgau

Tagebuch

5. Juli 1916

[…] Nach eigenen Berichten der Franzosen haben sie besonders südlich der Somme weitere Fortschritte gemacht und Estrées sowie Belloy genommen, schon vorher Assevillers, Feuillères und Flaucourt, die Engländer La Boisselle. Wir stehen jedenfalls in der größten Schlacht der Weltgeschichte in der kritischsten Zeit des ganzen Krieges, und wenn der liebe Gott uns diesmal noch den Sieg verleiht, so dämmert der Frieden herauf. […]

18. Juli 1916

[…] Nachmittags mit Sondger kurzer Spaziergang im Sternwald. Aus einem Brief an ihn vom Bruder von Hanauer bei Reserveinfanterieregiment 110 entnahm ich, dass dieses die Kämpfe bei La Boisselle gegen Engländer mitgemacht hat. Diese hätten die Deutschen, die die Hände hochhielten, erschossen, und dann hätten sie es auch so gemacht und einmal 1.200 eingeschlossene Engländer zusammengeschossen. Ganze Kompanien des Reserveregiments 110 seien aufgerieben worden, und das Regiment stehe nun in der Champagne und sei neu aufgefüllt und ausgerüstet worden. […]

Hans Gareis, Vizefeldwebel, bayerische Infanteriedivision 10, bayerisches Infanterieregiment 16

Bericht (undatiert)

Erlebnisse in der Sommeschlacht 1916: Nach Tagebuchaufzeichnungen

6. Juli 1916

An diesem Tage treffe ich vom Urlaub zurückkehrend wieder bei meinem I. Bataillon des 16. Infanterieregiments ein. Das Bataillon liegt auf den Höhen gegenüber Montauban. Abends gegen 10 Uhr gehe ich mit den Feldküchen vor; die Kostverteilung erfolgt auf der Straße Flers–Longueval in einem Hohlweg südlich dieses Ortes. Noch ehe wir den Platz erreichen, bekommen wir Schrapnellfeuer, dem ein Feldküchenpferd der 1. Kompanie zum Opfer fällt. Ein Mann wird verwundet. Der Laufgraben, den wir passieren, ist fürchterlich zerschossen, die Stellung selbst ist schon stark zerwühlt, in den Gräben nur notdürftige Stollen. Ich übernehme in der gleichen Nacht wieder meinen 1. Zug der 4. Kompanie.

7. Juli 1916

Das Wetter ist scheußlich, dabei lebhafte feindliche Fliegertätigkeit, während man auf unserer Seite überhaupt keinen Flieger sieht. In meinem Zug verliere ich an diesem Tag wieder 3 Mann.

8. Juli 1916

Stehen bis zu den Knöcheln im Wasser. Auf der Straße von Mametz gegen Montauban und zum Mametzer-Wald sichten wir mit dem Feldstecher marschierende englische Kolonnen und vorfahrende Artillerie. Von Seiten unserer Artillerie fällt kein Schuss. Über den feindlichen Stellungen stehen fast den ganzen Tag 12 Fesselballons. Gegen Abend bekommen wir schweres Artilleriefeuer. Ein Volltreffer drückt den rechten dicht besetzten Stolleneingang vom Kompanieführer-Unterstand zusammen, in dem sich auch der Bataillonsstab befindet. Leutnante Rosenthal, Auer und Unteroffizier Bucher sind verwundet, 9 Mann, darunter die besten der Kompanie, sind tot. Habe jetzt noch 25 Mann und 4 Gruppenführer im Zug. Meine Leute sitzen im Stollen und beten. Bei Einbruch der Dunkelheit gehen wir an das Ausgraben der im Stollen Verschütteten; der Anblick dieser Toten ist grausig, mit das Fürchterlichste, was ich seit 1914 gesehen habe.

9. Juli 1916

In der Nacht scheußliches Artilleriefeuer. Beim Essenholen verliert die Kompanie wieder 5 Mann, 3 tot, 2 verwundet. In den Morgenstunden klärt sich das Wetter endlich auf, es erfolgt lebhafte Fliegertätigkeit. Nachmittags setzt wieder eine fürchterliche Beschießung mit schweren Granaten ein. In Longueval brennt es lichterloh.

10. Juli 1916

In den Morgenstunden lasse ich durch eine Gruppe in Longueval Munition holen, doch ehe sie das Depot erreichen, fliegt dasselbe in die Luft. Wieder bekommen wir keine Minierrahmen und dazu keine Aussicht auf Ablösung, man muss alles aufbieten, um nicht selbst mutlos zu werden.

11. Juli 1916

In den Morgenstunden kommen 50 Mann Nachersatz mit Leutnant Wagner; darunter verheiratete Männer, die den Krieg noch nicht kennen. Am Nachmittag werden durch Volltreffer wieder 4 Mann von meinem Zug verschüttet, 2 Mann vom am Morgen eingetroffenen Nachersatz sind tot, der eine Familienvater von 4 Kindern. Die folgende Nacht bekommen wir Gott sei Dank wieder Minierrahmen.

12. Juli 1916

In den Morgenstunden wieder Trommelfeuer, wie alltäglich. Nachmittags geht ein Volltreffer in die rückwärtige Grabenwand und verschüttet unseren Stollen. Wir stehen bis zu den Knien in Schutt und müssen uns erst wieder herausarbeiten. Die folgende Nacht miniere ich mit allen verfügbaren Kräften. Zum Schutze der Unterstände füllen wir nachts die Granattrichter über den Stollen wieder zu.

13. Juli 1916

Die vergangene Nacht heftiges Trommelfeuer, das den ganzen Tag anhält. Am Abend ist der Graben nurmehr eine lange Reihe von Granattrichtern. In den ersten Abendstunden erhalten wir die Meldung, dass die Engländer sich in der Mulde vor Bazentin sammeln. Die Kompanie schickt eine Patrouille ins Vorfeld, die dies bestätigt.

14. Juli 1916

Gegen 3 Uhr morgens hatten wir eben wieder einen Rahmen im Stollen gesetzt, und ich will meine Leute nun ruhen lassen, da geht es wie ein Lauffeuer durch den Graben „die Engländer greifen an". Im Nu steht der Zug an der Feuerbank, ich teile noch schnell meine Leute ein, was bei der völligen Dunkelheit nicht leicht ist, da steigt die erste Leuchtkugel, und vor uns sehen wir in einer Entfernung von kaum 300 m die Engländer in dichten Scharen gegen unseren Drahtverhau vorgehen. Stahlhelm steht an Stahlhelm, ein schauerlich schöner Anblick. Und nun geht's los. Eine Wut packt uns alle, zugleich aber ein freudiges Gefühl, dass wir jetzt endlich die Vergeltung haben sollten für die vorhergehenden Tage. Ich brülle Hurra und Feuer und kniee mich mit den nächsten Leuten auf die Brustwehr, um besseres Schussfeld zu haben. Andere folgen meinem Beispiel. So empfangen wir, immer unterbrochen durch begeisterndes Hurra-Gebrüll, den Feind mit Gewehr- und Maschinengewehrfeuer. Dabei prasselt das Sperrfeuer der englischen Artillerie auf unsere Gräben nieder, das zum Glück aber schon auf dem 2. unbesetzten Graben liegt, uns aber doch noch mit Granatsplittern überschüttet. Aber das bleibt alles unbeachtet im Gefechtseifer. Selbst unser junger Nachersatz steht den Alten nicht nach. Ein paar Leute kommandiere ich zum Munition holen und zum Sammeln der Gewehre von den Gefallenen und Verwundeten, damit wir die heißgeschossenen Gewehre mit den neuen vertauschen können. Ich selbst benütze abwechselnd 3 Gewehre, 2 sind heißgeschossen. Im Leuchtkugelschein sehen wir, wie sich allmählich die Reihen der Engländer lichten. Es beginnt zu grauen. Da erscheint auch schon ein englischer Flieger, der mit bewundernswertem Schneid arbeitet und unser schwaches Gewehrfeuer mit Maschinengewehrfeuer erwidert. Vor unserer Linie ist der Angriff zum Stocken gekommen, im Drahtverhau liegen sie haufenweise. Wir ziehen verschiedene, die noch Lebenszeichen geben, in den Graben. In einzelnen Granatlöchern haben sich noch verschiedene verborgen, die teilweise beim Zurücklaufen abgeschossen werden. In Entfernung von einigen hundert Metern haben sie bereits vor unserem Graben Minenwerfer aufgebaut, die den Abschnitt der 1. und 2. Kompanie unter Feuer nehmen. In unserem Abschnitt selbst ist eine Feuerpause eingetreten. Ich hole noch meine letzte Schachtel Zigaretten und verteile sie an meine braven Leute; die guten Kerle hätten mich am liebsten umarmt, so groß war der Jubel. Glaubten wir doch allen Anlass zur Freude zu haben. Sah es beim ersten Leuchtkugelschein aus, als ob die Engländer Marschkolonne neben Marschkolonne auf unsere Stellung, die ja nur schwach und noch dazu mit einer abgekämpften Truppe besetzt war, losgingen, so hat jetzt kein Engländer unseren Graben betreten, die Vordersten hängen tot oder verwundet im Drahtverhau. Dass es rechts oder links von uns anders aussehen könnte, daran dachten wir in der ersten Siegesfreude gar nicht. Nach dieser kurzen Pause geht alles wieder an die Feuerbank, einige Leute mühen sich um die Toten und Verwundeten. Beim Kompanieführer höre ich, dass die Kompanie 30 Mann verloren hat, der 2. und 3. Zug hat noch stärkere Verluste wie ich, die Toten decken wir mit den Zeltbahnen notdürftig zu, zum Eingraben ist keine Zeit. Dann wende ich mich mit meinen 2 ältesten Unteroffizieren dem Vorfeld zu. Wir ziehen noch ein englisches Maschinengewehr und zahlreiche Gefangene in den Graben, der 2. Zug bringt einen verwundeten englischen Oberst herein, der im vordersten Drahtverhau liegt, ein schneidiger Kerl und eine sympathische Erscheinung. Schon ist es vollständig hell geworden, und da ahne ich erstmals das ganze Unglück. Schon mit freiem Auge sehen wir, wie auf der links vor uns liegenden Straße nach Longueval die Engländer Marschkolonne hinter Marschkolonne nach Longueval einmarschieren, ohne dass sie beschossen wurden. Also müssen sie hier durchgebrochen sein. Für uns ist die Entfernung zu groß, und außerdem haben wir uns schon vollständig verschossen, wir warten erst wieder auf Munition. Um Meldung zu machen, eile ich zum Kompanieführer und treffe dort auch mit dem Bataillonsstab zusammen. Major Wölfel, Oberleutnant Marschall, Leutnant Süssenberger, ein paar Ordonnanzen treffe ich in einem Granatloch vor dem Bataillonsunterstand im ersten Graben. Ich höre die eingelaufenen Meldungen. Bei der 3. Kompanie links von uns ist der Gegner am linken Flügel durchgebrochen, er hält den Ortsrand von Longueval. Die 2. Kompanie rechts meldet, dass der Feind in Bazentin eingedrungen ist. Der Regimentsstab einschließlich Regimentskommandeur Bedall sei gefangen. Wir hängen also nun völlig in der Luft; wenn wir nicht Unterstützung von rückwärts bekommen oder uns zurückziehen, sind wir verloren, denn das Bataillon ist jetzt so geschwächt, dass es einem Angriff nicht mehr standhalten kann, außerdem fehlt uns Munition; in meinem ganzen Zugabschnitt ist keine einzige Handgranate mehr. Die Mulde hinter uns liegt unter rasendem Sperrfeuer, ein Zurückgehen bei Tag mit dem restlichen Bataillon wird von Kommandeur Wölfel, wie auch von den anderen Herren, als unmöglich bezeichnet. So vergehen die Morgenstunden in sehr gedrückter Stimmung. […]

Kriegsbrücke über das Sumpfgelände der Somme bei Péronne

Gustav Krauß, Unteroffizier, Infanteriebrigade 80, Reserveinfanterieregiment 29

Bericht (undatiert)[1]

12. Juli 1916

Am Abend rückten wir in Cartigny ein, wo wir in einem schönen Schloss unterkamen. Die Räume zeigten nichts mehr von dem früheren Glanz, sie enthielten lediglich aus Holz zusammengeschlagene zweistöckige Betten, in denen wir auf Holzwolle pennten.

13. Juli 1916

Der Ort wies eine alte schöne Kirche auf, die ich mir auch ansah. Wir zählten 18 französische Fesselballone gegenüber, während von uns nur 3 in der Luft waren (5 hatte ein französischer Flieger in Brand geschossen). Der Bahnhof wurde dauernd mit 38-cm-Geschossen bepflastert. In der Nacht durfte kein Licht angebrannt werden. An der Front tobte ständig ein heftiger Artilleriekampf, dem wir vom Dach des Schlosses aus zusahen. Es war ein grandioses Bild. Halblinks vom Schloss stand ein 21-cm-Mörser, den die französische Artillerie wiederholt zu fassen suchte. Das Feuer ebbte auch die ganze Nacht hindurch nicht ab. Wir vertrieben uns die Zeit mit allem möglichen, es wurden auch allerlei Latrinenbefehle[2] besprochen. Dass wir nicht zu einem Tanzvergnü-

Warten auf den Einsatz an der Front in Cartigny, 13. Juli 1916

[1] Bildkommentare von Gustav Krauß.
[2] Gerüchte.

gen gingen, wussten wir. Andererseits wünschten wir, dass wir bald eingesetzt würden, denn umso früher kamen wir wieder heraus. Das Schlimmste ist das Warten und die Ungewissheit. Abends hörten wir, dass es in der Nacht losginge.

14. Juli 1916

Kaum hatten wir uns zur Ruhe gelegt, wurden wir um 1 Uhr geweckt. Vorn tobte eine heftige Schießerei. Wir traten an, empfingen Handgranaten und marschierten dann auf der wunderbaren Staatsstraße in Richtung Péronne, in stockdusterer Nacht, die nur durch das Wetterleuchten der Front erhellt wurde. Bald ging's links ab durch Felder. Weiße Tücher, die an Pfählen hingen, zeigten uns den Weg. Unterwegs bekam ein Kamerad einen Schreikrampf. Wir kamen bald an die Ufer der Somme und überschritten sie auf einer viele hundert Meter langen von den Pionieren gebauten Holzbrücke, die oft unter Feuer lag, – ohne Verluste. Wir kamen in ein kleines Nest Chapelette, wo wir in der Nähe des Bahnhofes am Hang uns niederließen und uns kleine Löcher zur Deckung buddelten. Durch den raschen Vorstoß der Franzosen, die bis ans Ufer der Somme gelangt waren, von wo sie die 25er und 71er wieder den Berg hinauf getrieben hatten, hatte die Zivilbevölkerung keine Zeit mehr gehabt, ihre Häuser ordnungsmäßig zu räumen. Es war alles liegengeblieben. Ebenso war es den Verwaltern des Etappenmagazins der 121. Infanteriedivision gegangen, die die reichen Lager am Bahnhof im Stich lassen mussten, ebenso wie den reichen Wagenpark der Eisenbahn, der infolge der gesprengten Brücken nicht mehr zurückgefahren werden konnte. Die Gleis-

Kochen am Bahndamm von La Chapelette, 14. Juli 1916

anlagen waren von zahlreichen tiefen Trichtern unterbrochen. In den Hallen des Magazins, die ständig unter Feuer lagen, fanden wir unendliche Vorräte an Konserven (Erbsen, Bohnen, ganze Fässer Blumenkohl, große Bestände von Betttüchern und Zelten, Lampen, Öfen, Zucker, Tabak usw.). Der Kaffee lag fußhoch auf dem Boden, wir wateten drin rum. Viele Zentner von Hartspiritus standen herum. In einem Raum lagen viele Feuerwehrhelme aus Messing, die von einer Materialsammelstelle zusammengetragen waren. Wir spannten uns gegen den Regen Zeltbahnen auf und kochten hinter und unter den Eisenbahnwagen uns ein gutes Essen, während dauernd in die Hallen geschossen wurde, was uns auch 2 Tote und einige Verwundete kostete. Der eine Tote war mit mir in Urlaub gefahren.

Am Nachmittag verstärkte sich die Beschießung immer mehr, sodass es in unseren Kaninchenlöchern recht ungemütlich war. Wenn ein Schuss in die Hallen einschlug, gab's immer ein furchtbares Getöse. Trotz Verbot wagten sich immer wieder einzelne in das Magazin, besonders als bekannt wurde, dass noch irgendwo Bierfässer vorhanden seien. An einem der folgenden Abende wurde uns tatsächlich auch eine Portion Bier zu unserer großen Freude nach vorne gebracht. Gegen 8 Uhr ließ das Feuer etwas nach. Um ¾ 10 Uhr traten wir zum Schanzen an. Über uns waren einige Flieger, die wir auf Grund der Kreuze an den Tragflächen für deutsche hielten. Plötzlich erhielten wir von ihnen einige Bombengrüße. Wir gingen gruppenweise durch das Dorf, das unter heftigem Feuer lag, bis zur Straße nach Biaches, die wir überquerten. Heftiger Beschuss zwang uns in den Graben, wo wir eine halbe Stunde im Feuer liegenblieben, und wobei ein Einschlag dicht neben mir lag. Es waren auch Gasgeschosse dabei. Mein Vordermann wollte sich zuerst nicht hinlegen, da jemand an der Stelle ausgetreten war. Aber schließlich blieb ihm nichts anderes übrig, zumal der Kompanieführer nachhalf. Später rückten wir bis zur 3. Linie, wo wir dann bis 3 Uhr morgens schanzten. Vor uns war der Himmel durch brennende Häuser hell erleuchtet.

15. Juli 1916

Wir rückten dann wieder nach Chapelette. Wir hatten gerade eine Viertelstunde gelegen, als wir alarmiert wurden, um nach Péronne abzurücken. Der uns angewiesene Somme-Übergang bestand aus einem kleinen Steg, der auf Fässern lag und der dauernd von einer schweren Batterie beschossen wurde. Wir warteten in einer Fabrik die Einschläge einer Salve, die immer in gewissen Abständen erfolgte, ab – es waren 2 Blindgänger, nur der 3. explodierte – und sausten ans andere Ufer, was uns ohne Verluste gelang. Durch ein Festungstor betraten wir die ausgestorbene Stadt und fanden bald den uns zugewiesenen Keller. Es wurde inzwischen Tag, und wir mussten uns beeilen unter Dach zu kommen, da die Stadt eingesehen war und beschossen wurde. Einen Langweiler musste ich durch eine Ohrfeige in den Keller bugsieren, er hat mir dies nicht übelgenommen, da es ja in seinem Interesse lag. Die Stadt war von den Bewohnern ganz plötzlich geräumt worden. So lag in den Häusern alles noch, wie es die Einwohner verlassen hatten. In dem Keller, in den sich die Bewohner beim Beginn der Beschießung geflüchtet hatten, stand noch Essen – verschimmelt – auf dem Tisch, hingen noch die Hüte an der Wand usw. Mein Frühstücksgetränk nahm ich aus einer schönen alten gebrannten Tasse ein. Wir durchsuchten alsbald das Haus vom Keller bis zum Dach. Ich verzog mich in ein Schlafzimmer, in dem ein schönes Himmelbett stand mit Steppdecke usw., das noch wunderbar duftete. In einem Nebengelass standen verschiedene Flaschen mit Parfüm usw. Ich nahm mir aus einer großen Flasche Kölnisch Wasser zum Waschen und bespritzte mich im Übrigen mit Parfüm. Dann legte ich mich mit Speck und Dreck und Stiefeln in das jungfräuliche Bett und schlief bis ½ 12. Dann begab ich mich auf die Suche in den Nachbarhäusern, wo die anderen Gruppen untergebracht waren. Im Nebenhaus sah ich vom Flur aus eine tadellos gedeckte Tafel mit je 2 Tellern, Servietten, Römern[3] usw. In der Annahme, dass hier ein Stab läge, wollte ich mich zurückziehen, als ich einen Kompanie-Kameraden in der Küche entdeckte. Auf mein Befragen wurde mir geantwortet, dass hier „Gruppe Hussmann" zu essen gedächte. Es wurden allerlei Lebensmittel aufgetrieben, hauptsächlich Konserven, aber auch Kaninchen und Rauchzeug. Es waren noch gefüllte Läden da, mit Schuhzeug nur für Frauen und Kinder. Am Nachmittag wurde auch noch ein Wein- und Champagnerlager entdeckt.

Bei uns gab es Fleischkonserven, Kartoffeln und Erbsen. Ab 3 Uhr sollte unsere Artillerie Wirkungsschießen veranstalten, von dem gegen Abend die französische Artillerie niedergekämpft sein sollte, worauf wir zum Sturm anzutreten hatten. Wir sollten deshalb nachmittags uns nur noch in den Kellern aufhalten. Als unser Artilleriefeuer begann, war die französische Gegenwirkung viel stärker, und der Aufenthalt in der Stadt war sehr windig. Das Rathaus fing an zu brennen, die dort befindliche Sammlung römischer Goldmünzen wurde von Leutnant Hofsommer in einem Sandsack gerettet und bei der Division abgegeben. Große Heiterkeit erregten Wehrmann König und Vohn, die sich als Brautpaar in Gehrock und Zylinder bzw. weißes Brautkleid mit Schleier gesteckt hatten und trotz der dauernden Beschießung von Haus zu Haus, auch bei den Offizieren, Besuch machten. Am Nachmittag wurde unter dem Einfluss der gefundenen Alkoholvorräte die Stimmung immer gehobener. Einzelne Leute hatten einen heftigen Schlag. Als wir um ½ 7 Uhr antraten zum Marsch nach vorne, fanden wir u. a. einen Musketier, der vermisst war, in einem Kellereingang schlafend, sitzend mit einer großen Puppe im Arm. Es ging dann im Laufschritt über den Marktplatz in Richtung des Stadtteils Flamicourt.

16. Juli 1916

2 Uhr vormittags rückten wir nach vorne. Unser Kompanieführer Leutnant Mersmann bat den Vizefeldwebel Trieschmann, er möge ihm in der schweren Lage beistehen. Wir hasteten durch den Verbindungsgraben über Tote und Verwundete stolpernd nach vorn. Ich erinnere mich noch, dass ich bei einem Halt auf etwas Weichem stehend, durch das Wimmern aufmerksam gemacht, feststellte, dass ich einem Verwundeten im Gesicht stand. Nach längerem Hin und Her standen wir dann in qualvoller Enge, Mann neben Mann, in einem etwa 2 Meter tiefen Graben, sodass wir uns kaum rühren konnten. Über uns heftiges Artilleriefeuer, der Graben wies keine Schützenauftritte auf.

---

[3] Weinglas.

Hier lagen wir ohne Essen und Trinken den ganzen Tag bis zum späten Abend, vorn war kein Drahtverhau, im Graben keine Unterstände. Wenn eine Ordonnanz durch den Graben gehen wollte, mussten sich immer 2 Mann auf den Bauch übereinander legen, damit überhaupt ein Durchgang bei der Enge möglich war. Allmählich buddelten wir uns kleine Kaninchenlöcher, in denen wir wenigstens Kopf und Oberkörper unterbringen konnten. Die links von mir befindlichen 4 Leute meiner Gruppe wurden der Reihe nach, einer nach dem andern, verwundet und verschwanden. [...] Ich saß ganz ergeben in meinem Loch und wartete als fünfter auf die fällige Verwundung, die aber nicht kam. Unser Kompanieführer wurde durch Granatsplitter tödlich am Oberschenkel verwundet. Der gerade als Verwundeter auf dem Weg nach hinten befindliche Ersatzreservist Kirschner und ein anderer Verwundeter nahmen den immer nach Frau und Kindern rufenden schwer verwundeten Kompanieführer in einer Zeltbahn mit. Kurz darauf erschlug ein Volltreffer alle drei. Mersmann hatte gerade den Reservisten Kirschner wiederholt wegen kleinerer Vergehen eingesperrt, was diesen aber nicht abhielt, ihm als Kamerad zu helfen. Gegen 6 Uhr versuchten die Franzosen einen Angriff, der aber in den Anfängen steckenblieb, ich gab nur 3 Schuss ab. Gegen 9 Uhr abends sollten wir das gegenüberliegende Wäldchen stürmen. Der Befehl dazu wurde von Hand zu Hand durchgegeben, auf dem Zettel stand als Schluss: „Gott befohlen, Siebe". Wir machten uns ausfalltreffend zurecht, da wurde der Sturm wieder abgesagt. Der Kompanieführer der 2. Kompanie Weller hatte durch eine Patrouille feststellen lassen, dass das Wäldchen bereits von unserer 1. und 4. Kompanie von der anderen Seite erobert war. So hatten wir wieder mal Glück gehabt. Ich hatte am Tage 3 Gewehre, 2 wurden zerschlagen, 3 mal entging ich mit knapper Not der Verschüttung

Die 3. Kompanie des Reserveinfanterieregiments 29 im Graben vor La Maisonnette, 16. Juli 1916

Die Somme-Schlacht von 1916

Die 3. Kompanie des Reserveinfanterieregiments 29 im Graben vor La Maisonnette, 16. Juli 1916

durch das einstürzende Erdreich. [...] Als wir die Kompanie durchzählten, waren von den 230 Mann, mit denen wir in die Stellung gerückt waren, noch 110 übrig. In der Nacht regnete es heftig, ich sah aus „wie ein Nilpferd", ganz gelb von Schlamm, in der Nacht wurden wir abgelöst und rückten als Reserve in das Dorf Chapelette, wo wir in den Kellern unterkamen. Als die Küchen kamen, sagte mir unser Koch, er hätte nicht geglaubt, dass ich da oben aushielte. [...]

17. Juli 1916

Unsere Verluste betrugen bis dahin 9 Tote und 100 Verwundete. Im Gelände lagen viele schwarze Franzosen tot herum. Als wir abends gegen 11 Uhr gerade Material abnahmen, wurden wir alarmiert und rückten nach vorne. Ich hatte den 1. Zug übernommen, im 3. Zug gab's beim Hinaufrücken 3 Schwerverletzte. Wir kamen an den linken Flügel der Stellung direkt vor das Maisonnette Wäldchen, dort wo die 21er zu kurz geschossen hatten. Es lagen dort noch einige Tote der 10. Kompanie schrecklich verstümmelt umher, außerdem Flammenwerfer und viel Ausrüstungsgegenstände.

18. Juli 1916
Am linken Flügel befand sich eine Sappe, an deren Kopf man durch den Sehschlitz die Franzosen einige Meter entfernt in ihrem Graben durch deren Sehschlitz gut sehen konnte. Wir mussten scharf aufpassen, da uns der Gegner mit einem Sprung im Graben sitzen konnte. Tagsüber war es ruhiger, und das Artilleriefeuer war erträglich. In regelmäßiger Folge rauschten unsere 21-cm-Geschosse in das Wäldchen zum Franzmann. Am Abend in der Dämmerung sammelten wir das herumliegende Material, fanden dabei 2 Fleischbüchsen. 3 Tote beerdigten wir. […] Unsere Leute waren gerade weg, um Kaffee und Essen zu holen, als rechts heftiges Infanteriefeuer begann, zu dem sich die Artillerie gesellte, sodass wir die alte Schweinerei wieder hatten. Es dauerte 1 ½ Stunden, bis sich wieder alles beruhigte. […] Tagsüber waren zahlreiche Flieger in der Luft, da heftige Luftkämpfe, bei denen 3 französische Flieger abgeschossen wurden. Einen davon ereilte das Schicksal direkt über uns. Es wurden ihm beide Flügel abgeschossen, die wie Papier durch die Luft wirbelten, während der Rumpf absackte. Die beiden Insassen flogen heraus und knallten nicht weit von uns in den weichen Ackerboden. Ich vergesse das Geräusch des Aufschlagens nicht. Es war, wie wenn man 2 Kartoffelsäcke herabgeworfen hätte.

19. Juli 1916
[…] Wir hatten 6 Mann Verwundete. Das Wäldchen wurde dauernd mit 21-cm-Granaten befunkt. Abends sollten wir abgelöst werden. Das Nichteintreffen der Ablösung bedrückte uns, zumal am Abend wieder eine heftige lange Schießerei einsetzte, die uns Verluste brachte.

20. Juli 1916
Die ganze Nacht hindurch dauerte die Schießerei an, die ganze Front war unruhig. Wir hatten noch an unserem Loch gebaut und es gegen Einsturz etwas abgestützt. In der mit Hartspiritus erwärmten Höhle hatte ich gerade 2 Stunden geschlafen, als um 4 Uhr früh eine heftige Kanonade begann. Ich stand auf, und wir stellten in dem Wald laute Geräusche fest, was wir dem Kompanieführer meldeten. Inzwischen war es hell geworden, und ich verteilte schnell noch die eingetroffene Post. Der bei mir befindliche Ersatzreservist Küpper bekam auch die lang ersehnte Post, und er zeigte sie mir noch freudestrahlend. Ich selbst begab mich ans Lesen, da steigerte sich das Feuer zum Trommelfeuer und begannen die Maschinengewehre zu rattern. Ich lief rasch auf meinen Platz in der Mitte des Zugs. Kaum war ich um die Schulterwehr, als 1 Granate an einem Baum zersprang und den ganzen Segen uns in den Graben warf. Mein Putzer brüllte noch laut, er hatte einige Spritzer bekommen. Als ich zurücksah, lag der Reservist Küpper tot im Graben. Es war ihm die Schädeldecke

abgerissen, und das ganze Gehirn hing an der Grabenwand. Der bald darauf einsetzende französische Angriff kam bei uns nicht aus den Gräben. Weiter rechts wurde er ebenfalls abgeschlagen, wobei 3 Offiziere und 45 Mann gefangen wurden. Das Wetter war sehr schön. Ich habe eine nette Aufnahme gemacht, in dem Augenblick als der Posten Raaf uns alarmierte.

21. Juli 1916
[...] Gegen Abend 6 Uhr wurde es endlich ruhig. Die Nerven waren aber auch gespannt zum Zerreißen. Ich hatte Sorge, ob die Leute das noch lange aushielten. 5 Tote hatten wir und noch etliche Verwundete, zusammen an Verlusten etwa 90 Mann. Gestern (20.) abends erfuhren wir nun, dass wir abgelöst würden, eine Freude und zugleich Sorge, ob wir nicht noch zu guter Letzt was abbekommen könnten beim Runtergehen aus Stellung. Durch den Graben konnten wir nicht, weil da die Ablösung kam, also obendrüber über das mit Granatlöchern besäte Feld. Mit mir ging ein kleiner Foxterrier, der in der Nacht von den Franzosen zu uns übergelaufen war. [...]

Posten Raaf ruft „Alarm" im Graben vor La Maisonnette, 19. Juli 1916

21. Juli 1916
[...] Wir saßen nun an dem Straßendamm in den dürftigen Unterständen und warteten, bis unsere Ablösung, die am Abend kommen sollte, da war. Die Zeit verging sehr langsam. Ich versuchte, unter einem Fass mich deckend, die Einschläge der französischen 28-cm-Granaten in die Somme, die jedesmal eine riesige Fontäne in die Luft warfen, zu knipsen. Ich musste mich meistens vor den Sprengstücken decken, bevor ich die Sprengsäule im Sucher hatte. Endlich gelang mir eine Aufnahme. Vor unseren Unterständen lagen Fässer, Stühle,

Sessel, leere Büchsen usw. Am Nachmittag erschütterte ein furchtbarer Schlag die ganze Gegend wie ein Erdbeben. Wie wir hörten, war ein Dynamitlager in der Ziegelfabrik explodiert. Oben in der Stellung waren in den zusammenstürzenden Gräben viele verschüttet worden. Eine riesige Rauchwolke stand am Himmel, der Franzmann schoss ganz toll, er vermutete scheint's irgendeine Teufelei von uns. Einige Zeit später wurde ein Haus in Biaches in Brand geschossen, in dem einige 1.000 Schuss Munition lagen. Das furchtbare Geknatter hörte sich zuerst wie ein Angriff an.

[…] Das Warten wurde uns immer unerträglicher, denn keiner wollte kurz vor der Ablösung noch eine verpasst bekommen. Ich erinnere mich noch gut an den Augenblick, als ein Offiziersstellvertreter der 111er in dem mir wohlbekannten Mundlaut meiner Pforzheimer Vaterstadt sich als Führer der Ablösung meldete und der Befehl zum Fertigmachen erteilt wurde. Selten war die Kompanie so schnell fertig, und es ging dann im Schweinsgalopp über die lange Somme-Brücke. […]

22. Juli 1916

Ich behielt meinen 3. Zug (als Unteroffizier) und erhielt einen Vizefeldwebel, der krank gewesen war, als Stellvertreter. Wir marschierten über Bouvincourt, Estrées nach Tertry, wo wir längere Rast machten und die Tornister auf Autos ablegten. Der kleine Hund war immer bei mir. Bei der Rast zog das 2. Bataillon mit der Regimentsmusik, geführt von Major Krüger, an uns vorbei. Ich schrieb auf einer Karte an diesem Tage:

„Heute Nacht in Ruhe angelangt (1. Station) 15 Pakete bekommen, herzlichen Dank, sind auf Marsch, schwül, schwerer Affe[4], aber leichtes Herz und froher Sinn, man hört keinen Schuss mehr! Hurra! Mir geht's gut. Pakete überall gut untergebracht, meist noch gut."

Am Abend kamen wir über Vaux nach Essigny-le-Grand, wo wir in Scheuern untergebracht wurden.

23. Juli 1916

Wir hatten Bataillonsappell, bei dem Rittmeister Strahler eine Ansprache hielt. Unser 1. Bataillon wurde im Regimentsbefehl gelobt. Für die, die oben ausgehalten hatten, gab es als Belohnung für je 3 Mann eine Flasche Wein und eine Tafel Schokolade, für je 2 Mann 1 Büchse Ölsardinen. Ich selbst bekam eine Flasche Wein, 1 Tafel Schokolade und 1 Büchse Ölsardinen, was ich mir gut schmecken ließ. Mehr noch erfreute mich die Anerkennung, die mir der Kompanieführer Leutnant Geditz aussprach, und die Empfehlung, die er Leutnant Sturm über mich gab, der jetzt die Kompanie übernahm. Am nächsten Tag ging's mit der Bahn weiter, und wir kamen in die ruhige Stellung bei Osly.

4 Tornister.

Die Somme-Schlacht von 1916

Blick vom oberen Rand in die 3. Linie der Stellung bei La Maisonnette, 19. Juli 1916

Gustav Krauß und Reservist Küpper in der 3. Linie der Stellung bei La Maisonnette, 19. Juli 1916

In der 3. Linie der Stellung bei La Maisonnette, 19. Juli 1916

Die Somme-Schlacht von 1916

*Gräber in der
3. Linie der
Stellung bei
La Maisonnette,
im Hintergrund
Péronne,
19. Juli 1916*

*Das Schlachtfeld bei Biaches unter französischem
Beschuss, im Hintergrund die „Fontäne" beim
Einschlag in die Somme, 21. Juli 1916*

*Regimentsmusik auf der Straße bei Tertry,
22. Juli 1916*

139

Die Somme-Schlacht von 1916

Gustav Krauß mit Kameraden und französischem Hund bei der Rast in der Nähe von Tertry nach Ablösung von der Somme, 22. Juli 1916

Georg David Bantlin, Stabsarzt, Infanteriedivision 26

Tagebuch

4.–26. August 1916 in Rocquigny Hauptverbandplatz in der Kirche und im naheliegenden halbzerschossenen Schulhaus, das wir für unsere Bauchoperierten und Brustschüsse wieder notdürftig herrichten. Vorne ein Höllenlärm, der namentlich bei Nacht durch das wie permanenter Donner rollende Getrommel, das den Himmel durchzuckende Mündungsfeuer und das Feuerwerk der Leuchtraketen zu einem erschütternden Erlebnis wird: in dieser Hölle harren unsere Braven aus! Man sollte es nicht für möglich halten. Was sie aushalten, sehen wir an den vielen Verletzten; meist Artillerieverletzungen der übelsten Sorte, teilweise sind die Armen förmlich übersät mit Wunden, und wie diese aussehen! und wie schlecht sie heilen! Die ganze Wundbehandlung muss eine viel eingreifendere sein als früher bei den Infanteriewunden, um operativer Behandlung vorzubeugen.

So haben wir reichlich zu tun bei Tag und Nacht; es vergeht keine Nacht, in der nicht 1–2 Bauchoperationen gemacht werden und in der sich die Kirche nicht mit Verwundeten füllt, die am andern Morgen wieder in die Lazarette abgeschickt werden, soweit irgendwie ihr Zustand den Transport ermöglicht.

Georg David Bantlin

Unsere Kirche haben wir allmählich ganz gut eingerichtet mit Bettstellen und Strohsäcken, – gegen früher ein Luxus für einen Hauptverbandplatz!

Zum Glück werden wir nicht beschossen, sodass wir unsere Tätigkeit ungestört fortsetzen konnten; einige Bomben, die feindliche Flieger uns ins Nest setzten, verfehlten jedesmal ihr Ziel, auch die meinem Häuschen zugedachten!

Briefe an seine Frau Hildegard Bantlin in Wyk/Föhr

6. August 1916 [Rocquigny]

Lieber Schatz!

Heute ist ein herrlicher Sonntagmorgen – während ich Dieses schreibe sitzt Ihr wohl am Kaffeetisch versammelt und macht das Programm für den heutigen Sonntag.

Ich gehe in Gedanken um den Frühstückstisch herum und drücke jedem von Euch einen Kuss auf die Stirne. Also guten Morgen, liebe Leutchen! Und dann gehen wir zusammen in den Garten, in dem die Rosen duften, und an den Zaun, den die bunten spanischen Wicken umranken, dann begleiten mich Deine sehr hübschen Bildchen zum Strand, und so bin und bleibe ich den ganzen Tag bei Euch, bis ich abends unserem schönen Sternlein gute Nacht sage!

Für Deinen Brief vom 1. VIII. recht herzlichen Dank. Meine Briefe sind scheint's in letzter Zeit zurückgehalten worden, wenigstens scheint es, dass Du sie einige Tage nicht erhalten hast.

Wir haben uns an unserem Bestimmungsort ganz nett eingerichtet, es ist hier alles primitiver als wir uns allmählich in Becelaere eingerichtet hatten, aber es geht auch. Verbandplatz ist hier die Kirche, was für den Sommer sehr gut geht. Wir haben einige Tage biwakiert, haben aber jetzt ein Quartier bezogen, ich habe sogar wieder ein Stübchen für mich. Die Verluste sind in den letzten Tagen nicht klein, aber doch auch nicht so groß gewesen, wie wir eigentlich gefürchtet hatten.

Hermann habe ich geschrieben, dass ich in seiner Nähe bin, aber Briefe hin und her an der Front brauchen genau so lange wie nach Hause und zurück, so weiß ich nicht recht, ob es gelingen wird, dass ich ihn sehe. Nach seiner Nachricht vom 29. war er wohl; dass er Dir wenig schreibt, ist verständlich; er kommt natürlich schon rum, bis er der Braut und an uns Geschwister geschrieben hat.

[...]

An längeren Urlaub ist bei mir gar nicht zu denken. Am 1. August werden alle, die im Armeekorps im Urlaub waren, wieder zurückgeholt. Wann es wieder Urlaub gibt, weiß man noch nicht; und dann sind, wie gesagt, die 2 Herren, die sehr lange auf Urlaub warten, noch vor mir an der Reihe. Der erste von beiden hatte auf Anfang August eine Reise mit Braut und Eltern ausgemacht und fällt jetzt damit auch herein. Also mach Dir vorerst keine falschen Hoffnungen. [...]

<u>Aber</u> vielleicht kommt doch bald Friede. Man kann ja gar nicht glauben, dass diese furchtbaren Kämpfe noch allzulange dauern. Zuletzt bleibt ja niemand mehr übrig. Gestern las ich auch den Trauerbrief von Robert Neumann, so fällt einer um den anderen. Wie soll die Friedensarbeit denn noch fortgehen, wenn solche Lücken in die blühende Jugend gerissen werden, das müssen die Feinde doch auch überlegen.

Behüte Euch der Himmel! Viele herzliche Grüße und Kuss

Euer D.

11. August 1916 [Rocquigny]

Liebes Frauchen!

Heute darf ich Dir für einen Sonntagsbrief vom 6. danken und für die lieben Erika-Grüße, die ihm beilagen. Unser Ausflug nach Ostende war noch ein schöner Abschluss unserer flandrischen Erlebnisse. Hier lebt man viel primitiver, ob die Belegung der Ortschaften eine viel engere ist; die Reinlichkeit in dem hochkultivierten Frankreich ist ja auch immer mehr wie fraglich, aber wir sind ja im Laufe des Krieges bescheiden geworden und haben uns auch an den Dreck gewöhnt, so gut es geht.

Geschossen wird hier mehr wie je, der Verwundetenanfall ist aber in den letzten Tagen etwas geringer geworden; leider sind durch die zahlreiche Artillerie immer viel Schwere unter den Verletzten, so dass aber noch mancher trotz Behandlung stirbt. Sonst sind wir zufrieden, die Verhältnisse liegen so, dass wir in befriedigendem Maß Wein für die uns Anvertrauten besorgen können. Operativ gibt es eine ziemliche Menge zu tun, auch klappt alles infolge langer Schulung des Personals und den vielseitigen Kriegserfahrungen recht gut.

Mir geht es immer gut, und ich kann etwas leisten. – Gestern hatten wir einen erfrischenden Regentag, heute ist es wieder schön. Offenbar ist es bei uns wärmer und beständiger als bei Euch. – […]

26. August 1916 [Rocquigny]

Lieber Schatz! Für ein Brieflein vom 21. danke ich Dir herzlich. In Frieden! – man wagt daran allmählich gar nicht mehr zu denken, nicht mehr darauf zu hoffen. Hunderte, Tausende fallen täglich, und man sieht kein Ende. Der Tag des Friedensbeginns sollte ein nationaler Feiertag werden und nicht die Gedenktage der Schlachten, aber niemand gibt uns die Menschen wieder, die dahingerafft sind. Mir geht es gut trotz sehr reichlicher, schwerer Arbeit der letzten Tage.

Hermann habe ich leider nicht sehen können, offenbar hat er keinen Urlaub bekommen können oder haben sich unsere Briefe verspätet, die Benachrichtigung in Frankreich ist eben immer etwas Ungewisses. Ich hätte ihm gern die Hand geschüttelt und etwas Liebes gesagt, denn wer weiß, wann und ob wir uns wiedersehen; die Infanterie ist eben doch immer sehr schlecht dran, vorerst ist's bei Hermann ja anscheinend noch verhältnismäßig ruhig, aber es kann auch anders kommen. Dass Ihr wohl seid, bin ich herzlich froh.
Viel herzliche Grüße Euch 3en
Euer D.

22. November 1916 [Avesnes-les-Aubert]

Liebe Hilde!

Ein Kärtchen vom 16. hat mir gestern liebe Grüße gebracht, herzlichen Dank! Sonst scheint die Post ziemlich zu streiken für den Augenblick. Ich bin recht froh, dass Du uns berichten kannst, dass Ischens Vater auf dem Weg der Besserung ist: da ist Euch ja wieder

eine schwere Sorge vom Herzen. Wir liegen nach wie vor im Ruhequartier. Der Musiker, bei dem ich wohne und dessen kranke Frau ich behandle, macht uns viel Spaß. Er ist ein kleines, grauhaariges Französlein, gesprächig von früh bis spät, immer mit einem Spaß zur Hand und das Gelungenste an ihm ist sein Gebärdenspiel, mit dem er das Verständnis seiner langen Rede sehr erleichtert und seinen Schnick-Schnack zu köstlichem Humor zu steigern weiß. Gestern war Cecilientag: das Musikerfest. 2 seiner kleinen Schüler – eine Lec so alt wie Hilde und ein Louis stehen mit Geschenken an, und der Bub verlas eine prächtige Gratulationsrede zum Musikertag. Darauf begann die Singstunde, in der die Kinder nach Noten (do–re–mi–fa–so–la–ti–do) ganz ausgezeichnet für ihr Alter sangen; zum Schluss wurde Kaffee serviert, an dem ich natürlich auch teilnehmen musste; auch wird mir jeden Abend noch eine Tasse Schokolade kredenzt, die am Krankenbette der Familie verzehrt werden muss. Du siehst also, dass es mir nicht schlecht geht. Sonst ist es recht langweilig. Mittags gehen wir öfter auf Jagd: Pfister schießt, und wir andern machen mit viel Aufwand an strategischem Scharfsinn die Treiber, was deshalb sehr nötig ist, weil die wohl zahlreich vorhandenen Feldhühner zu schlau sind und die Schützen fast nie auf einen Scharfschuss herankommen lassen; auch ein Häslein haben wir so nämlich nach Hause gebracht und geschlachtet. –
[…]

30. November 1916 [Avesnes-les-Aubert]
Liebes Frauchen!
Wir liegen immer noch in Ruhe; es ist ein sehr faules Leben und, darüber darfst Du ruhig sein, ein sehr gefahrloses Dasein, das wir führen. Los ist hier gar nichts, man ist froh, wenn man immer wieder unter irgendeiner kleinen Ausrede einen kleinen Ausflug machen kann.

Gestern waren wir zu 3en in der Nähe von Valenciennes dienstlich und haben dann auch noch einen Abstecher dorthin gemacht. Ich habe mich sehr gefreut die Stadt, die wir im Oktober 1914 flüchtig gesehen haben, noch einmal wiederzusehen und die schönen Rubens' und Watteaus im Museum noch einmal zu sehen und die paar schönen Kirchen und das Watteau-Denkmal nochmals dem Gedächtnis einzuprägen. Damals war dies unser erstes Zusammentreffen mit der Kultur im Krieg und deshalb so ausdrucksvoll und so festhaftend im Gedächtnis; wie viel Schönes haben wir seitdem doch im Krieg und durch den Krieg gesehen und erlebt. Es hat sicher auch seine guten Seiten, und man muss auch das in dem großen Zusammenhang sich immer wieder sagen; die Wirkungen des Krieges auf das Volk und der Auszug zu guten Taten und zum Fortschritt, der durch den Krieg veranlasst wird, werden vielleicht, hoffen wir das, von späteren Geschlechtern höher eingeschätzt werden als die Wunden, die er uns jetzt schlägt, wenn wir auch natürlich sie im Vordergrund sehen.

In Valenciennes war es mir schwer, an den feinen Spitzengeschäften vorbeizukommen; eine Spitzenmorgenjacke für Dich hatte es mir angetan, aber ich blieb fest. Nur für Kleinchen hatte ich als Spaß den beiliegenden Schmetterling gekauft. […]

Tagebuch

3.–12. Dezember 1916 [Metz-en-Couture]

Am 3. XII. mit Stabsarzt Fritz als „Vorkommando" mit 24 Mann unserer Kompanie und zahlreichen Vorkommandos anderer Truppenteile im Lastauto nach Villers-Plouich (zwischen Cambrai und Gouzeaucourt) verbracht; von dort Fußmarsch in grässlichem Schmutz nach Metz-en-Couture, unserem Bestimmungsort.

Dort geht alles drunter und drüber, der Ortskommandant ist dem Betrieb nicht gewachsen. Wir kommen notdürftig in einem kleinen Häuschen unter und erfreuen uns der Gastfreundschaft der äußerst trinkfesten und trinkfrohen Sanitätskompanie 235 der 222. Reservedivision, die wir abzulösen haben. Da letzterer Tage hier geschossen worden ist, wird unter dem im Schulhaus untergebrachten Hauptverbandplatz ein Stollen gegraben. Wir sind die nächsten Tage damit beschäftigt, die vorgeschobenen Verbandplätze der Sanitätskompanie kennenzulernen. Wir kommen dabei in unser altes Gelände, das wir sehr verändert finden: Rocquigny ist nur noch ein Trümmerhaufen, Kirche und alles wild durcheinandergeworfen, die Straßen von Trichtern jeden Kalibers aufgewühlt, dabei alles eine Schlammmasse. Dies macht den Weg nach dem vorgeschobenen Stollen an der Straße Le Transloy–Sailly, westlich der früher oft von uns zu Abendspaziergängen benutzten Straße Rocquigny–Le Transloy auch nicht zur reinen Freude, – abgesehen von den freundlichen Grüßen verschiedener Kaliber, die herüberfliegen. Dieser Stollen, im Kreideuntergrund ausgehoben, ist nun ein kleiner Relaisposten für einige Mann der Sanitätskompanie und etwaige Verwundete, die hier vorübergehend Schutz suchen, ehe sie weiter rückwärts untergebracht werden können. Großartiger angelegt ist der Kreidestollen in Le Transloy, ein hohes, viele Dutzende fassendes Gewölbe im Kreidefelsen mit zahlreichen ausgehauenen Nischen, in denen außer unseren Leuten noch zahlreiche Truppen Ruhequartier finden. Weiter rückwärts im „Gutshof" Transloy ist die Einladestelle: ein gegen Einschlag möglichst gesichertes Kellergewölbe, bis zu dem in den Morgenstunden die Krankenwagen der Sanitätskompanie unter größter Anstrengung von Pferden und Mannschaften über das aufgewühlte, steile Gelände herangebracht werden. Le Transloy selbst ist die Potenz der Zerstörung; gespenstig ragen da und dort noch einige Balken oder der Rest eines Daches aus dem Schutt hervor und zeigen, dass hier einst eine blühende Ortschaft stand. Trichter reiht sich an Trichter, so groß teilweise, dass ein stehendes Pferd in dem wassergefüllten Trichter ertrinken könnte; Blindgänger jeder Höhe liegen am Weg.

Auch in Rocquigny selbst und in dem dahinter liegenden auch stark mitgenommenen Bus spielt sich der Sanitätsbetrieb als Maulwurfsleben unter dem Boden ab; im ersteren hausen die Truppenärzte, das letztere übernehme ich für einige Tage, als am 7. unsere Kompanie endlich zur Ablösung einrückte. Später wird Bus von der Truppe übernommen, da wir in Metz-en-Couture zahlreiche Aufgaben haben mit Ortshygiene, Ortskrankenstube, Dienst auf Hauptverbandplatz.

Am 12. Friedenskundgebung des Kaisers, von der Truppe mit Spannung, aber Skepsis aufgenommen. Die Truppe leidet hier sehr: draußen furchtbare Nässe, keine rechten Gräben, sodass die Leute dauernd im Wasser stehen. Kommen bei der Ablösung halbtot und lehmüberzogen zurück.

Brief an seine Familie in Wyk/Föhr

19. Dezember 1916 [Metz-en-Couture]

Liebes Frauchen und liebes Ischen!
Wahrscheinlich ist dies der letzte Brief von mir, der Euch vor Weihnachten erreicht: Er soll Euch recht herzliche Grüße und die Versicherung mitbringen, dass ich in den Weihnachtstagen ganz besonders täglich Euer gedenken will; es ist das ja das Einzige, was ich tun kann.

Meine Stimmung ist trüber als trüb, es war ja in den Vortagen der letzten Weihnachten auch so, aber ein 3. Weihnachten wieder fern von dem, was einem am liebsten ist, drückt doch arg hart aufs Gemüt: so wird man vollends alt und schwunglos in diesem Krieg, während die Jahre, die zum Aufbau benutzt hätten werden sollen, vorübergehen. Der ganzen Menschheit Jammer drückt einen nieder, wenn man überlegt, was zerstört wird mit jedem Tag, den der Krieg länger dauert. Wie hätte es eine Weihnachtsfreude geben können, wenn unseres Kaisers hochherziges Friedensangebot günstige Aufnahme gefunden hätte; aber daran war ja von vornherein nicht zu denken, und die Zeitungsberichte bestätigen ja, dass wir unsere Feinde richtig eingeschätzt haben. Schaudernd denkt man daran, wie lange diese Zerstörung noch fortgesetzt werden kann. Die neueste Schlappe bei Verdun, die ja an <u>sich</u> nicht viel zu sagen hat, wird von den Franzosen schon entsprechend ausgenützt werden. – Da muss man sich immer wieder Geduld und Mut predigen in der sicheren Hoffnung, dass unser Volk trotz aller grausigen Energie unserer Feinde noch weiterhin sich unbesiegt behaupten <u>muss</u>, wie es bisher es getan hat. […]

Paul Kessler, Feldpostsekretär, Gardeinfanteriedivision 2

Tagebuch

27. August 1916 Liéramont

10 Uhr vormittags. Abmarsch[1] nach dem 14 km westlich gelegenen Liéramont, Ankunft daselbst um 12 Uhr. Die Kämpfe hatten an diesem Gefechtsabschnitt in der letzten Zeit eine ungeheure Heftigkeit angenommen. Von den abgelösten Truppen, denen wir unterwegs begegneten, hatten manche Kompanien nur noch 20–25 Mann, die einen geradezu verblödeten Eindruck machten. Das entsetzliche Trommelfeuer unserer Feinde hatte sie völlig zermürbt. Ein schmutziges verwahrlostes Nest, dieses Liéramont. Unsere in einem Bauernhause gelegenen Diensträume gingen noch einigermaßen an, was die Platzfrage anlangt. In einem der Zimmer hatte der Obersekretär sich etabliert, im anstoßenden Zimmer schliefen Eichelbaum und ich. – Marke Strohsack –! Das Schlimmste waren die Fliegenschwärme, in einem Maße, wie wir es nur in Russland erlebt hatten. Da wir ziemlich nahe der Front liegen – wir könnten von der feindlichen Artillerie bequem erreicht werden – ist der Geschützdonner ungeheuer stark. Auffällig viele Luftkämpfe können wir beobachten. Am 30.8. wurden 2 feindliche Flugzeuge unmittelbar bei uns abgeschossen.

Brief an seine Frau Elise Kessler in Lahr

29. August 1916 [Liéramont]

[…] Nun sitzen wir also richtig im Dreck, d. h. zum letzten Jahre im Vergleich geht es ja noch, man hat wenigstens einen Strohsack unter sich und befindet sich in einem Zimmer, jeweils zu zweit. Am schlimmsten sind die Fliegenschwärme, fast so schlimm wie in Russland. Aber auch der hohe Stab sitzt im Dreck bis über die Ohren. Wir befinden uns ziemlich weit vorn und an einer ganz windigen Ecke, alles, was da einquartiert ist, hat andere Aufgaben, als sich das Quartier behaglich zu machen. Jeder hinterlässt dem Nachfolger den ganzen Dreck und ist froh, wenn er nach 14 Tagen – länger dauert's gewöhnlich nicht, – wieder wegkommt. Viel lieber wäre uns ein frisch-fröhlicher Krieg wie da unten in Rumänien jetzt, das ist anregender und dankbarer als hier im Granathagel auszuharren. Den Rumänen wird es schlecht gehen, davon bin ich überzeugt; der Kampf wird auf rumänischem Boden ausgefochten werden, und was das für ein Land bedeutet, das werden sie schon noch erfahren; wir kennen es. Rumänien wird überrannt werden. Strategisch bedeutet dies für uns sogar eine Verbesserung. Da unten soll ja Mackensen stehen mit einigen hunderttausend Mann, der wird den Strolchen schon zeigen, was deutsche Art ist. Was die italienische Kriegserklärung anbelangt, so war sie nur eine Formsache, praktisch bringt sie

---

[1] Abmarsch von Hargicourt.

uns ja nichts Neues. Wir standen gestern Abend gerade zusammen vor dem Hause und sprachen darüber, ob das Gerücht wohl wahr sei, dass Rumänien den Krieg erklärt habe, da erschien ein französischer Flieger über uns und warf Flugblätter zu Tausenden ab, dass es aussah wie ein Silberregen. Beiliegend ein Exemplar. Wir dankten ihm auch sofort für die prompte Berichterstattung mit einigen Granaten, aber der Kerl verschwand zu rasch wieder in den Wolken. [...]

4. September 1916 [Liéramont]

Mein liebes Herz!

Augenblicklich musst Du Dich etwas gedulden; mit dem Schreiben ist es in diesen Tagen eine komplizierte Sache. Von morgens bis spät abends hat man zu schuften. Nach eingetretener Dunkelheit sitzt man dann um eine Karbidlampe herum, schluckt seine Brocken herunter; eine Stunde plaudert man noch zusammen und legt sich dann auf seinen Strohsack.

Ja, hier ist der Teufel los, die Hölle kann nicht scheußlicher sein, und wir sind froh für unsere tapferen Jungens, wenn wir hier heraus sind.

Es ist sehr wahrscheinlich, dass es nun mit den postalischen Verhältnissen bedeutend strenger wird – Hindenburg –! ein paar Wochen Postsperre im Interesse der Geheimhaltung militärischer Vorgänge, ist bei ihm an der Tagesordnung. Ist auch ganz richtig, es wird viel zu viel Tinte verschmiert. –

Das Wetter ist nicht sehr günstig für Deinen Kururlaub, höchst bedauerlich, d. h. ich schätze das nach unseren hiesigen Verhältnissen.

Was machen die kleinen Gaunerlein, haben sie sich schon an die Tischordnung gewöhnt?

Hier müssen wir uns etwas zur Verpflegung hinzukaufen, denn bei den schwierigen Verhältnissen kommt nur das Allernötigste heran. Deshalb habe ich Dir nur 300 M gesandt. Hast Du das Geld ausgezahlt bekommen?

Für heute innige Grüße und Küsse
Dein treuer Paul

Maximilian Jackowski, Radfahrer, Reservekorps IX, Feldrekrutendepot 1
Briefe an den Schüler Kurt Böhning in Dissen/Teutoburger Wald

6. September 1916 [Nähe Lens][1]
[...] Gerade rauche ich eine Homann-Zigarre, mit denen ich sparsam umgehe, und denke an das noch Kommende in der Weltgeschichte. Wie wird alles enden? An dem noch nötigen mutigen Geist und Tatkraft soll es nicht fehlen, auch bei mir nicht, wenn man mich in nächster Zeit wieder an die Front in den Schützengraben holt. Was sein muss und kommen wird. Zur Zeit geht es mir gut. Unsere neue Gegend ist mit Wald und Hügeln sehr abwechslungsreich, es ist zwar für einen Radfahrer etwas mühseliger, aber darum ist die Natur auch erquickender in ihren abwechselungsreichen Erscheinungen.

Zur Zeit bin ich mit recht wenig Post bedacht, welches einen etwas bedrückt, weil man nicht so leicht Gesprächsstoff finden kann. Daher auch heute meine Unbeholfenheit im Brief. –

Die Kämpfe hier an der Front sind zur Zeit sehr grausam und mörderisch. Da spricht die Menschheit von Gefangene gut behandeln, und im Anfall von Hass, also Feigheit, und Wahnsinn töten oder morden die betreffenden Eroberer die Gefangenen ab; was bei uns auch oft vorkommt, aber nur nicht so durchgehend betrieben wird. Ein Gefangener ist eben ein wehrloser Mensch und ihm gebührt Gnade, wenn er folgsam und nicht heimtückisch ist. Aber wo ist heute Menschlichkeit? Nur Raffgier, Habsucht und Vernichtung ist zu finden in den Völkerschaften und nicht minder auch unter Kameraden. Bei Eintritt des Friedens wird es noch lange nachher manche Unruhe geben. – Ich frage: „Wo ist Gott! und wo suchen die Menschen Gott?" – Nirgends! – Jeder Mensch fast ist sein eigener Götze geworden, er liebt nur sich und was ihn auf der Welt herrlich macht. [...]

26. September 1916 [Lille]
[...] Somme, Somme –! Ja, dies Wort hat für uns was Unaussprechliches. Bis hier nach Lille herauf hört man dies ununterbrochene Rummeln, Rummeln ohne aufhören, und wenn man mit einem Anderen darüber nachdenkt, so schüttelt man ergriffen den Kopf und zuckt die Achsel und sagt –, ja. Man kann eben weiter nichts sagen. Wer dort ganz vorn seine Pflicht tut, der hat Unmenschliches geleistet nach dem. – Sprechen wir nicht weiter davon, ein Heldenkampf ist mir lieber, als gegen Waffen kämpfen zu müssen, die man nicht sieht, wogegen man nicht heldenhaft kämpfen kann. Es ist ein Massenkampf, für den Einzelnen der Masse ohne Lohn etc. – [...]

---

[1] Bis zum 25. August 1916 war Jackowski an der Somme eingesetzt gewesen.

6. Oktober 1916 Neuville [Neuville Bourjonval]
[...] Am 2. X. sind wir hierher gekommen, es regnete stark. Die Körperkräfte müssen hier bis zum Äußersten angestrengt werden, und ich weiß es von mir selbst, es geht doch, wenn man auch oft nicht mehr kann. Die Fliegertätigkeit hier übertrifft alles bisher von mir Gesehene. Jetzt in früher Morgenstunde kann man schon bis zu 40 und mehr Flieger sehen, die, jeder seiner Arbeit nachgehend, an der Front patrouillieren. Das Artilleriefeuer ist hier ununterbrochen, oft stark, oft schwach, nach unseren Begriffen. Man kann das nicht richtig wiedergeben, man muss als Leser selbst miterleben, um $^1/_3$ von hier im Bilde zu sein. Unsere Kampffront ist Sailly. – [...]

12. November 1916
[...] Deinem Wunsche über eine Beschreibung von der Sommefront will ich gern jetzt nachkommen [...] So 12 Uhr nachts ist es jetzt, einigermaßen Ruhe. – Ich werde mich jetzt beim Erzählen mehr auf selbst Gesehenes beschränken, dann wird mir wieder Verschiedenes einfallen. –

Unser Quartier war in N ... [Neuville], ein kleines Dörfchen von nur einigen 100 Einwohnern. Die Gegend ist ehemaliges Manövrierungs-Gelände der Franzosen, sie ist kahl und hügelig – nur einzelne Waldstücke, genannt nach ihren naheliegenden Ortschaften, sind zu sehen. Von den französischen Soldaten [...] wurde diese Gegend vor dem Kriege sehr gehasst, da die hier wohnende Bevölkerung sie während der Manöver sehr schlecht verpflegte und auch die Gegend an der Somme wasserarm ist. Die Bevölkerung wurde während unserer Zeit aus den vorderen Ortschaften verwiesen, so auch aus unserem Ort. Die Folge war, dass am folgenden Tag die Artillerie diesen Ort mit schweren Granaten beschoss. Es war eines schönen Morgens darauf, als ich früh erwachte – ich hatte sowieso schlecht in meinen Decken geschlafen, erstens war ich hörig geworden durch anfangendes Trommelfeuer, häufig untermischt von schweren Schlägen einschlagender 28–38-cm-Granaten, welche ein Dorf, 1½ km vor dem unsrigen gelegen, stündlich heimsuchten. Auch tat der andauernde Lastautoverkehr, die unaufhörlich vorbeifahrenden Munitionskolonnen sowie Lebensmittelwagen und der Vorbeimarsch einzelner Truppenabteilungen u.s.w. ein Großteil dazu bei, dass der Schlaf nur ein Halbschlummer war und auch bald ganz floh. – Nun gut, wie ich nun so von 5 Uhr an daliege und döhse, grüble und horche, höre ich ein früher nie gehörtes, eigenartig Furcht erregendes Geräusch – etwa wie: ss-s-ssscht ------ bwuhm. Es war auch in Gestalt einer springenden, etwas Gas entströmenden, betäubenden, zerreißenden, tötenden – Granate vorbei gesaust. Ha, es war vorbei – wäre das feindliche Rohr etwas, ein cm, kürzer gestellt gewesen, es hätte sicher unser Haus getroffen, und was wäre mit mir jetzt gewesen? Ja, alle diese Gedanken sie kommen untrüglich jedem – wenn er schläft, erwacht er beim Sausen über ihm, und wenn er (der Mensch) wacht, dann ängstigt er sich, wenn er auch noch so oft sein innerliches Erschrecken ableugnet und Mut heuchelt, – ich sage es jedem, er ist ein Lügner. Der Krieg von heute ist furchtbarer als der vom Anfang, damals war jeder ein romantischer Held, – heute dagegen ist jeder ein ernster starker Mann, fast ein Germane –. So wie ich hier einzelne Teile erzählte, so geht es jeden

Tag mit jedem sich gegen einen wendenden Kriegsinstrument, oft 10, ja hundert Mal am Tage, so marternd – bis es einen erreicht hat und nicht selten willkommen ist. – Lieber Curt, Du wirst einsehen, dass demjenigen, welchem der Schrecken einmal oder sagen wir verschiedene Male in die Glieder gefahren ist, dem kann kurze Ruhe wenig nutzen, seine ruhige Herrschaft über seine Nerven zurückzuerlangen. Besonders dann, wenn er eben erlebte Erinnerungen wieder auskramen will, – und so fühle ich mich auch zur Zeit unfähig, meine Absicht, Deinen Wunsch zu erfüllen, auszuführen. Verzeih mir – ein andermal, vielleicht wenn ich selbst daheim bin, erzähl ich Dir gern und dann auch ausführlicher. Wir können es dann auch niederschreiben für Deine Memoiren. – […]

Selmar Blass, Stabsarzt, bayerische Infanteriedivision 4, bayerisches Infanterieregiment 9

Bericht[1]

Die Gefangennahme erfolgte am 15. September 1916 bei Flers durch Neuseeländer.
Gleich nach der Gefangennahme wurde den unverwundeten und leichtverwundeten Offizieren und Mannschaften durch Winken die Richtung angegeben, in der sie sich in Marsch setzen mussten. Trotzdem sich niemand widersetzte, schossen die Neuseeländer aus Mutwillen oder Mordlust auf die einzeln oder gruppenweise zurückgehenden Gefangenen und Verwundeten und töteten viele. Zeugen dieses Vorgangs sind unter anderen Hauptmann Biermer III. Bataillon/9. Infanterieregiment, Gefreiter Rügemer 9. Kompanie/9. Infanterieregiment, die beide Rückenschüsse erhielten, und Oberleutnant Golpert und Leutnant Wohlfahrt III/9, die mit knapper Not dem gleichen Schicksal entgingen.

Meine eigenen Verwundeten, Sanitätsmannschaften und unverwundete Unteroffiziere und Mannschaften, die bei mir Zuflucht gesucht hatten, wurden vor dem Schicksal ihrer Kameraden dadurch bewahrt, dass ich erfolgreich auf der Forderung eines Geleits durch eine englische Begleitmannschaft bestand.

Mehrfach wurden Offiziere nach der Gefangennahme ausgeplündert. Hauptmann Rubner aus Bayreuth wurde unter den Augen der englischen Offiziere Uhr und Bargeld, Leutnant Bloch, 14. Infanterieregiment, die Uhr weggenommen. Feldunterarzt Egerer aus Wunsiedel erhielt nach der Gefangennahme, ohne dass der dabeistehende englische Offizier auch nur den Versuch gemacht hätte, die Misshandlung zu verhindern, einen Boxstoß unters Kinn, worauf er rücklings in ein Granatloch stürzte. Ein Krankenträger vom 5. Infanterieregiment, der nach der Einnahme von Flers mit Stabsarzt Kliensberger aus dem dortigen Verbandsplatz herauskam, um sich gefangen zu geben, wurde trotz seiner deutlich sichtbaren Genfer Binde durch Kopfschuss niedergestreckt.

Misshandlungen von verwundeten Gefangenen habe ich nicht wahrgenommen, ihrer Wertsachen wurden aber die meisten entledigt, stets unter dem Deckmantel „Souvenir", eines Wunsches im Befehlston, den man von Offizieren und Mannschaften immer wieder zu hören bekam.

Beim Abtransport vom Schlachtfeld wurden die englischen Verwundeten bevorzugt. Trotz der Zusage des englischen Truppenarztes, mich beim Abtransport derjenigen deutschen Schwerverwundeten, bei denen ein sofortiger Eingriff notwendig war, durch Überlassung von Tragbahren zu unterstützen, und trotzdem ich genügend Träger zur Verfügung stellte, wurden meine Leute immer wieder gezwungen, zuerst die englischen Verwundeten fortzuschaffen. So kam es, dass deutsche Verwundete 4 Tage lang auf dem Schlachtfelde

---

[1] „Bericht des Stabsarzt Dr. Blass über seine Erfahrungen in englischer Gefangenschaft" von 1917. Am 7. Dezember 1916 war Blass gemeinsam mit weiteren Gefangenen ausgetauscht worden.

allen Witterungseinflüssen ausgesetzt waren und dann verstümmelnde Eingriffe erdulden mussten, die nach schnellerem Abtransport durch konservative Behandlung geheilt worden wären. […]

Jeder Verwundete bekam einen Notizblock, ähnlich den Scheckblocks, ein Blatt (ohne Bindfaden) mit seinem Namen und der Art der Verwundung über einen Knopf seines Waffenrockes gestülpt. Auf dem zugehörigen 4 cm breiten Blockblatt machte der Arzt den gleichen Vermerk, sodass er ohne Krankenbuch eine ebenso einfache wie sichere Kontrolle hatte. Er zeigte sich durchaus entgegenkommend und kollegial. […]

Er war aber so ziemlich der einzige englische Arzt, dessen ärztliche Tätigkeit uneingeschränkte Anerkennung verdient.

In den Feldlazaretten, Zelten, die mit Instrumenten und Verbandmaterial gut ausgestattet waren, aber keine Lagerstätten für Verwundete enthielten, arbeiteten 3 Stabsärzte, darunter auch Inder (Sikhs). Ein Oberstabsarzt leitete den Abtransport durch Sanitätskraftwagen. Die Behandlung war im großen Ganzen sachgemäß, abgesehen von der stark hervortretenden Neigung für verstümmelnde Eingriffe.

Durchaus unzureichend war die Zahl der Ärzte, sodass mehrfach der Ruf nach deutscher Unterstützung laut wurde.

Beim Sanitätspersonal fiel die große Zahl indischer Krankenträger und Hilfskrankenträger auf. Letztere tragen ein eingesticktes S. B. (stretcher bearer) auf dem Oberarm.

Das erste Lager (division camp), das uns aufnahm, war ein offenes Viereck, von mehrfachem Stacheldrahtzaun umgeben, ein richtiger Hottentotten-Kraal, ohne jeden Schutz gegen Kälte und Nässe. Nur für Offiziere war ein 2 qm großer Platz überdacht, an den Seiten jedoch ebenfalls offen.

Eigene Mäntel hatten nur wenige, Decken oder Stroh gab es nicht. An Schlaf war daher bei der Kälte nicht zu denken. Wer aber infolge von Übermüdung einschlief, war am nächsten Morgen halb erstarrt.

Die Verpflegung bestand am 1. Tage aus Schiffszwieback und Tee; an den beiden nächsten Tagen gab es Mannschaftskost, die gut und ausreichend war.

Beim Verhör wurde ein Zwang nicht ausgeübt. Doch war auch hier die Nachfrage nach „Souvenirs" sehr rege.

Stabsarzt Kliensberger wurde gefragt, ob er nicht ein „Eisernes Kreuz" als Souvenir abgeben könnte.

Die Mannschaften wurden sehr geschickt im Vorbeigehen im harmlosen Gesprächston befragt.

Besonders begierig war der Nachrichtenoffizier zu erfahren, welche Wirkung die neuen Panzerautos, die Tanks, die an diesem Tage zum ersten Male auf dem Plan erschienen, auf uns ausgeübt hätten. Als wir ihm aber erklärten, deren Existenz wäre für uns nichts Neues gewesen, konnte er seine Enttäuschung kaum verbergen.

Weniger glimpflich wurden die Artilleristen, Offiziere wie Mannschaften, behandelt und verhört. Auf sie übte man einen starken Druck aus und suchte, sie mit allen möglichen Mitteln mürbe zu machen, um etwas über die Artillerie-Stellungen zu erfahren.

Die Somme-Schlacht von 1916

Gefangene deutsche Soldaten bei der Rast

Im Lager Albert wurden wir, insgesamt 11 Offiziere, in einem kleinen runden Zelt auf blanker Erde untergebracht. Auch hier gab's weder Decken noch Stroh. Ein tüchtiger Landregen, der 2 Tage lang anhielt, setzte das unsachgemäß gebaute Zelt unter Wasser, sodass bei der Kälte und Nässe an Schlaf nicht zu denken war. Dem kranken Justinus gab jeder, was er entbehren konnte.

Der Lagerarzt, der sich für einen Augenblick sehen ließ, zuckte die Achseln, als wir ihn baten, Justinus in ein Lazarett aufnehmen zu lassen.

„Die englischen Verwundeten hätten es auch nicht besser, sie müssten bis zum Abtransport mit dem Lazarettzug tagelang unter freiem Himmel liegen."

Ein denkwürdiges Zeugnis für die starken englischen Verluste, wie für die durchaus ungenügende Verwundetenfürsorge.

Ein Mann, dessen blutige Durchfälle zweifellos Ruhr bedeuteten, musste bei seinen Kameraden im Mannschaftslager verbleiben, obschon er allein wegen seiner großen Schwäche der Aufnahme in ein Lazarett bedurft hätte.

Der unzulänglichen sanitären Fürsorge entsprach das militärische Durcheinander hinter der Front.

Hatten am ersten Tage die exakte planmäßige Arbeit der Stoßtrupps, die Tanks, der stattliche Kraftwagenpark (Nummern über 50.000 waren keine Seltenheit), die bereitgestellte indische Kavallerie, deren Pferde, entsprechend ihrer Aufstellung vor den Geschützen, sich wohl an den Abschuss gewöhnen sollten, ferner die zahlreichen, nicht eingebauten, nur mit einer Sandsackwehr umgebenen leichten und schweren Geschütze, deren damalige Stellung mir noch genau erinnerlich ist, und endlich die riesigen Mengen aufgestapelter Munition uns eine innere Achtung vor dieser Organisation abgenötigt: für den krausen Wirrwarr hinter der Front konnten wir nur ein Lächeln haben.

Überall herrschte planlose, nervöse Geschäftigkeit, die nichts schaffte. Trotz des Überflusses an Arbeitskräften, unter denen sehr viele Neger waren, faulte auf den Feldern das überständige Getreide.

Die einzigen, die etwas leisteten, waren deutsche Gefangene, die in Arbeitskompanien zusammengestellt, zum Wegebau verwandt wurden. Diese Straßen, meist 3 nebeneinander, waren sehr gut unterhalten und führten bis dicht hinter die vorderste Linie. Der Schienenstrang war bis an die Ancre herangeführt. Der Bahnkörper der Linie Amiens–Rouen war durch Anbau von 2 neuen Gleispaaren erweitert worden. Trotzdem wuchsen ihnen die Transportschwierigkeiten über den Kopf.

Zwischen Mametz und Méaulte waren infolge der Verwüstung der Ortschaften Zeltstätte als Mannschaftsquartiere entstanden, die gegen Fliegersicht mit Bäumen bemalt waren. Nachts aber leuchteten sie ohne Rücksicht auf deutsche Flieger weithin.

Die Stimmung der Fronttruppen war recht ernst infolge der schweren Verluste, die der abgelösten, mit Musik marschierenden Kompanien teilweise recht übermütig. Wir mussten manchen Spott hinnehmen: „Hallo Fritz kaputt?", einmal auch „Captain Cöpenick" wurde uns zugerufen. Gröbere Beleidigungen verhinderte die Begleitmannschaft, während die Offiziere gelassen und mit einer gewissen Schadenfreude zusahen. Die Disziplin schien recht locker zu sein. Ehrenbezeugungen wurden zuweilen erwiesen, meist aber nicht. Gegen die Kanadier wagte, wie mir ein preußischer Offizier mitteilte, kein englischer Offizier einzuschreiten, als sie das Ausplündern in großem Stil betrieben. Dagegen war die Stimmung der Truppen hinter der Front sehr siegesgewiss. Das zeigte sich besonders kurz vor Albert, wo die englischen Soldaten mit der französischen Bevölkerung in Beschimpfungen wetteiferten.

[…]

Infanterie-Regiment
Prinz Friedrich der Niederlande
(2. Westfälisches) Nr. 15
I.-Nr. 4904 I/16.
                                                                            den 26.9.1916

Erfahrungen
Aus den Kampftagen an der Somme.[1]

A. Allgemein:

Die übernommene Stellung des Regiments mit ihrem, wenn auch stark zerschossenen, so doch durchlaufenden Graben und Hindernis und die Aufgabe der starren Defensive gegen die zu erwartenden Angriffe entsprachen den altbekannten Grundsätzen des Stellungskampfes. Aber schon der 12. September brachte eine Änderung der taktischen Lage und damit der taktischen Aufgaben. Der Durchbruch des Gegners auf der Linie Marrière-Wald–I.R. [Infanterieregiment] 55 ließ die Kampfhandlung sofort, wenn auch nur für kurze Zeit, Formen der offenen Feldschlacht annehmen. Damit wurden an Entschlussfähigkeit und Entschlussfreudigkeit, besonders der Unterführer, plötzlich, im Stellungskriege weniger in Erscheinung tretende Anforderungen gestellt. Die Führer sind diesen Anforderungen durchaus gerecht geworden. [...] Dem Umstande, dass diese Entschlussfreudigkeit und Urteilsfähigkeit in den Unterführern wach war, ist es zu danken, dass der Gegner am 12.9. seinen Erfolg nicht noch weiter ausbauen konnte. Nachdem der Anschluss überall erreicht und die Linie wieder geschlossen war, traten wieder die Anforderungen des Stellungskampfes in Erscheinung.

B. Besonders:

I.
Die Artillerievorbereitung der Angriffe geschah fast ausschließlich mit schwerem und schwerstem Kaliber. Das Geschützmaterial und die Leitung des Feuers waren ausgezeichnet. Die Trichter der Geschosse lagen haarscharf nebeneinander in oder in unmittelbarer Nähe der Gräben. Nur selten war bei diesem „Vorbereitungsfeuer" ein sogenannter „Ausreißer" zu beobachten. Geleitet wurde das Feuer anscheinend durch Flieger und Fesselballons. [...]
   Außer diesem Zusammenarbeiten mit der Artillerie beteiligten sich die Flieger auch am Infanteriekampf. Aus geringer Höhe beschossen sie mit M.G. [Maschinengewehr] die Gräben und Besatzungsnester und fügten der Besatzung Verluste zu. Hierbei war die Wirkung gegen Gräben größer als die gegen Besatzungsnester. Die Gräben konnten einfach

---

[1] Bundesarchiv Militärarchiv Freiburg, PH 10 II/49.

abgestreut werden, während das Zielen gegen die Nester erheblich schwieriger war. Vorgehende Reserven und Unterstützungen wurden wiederholt von Fliegern unter M.G.-Feuer genommen.

Bei dem enormen Munitionsaufwand des Gegners zum Sturmreifmachen der Stellung waren die vorhandenen Gräben sehr bald ganz eingeebnet, die Unterstände verschüttet. In Granatlöchern fanden die Reste der Besatzung und die zur Verstärkung eingeschobenen Teile Unterkunft und Schutz. Auch die Verluste der so zerstreut untergebrachten Besatzung durch Artilleriefeuer waren weit weniger groß, als sie im zusammenhängenden Graben gewesen waren. Es hörte für den Gegner die Möglichkeit der Abgabe eines gezielten Feuers auf, die Sprengwirkung der Granaten war geringer.

Der Kräfteeinsatz des Gegners an schwerer Artillerie und Fliegern war enorm und entsprach nach Ansicht des Regiments in keiner Weise dem unsrigen. Steilfeuer war allerdings weniger vertreten.

Es ergeben sich folgende Folgerungen:

1.) Während der Vorbereitung eines Angriffs nicht zu viel Leute nach vorn. Hinter der zu haltenden Stellung, <u>verteilt</u>, nicht in zusammenhängender Linie die Unterstützungen (größter Teil der Kompagnie) so bereitstellen, dass sie beim Vorverlegen des feindlichen Artilleriefeuers schnell in die zu haltende Linie einschieben können bzw. Gegenangriffe machen können.

   Unterbringung der Unterstützung kann in kurzen Grabenstücken oder Granattrichtern erfolgen.

   Stollen sind bei Vorbereitung durch ein Artilleriefeuer mit derartig schwerem Kaliber bedenklich. Sie lassen sich bei größtem Fleiß nicht so herstellen, dass sie nicht verschüttet werden können. Die Stollen im Regimentsabschnitt sind fast alle verschüttet worden. Das Regiment hat schwere Verluste gerade durch Verschüttung gehabt. Im offenen Graben oder in Granatlöchern liegt die Besatzung sicherer.

2.) Stellung so anlegen, dass sie der Sicht von oben und von vorn bzw. seitwärts möglichst entzogen wird. Wichtig besonders für die Unterstützungen! Zusammenhängende Linie, die für ruhige Verhältnisse des Stellungskrieges sehr erwünscht ist, nicht unbedingt erforderlich! Plötzliches Feuer aus Besatzungsnestern wird den Gegner, der nach seiner Artillerievorbereitung keine lebende Besatzung im Graben mehr vermutet, oft stutzen lassen und den Angriff zum Scheitern bringen.

   Kleinere Lücken in der Besetzung der Stellung erscheinen unbedenklich, solange sie durch Infanterie- oder M.G.-Feuer von seitwärts oder rückwärts bestrichen werden können. Im Gegenteil veranlassen sie den Gegner zur Beschießung der nicht besetzten Stellen und ersparen Verluste!

   Alle Stellungen, auch Nester, gut mit Zeltbahn oder Gestrüpp gegen Fliegersicht eindecken. Auf größte Bewegungslosigkeit halten! Unbedingt erforderlich bei so zerstreuter Unterbringung der Leute sind energische Führer, die unter allen Umständen ihre Leute in der Hand behalten.

3.) Die feindlichen Flieger wurden zu wenig in ihrer Tätigkeit gestört. Es ist selbstverständlich, dass bei der großen Ausdehnung unserer Front und der großen Zahl der

Kriegsschauplätze, für die wir Fliegermaterial stellen müssen, nicht ein derartiger Kräfteaufwand an einer Stelle stattfinden kann, wie bei den Franzosen und Engländern. Trotzdem fiel es aber auf, dass feindliche Flieger nur äußerst selten von Abwehrgeschützen beschossen wurden. Diese waren also entweder nur in sehr geringer Zahl vorhanden, oder sie standen zu weit hinten. [...] Besonders wichtig aber ist Einsetzen der Tätigkeit der Flak und der Kampfflieger während des Angriffs, wo Unterstützungen in die vordere Linie einschieben und Reserven herangeführt werden müssen. Sie werden, wenn sie aus Mangel an Material nicht die feindliche Luftaufklärung gänzlich lahm zu legen vermögen, doch wenigstens eine erhebliche Störung erreichen. Das Verhalten der feindlichen Flieger war mustergültig. Wohl keine Bewegung von Unterstützungen und Reserven blieb ihnen verborgen. Neben der Leitung des Artilleriefeuers beteiligten sie sich selbst mit M.G. aus geringer Höhe an der Bekämpfung der Bewegung im Hintergelände.

II.
Gleich gut wie das vorbereitende Artilleriefeuer war das Sperrfeuer des Gegners organisiert. Sofort mit Einsetzen des Infanterieangriffs wurde ein dreifacher Sperrgürtel gelegt. [...]
Außerdem wurden die dem Gegner bekannten Stellungen von Reserven, die Gefechtsstellen, der Kanal als vermuteter Anmarschweg für Reserven, die rückwärtigen Straßen und Mulden gleichzeitig lebhaft mit Granaten aller Kaliber, Schrappnells und Gasgranaten abgestreut. [...]

III.
Mit Gasgeschossen hat der Gegner wenig geschossen. Nur selten schlugen bei dem sonst äußerst heftigen Feuer in Mulden des Hintergeländes und dem Kanal Gasgeschosse ein. Das verwandte Gas war auch das bei Verdun übliche. Die Gasmaske hat sich wieder vortrefflich bewährt. Da die Unterstände an der Regiments-Gefechtsstelle mehrmals vergast waren, trat sie hier in Anwendung. Bei starkem Winde und der Möglichkeit, Durchzug zu schaffen, verdünnte und verzog sich das Gas jedoch sehr bald. Geringe Gesundheitsstörungen wurden nur bei einzelnen Leuten, welche die Gasmaske nicht aufgesetzt oder nicht lange genug aufbehalten haben, beobachtet. Bei diesen stellte sich Übelkeit und eine leichte Ohnmacht ein, die durch Zuführung von frischer Luft schnell beseitigt wurde.

IV.
Die Infanterie-Angriffe des Gegners bewiesen eine große Energie der Führung. Der Ansatz der starken Kräfte und das Heranführen der Reserven waren schneidig. Weniger schneidig und energisch war die Durchführung des Angriffs selbst, wo es auf den moralischen Wert des einzelnen Mannes ankam. Die Leute standen zum großen Teil erheblich unter dem Einfluss des Alkohols. Fand die feindliche Infanterie einen intakten, zur Abwehr bereiten Verteidiger oder womöglich ein M.G. sich gegenüber, so ließ der anfängliche Elan sehr bald nach, und die Angriffswellen fluteten zurück. Gefangene waren froh, in Gefangenschaft und der Gefahr entronnen zu sein. Bemerkenswert ist jedoch der bei allen Gefangenen zu Tage tretende Zug der Siegesgewissheit. Sie glaubten noch immer, dass ihnen ein entscheidender

Erfolg an der Somme beschieden sein würde. – „On se battra jusqu'au bout!" konnte man mehrfach von ihnen hören. Auf die Frage, was dieses Ziel oder Ende sein würde, schwiegen sie allerdings.

Der äußere Eindruck von Offizieren und Mannschaften war, den Verhältnissen entsprechend, kein schlechter zu nennen. Allerdings waren sehr viel ältere Leute unter ihnen. [...]

VII. Gefechtsstellen.
[...] So erwünscht es ist, dass auch der höhere Führer, zumal bei so intensiver Kampftätigkeit wie an der Somme, nahe bei seiner Truppe ist, die zuweilen schnell fortschreitende Kampfhandlung schnell übersehen und unter Umständen persönlich eingreifen kann, so hat die allzu nahe Lage der Gefechtsstelle an der vorderen Linie doch zweifellos auch ihre großen Nachteile. Dieses machte sich selbst bei der Regiments-Gefechtsstelle bezüglich der sicheren Befehlerteilung und Nachrichtenübermittlung sehr oft störend fühlbar. Die Telefonverbindung nach vorn und rückwärts war fast dauernd gestört, zumal die Regiments-Gefechtsstelle im zweiten Sperrfeuergürtel lag. Aber auch mehrere Stafettenläufer, ein Leuchtzeichenposten, mehrere Meldegänger, Störungssucher und 2 Blinker fielen bzw. wurden bei Ausübung ihrer Tätigkeit verwundet. Zudem war das Sperrfeuer, das grade im entscheidenden Augenblick die persönliche Beobachtung fast völlig verhinderte, äußerst störend. Der rege Verkehr, der durch Ein- und Ausgang von Meldungen und Befehlen, da ungedeckt, von der feindlichen Luftbeobachtung bemerkt werden musste, zog das Feuer noch ganz besonders auf diese Stellen.

VIII. Nachrichtenmittel.
1.) Die Telefonverbindung hat gänzlich versagt, trotz mehrfacher Leitungen zu einer Stelle und sorgsamer Führung. Nur wenige Augenblicke am Tage war sie nicht zerschossen oder zerrissen. [...]
2.) Die Blinklichtverbindung von der Regiments-Gefechtsstelle zu einer Station in der Nähe der 26. Infanterie-Brigade hat sich ausgezeichnet bewährt. Nur einmal versagte sie wegen zu dichten Nebels. Es kann allerdings kein Zweifel sein, dass der Gegner die Telegramme bei der Wiedergabe seitens der Empfangsstation mitlesen konnte und dass der Gebrauch einzelner Deckworte diesen Umstand nur ungenügend beseitigte. Es müssten ganz chiffrierte Depeschen gegeben werden. Das erfordert aber unter dringenden Verhältnissen zu viel Zeit. Eine Wiederholung der Zeichen von der Empfangsstation ist erwünscht, um die Gewissheit der richtigen Aufnahme zu haben.
3.) Nach vorn war des Geländes wegen eine Blinkverbindung nicht möglich. Die Verbindung musste daher durch die Stafettenposten aufrecht gehalten werden. Auch sie haben ihre Pflicht mit größter Tapferkeit erfüllt und bewirkt, dass auch bei heftigstem Feuer die Verbindung nicht versagte. Man hüte sich davor, auf Stafettenposten die Leute zu schicken, die in der Front nicht zu gebrauchen sind. Es sind hier nur besonders schneidige und körperlich gewandte Leute am Platze.

[...]

5.) Über Brieftauben hat das Regiment nur einmal verfügt und mit ihnen zwei Meldungen abgeschickt. Ob sie angekommen sind, ist nicht bekannt.
6.) Eine Funkstation hätte sicherlich gute Dienste getan.
[…]
8.) Sperrfeuer und Vorverlegen des Feuers wurden von der vorderen Linie durch rote und grüne Leuchtkugeln angefordert. Bei der Regiments-Gefechtsstelle stand ständig ein Posten, der diese Leuchtzeichen beobachtete und meldete. Sie wurden alsdann bei der Regiments-Gefechtsstelle wiederholt. Diese Art der Übermittlung hat nie versagt.
Es ist viel Leuchtmunition in vorderer Linie erforderlich. Niederlegung einer Reserve bei der Regiments-Gefechtsstelle hat sich bewährt. So konnten die dringenden Anforderungen von vorn schnell erfüllt werden.

IX.
Bei der großen Zahl der Verluste wurden an das Sanitätspersonal der Truppe die höchsten Anforderungen gestellt. In jeder Nacht mussten die Träger mehrmals den Weg von der vorderen Linie zum Sanitätsunterstand (1.800 m) machen, um Verwundete zu holen. Hierbei sind erhebliche Ausfälle durch Tod und Verwundung entstanden, die nicht sofort ersetzt werden konnten. Es wäre vorzuschlagen, für derartige Ausfälle eine Reserve an Krankenträgern hinter der Front bereitzustellen, welche die Verluste sofort ersetzen kann. Die Sanitätskompanie war vollauf mit dem Transport der Verwundeten vom Sanitätsunterstand nach rückwärts beschäftigt.

Bewährt hat sich die Maßnahme, bei dem Sanitätsunterstand einen energischen Frontunteroffizier bereitzuhalten, der dienstfähige Leichtverwundete, Kranke und Versprengte sofort der Front wieder zuführte.

Auch das häufige Absuchen des Hintergeländes durch energische Patrouillen nach Versprengten hat sich bewährt.

Die Verluste entstanden in der Hauptsache durch Artilleriefeuer. Das Verhältnis der Ausfälle ist folgendes: 198 tot, 817 verwundet, davon bei der Truppe verblieben 170, 198 vermisst, von denen ein großer Teil verschüttet ist und nicht geborgen werden konnte.

Darunter 8 Offiziere tot, 22 verwundet, 3 vermisst.

Der Gesundheitszustand befriedigte auch in den Kampftagen durchaus, wenngleich einige leichtere seelische Erkrankungen infolge der tagelangen hohen Anspannung der Nerven und infolge von Verschüttung vorkamen.

X. Verpflegung.
Die Verpflegung war reichlich und gut. An Getränken wurde Kaffee, Tee, Mineralwasser und Alkohol für die vordere Linie geliefert. Außerdem standen größere Mengen Rauchtabak zur Verfügung. Die Einrichtung eines Depots für Verpflegung in Allaines, das von rückwärts durch Lastkraftwagentransport immer wieder aufgefüllt wurde, hat sich bewährt. […] Den Verhältnissen entsprechend konnte natürlich hauptsächlich nur kalte Kost: Konserven, Speck, Brot pp. nach vorn gebracht werden. Jedoch gelang es auch, mehrmals warmen Kaffee vorzuschaffen. Das Mineralwasser ist von den Leuten gern getrunken.

Die psychischen Eindrücke der Schlacht lassen naturgemäß das Bedürfnis nach dem Essen in den Hintergrund treten, umso mehr machen sich der Durst und das Bedürfnis zu rauchen bemerkbar. Für Getränke und Tabak muss daher ausreichend gesorgt werden. Diese Bereitstellung von Verpflegung war an der Somme mustergültig.

XI.
Das Infanteriegewehr und das M.G. mit Munition haben sich bewährt. Auffallende Unregelmäßigkeiten sind nicht vorgekommen. Reichliche Ausstattung der Truppe mit M.G., um durch Artilleriefeuer beschädigte oder verschüttete sofort ersetzen zu können, ist sehr erwünscht. Von der Handgranate wurde unter den vorliegenden Kampfverhältnissen nur wenig Gebrauch gemacht. [...]

XII.
Über Zukurzschießen der eigenen Artillerie wurde sehr oft von der vorderen Linie bitter geklagt. Mehrfache Meldungen an die Artillerie und höhere Stellen vermochten nicht, Abhilfe zu schaffen. Es soll nicht die schwierige Lage unserer Artillerie verkannt werden, die wahrscheinlich nur ungenügend über den Verlauf der eigenen vorderen Linie nach den sich so schnell und unerwartet folgenden Kampfhandlungen unterrichtet war, es soll ferner berücksichtigt werden, dass ein Teil des als eigenes Artilleriefeuer angesehenen Feuers flankierend von La Maisonnette Ferme kam und dass ein genaues Feuer bei den oft ausgeschossenen Geschützen nicht möglich war. Dass tatsächlich eigene Artillerie den Graben beschossen hat, ist durch Angabe der Richtung, aus der die Schüsse kamen, und durch die Beobachtung, dass ein und dieselbe Batterie mit mehreren Schüssen zunächst den feindlichen Graben richtig fasste, dann aber plötzlich mit einem Geschütz oder auch mit beiden streute und den eigenen Graben traf, wohl einwandfrei bestätigt worden. Der Eindruck auf die vordere Linie, die unter dem schwersten feindlichen Artilleriefeuer schon genug zu leiden hatte, war naturgemäß sehr niederdrückend. Einmal wurde bei einem feindlichen Angriff sogar kein Sperrfeuer angefordert, sondern der Angriff nur mit Infanterie angewiesen, weil die Besatzung der vorderen Linie das Feuer der eigenen Artillerie, das sie vorher grade wieder gefasst hatte, befürchtete.
[...]
Sagten doch selbst die Mannschaften nach Angriffen: „Wenn nur unsere Artillerie nicht schießen wollte, mit der feindlichen Infanterie werden wir schon allein fertig."
Jedenfalls erscheint es dringend geboten, diesem Übelstand, der die Leute niederdrückt und ihnen das Vertrauen zur Artillerie nimmt, mit allen Mitteln abzuhelfen.

XIII. Stimmung der Truppe.
Die Stimmung der Truppe war vom ersten bis zum letzten Kampftage ausgezeichnet. Der Westfale lässt sich nicht unterkriegen, und mag es manchmal noch so hart hergehen. Dass, nachdem die Leute zum größten Teil vom 8.–16.9. ständig im schwersten Artilleriefeuer, ohne Schlaf, bei nur geringer Nahrung, unter größter Anspannung der Nerven und in höchster seelischer Spannung auf ihrem Platze ausgeharrt und mehrfache Infanterieangriffe

abgewehrt hatten, sich eine Abspannung von Körper und Geist bemerkbar machte, ist nicht zu verwundern. Das ändert an dem Gesamturteil über ihre Haltung nichts. Allgemein kann gesagt werden, dass der moralische Eindruck des fast ausschließlich mit schwerem Kaliber und mit größter Genauigkeit auf die Stellung niedergehenden feindlichen Artilleriefeuers und der des zu kurz gehenden eigenen Artilleriefeuers am größten war. Die Infanterieangriffe waren eine Erholung für die Leute. Sie wurden wie eine Erlösung mit Jubel begrüßt. Da galt es doch mit der vertrauten Waffe in der Hand im Kampfe Mann gegen Mann sich zu messen, und darin – das wussten sie – waren sie den Franzosen über.

Bleich und hohlwangig infolge des entbehrten Schlafes und der seelischen Eindrücke rückten sie aus der Stellung. Aber guten Mutes waren sie alle noch. Eine gewisse Rückwirkung der durchgemachten Tage kommt erst jetzt, wo die Nerven wieder zur Ruhe kommen.

den 26.9.1916.
gez. R i e b e n s a h m

Oberst und Regimentskommandeur.

Hugo Frick, Vizefeldwebel, Reservedivision 9, Reserveinfanterieregiment 6

Briefe an seine Familie in Ellwangen

29. September 1916 Somme-Front

Meine liebe gute Mutter! Liebe Schwester!

Und wir machten eine Somme(r) Reise, ob ich davon wieder komme, weiß ich nicht. Also wenn nicht, sterbe ich als Held, dem Ihr keine Träne nachweinen dürft. Meine Sachen, Tagebuch usw. werden dann schon heimkommen. Vielleicht ist auch alle Sorge unnötig, und ich entkomme heil und gesund dem Schlamassel.

Die Abreise von der Champagne ging allzu rasch, und die Post war gesperrt, sodass Ihr wohl lange keine Nachricht bekommen habt. Liegen in Regen und Dreck im Biwak. Habe heute Nacht auf kalter feuchter Erde gepennt. Vorige Nacht in einem schönen weichen Bette. Will sehen, wie die Sache endet; sind nord-östlich Péronne in der Nähe des größten Schlachtplatzes und Leichenfeldes der Weltgeschichte. Sobald es geht, werde ich Euch natürlich Nachricht zugehen lassen, und auch so oft als möglich. Aber die Post schweigt eben bei so großen Kriegsoperationen. An Joseph, Vater u. s. w. trage ich auch schon lange einen Brief bei mir, die ich aber nicht losbringen konnte.

S'regnet immer noch. Viele sagen hier, es sei lange nicht so schlimm wie vor Verdun; also guten Mut. Wir gehen heute als Helden in den Kampf.

Also lebet alle wohl, Eltern, Schwester, Verwandte, Bekannte, ein Ende gibts, ob früh oder spät.

Also viele herzliche Grüße

Euer Junge Hugo TChr!¹

Leutnant wäre ich wohl auch bald geworden, aber nun kann's niemand wissen wie unsere Truppen die Somme verlassen.

3.–4. Oktober 1916 Somme

Meine liebste Mutter! Liebste Schwester!

1. Oktober bis 3. Oktober habe ich nicht gelebt, vielmehr ward mir diese Zeit, 72 Stunden, zur Ewigkeit, die Minuten wurden zu Sekunden. Ja glaubt mir, meine Vaux-Erlebnisse sind eigentlich noch übertroffen durch das, was ich nördlich Péronne erlebte. – Eben gerade etwa 9 Uhr abends 3. Oktober – vor 10 Jahren war meine Firmung – schlug eine Granate hinter unser Loch. – Wir haben hier nur Granattrichter u.s.w. als Deckung – und begrub uns in Erdmassen zentnerweise bis über die Köpfe; ich kam selbst wieder frei und wühlte mich raus und die beiden andern, meine Zugführer: Leutnant Völlger und Ordonnanz. Und alle drei waren von Splittern unversehrt, mit dem selbstverständlich riesigen Schrecken davon-

---

[1] Abkürzungszeichen für die Tübinger Studentenverbindung Cherusker, der Frick angehörte.

gekommen; denn was für Stunden hatten wir hinter uns; wo man so systematisch auf den Tod lauert. Der einen foppt, gegen den man sich nicht wehren kann, in Gestalt der einschlagenden Granaten, deren grässliche Splitter herumspritzen, dann noch Mörsergeschosse, die hausgroße Löcher in Boden reißen, und man selbst in einem 1 m tiefen Erdloch; und das ganze 3 Tage lang, 72 lange, lange Stunden, man möchte moralisch verzweifeln, davonrennen, weiße Haare kriegen, das sind nun 3 Tage in vorderster Stellung, dann wurden wir 3. Oktober abends abgelöst und kamen in die 2. Linie, wo vorhin riesige 28-cm-Granaten hereinwichsten, doch wir haben, Gott sei Dank, wer kann das Wort schätzen, einen bombensichren Unterstand für einige Zeit, aber auch das ganze Vorgelände steht unter französischem Artilleriefeuer. Das ist kein Krieg mehr, sondern gegenseitige Vernichtung mit technischer Kraft, was soll da der zarte Menschenleib dabei? Dann müssen wir noch etwa 12 Tage hier ausharren, betet feste für mich, auch ich habe Vertrauen und Trost im Gebet in den Schreckensstunden gefunden, denkt doch, früher war ich, wenn ich ne ½ Stunde im Regen war, krank und nun ca. 30 Stunden im Regen, in der Nässe sitzen, nachher kein warmer Ofen, keine trockenen Kleider. Aber die Spannung aller Kräfte lässt einen nicht krank werden. Der Rheumatismus kommt wohl erst später nach; jetzt eigentlich wohl, wenn man es so nennen will. Post habe ich schon 10 Tage nimmer erhalten, und auch von mir wird lange die Nachricht ausgeblieben sein? Na hoffen wir zu Gott, dass ich heil diese Somme(r) Reise überstehe.
    Herzliche Grüße und Küsse
    Euer Jung Hugo TChr!

Hugo Frick

               9. Oktober 1916 Somme
Meine liebste, beste Mutter!
Mehr als grausig sind die Strapazen und Todesschrecken, die wir hier mitmachen, mit Worten nicht zu beschreiben. Hoffentlich kommen wir bald wieder weg, die Verluste sind auch ziemlich, meist durch Artillerie. Am 29. September nahm ich noch am Gottesdienst teil; durch Generalabsolution erhielten wir die beste Vorbereitung zu allem, was da komme. Und Du, liebes Mutterl, bist beinahe in jedem Schreiben froh, dass ich nicht an der Somme bin. Das ist ein gegenseitiger Vernichtungskampf. Hoffentlich kommt auch mein Joseph gut durch. Mit Winterwäsche lass mich vorläufig noch in Ruh, bevor wir nicht wieder in Stellungskrieg sind, kann ich nichts rumschleppen. Packte auch ein großes Paket mit 2 Hemden und Unterhose, Kreide noch aus der Champagne und einiges andere, weiß nur nicht, ob ich's an die Post nabringe. Nochmals besten Dank für Deine 4 Pakete! Rauche

eben von den selbstgemachten Zigaretten. Aber Du sandtest schon wieder Papiere dazu, hatte noch für 150 Stück, und wenn der Tabak wieder alle ist, werde ich noch für 120 Stück Papiere haben, was mir kaputt geht. Auch die Marken sind zusammengeklebt. Vorläufig habe ich auch für Brief nach Amerika und Afrika noch keine Zeit. Honig von Onkel Hugo erhalten, noch in der Champagne, hatte noch keine Zeit zu danken! Das Rosenkranzfest feierte ich, ohne es zu wissen, mit vielen Rosenkränzen, am 1.10.: 1 Rosenkranz, 2.10.: 3 Rosenkränze, 3.10.: 6 Rosenkränze. Lagen zwischen Bouchavesnes und Moislains wo die Franzosen am weitesten vorn sind. Wir werden wohl bald abgelöst, wohl wird auch Norbert noch diesen Somme-Rummel mitmachen, da wundert man sich nachher eigentlich, dass weiche, empfindsame Menschenleiber aus diesem Eisenhagel noch heil rauskommen! Und gegen Erkältung bin ich scheint's gefeit. Über 30 Stunden in Artilleriefeuer, im Regen im engen Loch kauernd, Wasser an allen Gliedern, und nun nach der größten Spannung aller Nerven und Kräfte noch verschüttet und eigentlich nichts bekommen, nicht mal Husten, das muss doch ein Wunder sein. Ich kann mir das gar nicht erklären.

Heute ist ja in Württemberg ein Fest im Königshause, bemüht Euch um Jubiläumstaler! Ist eigentlich Königin-Geburtstag und Regierungsjubiläum? Und seitdem täglich 1 oder 2 Rosenkränze zum Trost und Stärkung. Mit dem Vielrauchen war es so, dass ich in den schweren Stunden und Tagen nichts hatte, wo ich es am meisten gebraucht hätte. Mit der Kreidekunst ist es nun vorbei, Zeit zum Studieren keine und Lust noch weniger! Obst war gut! Dann, das Zigarettenpapier ist gummiert für mich besser. Herzliche Grüße und Küsse!
Euer Hugo TChr.

10. Oktober 1916 [Templeux-la-Fosse]
Zur Erinnerung an den schönen Tag, an dem mir Generalmajor von Glahn das Eiserne Kreuz an die Heldenbrust heftete und mich zum Ritter schlug. – Zugleich der Schwabenkönigin Charlotte Geburtstag. – Auch hatte ich heute das seltene Glück: in Feindesland, in hartem Ringen auf dem größten Schlachtfeld der Weltgeschichte, nördlich der Somme, nördlich Péronne, meinen besten Freund, meinen Busenfreund, für den ich, der für mich, durch's Feuer ginge, getroffen zu haben! In Templeux-la-Fosse.

Meine Lieben! Meine liebste Mutter! Liebe einzige Schwester! Das war doch ein schöner Tag der 10. Oktober 1916. Sind zwar noch immer im gefährlichen Sommegebiet und sind in einem französischen Bürgerhaus, woraus wohl die Insassen Hals über Kopf raus mussten, denn viele wohl liebgewonnene Sachen sind dageblieben, und die lieben Feldgrauen benützen natürlich alles, was doch den französischen Granaten geweiht ist, so haben wir weißgedeckten Tisch und Geschirr zum Essen. Auch maskieren sich manche schon mit den Weiberkleidern. Nachher gehen wir im Keller schlafen, denn jeden Augenblick kann uns hier eine französische Granate erwischen und das ganze Haus in Trümmer über den Kopf schmeißen. Na, so was nehmen wir in Kauf, haben doch heute nen ganz angenehmen Tag verlebt. An Alkohol habe ich schon eine reiche Abwechslung heute gehabt. Kaffee, Tee, Tee mit Rum. Kognak von Ellwangen und Kognak von Jupp. 1 Glas Bier, 1 Flasche Wein, und wie ich mich mit meinem Eisernen Kreuz, das mir der General höchst eigenhändig angehängt hatte, bei meinem lieben Kompanieführer Leutnant Steinbrecher (aus Sachsen), ein sehr lieber Herr, den ich gern habe, meldete, wurde die Sache noch mit Sekt begossen.

Eben noch einige andere Kognaks, aber trotzdem hell. Hoffen wir mit Gott, ich bringe mein Eisernes Kreuz heil und gesund mit nach Hause. Freue mich, morgen vielleicht Joseph nochmals zu treffen. Erhielt heute Zeitungen vom 12., 14. und 16. September nacherhalten! Humbug. Ebenso Karte vom 3. Oktober (gestern vom 5.10. schon). Dann Päckle mit Socken. Von Vater die Uhr auch erhalten.
   Herzliche Grüße und Küsse
   Euer Jung Hugo TChr.

24. Dezember 1916 Sainte Emilie

Weihnachtszauber!
An mein liebes gutes Mutterl und Schwester!
Heute Heiliger Abend, das Fest der Freude und Liebe! Wir hier sind im Kriegsgetümmel, sind Sklaven des Krieges, mit versteinerten Herzen und rauhem Wesen! Doch heute geht ein Weihnachtshauch durch aller Herzen! also meine Lieben! nur ein Wunsch: Frieden!

Wir sind seit 18. Dezember hier in St. Emilie, das Joseph gut kennen muss, denn er war damals im Oktober hier? und zwar sind wir hier Divisionsreserve, morgen rücken wir nach Moislains und weiter, das damals so mitten im Schrecken der Somme-Kanonade lag, heute etwas ruhiger, und nach einigen Tagen weiter vor. Die meisten Verluste treten hier durch Erkrankung ein; ob ich's aushalte, wird sich zeigen. Man lebt natürlich das größte Dreckleben, wie ein Tier. Heute Sonntag und Heiliger Abend zugleich fingen wir an mit Dienst Exerzieren. Dann habe ich gepennt, und dann war in einer Scheune Weihnachtsgottesdienst um 6 Uhr für alle Konfessionen. Danach sangen wir einige Weihnachtslieder um einen Christbaum; liegen in der großen Zuckerfabrik. Im Übrigen ist Weihnacht für uns nicht da. Weichheit ist mir fern, wenn es auch unter den Leuten gärt, sie sich gerne gefangennehmen lassen wollen à la Verdun; ich werde mich wehren und das Vaterland mit dem letzten Blutstropfen verteidigen! Gruß und Kuss   Euer Hugo TChr.

28. Dezember 1916 Somme-Graben

Mein liebes, gutes Mutterl! Liebe Schwester!
Wünsche Euch ein gutes Neujahr 1917; möge es gleich bei seiner Geburt den heißersehnten Frieden den Menschen auf Erden bringen! Erhielt gestern das Foto mit den 4 Mädels; besten Dank! Wie meine Weihnacht verflossen: Am Heiligenabend waren alle Degenträger der 8. beim Kompanieführer: da gab's Sekt und Rotwein, zu guter Letzt noch Bier und verschiedene Schnäpse; gegen 2 Uhr auf die Klappe. Dann am 25. rückten wir mittags vor in Bereitschaftsstellung. Stundenlanger Marsch mit Gepäck über grundlose Wege und Felder, alles sieht hier lehmüberzogen aus: auch einige Granaten begrüßten uns gleich: dann diese Nacht im Dorf Moislains – war einst ein großes Dorf von 1.300 Seelen, heute kein Haus mehr ganz, von den tausenden Granaten; dazu funkten sie an Weihnacht – sie hatten die Ablö-

sung bemerkt – ganz besonders herein, obwohl mit dem Artilleriefeuer im Oktober kein Vergleich mehr ist. Suchten einen Keller; 1 m hoher Trümmerhaufen des Hauses bildete die einzige Deckung über der Kellerdecke. Eine nette Mull war der Stätte treu geblieben und wurde meine Schoßkatze. Anderntages am 26. wurde ich zur 6. abkommandiert, in einer Grabenstellung, aber das ist noch nicht die vorderste Stellung, kolossale Tiefengliederung. Zu schöner Weihnachtsstimmung mit den herrlichen Liedern bin ich nie gekommen, über den 1. Vers kam kein Lied hinaus.

Ist mein Christkindle angekommen: 10 M. für Maria, 50 zur Sparkasse.
Herzliche Grüße und Küsse
Prost Neujahr
Euer Hugo TChr.

31. Dezember 1916 Somme-Schlacht

Sylvester 8.00 Uhr letzte Stunden des blutigen Kriegsjahres 1916.
O sind das schwere Stunden; so gewichtige Augenblicke im engen Unterstand gefesselt zu verleben ohne Feier und Punsch, ohne Bewegungsfreiheit und ohne die Lieben zu Hause! Mein liebes, gutes Mutterl und Schwester! ich möchte bei Euch auf'm Sofa sitzen, dann mit Euch singen, plaudern und beten, darnach mich in die Kissen des Bettes vergraben und schlafen und schlafen und nicht mehr erwachen! Wie war denn die Sylvesterfeier in der Stiftskirche, die möchte ich mitgemacht haben. Der Rosenkranz ist oft mein einziger Trost! Wir sind nicht weit weg von den Engländern. Ist nah bei der 6. Kompanie und habe meine Kameraden von der 8. nicht, haben vorhin so ein 10 cm langes Bäumchen mit Lichtlein angezündet und die 1. Verse einiger Weihnachtslieder gesungen. Rauchen tu ich kaum. Anton Withum hat mir geschrieben, er will auch Flieger werden. Wenn's die Leute gut haben, wollen sie sich verschlimmbessern.   Herzliche Grüße und Küsse Hugo TChr.

Herzliche Grüße an Maria und Senze. Ist Joseph noch da; Prosit Neujahr und viele Grüße an ihn!

9. Januar 1917 Somme Schützengraben

Mein liebes gutes Mutterl! Liebe Schwester!
Also Dein Bua, Dein Junge ist preußischer Offizier geworden. Und hier unter welchen Umständen ward ich Leutnant. Heute Nachmittag zitterten wir trotz aller Kriegerruhe um unser elendes Leben. Denn die Franzmänner schossen mit Kohlenkasten 28-cm-Granaten auf unseren Graben – es ist die 4. Linie –, dass bald nichts mehr zu erkennen ist; manch tiefer Stollen wurde eingetäppert, und man fürchtete selbst im tiefsten dasselbe! Und sonst, wie sehe ich aus, das heißt wir alle. Von Lehm, Dreck überzogen! Hemd, Socken seit 24. Dezember 16, also seit letztem Jahr, auf den Knochen und dann immer wieder in Schweiß und Erdkühle. Gefroren habe ich zwar noch nicht, – und am 7. Januar kroch ich so aus meinem Stollen heraus, und kommt da so einer daher und gratuliert mir, darauf auch mein Kompanieführer – bin noch bei der 6. Kompanie – aber offiziell wusste ich noch nichts.

So vergingen nun noch 2 Tage, eben beim Kompanieführer gewesen und durchs Telephon mit dem Bataillonskommandeur Hauptmann Peschek gesprochen, dass ich offiziell laut Kabinettsorder seit 3. Januar Leutnant bin. Heute Nacht 9./10. Januar 4.00 Uhr werden wir abgelöst und kommen bis 14. nach St. Emilie in Ruhe; gewaschen habe ich mich seit 26. Dezember 1916 nicht mehr, in Moislains das letzte Mal! Eben nun steckte ich mit Sicherheitsnadel gepumpte Achselstücke auf den alten Rock, den Ihr ja kennt! Ich wundere mich, es war noch Schwein dabei – wenn auch die Granaten vor Offizieren nicht stillstehen – ich als jüngster der 3 Anwärter der 8. Kompanie wurde Leutnant und noch 2 der 5. Kompanie. Ich habe doch bei Gott keine Protektion! oder doch? Wie ist es mit den Hosen, die ich in Rindelbach anmessen ließ? Und hast Du zu einem Anzug noch damals Stoff bekommen? Dann gleich dort machen lassen, der Schneider hat ja Maß! Ich werde dann über meine Ausstattung noch schreiben. Also hoffentlich bringe ich den Leutnant heil heim.
      Herzliche Grüße und Küsse Euer Hugo TChr.

      17. Februar 1917 Ancre-Gegend
Mein liebes gutes Mutterl!
Erhielt eben mit bestem Dank das Päckle mit Käse und Zigaretten aus Würzburg. Also wir sind nun ausgesucht an der schlimmsten Stelle der ganzen Westfront angelangt, an der Ancre (mit zur Somme-Front gehörend), und zwar wo die Briten tagtäglich mehrmals angreifen, zuvor alles Leben mit Eisenhagel überschütten und vernichten. Wer das übersteht mit gesunden Knochen steht besonders in Gottes Schutz. Aber Ihr braucht keine unnötige Sorge haben! Dort, wo Grandcourt geräumt wurde, bei Miraumont ist es, von 2 Seiten unter Feuer. Die Erde zittert und bebt in einem Zug. Schwere und allerschwerste Kaliber arbeiten hier, nur die Engländer und wir. Also ein Wunder kann mich wieder heil rausführen aus diesen Kämpfen, die Verdun und Oktober an der Somme noch weit in Schatten stellen. All das soll Euch nur vorbereiten. Wenn eine Schreibpause eintritt, kann's auch an der Post liegen. Wenn ich verwundet werde, erfahrt Ihr's früh genug. Wenn ich falle, sterbe ich den schönen Heldentod für's Vaterland! In der Lebensversicherung bin ich doch auch kriegsversichert drin? [...] Lebt alle herzlich wohl und seid recht herzlich gegrüßt und geküsst von
      Eurem Hugo

Armee-Oberkommando 1. A. II. Qu., den 13. 10. 1916.
Ia Nr. 1330 geheim

Armeebefehl.

Nicht in die vorderen Linien mitnehmen.

Seit langen Tagen hat der Feind versucht, uns durch gewaltige Artilleriewirkung mürbe zu machen. Teilangriffe, die in dieser Zeit vor allem bei Thiepval, bei Sailly und am Pierre Vaast-Walde mit starken Massen ausgeführt wurden, sollten den grossen am 12. Oktober geplanten Vernichtungsschlag vorbereiten. Fast auf der ganzen Front zwischen Ancre und Bouchavesnes hat gestern der Feind gestürmt. Nœrdlich der Ancre hat er durch Gasangriff und verstaerktes Feuer zunæchst die Angriffsabsicht erkennen lassen. Allein zwischen Courcelette und Lesbœfs haben fünf neu eingegliederte englische Divisionen zum Durchbruch angesetzt. Bei Sailly und Rancourt sind die früher dort kaempfenden franzœsischen Divisionen zum Teil durch frische Truppen ersetzt worden.

An der eisernen Mauer der 1. Armee ist am 12. Oktober von neuem der feindliche Anprall zerschellt. Wir halten heute unsere Stellungen unveraendert fest. Die im Angriff vom Feinde erlittene Niederlage bedeutet für unsere Verteidigung einen vollen Sieg. Jeder Angehœrige der 1. Armee wird einst mit Stolz auf den 12. Oktober 1916 zurückblicken kœnnen.

Noch ist aber der Angriffswille des Feindes nicht gebrochen. Neue Munition wird er heranfahren; neue Divisionen werden die alten ersetzen. Der Kampf wird weitergehen, bis der Feind sich an dem heldenmütigen deutschen Widerstande ganz verblutet hat. Es gilt jetzt, sich gegen neue Anstürme zu wappnen, die zerschossenen Stellungen auszubessern, neue noch unfertige zu vollenden. Munition an ruhigeren Tagen aufzusparen, um sie dann in gewaltiger Menge spaeteren feindlichen Angriffen entgegenschleudern zu kœnnen. Auch wir führen unseren Stellungen frische Divisionen zu, um den braven Kaempfern der letzten Wochen die wohlverdiente Erholung an ruhigen Fronten zu geben.

Mit festem Vertrauen auf den endgültigen Sieg wollen wir unseren schweren Kampf in treuester Pflichterfüllung weiterführen. — Die englischen und franzœsischen Gefangenen bezeichnen schon jetzt ihr Angriffsfeld als die ,,Hœlle an der Somme". — Wir wollen und werden dafür sorgen, dass das englische und franzœsische Heer in der von ihm selbst geschaffenen ,,Hœlle" seinen Untergang findet.

Der Oberbefehlshaber
v. Below
General der Infanterie.

Befehl des Oberbefehlshabers der 1. Armee, General Fritz von Below
vom 13. Oktober 1916

Reservedivision 23, Sächsische Pionier (Mineur) Kompanie 323

Kompaniebefehl vom 25. Oktober 1916 [bei Nurlu]

Punkt 1. Die Grundlagen des deutschen Heeres sind Zucht und Ordnung. Die R II Stellung zeugt vom Gegenteil. Wir sind für Abschnitt D in jeder Hinsicht verantwortlich. Ich befehle daher:
Jeder Unteroffizier hat <u>sofort</u> und <u>täglich</u> im ganzen Bereich seiner Unterstände beim Eintreffen in der R II Stellung sämtliche herumgeworfenen Gegenstände sammeln zu lassen. Hierzu gehören: Munition, Handgranaten, in den Schmutz getretene Sandsäcke, Drahtrollen, Hindernispfähle, Schanzzeuge, Drahtscheren, Minierhölzer als Brücken, Helme, Lederzeuge, Gasmasken u.s.w. Zur Verfügung stehen ihm hierzu für den Bereich eines Unterstandes 10 Armierungsleute, für 3 Unterstände also 30 Armierungsleute, die das kleine Grabenstück in recht kurzer Zeit gründlich säubern können.

Punkt 2. Heute Morgen konnte mir ein Unteroffizier 2 Stunden nach Eintreffen in der Stellung keine Auskunft über die Maße seines Unterstandes geben. Ich fasse dieses interesselose Verhalten in Zukunft als Ungehorsam gegen meinen am 24.10. gegebenen Befehl auf.

Punkt 3. Der gegebene Befehl, dass infolge des Mangels an Mannschaften keine Kreidegruben mehr angelegt werden können, sagt nicht, dass jetzt an den Stollen Kreideberge aufgetürmt werden sollen. Diesem Unfug ist energisch entgegenzutreten.

Punkt 4. Ich weiß, dass die Anforderungen an pflichtbewusste Unteroffiziere recht groß sind. Daher sind unsere Unteroffiziere unter allen Umständen Vorgesetzte der Unteroffiziere der Armierungs-Truppe. Sie sollen diese zur Unterstützung heranziehen.

Punkt 5. Unsere Mineure sind Vorarbeiter und können die Armierungsleute so anstellen, wie es sich vor Ort gerade als nötig erweist.

gez. Geißler

Hugo Natt, Stabsarzt, Reservedivision 56, Infanterieregiment 118

Tagebuch

8. November 1916 [Saint Quentin]

Wenig ereignisvolle Tage. Dauernd in Spannung wegen des Abtransportes an die Somme. Infolgedessen keine Ruhe zur Arbeit. Allgemeiner fleißiger Besuch des Einkehrhauses am Marktplatz. Das erste Mal bei Carsten hatten wir den Prinz Eitel Friedrich gesehen, mit dem Pour le mérite[1]. – Als wir wieder da waren, sahen wir Leutnant von Althaus (Flieger) mit dem Pour le mérite. Die Flieger stellen das Hauptpublikum des Weinrestaurants. Meist gut aussehende Figuren, weniger angenehm berühren das Monokeltragen und der Sektkonsum. – Gemeinschaftliches Essen im Kasino im Hotel de France. Danach gehen wir zum Einkehrhaus, wo ich zu meiner freudigen Überraschung meinen Couleurbruder Ramsch treffe, mit dem ich mich für später verabrede. Viel Bezechtheit, wie stets, bevor es in Stellung geht. Hauptmann Collmann ist da, bereits mit hochrotem Kopf, erzählt sehr laut, dass es die angrenzenden Tische hören, von seiner anstrengenden Arbeit beim Divisionsstab. An seine Seite ist Hauptmann Lüters gerückt, ganz Interesse und Freundschaft: „zwei Täubchen die sich küssen, die nichts von Falschheit wissen", zitiere ich zu Reuling, der neben mir sitzend mit gleichem Genusse das Schauspiel verfolgt. Der neue Regimentskommandeur, neben den sie sich gesetzt, ist des Rauchens wegen gegangen. Jetzt bekommt der Ordonnanzoffizier Klein ein Glas Sekt geschickt. Welche Farce! Dies Buhlen um die Gunst der Vorgesetzten, schon der untergeordneten Stellen, die vielleicht irgendwie, irgendwann mal Einfluss auf den Kommandeur haben könnten. – Ramsch und ich trinken gemütlich unsere Flasche Wein. Wir sprechen von Zuhause, zeigen uns, nachdem ich ihn in seine Wohnung, Rue d'Orleans 118 begleitet, die Bilder unserer Lieben. – Da er kürzlich eine Diphtherie durchgemacht, versprach ich ihm, morgen früh vorüberzukommen zur Untersuchung.

9. November 1916 [Fresnoy-le-Grand]

Morgenbesuch bei Ramsch. – Um 9 Uhr Abmarsch. Fußmarsch bis Fresnoy-le-Grand, wo wir über Nacht bleiben. Gutes Quartier in der Apotheke.

10. November 1916 [Walincourt]

Marsch bis Walincourt. Ziemlich großes Dorf. Hauptsächlich belegt durch Leichtkrankenabteilung eines Kriegslazarettes. Auffällig direkt beim ersten Gang durch den Ort das Benehmen der Frauen und Mädchen, die einen so aufdringlich und frech ansehen, wie ich

---

[1] Orden.

es noch nie getroffen. Meine Quartierwirtin bringt mir ihre „Freundin", eine dicke leidlich hübsche Person, sie sei die Braut eines deutschen Soldaten. Ich lasse sie äußerst kühl abziehen. – Anderen Tages bekomme ich ein anderes, viel besseres, ruhigeres Quartier in der Leichtkrankenabteilung. – Große Unruhe bei uns, wohin wir wohl kommen werden. Entsprechend gewaltiger Alkoholkonsum.

14. November 1916 [Marquion]
Heute Abmarsch nach Marquion. Der Weg führt durch Cambrai, von dem wir aber wenig sehen, da wir durch die Vorstadt marschieren. Am späten Nachmittag kommen wir an, recht ermüdet von den 25 km. Wir essen gemeinschaftlich. An Stelle von Oepen, der zum Feldlazarett kommandiert ist, ist Graeff bei uns. Wir sprechen von den Friedensverhandlungen mit Russland, von denen in den letzten Tagen wieder viel geredet worden ist. Es seien Verhandlungen im Gang: in Berlin sei das Haus der russischen Gesandtschaft erleuchtet gewesen, auch habe ein Doppelposten dort gestanden. Wie es jetzt heißt, seien die Verhandlungen im letzten Augenblick abgebrochen worden, nachdem die Entente Russland eine große Anleihe gewährt habe. – Unterbringung äußerst eng und unbehaglich. –

15. November 1916 [Favreuil]
Marsch nach Favreuil. Wir kommen am späten Nachmittag an. Tief aufgeweichte Straßen. Für den ganzen Bataillonsstab ein einziges, winziges Zimmer. Wir liegen auf Krankentragen. Die Kompanien kommen in Wellblechbaracken, deren Fenster noch kein Glas haben. Das ganze Bataillon kommt in eine einzige solche Baracke. Die Pferde kommen in eine ebensolche Baracke, die aber keine Streu hat, sodass die armen Tiere tief in der schlammigen Erde einsinken. – Der Ort ist aufs äußerste überbelegt. Von der Front her hört man starkes Artilleriefeuer.

16. November 1916 [Miraumont]
Heute Abend geht es in Stellung, zunächst in die sog. Ruhestellung, „Felsenkeller" bei Miraumont. Der Bataillonsstab marschiert zusammen. Sternenklare Nacht. In Achiet-le-Grand sehe ich das Revier des Regiments 120, das wir ablösen. Da Achiet unter Feuer liegt, sind die Kranken im Keller. Dabei haben wir uns von unserem Stab getrennt. Wir nehmen an, er sei voraus gegangen. Vor Achiet-le-Petit sausen ein paar Blindgänger über uns weg. Wir warten gegen 10 Minuten. Ungemütliche Situation in der dunklen Nacht, allein auf der Landstraße, unbekannt mit den Wegeverhältnissen, dabei ziemliches Feuer. Wir haben uns schon damit abgefunden, dass wir bis zur Ankunft der Kompanien warten müssen, da kommt der Stab. Hauptmann Lüters hatte wohl eine Viertelstunde auf uns gewartet, inzwischen waren wir durch eine Parallelstraße gegangen und hatten uns so verfehlt. Der Weg war leidlich, Gänsemarsch. Ab und zu ein Granatloch. Der erste, der es merkt, ruft: „Granatloch", die hinter ihm Gehenden geben es weiter. Die Wege werden immer schlechter. Ab

und zu kommt ein Munitionswagen herangesaust, dann heißt es: „Rechts heran", meistens gerät man dann in tiefen Straßengraben. Uns führt der Grabenoffizier, der lange Leutnant Unterhorst. Nun geht's durch einen Bahnübergang und dann in schnellem Tempo, da gerade dies Gebiet dauernd stark beschossen werden soll, an einem steilen Bahndamm entlang, hinauf, bis auf die Höhe, wo der Zugang zum Felsenkeller liegt (einige Meter über dem Bahndamm). Zum ganzen Weg haben wir etwa 3 ½ Stunden gebraucht. Sind alle furchtbar müde. Was wird werden?, ist das immer wiederholte Thema. Gerade rechts von uns, nur eine Regimentsfrontbreite getrennt, hat jetzt der englische Einbruch stattgefunden. Angeblich hatte der Engländer erst 3 Tage getrommelt, dann sei er plötzlich ohne Artillerievorbereitung im Schutze des Nebels vorgestoßen, habe 5 Bataillone glatt gefangengenommen, darunter einen Regimentskommandeur.

17. November 1916 [Miraumont]
Hatte ein gutes Lager in einer Felsennische, in der ein Bett aufgeschlagen war. Graeff hatte es sich auf einer Tragbahre bequem gemacht. – Betrachte mir unsere neue Umgebung. Wir sind in einer ungeheuren Kalkhöhle: Wände, Decken, alles weiße Kreide. Die Wände sind uneben, mit Zacken und Vorsprüngen, durchzogen überall von parallel laufenden Spalten. Der ganze Kalkstein löst sich in solchen Schichten ab, und es gelingt ganz leicht, große Blöcke abzuschälen. An den Felsenblöcken glitzern im Scheine der Kerzen überall Wassertröpfchen, weniger Oberflächenwasser als Feuchtigkeit aus den Ausdünstungen der Menschen. In die Höhle führt eine Eingangsöffnung von etwa 2 m Höhe, 3 m Breite. Daran schließt sich an ein breiter (etwa 4 m) Gang von gleicher Höhe und etwa 8 m Länge, der etwas bergauf führt. Von seinem Ende aus führen dann gewaltige Gänge, etwa 2 m hoch, 1 ½ m breit, sehr schmal, nach beiden Seiten in den Berg hinein. Die Gänge sind ganz uneben, und die Passage ist streckenweise recht schwer. In der Verlängerung des Eintrittsganges schließt sich ein weiterer Raum nach innen an den beiden Hauptgängen an, wie ein kleiner Saal, der um eine gewaltige Felsensäule herum gebaut ist. Hier ist der eigentliche Verbandplatz. Zwischen dem Raum und dem Gange ist ein erhöhter Raum erhalten, wie eine Grotte. Zu ihm hinauf führt eine Treppe aus herabgestürzten Felsblöcken; da die Decke besonders tiefe Spalten und Sprünge hier zeigt, ist sie durch dicke Stämme gestützt. Hier lagern die Mannschaften der Sanitätskompanie, und bei der düsteren Beleuchtung sieht sich die Grotte wie eine Räuberhöhle an, wie überhaupt das ganze Milieu an „Graf von Monte Christo" und dergl. erinnert. – Ich ging, resp. kletterte durch den größten Teil der Gänge. Der Aufenthalt ist für die Leute furchtbar. Zur Zeit liegen in den Gängen 2 Bataillone von uns, außerdem noch Truppen vom Regiment 120, außer Pionieren etc. Insgesamt gegen 3.000. Dabei ist nur ein Ausgang vorhanden; 2 kleinere Öffnungen liegen so nahe an unserm Ausgange, dass sie zusammen eben nur einen Ausgang darstellen. Ein einziger Luftschacht ist vorhanden. Die Luftverhältnisse in den Gängen sind streckenweise so schlecht, dass die Leute sich völlig nackt ausziehen, um die Hitze aushalten zu können. Mann liegt neben Mann auf dem Gestein in den engen Gängen. Wenn durch Einschläge der Schacht oder die Ausgänge verschüttet würden, das Unglück wäre nicht auszudenken.

18. November 1916 [Miraumont]
Gestern Abend ist der Bataillonsstab mit Feldunterarzt Graeff in Stellung gegangen. Habe mich erst spät zur Ruhe gelegt, nach Mitternacht. Angesichts der gewaltigen Spalten in den Steinen – große Blöcke in der Decke scheinen fast frei zu hängen –, ist das Gefühl der Sicherheit hier recht gering. – Heute früh draußen Schnee, tiefer Schlamm. Seit der Früh starkes Feuer. Nach dem Mittagessen heißt es, die Engländer hätten Grandcourt genommen. Hauptmann von Beringe bringt dann die Nachricht, dass die Engländer bei dem rechts von uns liegenden Regiment 106 durchgekommen seien, hätten dann auch von der Seite her unsere Stellung gefasst. Das noch vor uns liegende Bataillon 120, das heute von uns abgelöst werden sollte, sei gefangen genommen. Unsere Kompanieführer, die sich zur Orientierung bei dem Bataillon bereits befunden, seien mitgefangen. Auch die 3 Maschinengewehre seien verloren. Leutnant Perron sei gefangen, Oberleutnant Becker und Lange gefangen. – Verbinde eine schwere komplizierte Oberschenkelfraktur, dann einen verwundeten Offizier vom Regiment 120. Dieser erzählt, die Engländer hätten beim Herankommen erst die Hände hoch gehalten, dann plötzlich Handgranaten geworfen. Es kommt Befehl für das II. Bataillon, sich fertig zu machen. Das I. Bataillon soll die Stellung des verlorenen Bataillon 120 besetzen. Mächtiges Trommelfeuer. Ab und zu ein schwerer, dröhnender Einschlag auf die Decke des Felsenkellers. Die Engländer sollen den Grandcourt Riegel genommen haben. Allgemein recht gedrückte Stimmung. Falls die Engländer noch den Miraumont Riegel nehmen, ist alles in der Felsenkeller-Mausefalle gefangen. Erst scherzhaft, dann bitterernst dieser Gedanke, das Thema jeder Unterhaltung. Graeff meldet, dass der Verbandplatz weiter zurückverlegt sei, meldet gleichzeitig den Verlust seines rechten Trommelfells durch Granateinschlag. – Es strömen ziemlich viele Verwundete herein. Abends nach 9 Uhr plötzlich „Gasalarm". Früher, als ich es rieche, schmecke ich das Gas. Schleunigst Masken herbei und aufgesetzt. – Einzelne Leute suchen verzweifelt nach ihren Masken. Dann lässt es wieder nach, Maske kann abgesetzt werden. Dann wird es wieder stärker. Immer wieder hört man draußen vor dem Eingang die matten Detonationen der Gasgranaten. Bei uns Feldunterarzt Binswanger. Es kommen immer weiter Verwundete. Es ist recht schwierig, mit der Gasmaske, deren Gläser immer wieder anlaufen, Verwundete zu verbinden. Zwischendurch aufgeregte und schreiende Mannschaften, die sich für gaskrank halten. Es ist recht anstrengend, längere Zeit durch die Maske zu atmen. In dem düsteren Höhlenrevier, das die wenigen Kerzen notdürftig erleuchten, sitzen, liegen und stehen die Verwundeten und Sanitätsmannschaften herum, alles mit Gasmasken. Dazu draußen das schwere Feuer, das Dröhnen der Einschläge auf den Felsen. Und immer wieder Gasgranaten vor den Eingang. Man hängt hinter der Maske seinen wenig erfreulichen Gedanken nach: Entweder von Granaten zerschmettert werden oder von einstürzenden Gesteinsmassen sich zerquetschen lassen, mit Gas langsam erstickt werden oder sich von den Engländern schnappen und totschlagen lassen. – Hauptmann von Cappeln kommt hilfesuchend zu mir: seine Augen sind durch das Gas dick angeschwollen. Ich lasse ihm Borwasser-Umschläge machen; sein Bursche, der „Philipp", bringt eine Flasche Wein, es wird wieder gemütlicher. – Nach Mitternacht hat das Gasschießen aufgehört. Ich versuche, vor dem Schlafengehen noch einen Mund voll frische Luft zu schnappen; es ist schwierig, sich

durch die Mannschaften, die sich um den Eingang drängen, hindurch zu winden, zumal die Leute noch alle ihre Gasmasken aufhaben. Ich trete einen Schritt aus dem Eingang, da saust es auch schon haarscharf über die Neigung des Abgangs hinunter. Wir sehen den Feuerschein der Explosion, alles drängt in rasender Eile zur Höhle hinein, zumal gleich noch ein paar Schrapnells heruntersausen.

19. November 1916 [Miraumont]
Schlecht geschlafen, wohl in Folge des Gaseinatmens. Als ich gegen 3 Uhr morgens aufstehe, da Verwundete kommen, finde ich auf dem Tisch einen Brief von Zuhause. Unter den Verwundeten auch der Bursche Schmidt des Kompanieführers der Leibkompanie. Er war stets ein besonders braver Mann, auf den Hauptmann Sauer, mit dem er früher zusammengewesen, immer viel gehalten. Ich denke an St. Gilles, wo er für Hauptmann Sauer und Stabsarzt Zahn gekocht, wie ich damals seine prachtvollen Beefsteaks bewunderte. Der Arme ist bös zugerichtet, ein Querschläger durch das Gesicht, das linke Auge ist völlig zerschmettert, das rechte scheint auch verloren. Mache ihm seinen Verband, gebe ihm auch selbst auf seine Bitte die Serum-Injektion. – Nach Versorgung der Verwundeten versuche ich, mich noch ein wenig zu legen. Am Fußende meines Lagers ist ein gewaltiger Felsbrocken abgestürzt. Mein Lager steht in einer Felsnische, gegen den Gang durch Zeltbahnen und Decken abgeschlossen. Der Raum ist ganz klein: neben dem Bett ein ganz schmales Tischchen, das in stetem Kampf mit der Unebenheit des Bodens hin und her rutscht, außerdem noch 2 Stühle. Habe als Lektüre: Rohrbach, Geschichte der Menschheit, außerdem Medizin: Hals, Nase, Ohren, auch Virus-Buch. Zur Beleuchtung habe ich Kerzen. Es kommt noch ein verwundeter Leutnant, vom Regiment 99. Die gestrige Meldung, dass Grandcourt genommen, sei „Latrine"[2], es seien 500 Engländer gefangen genommen, die wurden zum Abtransport der Verwundeten verwendet. In der Tat kamen auch gleich danach 2 Tragen mit Schwerverwundeten, geschleppt von Engländern. Das machte unseren „Lanzern"[3] Spaß, bald rief es „Tommy, Tommy"[4] von allen Seiten.

23. November 1916 [Miraumont]
Heute früh gehe ich mit dem Ordonnanzoffizier, Leutnant Klein, in Stellung. Es hat in der Nacht leicht gefroren, sodass der Boden nicht ganz so tief schlammig ist wie in den letzten Tagen. Zunächst bis zum Bahnübergang bei Miraumont. Dann längs des Bahndammes. Heute früh soll ziemliches Feuer auf den Weg gegangen sein, deshalb schleuniges Tempo. – Hier ist der Boden so tief schlammig, dass man bis weit über die Knöchel im Schlamm watet. Zu den Seiten sieht man die zerschossenen Reste der Häuser von Miraumont.

---

[2] Latrinenparole: Gerücht.
[3] Landser: Mannschaftssoldat.
[4] Spottname für die britische Armee.

Dauerndes Artilleriefeuer, das über uns weg auf die Batterien geht. Klarer, kalter Morgen. Über ein Dutzend englische Flieger tummeln sich in der Luft. Überall tiefe Granattrichter, meist bis oben mit Wasser gefüllt. An deren Rand tastet man sich durch den Schlamm. Dann wieder zerschossene und umgestürzte Baumstämme, über die man hinüber klettert. Dann eine schauderhafte Gruppe von Leichen, etwa 6, die Körper zerfetzt, mit Blut und Schlamm bedeckt. Von dem einen ist der Kopf halb abgeschossen, ein Stück weiter liegt ein abgeschossenes Bein, ein paar Leiber sind so ineinander verschlungen, dass man unter der Schlammschicht die einzelnen Körper nicht unterscheiden kann. Dann wieder einzelne Leichen. Es geht in schnellem Tempo weiter. Immer wieder sehen wir nach den Fliegern, die oben kreisen. Wie Hühner, wenn oben ein Habicht kreist. Da bleibt Leutnant Klein stehen: über uns direkt ein englischer Flieger, der plötzlich einen ganz scharfen Bogen fliegt. Wir warten schon auf Artilleriefeuer auf dieses vermeintliche Signal. Da plötzlich kracht es ganz nahe, dann noch einmal: er hat 2 Bomben auf uns abgeworfen. Wir haben uns hinter einen Schutthaufen geduckt. – Nun trennen wir uns. Ich will zum Sanitätsunterstand, Klein in Stellung. Ich komme durch einen tief morastigen Hohlweg, alles aufgewühlt und zerrissen durch Granaten. Dann links ein zerschossener Stolleneingang. Darin finde ich Feldunterarzt Binswanger. Ein kleiner Raum, höchst primitiv eingerichtet. Ein paar Schritte weiter gehe ich noch zum Unterstand von Hauptmann von Cappeln, der mich wegen seiner noch immer dick geschwollenen Augen konsultiert. – Nach kurzem Aufenthalt möglichst schnell nach Hause. –

27. November 1916 [Favreuil]

Gestern früh bei strömendem Regen zurück. Der Schlamm ist so tief, dass wir es vorziehen, uns zunächst auf dem Bahndamm einen Weg zu suchen. Dann aber müssen wir doch herunter: feste rin in den Dreck. Stellenweise ist der Schlamm so tief, dass die Schmutzbrühe uns oben in die Stiefel, resp. Gamaschen hineinläuft. Es gießt dauernd. Und doch sind wir guter Laune, froh, aus der Kellerluft herauszukommen. In Achiet-le-Grand waren die Kranken im Keller, ziemlich nahe der Bahn, untergebracht. Wie uns Schlüter erzählt, ist kurz vorher mit schwerem Kaliber nach der Bahn geschossen worden. Ich lasse das Revier dort räumen und nach Favreuil verlegen. – Favreuil macht mit seinen tief verschlammten Wegen recht schlechten Eindruck. Ich komme zu den Verpflegungsoffizieren, Leutnant Marchand und Lichtenberger, die mich aufs beste versorgen. Schöne helle Tage, die Sonne scheint doppelt so gut.

14. Dezember 1916 [Miraumont]

Die Tage in Favreuil waren recht ungemütlich. Ich hatte eine tüchtige Bronchitis mit Nebenhöhlenkatarrh. Unser Quartier dauernd überfüllt. Ich hatte einen kleinen Nebenraum, ohne Ofen und mit Steinfußboden. Gemeinschaftliches Essen. Das Niveau der Unterhaltung meist recht flach: meist ödes Geschimpfe über Vorgesetzte, besonders Oberstleutnant Fabarius, dann über die aktiven Offiziere im Allgemeinen, dann über den Divisionsarzt.

Zur Unterhaltung Schach und viel Skat. – Gestern wurde zum ersten Mal nach Favreuil geschossen: es gab 1 Toten und ein paar Verwundete, darunter einen Pioniermajor. Große Aufregung. Leutnant Stein, der krank bei uns war, und ich wurden wohl am wenigsten dadurch betroffen. Abends 10 Uhr kam plötzlich der Befehl des Ortskommandanten, dass die Zivilbevölkerung den Ort sofort zu räumen hätte. In dem Häuschen wohnt noch der 80–81jährige Besitzer, der sich von seinem kleinen Besitztum nicht hatte trennen mögen, trotz Einquartierung, mit ihm seine 42jährige Tochter. Ich hatte ihn öfters gesehen, wenn er mit scheuem Gruße in sein kleines Zimmerchen gegangen war; ein kleiner, gebeugter Mann mit grauem Spitzbart. Wie ein altes Mädchen mit hölzernem Gesicht. Wie der alte Mann weinte, als er durchs Zimmer ging, und das Mädchen, das ein Betttuch voll Wäschestücke trug, das einzige, was sie außer einem Koffer mitnehmen durften, das musste einem ins Herz schneiden. Bei Nacht und Nebel herausgetrieben. Und die Gewissheit, bei ihrer Rückkehr von den wenigen Möbelstücken und ihrem bisschen Habe nichts mehr vorzufinden. Gegen ½ 11 war es, als sie fort gingen ohne ein Wort des Grußes. – Kaum waren sie aus dem Tor, als schon „Inspektionen" in die Zimmer gingen, die Schränke durchstöberten, was brauchbar wäre. Draußen waren 4 Hühnchen gewesen. Es waren noch nicht 10 Minuten vergangen, da waren sie schon geschlachtet. Leutnant Marchand hatte den „Befehl" gegeben, der Verpflegungsoffizier des II. Bataillons. Er wollte 2 Hühnchen seinem Bataillonsstab schicken, 2 sollten für die Tischgesellschaft sein. Seine Liebe zum Stab beruhte auf der erklärlichen Angst um seine Stellung, um den bequemen Verpflegungsoffiziersposten. Mir war die Plünderungsszene so ekelhaft gewesen, dass ich fast mit den Herren Verpflegungsoffizieren nicht mehr sprechen mochte. Ich hatte ihnen meine Meinung klar und deutlich gesagt, aber sie konnten mein „Gefühl" nicht verstehen.

16. Dezember 1916 [Miraumont]
Heute mit dem Sanitätsauto über Bapaume, Grévillers nach Irles. Bapaume scheint eine kleine Stadt, ähnlich wie Roye gewesen zu sein; kolossal zerschossen. Überall auf den Straßen gewaltige Trichter. Die Häuser zeigen Granatlöcher, manchmal mehr Löcher als Wand. Auf den Straßen jetzt in der frühen Morgenzeit viele Mannschaften mit Stahlhelm und Kolonnen. Manchmal macht das Auto gewaltige Sätze, aber im Allgemeinen muss man sich wundern, wie schnell die Trichter auf den Straßen durch die Wegebaukommandos in die Reihe gebracht werden. Die arbeiten dauernd. In Irles halten wir vor der Verband- und Sammelstelle der Sanitätskompanie. Hier war vor 2 Tagen eine schwere Granate hereingeschlagen: 4 Tote, 5 Schwerverwundete, 6 Leichtverwundete. Dann im Sturmschritt durch das völlig zerschossene Irles. Der ganze Ort ein Schutthaufen. Meist liegen oder hängen die Dächer auf der Erde. Wir kommen glücklich die Chaussee entlang bis Miraumont und zum Felsenkeller.

Die Somme-Schlacht von 1916

Deutsche Stellungen bei Hattencourt, 1916

Deutsche Soldaten in Hattencourt, 1916

IV Schriftsteller und Künstler an der Somme

Ernst Jünger und die Somme

von Helmuth Kiesel

Ernst Jünger nahm am Ersten Weltkrieg als Angehöriger des niedersächsischen Füsilierregiments Generalfeldmarschall Prinz Albrecht von Preußen (Hann[over].) Nr. 73 teil. Dieses Regiment[1] stieß über Belgien bis über die Marne vor, musste nach der Schlacht an der Marne aber den Rückzug antreten, lag dann zunächst in Orainville (nördlich von Reims), wurde in verschiedenen kleineren Schlachten eingesetzt und bezog Ende Mai 1915 die ungefähr in der Mitte zwischen Arras und Albert liegenden Ortschaften Douchy und Monchy, die dem Regiment für fünfviertel Jahre zur „zweiten Heimat" oder „Kriegsgarnison" wurden.[2] Douchy war der Ruheort, das etwas weiter westwärts gelegene Monchy der Einsatzort im Stellungs- oder Grabenkrieg, der durch die Somme-Offensive der Alliierten beendet wurde. Mit ihr begann dann ein neuer, dramatischer und verlustreicher Abschnitt der Regimentsgeschichte, dem Ernst Jünger in seinem 1920 erschienenen Erinnerungsbuch *In Stahlgewittern* vier Kapitel widmet. Diese Erinnerungen basieren auf dem Kriegstagebuch, das Jünger führte, und sie wurden zwischen 1920 und 1978 sechsmal überarbeitet, so dass uns, da mittlerweile alles publiziert ist, eine besonders vielschichtige Darstellung der Somme-Schlacht und des Rückzugs von der Somme aus der Hand eines Offiziers und Schriftstellers vorliegt. Naturgemäß ist sie – als Bericht eines einzelnen – ausschnitthaft, doch übertrifft sie an Eindringlichkeit alle anderen Darstellungen bei weitem; nicht umsonst zitieren die Somme-Kapitel der Regimentsgeschichte[3] immer wieder ausführlich Jüngers Bericht. Im folgenden soll dreierlei beobachtet werden: erstens wie Jünger die Somme-Schlacht und den Somme-Rückzug ausweislich seines Kriegstagebuchs erlebte; zweitens wie er das Erlebte für sein Erinnerungsbuch strukturierte und verdichtete; drittens was er bei den Überarbeitungen der *Stahlgewitter* in den nächsten Jahrzehnten änderte.

---

[1] Vgl. dazu Hans Voigt: Geschichte des Füsilier-Regiments Generalfeldmarschall Prinz Albrecht von Preußen (Hann.) Nr. 73, Berlin 1938. Karten und Landschaftsbeschreibungen auch bei Nils Fabiansson: Das Begleitbuch zu Ernst Jünger „In Stahlgewittern", Hamburg u.a. 2007.
[2] Voigt, Geschichte des Füsilier-Regiments Nr. 73, S. 339–391, Zitate: S. 343 und S. 342.
[3] Ebd., S. 393–507.

Helmuth Kiesel

Die Wahrnehmung des Erlebenden

Ernst Jünger hat vom ersten Tag seines Kriegseinsatzes (am 30. Dezember 1914) bis zu seiner letzten Verwundung (am 25. August 1918) kontinuierlich Tagebuch geführt. Die fünfzehn Hefte im Taschenbuchformat, die zusammen rund 1.800 Seiten zählen, sind Bestandteil des Jünger-Nachlasses im Deutschen Literaturarchiv in Marbach und liegen seit 2010 in gedruckter Form vor.[4] Die Erfahrungen an der Somme sind in den Heften V bis IX auf rund 430 Seiten festgehalten. Die entsprechenden Aufzeichnungen beginnen mitten im fünften Heft, wo – nach dem 20. Juni 1916 – eine zunehmende Feuertätigkeit der Alliierten registriert wird, und enden mit dem neunten Heft, das unter dem Datum des 22. März 1917 eine Urlaubsbewilligung verzeichnet. Die Innenseite des Einbands des fünften Hefts und die erste Seite hat Jünger mit Zeichnungen versehen.[5] Die Innenseite zeigt den „Reiter Tod": ein menschliches Gerippe, das auf einer Granate daherbraust; die erste Schreibseite zeigt einen Totenkopf mit Zylinder und qualmender Pfeife zwischen den Zähnen – beides Versuche, sich auf den drohenden Tod durch Artilleriebeschuss einzustellen.

Die Ortschaften Douchy und Monchy liegen ungefähr 8 km nördlich von Gommecourt, dem nördlichen Ende des alliierten Aufmarsch- und Angriffsgebiets. Jüngers Regiment war also nicht direkt in die sechstägige Artillerievorbereitung einbezogen, sollte aber durch einen kleinen Angriff, der durch Beschießungen vorbereitet wurde, gebunden werden.[6] Mehrfach verzeichnet das Tagebuch „Feuerüberfall", „heftiges Feuer", „Trommelei mit allen Minen und Artillerie" sowie Beschuss mit Gasgranaten.[7] Unter dem Datum des 26. Juni findet sich dann auch ein Hinweis darauf, dass man über die Lage informiert war: „Aha, sagte jeder, so sieht also die englische Entlastungsoffensive aus."[8] Dabei bleibt es aber auch; weitere strategische Betrachtungen werden nicht angestellt. Das Tagebuch bleibt ganz beim Geschehen in Jüngers eigenem Wahrnehmungsbereich. Der weitaus größte Teil der Aufzeichnungen gilt den Beschießungen, deren Art und Dauer festgehalten wird, und den durch sie bewirkten Verwundungen, die einzeln aufgeführt werden. Die Verluste, die das Regiment erlitt, waren „enorm", wie das Tagebuch belegt: etwa siebzig Tote und vermutlich drei- oder viermal so viel Verwundete in den letzten drei Tagen des Juni.[9] In Jünger stieg die Ahnung auf, dass die Art von Kriegsführung, die nun einsetzte, auf die Vernichtung ganzer Einheiten hinauslaufen könnte. Als das Regiment am Morgen des 29. Juni zweiundvierzig Gefallene zu registrieren hatte, notierte er: „Wenn die Schweinerei, wie wahrscheinlich, noch viel länger dauert, wird zuletzt überhaupt niemand mehr am Leben sein."[10] – Für

---

[4] Ernst Jünger: Kriegstagebuch 1914–1918, hg. von Helmuth Kiesel, Stuttgart 2010 (5. Aufl. 2015).
[5] Ebd., S. 116 und S. 117.
[6] Jünger, In Stahlgewittern, Bd. 1, S. 193.
[7] Jünger, Kriegstagebuch, S. 125 ff.
[8] Ebd., S. 133.
[9] Ebd., S. 147.
[10] Ebd., S. 143.

die 3. Kompanie sollte dies wenig später Realität werden: Sie wurde am 3. September bei Guillemont restlos aufgerieben.[11]

Während der letzten Junitage erlebte Jünger zum ersten Mal Beschießungen mit Gas. Die Engländer setzten Chlorgas und Phosgen[12] ein, um die deutschen Soldaten aus den Stellungen zu treiben und kampfunfähig zu machen. Die ersten würgenden und stöhnenden Gaskranken erweckten bei Jünger einen „lächerlichen Eindruck", aber er fügte dem gleich hinzu, dass ihm das Lachen verging, als er von den tödlichen Folgen hörte.[13] Dass der Einsatz von Gas unerlaubt oder besonders bösartig oder verächtlich sei, sagt Jünger nirgendwo. Gas war für ihn offensichtlich ein fraglos einsetzbares Mittel der Kriegführung, dem man eben mit Hilfe von Gasmasken und Vorsichtsmaßnahmen begegnen musste; eine entsprechende Schulung hatte er bereits im Oktober 1915 erhalten.[14] Glaubt man dem Tagebuch, so blieb er selbst bei Gasangriffen gelassen und versuchte, sich souverän zu zeigen.[15] Gleichwohl hatte er Anfang August einmal einen „gräßlichen Alpdruck", in dem sich wohl die insgeheim empfundene Angst vor dem Gas äußerte: „Ich träumte, ich wäre beim Gasangriff umgefallen und erstickte."[16]

Jüngers positive Einstellung gegenüber dem Krieg wurde durch die erhöhten Destruktionserfahrungen nicht wesentlich geändert. Wohl bemerkte er das entsetzliche Leid der Verbandsplätze;[17] wohl gab es Momente, in denen sich ihm die Frage „Wozu, wozu" aufdrängte;[18] aber dergleichen wird sofort durch heroische Bekenntnisse konterkariert, ebenso durch die Feststellung, dass die Stimmung im Regiment „heiter" und „fröhlich" sei[19] und der Krieg selbst in diesen Wochen seine gemütlichen und friedlichen Stunden habe.[20] Das klingt heute makaber, ist allerdings nichts Ungewöhnliches. Otto Dix, der Anfang Juni 1916 vor dem Fort Pompelle bei Reims lag, schrieb nach Hause: „Wir sitzen den ganzen Tag im Kampfgraben auf dem Schützenstand. Wir sind nun 4 Tage hier, es ist tatsächlich wie in der Sommerfrische. […] Hier hielt ich den Krieg ab [sic!] und wenn er noch einige Jahre dauert […]."[21]

Den Titel *In Stahlgewittern* hat Jünger seinem Kriegsbuch vermutlich erst unmittelbar vor der Drucklegung im Frühjahr 1920 gegeben, und vermutlich ist er eine Entlehnung

---

11 Voigt, Geschichte des Füsilier-Regiments Nr. 73, S. 417.
12 Jünger, Kriegstagebuch, S. 135, und In Stahlgewittern, Bd. 1, S. 190 f.
13 Jünger, Kriegstagebuch, S. 138.
14 Ebd., S. 49.
15 Ebd., S. 139, S. 141 und S. 153.
16 Ebd., S. 162.
17 Ebd., S. 143.
18 Ebd., S. 148.
19 Ebd., S. 141.
20 Ebd., S. 155 und S. 158.
21 Zitiert nach Birgit Dalbajewa/Simone Fleischer/Olaf Peters (Hg.): Otto Dix. Der Krieg – Das Dresdner Triptychon, Dresden 2014, S. 19.

aus einem Kriegsgedicht des damals renommierten Romanautors Hermann Stehr, dessen erste Zeilen lauten: „Die Zeit ist groß, es spricht in Stahlgewittern |das Volk zum Volke […]".[22] In den Tagebuchaufzeichnungen über das alliierte Bombardement an der Somme wird diesem Titel aber durch Metaphern wie „Geschoßhagel", „Kugelhagel" und „Orkan der Shrapnells" präludiert.[23] Ebenso wird Jüngers Suche nach treffenden Metaphern und Vergleichen sichtbar. Nach einer besonders starken Beschießung hielt er am 27. Juni 1916 in seinem Journal fest:

> Es pfiff, heulte und krachte, leichte, schwere Granaten, „Rattcher", Shrapnells und so weiter, man wurde ganz blödsinnig. Dieses Aushalten im Feuer ist eine starke Nervenprobe, ich habe mich bemüht, diese Situation anschaulich zu schildern und dabei einen ganz passenden Vergleich gefunden.
>
> Es ist als ob man angebunden ist und ein Kerl will einen mit einem Hammer auf den Kopf schlagen, öfters holt er aus und bedroht einen bald mehr bald weniger.[24]

Der Vergleich mit Hammerschlägen muss eine große Erfahrungsplausibilität besessen haben; jedenfalls findet er sich auch in Henri Barbusses *Feuer (Le Feu)*[25] und in Roland Dorgèles' *Hölzernen Kreuzen (Les Croix de bois)*.[26]

Am 12. August 1916 durfte Jünger in den Heimaturlaub nach Hannover fahren, wurde aber bereits am 20. durch ein Telegramm zurückgerufen, weil das Regiment Nr. 73 von Douchy abgezogen und zum Einsatz bei Guillemont beordert wurde. Was dies bedeutete, wusste man aus „Zeitungsberichten", auf die das Tagebuch zweimal Bezug nimmt,[27] und die Erfahrungen der nächsten Tage bestätigten es: Das Feuer, das auf die Deutschen niedergeht, wird als „unerhört" und „wahnwitzig" bezeichnet.[28] Man bewegt sich in einer völlig kahlen Trichterlandschaft, in der „alles zur Wüste gemacht" und „buchstäblich kein Grashalm" mehr zu sehen ist;[29] in seinem „Loch" sitzend, notiert Jünger: „Guillemont unterscheidet sich nur vom übrigen Terrain dadurch, daß die Trichter weißlicher sind, sonst alles umgepflügt, die Steine zu Staub zermahlen."[30] Die Soldaten sind seit dem Anmarsch

---

[22] Ernst Jünger: In Stahlgewittern. Historisch-kritische Ausgabe, hg. von Helmuth Kiesel, 2 Bde, Stuttgart 2013, hierzu Bd. 2: Variantenverzeichnis und Materialien, S. 66 ff.
[23] Jünger, Kriegstagebuch, S. 136, S. 154 und S.137.
[24] Ebd., S. 137 f.
[25] Henri Barbusse: Das Feuer, Zürich 1918, S. 245: „mit den klingenden Schlägen eines Riesenhammers auf dem Amboss".
[26] Vgl. Roland Dorgèles: Die hölzernen Kreuze, Horw-Luzern/Stuttgart/Leipzig, o. J. [um 1930; franz. Orig. 1919], S. 311: „der schreckliche Eisenhammer schien mit rasendem Toben immer mehr sich zu nähern".
[27] Jünger, Kriegstagebuch, S. 165 und S. 177.
[28] Ebd., S. 166 und S. 168.
[29] Ebd., S. 176 f.
[30] Ebd., S. 170.

mit Stahlhelmen ausgestattet.[31] Jünger bemerkt, dass der Krieg eine neue Form annimmt: Das Feuer ist stärker und dauerhafter als je zuvor; die Einheiten können kaum Verbindung halten und sind mehr oder minder auf sich allein gestellt;[32] wer sich verirrt und dem Feind in die Hände fällt, darf „auf Pardon nicht rechnen", weil es unmöglich ist, Gefangene zu bewachen oder nach hinten zu schaffen.[33] Wer noch am Leben ist, sitzt unter Leichen, die von Fliegenschwärmen bedeckt sind, und atmet beständig Leichengeruch ein.[34] Trotzdem besteht der „Kriegsmutwillige"[35] Jünger angesichts der tapferen Haltung der Soldaten darauf, dass es eine „Lust" ist, „Soldat zu sein".[36]

Am 1. September 1916 wurde Jünger in der Ruhestellung durch eine Schrapnellkugel am Bein verwundet und über das Lazarett Fins nach Deutschland zurückgebracht. Auf diese Weise entging er dem erneuten Einsatz bei Guillemont, bei dem ein großer Teil seines Regiments am 3. September vernichtet wurde. Am 4. September erhielt Jünger die Nachricht und notierte in einer Art von Überlebensscham mit dem ihm damals eigenen Pathos: „Wie durch ein Wunder hat mich dieser Zufallstreffer solchem Schicksal entrissen und doch, so seltsam es klingen mag, hätte ich doch gern das Los der Kameraden geteilt und auch über mich den eisernen Würfel des Krieges rollen lassen."[37] Indessen begünstigten die Verluste seinen militärischen Aufstieg. Nach dreiwöchigem Lazarettaufenthalt in Gera und anschließendem dreiwöchigen Genesungsurlaub in Hannover kam Jünger am 23. Oktober ins Ruhelager des Regiments bei Hattonchatel (etwa 20 km südöstlich von Verdun) zurück. Am 28. wurde das Regiment wieder in die „Sommegegend" verlegt, wo sich zunächst ein ausschweifendes Leben mit Zechgelagen und erotischen Affären ergab. Im Anschluss daran lebte Jünger für einige Wochen in der Angst, sich eine venerische Infektion zugezogen zu haben;[38] das neunte Tagebuchheft, in dem dies festgehalten ist, hat deswegen auch nicht wieder einen „Reiter Tod" als Frontispiz, sondern ein Reagenzglas mit Bunsenbrenner zur Herstellung eines Mittels, mit dessen Hilfe der Tod durch Geschlechtskrankheit – er entweicht in einer Dampfwolke – vertrieben werden soll.[39] – Es folgten eine weitere Verwundung beim Einsatz als Spähoffizier am Wald von St. Pierre Vaast, die Ernennung zum Kompanieführer, die Verleihung des Eisernen Kreuzes erster Klasse und ein Offizierslehrgang auf dem Truppenübungsplatz Sissonne, wodurch Jünger wiederum von den Stellungskämpfen an der Somme verschont wurde. Als er am 20. Februar 1917 in die neue, etwa 7 km südlich von Péronne gelegene Kampfstellung des Regiments bei

---

[31] Ebd., S. 167.
[32] Ebd., S. 176.
[33] Ebd., S. 177.
[34] Ebd., S. 175.
[35] Jünger, In Stahlgewittern, Bd. 1, S. 39.
[36] Jünger, Kriegstagebuch, S. 171 (25.8.1916).
[37] Ebd., S. 185.
[38] Ebd., S. 197 ff. und S. 212 f.
[39] Ebd., S. 204 und S. 206, wo das Mittel (argentum nitricum) genannt wird.

Villers zurückkehrte, wurde bereits der Rückzug von der Somme vorbereitet: „Die Bahn, die gleich hinter Villers läuft, wurde mit drei Sprengladungen an jeder Schiene gesprengt, an allen Ruinentrümmern die Regenröhren abgeschraubt und zurückgefahren, alle Bäume [,] auch Obstbäume abgesägt u.s.w. u.s.w."[40] Dem „Rückzug über völlig zerstörtes Gebiet" blickte Jünger, wie er zweimal ausdrücklich sagt, mit Interesse, ja Neugier entgegen.[41] Was er dann zu sehen bekam, hielt er in einer Weise fest, die, wenn nicht Bestürzung, so doch einige Distanzierung erkennen lässt:

> Alle Dörfer durch die man kam sahen aus wie große Tollhäuser. Leute stießen und rissen Mauern ein, saßen oben auf Dächern und schlugen alles kurz und klein, Obstbäume wurden gefällt, gesengt und vernichtet, Scheiben eingeschlagen, rings stiegen Rauchwolken hoch, kurz es wurde eine Orgie der vollkommenen Zerstörung gefeiert. Überall wurde planmäßig nach dem Grundsatz gewüstet, daß man dem Feinde nicht nur das ihm Notwendige vernichten müsse, sondern auch alles, was überhaupt durch Menschenhand vernichtet werden kann. So sah ich im Schloßpark von Devise einige gefällte wunderschöne Palmen. Es war kein erhebender Anblick. So gehts bis ganz hinten hin, jedes Dorf ein Trümmerhaufen, jede Straße unterminiert, jeder Brunnen vergiftet, jeder Baum gefällt, jeder Flußlauf abgedämmt, alle Vorräte und Metalle zurückgeschaf[f]t, jede Eisenbahnschiene abmontiert, jeder Telefondraht abgerollt, alles Brennbare verbrannt, kurz das Land, das nun besetzt werden soll vom vordringendem [!] Gegner ist schlimmer als die ödeste Wüste.[42]

Jünger selbst wurde beauftragt, mit drei „Stoßgruppen" Präsenz vorzutäuschen, um die Engländer über den Abzug des Regiments zu täuschen und die letzten Stege, die durch das Sumpfgelände führten, zu sprengen. Am 21. März langte er an der Siegfried-Stellung an, am 22. bekam er vierzehn Tage Heimaturlaub zugesprochen.

Wenn Jünger die Zerstörungen beim Somme-Rückzug in seinem Kriegstagebuch nicht ausdrücklich verurteilt und beklagt, so heißt dies nicht, dass ihm das Gespür für die Ungeheuerlichkeit und Tragweite des Vorgangs gefehlt hätte. Eine Eintragung vom 1. Dezember 1915 zeigt das Gegenteil:

> Man sieht aus dem Fenster [einer Wachstube] und wird traurig, wenn man sieht, was aus Nordfrankreich geworden ist. [...] An der Front die Dörfer zerstört, die Bäume zerschossen, die Brunnen verfallen, die Felder aufgewühlt und hoch überwuchert. Hier im besetztem Land [das, gestrichen] ein Volk gezwungen zu einer Lebensweise, die es nie kannte, gezwungen das graue Brot des Krieges hinunterzuwürgen und gezwungen, Kinder zu gebären, die vielleicht später nicht in dies Land der Heiterkeit hineinpassen werden.

---

[40] Ebd., S. 215 (21.2.1917).
[41] Ebd., S. 216 und S. 224.
[42] Ebd., S. 224 f. (2.3.1917).

> Und ich werde die Reise nach Paris und Versaille [sic!] nicht machen können, mich nicht freuen können im Lande des Weins und der Freude, denn zwischen mir und Euch steht eine Wand, fließt ein Strom von Blut, von Blut vielleicht unnütz vergossen, um Millionen Mütter in Gram und Elend zu stürzen.[43]

Beim Somme-Rückzug konnte oder mochte Jünger sich einer solchen Stimmung nicht überlassen. Aber in den *Stahlgewittern* zeigt sich, dass ihn die Zerstörung des Somme-Gebiets nachhaltig beschäftigte.

Die Somme-Kapitel der „Stahlgewitter"

Die Aufzeichnungen über den Einsatz an der Somme vom 24. Juni 1916 bis zum 22. März 1917 nehmen im Kriegstagebuch rund hundert Druckseiten ein. In der Originalfassung der *Stahlgewitter* von 1920 entsprechen ihnen etwa fünfzig Druckseiten gleichen Formats. Jünger hat bei der Überführung des Kriegstagebuchs in das Erinnerungsbuch viele Einzelheiten weggelassen. Die Beschreibung der Bombardements und der Kämpfe ist viel weniger detailliert. Auch den darstellungstechnisch interessanten Hinweis darauf, dass er für die Wirkung des Bombardements auf den einzelnen einen guten Vergleich gefunden habe, ließ Jünger weg; dergleichen schien ihm 1919/20 nicht wichtig zu sein. Dass die Ausführungen über das ausschweifende Leben im Ruhelager fehlen, erklärt sich aus dem Anspruch des Buches, das ein Buch der „ehrenvollen Erinnerung" an die Gefallenen der „herrlichsten Armee" sein sollte,[44] und aus dem Umstand, dass Mitteilungen dieser Art eine weitere Karriere in der Reichswehr, auf die Jünger damals noch hoffte, verhindern oder erschweren mochten. Zugleich hat Jünger aber versucht, zu verdeutlichen, dass der Krieg mit der Somme-Schlacht ein neue Qualität bekam. Mustergültig zeigt sich dies an der Schilderung des Anmarsches auf Combles. Im Kriegstagebuch heißt es:

> Ein Mann von vorn holte uns, um uns den Weg zu userm Nachtquartier zu zeigen. Er erzählte unangenehme Dinge. Diese Sommeschlacht scheint eine Ausgeburt des Wahnsinns zu sein. Er erzählte von Aufenthalt in Löchern ohne Verbindung und Annäherungsgräben, von furchtbarem Art.-Feuer[45], von unaufhörlichen Angriffen, vom gegenseitigen Abschlachten gefangener Gegner, von Durst, von Leichengestank, vom Verkommen der Verwundeten und anderes mehr.[46]

In den *Stahlgewittern* werden daraus mehrere Abschnitte, in denen der Führer genauer geschildert wird und unmittelbar zu Wort kommt:

---

43 Ebd., S. 62.
44 Vgl. Jünger, In Stahlgewittern, Bd. 1, S. 21 (Vorwort 1920).
45 Artilleriefeuer.
46 Vgl. Jünger, Kriegstagebuch, S. 166 (23.8.1916).

Ein Mann in Stahlhelm meldete sich bei mir, um meinen Zug in das berühmte Städtchen Combles zu führen [...]. Das halb vom Stahlhelm umrahmte unbewegliche Gesicht und die monotone, vom Lärm der Front begleitete Stimme machten den Eindruck unheimlichen Ernstes. Man merkte dem Manne an, daß er jeden Schrecken bis zur Verzweiflung durchgekostet und dann verachten gelernt hatte. Nichts schien zurückgeblieben als eine große und männliche Gleichgültigkeit.

„Wer fällt, bleibt liegen. Da kann keiner helfen. Niemand weiß, ob er lebend zurückkommt. Jeden Tag wird angegriffen, doch durch kommen sie nicht. Jeder weiß, daß es auf Leben und Tod geht."

Mit solchen Leuten kann man kämpfen.

Wir schritten auf einer breiten Chaussee, die sich im Mondschein wie ein weißes Band über das dunkle Gelände spannte, dem Kanonendonner entgegen, dessen verschlingendes Gebrüll immer unermeßlicher wurde. *Lasciate ogni speranza!* Bald schlugen die ersten Granaten links und rechts von unserem Wege ein. [...][47]

Ähnliche, wenn auch kleinere Hinzufügungen, die den Eindruck des Gesagten steigern und dem Text zugleich einen literarischen Charakter geben sollen, finden sich auch an anderen Stellen. Die wichtigste inhaltliche Einfügung weist das Kapitel „Der Sommerrückzug" auf. Hier übernahm Jünger die oben zitierte Eintragung über die Dörfer, die wie „Tollhäuser" aussahen, fast wörtlich, strich aber den Satz „Es war kein erhebender Anblick" und fügte drei Abschnitte ein, die sowohl die Zerstörungen als auch die Deportation der Zivilbevölkerung militärisch rechtfertigen sollten, aber erkennen lassen, dass der Verfasser an der Triftigkeit seiner Ausführungen zweifelte:

Die moralische Berechtigung dieser Zerstörungen ist viel umstritten, doch scheint mir das chauvinistische Wutgeheul diesmal verständlicher als der befriedigte Beifall der Heimkrieger und Zeitungsschreiber. Wo tausende friedlicher Menschen ihrer Heimat beraubt werden, muß das selbstgefällige Machtgefühl schweigen.

Über die Notwendigkeit der Tat bin ich als preußischer Offizier natürlich keinen Augenblick im Zweifel. Kriegführen heißt, den Gegner durch rücksichtslose Kraftentfaltung zu vernichten suchen. Der Krieg ist der Handwerke härtestes, seine Meister dürfen der Menschlichkeit nur solange das Herz öffnen, als sie nicht schaden kann.

Daß diese Handlung, die die Stunde forderte, nicht schön war, tut nichts zur Sache. Der aufmerksame Beobachter ersah es schon aus der Weise, in der sich der objektive Führerwille bei der Mannschaft in eine Reihe von niederen Instinkten umsetzte.[48]

Das sollte allerdings nicht Jüngers letztes Wort zur destruktiven und verbrecherischen Aktion „Alberich"[49] sein.

---

[47] Jünger, In Stahlgewittern, Bd. 1, S. 206 und S. 208.
[48] Ebd., S. 296.
[49] Vgl. dazu den Beitrag von Michael Geyer (Kapitel VI) in diesem Band.

Zu den Somme-Kapiteln der *Stahlgewitter* gehört ein Abschnitt, auf den hier eigens eingegangen werden soll, weil er das Bild Jüngers mit geprägt hat. Er zeigt allerdings nichts, was für die Somme-Schlacht spezifisch gewesen wäre, sondern etwas, was zum Krieg überhaupt gehörte. Während des Rückzugs von der Somme – ausweislich des Tagebuchs am 6. März 1917 – entdeckte Jünger von einem Postenstand aus einen englischen Soldaten, der hinter der dritten englischen Linie, wo man sich einigermaßen sicher fühlen konnte, über Deckung ging, riss dem nächsten Posten das Gewehr aus der Hand, schoss und traf den Engländer tödlich. Sowohl im Tagebuch als auch in den *Stahlgewittern* vermerkt Jünger dies mit einem gewissen Stolz.[50] Für jeden heutigen Leser ist der Vorgang empörend und lässt an Tucholskys Diktum „Soldaten sind Mörder" denken.[51] Aber eine vergleichbare Passage findet sich auch in den Kriegserinnerungen *Goodbye to All That / Strich drunter!* von Robert (von Ranke-)Graves, der Jünger an der Somme gegenüberstand. Auch er berichtet, dass er einen deutschen Soldaten, der sich hinter der dritten Linie zeigte, „abschießen" („pick off") ließ – und nennt dazu auch das Prinzip, nach dem zu handeln war, nämlich „das Verringern der Zahl der Feinde" („reducing the enemy's manpower"), wann und wo immer es möglich war.[52]

Modifikationen der Somme-Kapitel in den späteren „Fassungen" der *Stahlgewitter*

Als 1922 eine Neuauflage der *Stahlgewitter* anstand, hat Jünger den Text überarbeitet. Dies wiederholte sich mehrfach, so dass die *Stahlgewitter* in sieben (nach anderer Zählung in acht) „Fassungen" vorliegen.[53] Die Überarbeitungen zielten sowohl auf stilistische Optimierung als auch auf inhaltliche Präzisierungen, Ergänzungen und mehrfach auch Neubewertungen. Davon sind selbstverständlich auch die Somme-Kapitel betroffen, und die wichtigsten Modifikationen seien hier hervorgehoben. Vorweg sei erwähnt, dass Jünger zumindest für die Überarbeitungen in den Jahren 1923/24 und um 1933 auf sein Kriegstagebuch zurückgriff und den Text der *Stahlgewitter* durch Details anreicherte, die im Kriegstagebuch festgehalten waren. Ebenso sei vorweg erwähnt, dass ab der zweiten Auflage alle Fotos weggelassen wurden, also auch die beiden Fotos, die die Destruktion der Somme-Landschaft dokumentieren.[54]

---

50 Jünger, Kriegstagebuch, S. 221 f. (6.3.1917), und In Stahlgewittern, Bd. 1, S. 288 ff.
51 Ignaz Wrobel (= Kurt Tucholsky): Der bewachte Kriegsschauplatz, in: Die Weltbühne, 27 (1931) II, S. 192 (Nr. 31 vom 4. August 1931).
52 Robert von Ranke-Graves: Strich drunter! Reinbek bei Hamburg 1990, S. 159 (engl.: Robert Graves: Goodbye to All That, London 2011, S. 136).
53 Vgl. dazu Jünger, In Stahlgewittern, Bd. 2, S. 89 ff.
54 Jünger, In Stahlgewittern, Bd. 1, S. 286 und S. 294.

Eine Serie von Änderungen dient der kriegsgeschichtlichen Situierung der Somme-Schlacht, die Jünger bei der Überarbeitung von 1933 notwendig zu sein schien. An mehreren Stellen fügte er deswegen entsprechende Hinweise ein. Die Somme-Schlacht steht für die „Materialschlacht mit ihrem riesenhaften Aufgebot", die „gegen Ende des Jahres 1917 [in der Tankschlacht bei Cambrai[55]] durch die mechanische Schlacht abgelöst" wurde."[56] In der ersten Fassung wollte Jünger die entscheidende Bedeutung des Materialeinsatzes noch negieren. Die Schilderung einer unter schwerem Feuer gefechtsbereit im Graben ausharrenden Gruppe von Soldaten findet 1920 ihren Abschluss in dem Satz: „In solchen Augenblicken triumphiert der menschliche Geist über die gewaltigsten Äußerungen der Materie, der gebrechliche Körper stellt sich, vom Willen gestählt, dem furchtbarsten Gewitter entgegen."[57] Bei der Überarbeitung zwischen 1958 und 1960 hat Jünger diesen Satz gestrichen.

Bedeutungsvoll modifiziert hat er das oben schon erwähnte erste Auftauchen eines deutschen Soldaten mit Stahlhelm, des gleichsam ausgeglühten Führers, zum Einsatz bei Combles und Guillemont. 1920 wird der Stahlhelm nur beiläufig erwähnt („Ein Mann in Stahlhelm meldete sich bei mir [...]"). 1934 wird dieser Moment zur historischen Zäsur erhoben: „Er war der erste deutsche Soldat, den ich im Stahlhelm sah, und er erschien mir sogleich als der Bewohner einer fremden und härteren Welt."[58] Zwischenzeitlich, in der Fassung von 1924, hieß es mit Bezug auf die Ausrüstung mit Stahlhelmen, die Jüngers Einheit in Combles[59] erfuhr:

> Von dieser Schlacht an trug der deutsche Soldat den Stahlhelm und in seine Züge meißelte sich jener starre Ausdruck einer aufs allerletzte überspannten Energie, der spätere Geschlechter vielleicht ebenso rätselhaft und großartig anmuten wird, wie uns der Ausdruck mancher Köpfe der Antike oder der Renaissance.[60]

Bei der Überarbeitung von 1933 hat Jünger diesen Satz (wie auch die umgebenden Sätze) modifiziert. In der Fassung von 1934 lautet er:

> Hier [an der Somme] rollte bereits der erste gebrechliche Kampfwagen gegen die Gräben an, und hier bildete sich unter dem Stahlhelm jenes Gesicht einer neuen und kühneren kriegerischen Rasse, das in die Geschichte eingegangen ist, und in dem sowohl die Glut des Feuers als auch die eisige Nähe des Todes ihre Spuren hinterlassen hat.[61]

Für die nächste Fassung, die 1935 erschien, hat Jünger diese ganze Passage gestrichen. Die Beschwörung des Stahlhelmgesichts als Gesicht einer neuen „kriegerischen Rasse" findet

---

[55] Vgl. Jünger, In Stahlgewittern, Bd. 1, S. 460 ff.
[56] Ebd., S. 163, erweitert S. 243 ff. und S. 285.
[57] Ebd., S. 222.
[58] Ebd., S. 207.
[59] Ebd., S. 211.
[60] Ebd., S. 242.
[61] Ebd., S. 245.

sich in den *Stahlgewitter*-Ausgaben ab 1935 nicht mehr. Dennoch erschien 1935 die 16. Auflage mit einem Schutzumschlag, der eben ein solches martialisch stilisiertes Stahlhelmgesicht zeigte.[62]

Eingefügt hat Jünger 1924 die Stelle mit dem Hammer-Vergleich,[63] die ihm als angehendem Schriftsteller nun wichtig wurde, 1934 einige Hinweise auf das ästhetisch Faszinierende und Schauspielhafte der Materialschlacht,[64] ebenso einen Hinweis auf den ‚Arbeitercharakter' des modernen Soldaten (im Sinne von Jüngers 1932 erschienenem gegenwartsdiagnostischen Groß-Essay *Der Arbeiter*),[65] einige Passagen über das 1920 nur sehr reduziert geschilderte „landsknechtsmäßige" Leben in der Ruhestellung von Hattonchatel[66] und einen Abschnitt über die heimtückischen Zeitbomben, die von den Deutschen in Brücken und Gebäude des geräumten Gebiets eingebaut wurden.[67]

Die wichtigste Modifikation betrifft die Beurteilung der Verwüstungen beim Rückzug von der Somme. Die drei oben zitierten apologetischen Abschnitte, mit denen Jünger 1920 die Tagebuchaufzeichnungen ergänzte, hat er bei der Überarbeitung um 1933 gestrichen. In den Ausgaben, die ab 1934 erschienen, fehlen sie. Die Verwüstungen der Aktion „Alberich" erfahren in ihnen keine ausdrückliche Beurteilung. Erst nach dem Zweiten Weltkrieg fügte Jünger bei der fünften Überarbeitung zwischen 1958 und 1960 einen neuen beurteilenden Abschnitt ein. Er lautet:

Die Bilder erinnerten, wie gesagt, an ein Tollhaus und riefen eine ähnliche, halb komische, halb widrige Wirkung hervor. Sie waren auch, wie man sogleich bemerkte, der Mannszucht abträglich. Zum ersten Male sah ich hier die planmäßige Zerstörung, der ich später im Leben noch bis zum Überdruß begegnen sollte; sie ist unheilvoll mit dem ökonomischen Denken unserer Epoche verknüpft, bringt auch dem Zerstörer mehr Schaden als Nutzen und dem Soldaten keine Ehre ein.[68]

Zum Hintergrund dieser Neubeurteilung dürften sowohl Jüngers Beobachtungen während der „Kaukasischen Reise"[69] vom Winter 1942/43 als auch seine gemeinsam mit seinem Bruder Friedrich Georg angestellten Reflexionen über die destruktiven Seiten der „Perfektion

---

[62] Jünger, In Stahlgewittern, Bd. 2, S. 524 (Abbildung).
[63] Jünger, In Stahlgewittern, Bd. 1, S. 187.
[64] Ebd., S. 179 und S. 181 sowie S. 197.
[65] Ebd., S. 271.
[66] Ebd., S. 257.
[67] Ebd., S. 297 und S. 299. Bei der von Jünger erwähnten Sprengung des Rathauses von Bapaume mehr als eine Woche nach dem Abzug der Deutschen kamen ungefähr dreißig Menschen ums Leben.
[68] Ebd., S. 297.
[69] Ernst Jünger: Sämtliche Werke, Bd. 2: Strahlungen 1, Stuttgart 1979, S. 407–492; Helmuth Kiesel: Ernst Jünger. Die Biographie, München 2007, S. 509 ff. sowie S. 552 ff.

der Technik" gehören.⁷⁰ Alles in allem bieten die Somme-Kapitel der *Stahlgewitter* in ihren verschiedenen Fassungen ein interessantes Beispiel für die Modifikation von Jüngers Blick auf den Ersten Weltkrieg durch Hinzutreten weiterer geschichtlicher Erfahrungen.

Als 1992 in Péronne das Historial de la Grande Guerre eröffnet wurde, befand sich Jünger unter den Ehrengästen. Wie üblich hielt er seine Eindrücke in seinem Journal fest; sie finden sich in *Siebzig verweht V* unter dem Datum des 16. Juli 1992.⁷¹ Die entsprechende Eintragung, in der sich Jüngers Wunsch nach Versöhnlichkeit artikuliert, sei hier abschließend unter kleinen Auslassungen zitiert:

> Der vulkanische Beginn des Jahrhunderts ist hier gründlich und würdig von den ersten Telegrammen bis zum Waffenstillstand dokumentiert. Das ist nur möglich, weil sich die Wunden schließen und das Erlebte historisch zu werden beginnt.
>
> Péronne bildet auch für mich persönlich den Mittelpunkt der Landschaft, in der ich mich [...] während jener Jahre bewegt habe. Ich hatte ein Wiedersehen bislang vermieden und fand sie unverändert bis auf die Neubauten und die riesigen Friedhöfe.
>
> Die Stimmung war harmonisch; unter den französischen und deutschen Freunden konnten wir auch Hans Speidel [junior] begrüßen, der wie einst sein Vater als Militär-Attaché in Paris Dienst leistet. Er war in Uniform; wir gingen mit ihm am Abend, ohne aufzufallen, durch die Stadt und blieben in Amiens über Nacht, nachdem wir unterwegs noch lange auf einem der Friedhöfe geweilt hatten. [...]
>
> Es versteht sich, daß in Péronne auch die Journalisten mit ihrer unersättlichen Neugier nicht gefehlt haben. Sie fragten mich unter anderem, was denn mein ‚schrecklichstes Erlebnis' im Ersten Weltkrieg gewesen sei.
>
> Meine Antwort: ‚daß wir ihn verloren haben', kam zwar unerwartet, wurde jedoch akzeptiert.
>
> Das Selbstverständliche wird kurios.⁷²

„Selbstverständlich" war Jüngers Antwort freilich nur im Sinne eines Denkens, von dem sich die „postheroische Gesellschaft" (Herfried Münkler) entfernt hat. Jünger bildet hierin keine Ausnahme, wie nicht zuletzt seine *Ansprache zu Verdun am 24. Juni 1979* zeigt.⁷³ Seine Antwort in Péronne war eine sozusagen historiographische.

---

[70] Friedrich Georg Jünger: Die Perfektion der Technik, Frankfurt a. M. 1946, sowie Kiesel, Ernst Jünger, S. 459 f.
[71] Ernst Jünger: Siebzig verweht, Bd. 5, Stuttgart 1997.
[72] Ernst Jünger: Sämtliche Werke, Bd. 22 (= Vierter Supplementband): Späte Arbeiten. Stuttgart: Klett-Cotta, 2003, S. 80 f.
[73] Jünger, Sämtliche Werke, Bd. 22, S. 529–533.

„Jetzt sind wir weit hinter dieser Hölle …".
Der Kunststudent Otto Dix 1916 an der Somme

von Dietrich Schubert

> „Warum müssen wir uns mit einer so tapferen und hochstehenden Nation wie die Franzosen hier zu Tode ringen?"
>
> (Joachim von der Goltz: *Der Baum von Cléry*, 1934, S. 86)

Der 22jährige französische Sergent Louis Mairet notierte am 2. Juli 1916: „Die Zeitungen bestätigen heute die gestrigen Neuigkeiten – Beginn der Somme-Schlacht. So ist denn dieses neue Todesrennen *(course à la mort)* eröffnet. Ein neues Beinhaus wird […] errichtet", und Mairet fügte Fragen nach Sinn und Ziel des Sterbens hinzu: *wofür* kämpft der Soldat von 1916, der seinen Körper der Erde zurückgibt und seine Seele an Gott, – fürs Vaterland? für Metz? für Elsass-Lothringen? für den Untergang Deutschlands? – und gibt die Antwort: Nein, der Soldat von 1916 kämpft aus Zwang und Gewohnheit.[1] Dabei wurde auf allen Seiten das Christentum missbraucht und Gott als Helfer angerufen.

Unter den deutschen bildenden Künstlern gibt es einige Primär-Zeugen, die an der Somme kämpften und litten und die in dieser Zeit Zeugnisse wie Briefe, Tagebücher oder auch Skizzen schufen bzw. nach dem Kriege ihre Erlebnisse bildnerisch darstellten. Als paradigmatisch gelten können hier Karl Kröner aus Dresden, der bei Béthencourt/Somme stationiert war und fleißig zeichnete; der Expressionist Max Pechstein, der dem sächsischen Reserve Infanterieregiment 133 angehörte, über dessen Kriegsorte genaue Nachrichten fehlen, sowie der aus Gera/Thüringen stammende, in Dresden ansässige Kunststudent Otto Dix, 24 Jahre alt, dessen Militärpass mit den genauen Einsatzorten erhalten ist; ferner sein Freund Otto Griebel, ebenfalls aus Dresden. Griebel, dessen Vater gegen den Kriegseinsatz des Sohnes war, kam im Herbst 1915 als Zwanzigjähriger zur Ausbildung nach Posen und anschließend im Grenadierregiment 100 im Frühjahr 1916 an die Westfront, östlich Reims. Er hatte Bücher von Daudet, über Van Gogh und Toulouse-Lautrec dabei. „Ich liebte ja Frankreich und sollte es jetzt zerstören helfen, seine Männer töten oder von ihnen getötet werden. Unsere Division wurde an der Somme eingesetzt und hatte schwere Verluste.

---

[1] Louis Mairet, geb. im April 1894, im Juli 1916 an der Somme, März 1917 Sous-Lieutenant im Infanterieregiment 8, wurde am 16. April 1917 bei Craonne am Chemin des Dames getötet. Sein „Carnet d'un combattant" erschien 1919, s. Jean Norton Cru: *Témoins*, Paris 1929, S. 188; derselbe, Wo ist die Wahrheit über den Krieg? (Du témoignage, Paris 1930), Potsdam 1932, S. 177.

Dietrich Schubert

Wir Übriggebliebenen hatten sämtlich die Somme-Krankheit […]."[2] Im August 1922 schuf Griebel eine Collage, die Kirche, Schieber (Zuhälter?), Bourgeoisie, Arbeiterschaft, Militär (Reichswehr), Arbeitslose, Krüppel – BETET und HUNGERT – vereint, ihr Titel: *Ein Stück europäischer Kulturaufschnitt – (made in Germany)*. Rechts sehen wir ein Kriegsopfer, dessen Gesichtsteil zerschossen ist, um den Hals hängt ein Schild mit der Aufschrift „Somme 16 kaputt!!!" Ein Aquarell von 1923 trägt den Titel *Cléry 1916* (Abb. 1) und zeigt einen Granaten-Volltreffer auf einen deutschen Sanitätszug. Aber das Bild ist keine dichte Momentaufnahme wie die Zeichnungen von Dix um 1916/17, sondern kombiniert zentrale Motive zu einem Ganzen, das für die Somme-Kämpfe steht.

Abb. 1: Otto Griebel: Cléry 1916, Aquarell, Kupferstichkabinett Berlin

---

[2] Otto Griebel: Ich war ein Mann der Straße, Lebenserinnerungen eines Dresdner Malers, Halle 1986, S. 56–59. Im Nachlass Griebels bei seinem Sohn Matthias (Dresden) befinden sich die unveröffentlichten Manuskripte: „Westfront 1916–1918" (geschrieben 1954, 250 S.); „Das Jahr 1918" (geschr. 1959, 140 S.) und „Loretto" Bd. 1 und 2 (geschr. 1962).

Im Herbst 1916 kam Griebel ins Gebiet der Loretto-Höhe bei Lens, an die Orte Angres und Souchez, wo auch Dix kämpfte, auf der anderen Seite Henri Barbusse, der zu einem der berühmtesten französischen Kriegsschriftsteller werden sollte. Griebel erinnerte sich: „Vorn in den Gräben bei Angres […] traf ich dann eines Morgens ganz unvermutet Otto Dix, der Unteroffizier einer Maschinengewehrgruppe des Infanterieregiments 102 war. Er nahm mich mit nach seinem Unterstand und zeigte mir da einen ganzen Stapel von Temperabildern und Tuschezeichnungen [Kreide, D.S.], die er sehr fleißig in seinen Freistunden geschaffen hatte. Es waren kubistisch gehaltene Kompositionen, meist Kriegsthemen. Die Leute seiner Korporalschaft lächelten spöttisch, als er mir die Sachen vorführte, und Dix meinte: ‚Siehst Du, die halten mich für verrückt, was sie nich fressen können, begreifen sie nich!' […] Man schickte uns abermals an die Somme, in die Gegend von Bapaume." Auch berichtete Griebel, dass er, als er Dix an der Loretto-Höhe traf, sah, wie dieser „im offenen

Abb. 2: Otto Griebel: Verwundeter in der Nacht, Kreide, Privatbesitz: Matthias Griebel, Dresden

Trichterfeld" Handgranaten zur Übung warf. Von Bedeutung ist: „Am MG-Stand hatte Dix zwei Tafeln des Feindgeländes realistisch in Öl gemalt, die eine Orientierung erleichterten."[3]

Das Jahr 1917 verbrachte Griebel als Gefangenen-Bewacher bei Rethel, musste jedoch im März 1918 in die deutsche Offensive im Westen. Er war „beim Marsch durch das alte Sommegelände" erschüttert über die Verwüstungen, denn die Deutschen hatten bei ihrem Rückzug auch das Wenige gesprengt, was noch stand. Bei einem Angriff auf einen Hügel an der Avre, einem Nebenfluss der Somme, wurde Griebel durch Granatsplitter verwundet. Er wurde aber gerettet und kam ins Lazarett in Ham/Somme. Die Zeichnung eines Schreienden bei Nacht reflektiert dieses Schicksal (Abb. 2). Schließlich konnte er sich in Karlsruhe erholen und nach Dresden zurückkehren,[4] wo er sich nach Kriegsende der Revolution anschloss. Zu beachten ist das Aquarell *Der wahnsinnige Soldat kehrt von der Front zurück*, 1928 für Franz Hackels Buch *Die banalen Lieder*, das die Wüste der Zerstörungen zeigt, darin der Wahnsinnige, barfuß auf den Betrachter zuschreitend, die Gasmaske umgehängt. Der Expressionist Max Pechstein, der 1881 in Zwickau geboren wurde, erhielt seine Einberufung nach der Rückkehr von einer Südseereise, die ihn u.a. auf die Palau-Inseln führte. Er diente 1916 ebenfalls an der Westfront, musste jedoch nicht derart im Dreck und Feuer kämpfen wie etwa Dix. Pechstein schuf 1917 eine Mappe Radierungen mit sieben Blatt unter dem Titel *Somme 1916* – ein Exemplar befindet

Abb 3: Max Pechstein: Granateinschlag, Radierung 1917

---

[3] Otto Griebel: Erlebnis und Vorbild Otto Dix, in: Bildende Kunst, 1966, H. 11, S. 582. Leider haben sich diese Tafeln nicht erhalten. Zu Griebel und Dix vgl. Dietrich Schubert: Künstler im Trommelfeuer des Krieges 1914–18, Heidelberg 2013, S. 414–419.

[4] Griebel, Ich war ein Mann der Straße, S. 64f. Später schuf Griebel Illustrationen zu Barbusse' berühmtem Buch „Le Feu", das 1916 in Paris erschienen war, deutsch in Zürich 1918.

sich heute im Historial de la Grande Guerre in Péronne. Die Härte der Kämpfe und die Grausamkeit des Sterbens an der Somme werden jedoch kaum anschaulich, nur in Blatt 3 *Granat-Einschlag* abstrahierend bezeichnet (Abb. 3).

Der Arbeitersohn aus Gera, Otto Dix, zwar Unteroffizier und 1918 Vize-Feldwebel, konnte – trotz seiner Tapferkeit als MG-Truppführer an der Front – nicht zum Leutnant aufsteigen, da er nicht aus dem Bürgertum kam. Einen Schlüsselsatz des Künstlers (aus späterer Zeit, 1961) hat der Kunstkritiker Hans Kinkel überliefert: „Man muß den Menschen in diesem entfesselten Zustand erlebt haben, um etwas über den Menschen zu wissen."[5] Die Lektüren von Dix im Weltkrieg sind bekannt: Friedrich Nietzsches *Fröhliche Wissenschaft* und *Also sprach Zarathustra*. Offenbar hat der junge Kunststudent die Willens-Philosophie Nietzsches und dessen Formel „gefährlich leben" über sein Künstler-Sein-Wollen hinaus auch auf das Vorkriegs- und Kriegserlebnis seit 1914/15 übertragen. Dass er jahrelange Kämpfe, abgesehen von einer Verletzung im August 1918 am Hals, in den Gräben als Unteroffizier und MG-Führer und im Granatfeuer – mit Glück – überstand, mag zwar auch an seinem Überlebenswillen gelegen haben, aber primär verantwortlich hierfür war, dass er hinter dem schweren MG 08 größere Chancen hatte davonzukommen als die Soldaten, die in Sturmangriffe mussten. Selbst deren Kompanieführer hatten es bei diesen Angriffen schwer, dem feindlichen MG-Feuer zu entkommen. Dix meldete sich noch 1918 nach Tongern (Belgien) zum Kursus im Schießen mit MG auf Flieger, und im Oktober ließ er sich versetzen zur Flieger-Ersatz Abteilung 2 nach Schneidemühl (Posen) – beides sicherlich Strategien des Überlebens.

Im Herbst 1915 wurde Dix an die Champagne-Front kommandiert. Die Generäle hatten die entscheidende Rolle der modernen MG-Trupps erkannt – dies war Dix' Schicksal.[6] Am 1. November wurde er zum Unteroffizier ernannt, bereits am 12. November erhielt er das Eiserne Kreuz II. Klasse. Die Kämpfe östlich von Reims machte Dix bis Juni 1916 mit – bei Aubérive, St.-Souplet, Bétheniville, Dontrien – Orte, die er zum Teil auf seinen Skizzen nennt (Abb. 4). Auf einer Postkarte mit Skizze an Helene Jakob vom 4. Juni 1916 notierte er: „Das ist unser betonierter MG-Stand durch die Schlitze wird geschossen. Hoffen wir, daß bald Friede wird!"[7]

Die Annahme freiwilliger Meldung von Dix, gemeinsam mit dem Freund Kurt Lohse im August 1914, die in der älteren Literatur zu finden ist, geht auf Aussagen des alten Malers von 1963 zurück: Um alles miterleben, ganz authentisch erleben zu können – „deswegen

---

[5] Hans Kinkels Begegnung/Gespräche mit Otto Dix, in: Stuttgarter Zeitung, 30.11.1961; wieder im Ausstellungskatalog: Otto Dix. Gemälde, Handzeichnungen, Aquarelle, Hessisches Landesmuseum, Darmstadt 1962.

[6] Dazu Bernd Ulrich: „Dann geht's wieder in die schöne Läuse-Schlampagne", in: Otto Dix. Der Krieg – Das Dresdner Triptychon, Ausstellungskatalog, Staatliche Kunstsammlungen Dresden, Dresden 2014, S. 35–46.

[7] Ulrike Rüdiger: Dix – Grüße aus dem Krieg: Feldpostkarten der Otto-Dix-Sammlung in der Kunstgalerie Gera, Gera 1991, Nr. 31.

mußte ich in den Krieg gehen [...] Ich mußte auch erleben, wie neben mir einer plötzlich umfällt und weg ist [...]. Das mußte ich alles ganz genau erleben. Das wollte ich; also bin ich doch gar kein Pazifist – oder ? – vielleicht bin ich ein neugieriger Mensch gewesen. Ich mußte das alles selber sehen. Ich bin so ein Realist, wissen Sie, daß ich alles mit eigenen Augen sehen muß, um das zu bestätigen, daß es so ist [...] Also bin ich eben ein Wirklichkeitsmensch [...]"[8]

Abb. 4: Otto Dix: Säubern von MG, Bétheniville 1916, Kreide

[8] Otto Dix spricht, Schallplatte, St. Gallen 1963, zitiert von Diether Schmidt: Otto Dix im Selbstbildnis, Berlin 1978, S. 237, 2. Aufl., 1981. Aber es gab von Dix den eigenen Lebenslauf (von 1933), der

Abb. 5: Otto Dix (x) mit seinem MG-Zug, März/April 1916 in der Champagne

Mit dem Feld-MG-Zug 390 im Reserve Infanterieregiment 102 wurde Dix nach den Kämpfen östlich Reims – das signifikante Foto vom Frühjahr 1916 (Abb. 5) zeigt ihn mit sechs Leuten vor Sandsäcken[9] – zum Juli 1916 an die Somme kommandiert.[10] Er schreibt in sein Notizbuch: „am 24/25. in die Sommeschlacht eingesetzt. Auch den Krieg muß man als ein Naturereignis betrachten – am 13. durch Bayern abgelöst" (also 13. August).[11] Das sächsische

---

1991 auftauchte: dort schrieb er, dass er am 20.8.1914 eingezogen wurde, s. Otto Dix, Galerie Remmert + Barth, Düsseldorf 1991, S. 85–87.

9   Dix schickte die Fotografie als Feldpostkarte an seine Freundin in Dresden, Helene Jakob (s. Rüdiger, Dix – Grüße, S. 66, Nr. 21, von Jakob als Nr. 38 bezeichnet, demnach gingen zahlreiche Postkarten verloren).

10 Simone Fleischer: Der Künstler und der Krieg. Die Frontstationen von Otto Dix im Ersten Weltkrieg im Kontext historischer Daten und der Truppenbewegungen des XII. Reservekorps der 3. (königlich-sächsischen) Armee, in: Otto Dix. Der Krieg – Das Dresdner Triptychon, Ausstellungskatalog, Staatliche Kunstsammlungen Dresden 2014; bis 17. Juli war seine Einheit noch in der Champagne, dann folgte die Sommeschlacht an der Somme.

11 Otto Dix: Feld-Notizbuch 1915/16, Städtische Galerie Albstadt, CD-Ausgabe, p. 107.

Regiment lag zu diesem Zeitpunkt nördlich von Péronne, und zwar bei den Dörfern Monacu-Ferme/Hem und Cléry-sur-Somme. Mit seiner Kompagnie geriet der Kunststudent in ein Trommelfeuer, bei dem viele seiner Kameraden starben. Nach der Ablösung schrieb er an Helene Jakob in einem der wenigen längeren Kriegsbriefe, die wir von Dix haben:

Cara Samideanino –
ich erhielt Ihre Briefe und die Kirschen und Zigaretten und danke Ihnen sehr herzlich. Gott sei Dank sind die furchtbaren Tage an der Somme vorüber. Wir sind am 12. durch Bayern dort abgelöst worden. Unsere Stellung war rechts des vielgenannten Gehöftes Monacu. Unsre Kompanie war drei Wochen dort eingesetzt und wir lösten uns alle 2 Tage ab. Die ersten beiden Tage an welchen Reg. 102 dort lag verliefen verhältnismäßig ruhig. Wir haben dort noch 2 Gräben hintereinander. Verbindung durch Laufgräben gibt's natürlich nicht. Ich lag mit noch 5 andern M.G. in der Stellung „Braune Erde". [Auf] die zweite Stellung wo Reg. 102 nach altem Brauch nachts die Gräben vertieft hatte, fing der Franzmann, der auf der Höhe liegt und alles herrlich beobachten kann, am 3ten Tage an mit 28ern zu trommeln, dazwischen 15er und kleinere Kaliber. Es war furchtbar! Die b. Stellung wurde so umgeackert, daß man keinen Graben mehr sah. Ich saß mit meinem Gewehr [schweres M.G.] und meinen Leuten in einem minierten Stollen. Bei jedem Schuß drohte unsere Bude zusammen zu fallen. Als es immer schlimmer wurde, rückten 3 meiner Leute ab. Da saß ich nun noch mit einem. Ich war entschlossen zu bleiben. Plötzlich haut uns ein 28ger so viel Dreck ins Loch, daß wir bis an die Brust drinsteckten. Das Gewehr war verschüttet, ausgraben in der Eile unmöglich. Ich rücke also und zwar in den nächsten Stollen weiter links (von rechts fing die Schießerei an). Jetzt ging's auch von links los. Bald war das Gewehr des zweiten Stollen zerschossen und dem Gewehrführer, der am Eingang stand, schlug es beide Trommelfelle durch. Ausreißen! Ich rücke etwas weiter links. Die andern rennen in wilder Flucht nach hinten. In einem kleinen Erdloch 1 mtr hoch 2 mtr lang lag ich noch allein mit einem Infanteristen stundenlang im Trommelfeuer, am Abend wurde es ruhiger und ich ging zurück. Die folgenden Tage waren fast noch furchtbarer. Im ganzen sind uns 12 Maschinengewehre verloren gegangen, 2 davon haben die Franzer. Am 10. lag ich mit einem Gewehr (wir hatten die braune Stellung verlassen müssen und uns 30 mtr weiter hinten an einem Steilhang eingegraben). Dort zwischen Gren.-Reg. 100 Trommelfeuer von früh ½ 11 bis abends neun mit 28ern. Diesmal nach dem Steilhang, die Verluste dieses Rgts sind furchtbar. Am Abend griff der Feind an. Wegen des Nebels schoß [?] eine Batterie zu kurz und schoß in unsern Steilhang. Furchtbare Bestürzung, schreckliche Verluste. Die Leichen lagen herum, Arme und Beine flogen. Von der 6. Komp. dieses Rgt blieben 9 Mann übrig. Es war jedes Mal ein befreiendes Gefühl, wenn die roten Leuchtkugeln aufstiegen (heißt „Feind greift an"), und wir konnten mit unserm Gewehr vorrücken und feuern. Was aber nutzen Ihnen all die Einzelheiten? Vorstellen wie so etwas ist können Sie [es sich] sicher nicht. Jetzt sind wir weit hinter dieser Hölle in dem Ort Maurois.

Vielleicht erhalte ich nun bald mal Urlaub. Es sind viele gute Kameraden draußen geblieben, schade um die Kerle.
Recht viele Grüße   Via samideano Dix.[12]

Eine Zeichnung, die retrospektiv versucht, ein Trommelfeuer darzustellen, rückseitig betitelt *Die Schlacht*, gibt Soldatenfiguren bzw. ihre Teile innerhalb eines chaotischen Wirbels von großen Explosionen; diese hat Dix dunkler und härter gezeichnet als die Fragmente der Figuren. Das Blatt (Abb. 6) zeigt einen längeren Arbeitsvorgang mit sorgfältiger Hell-Dunkel-Verteilung, um Tiefenraum zu erzielen. Da die Striche noch nicht derart systematisiert („kubistisch") sind wie 1917/18 und sich die Fächer-Formen mit runden mischen, kann das Blatt 1916/17 entstanden sein und in Bezug zu den Erfahrungen von der Somme stehen. Der Titel *Die Schlacht* würde sich mnemonisch auf diese Kämpfe beziehen, die Dix in dem Brief als „Hölle" bezeichnete.[13] Solche Kriegshöllen mussten viele Männer beider Seiten durchstehen. Das MG avancierte zur modernen, effizienten Tötungswaffe auf Distanz ohne den Kampf Mann gegen Mann, den sich beispielsweise Ernst Jünger wünschte.

Von Otto Dix kennen wir keinen Brief oder eine Postkarte, wo er das Töten von Franzosen oder Briten erwähnt oder gar seine Gefühle offenbart; aber er zeichnete in Kampfpausen: *Fallende Reihe* und noch dichter *Reihe im MG-Feuer*, beide 1916/17, wobei unten das „D" der Signatur von Dix die Feuerlinien ausspeit.[14] Im September/Oktober 1916 kam Dix in die Kämpfe im Artois, westlich von Lens, nahe der Loretto-Höhe, bei Angres und Souchez. Auf Seite 32 seines Feld-Notizbuchs steht „Jeremia 20, 14", d. h. Dix las in der Bibel den Satz des Propheten: „Verflucht sei der Tag an dem ich geboren ...", wohl bezogen auf die schlimmen Tage an der Somme. Der Unteroffizier trägt S. 116 ein: „Somme" und darunter „am 24. Oktober links Bapaume".[15] Als Dix in dieser Gegend eingesetzt war, konnte er in der Heimat an der *Zweiten Ausstellung Dresdner Künstler, die im Heeresdienste stehen* der Galerie Ernst Arnold teilnehmen. Er zeigte 11 Nummern seiner Kriegsblätter, *Stollen zum Unterstand* wurde im Katalog abgebildet.[16]

Auch die Herbstkämpfe im Somme-Gebiet musste Dix mitmachen (laut Militärpass vom 24.10. bis 6.12.1916) und überstand sie unverwundet. Dann erkrankte er Mitte Dezember 1916 und war offenbar bis Februar 1917 in einem Militär-Lazarett. Dies dürfte im heutigen Ort Hénin-Beaumont gewesen sein, denn er schreibt am 25. Januar 1917 nach Dresden

---

[12] Otto Dix: Der Krieg – 50 Radierungen, hg. und kommentiert von Dietrich Schubert, Marburg 2002, S. 11; Otto Dix: Briefe, hg. von Ulrike Lorenz und Gudrun Schmidt, Köln 2013, S. 448f.
[13] Graphische Sammlung, Museumslandschaft Hessen Kassel; Ulrike Lorenz: Otto Dix. Das Werkverzeichnis. Zeichnungen und Pastelle, Weimar 2002 (DVD), 2003 (Printausgabe), Nr. 6. 4. 36.
[14] Dix-Stiftung Vaduz; Lorenz, Werkverzeichnis der Zeichnungen, Nr. 6. 4. 39/40.
[15] Dix, Feld-Notizbuch, Albstadt, CD-Ausgabe, p. 116.
[16] Katalog zur Ausstellung, S. 22. Karl Kröner, der ebenfalls an der Somme eingesetzt war, stellte dort 20 Blätter aus.

eine Fotokarte vom Krankensaal mit sich am Tisch (alle blicken auf den Fotografen!) an den Freund Otto Baumgärtel, den er bittet, in Chemnitz bei Gerstenberger wegen einer Ausstellung von „Zeichnungen und Studien aus dem Felde" anzufragen.[17] Dabei verwies Dix auf seine Beteiligung an der Ausstellung der Galerie Arnold in Dresden 1916, wo er von der Presse „sehr günstig kritisiert worden" war. In den langen Wochen in Hénin dürfte Dix

Abb. 6: Otto Dix: Die Schlacht, Kreide, 1916/17, Graphische Sammlung Kassel

[17] Diese Karte befindet sich im Dix-Haus Hemmenhofen, publiziert im Katalog: Otto Dix in Chemnitz, Chemnitz 2011, S. 175 f.

genügend Zeit gehabt haben, manche Fronterlebnisse zu skizzieren – wie die Lazarettszene (Abb. 7). Sie zeigt abstrahierend einen Mann, starr im Bett, der von einer Krankenschwester gefüttert wird. Ulrike Lorenz u. a. wollten in dem Wort über der Signatur DIX „Freynais" lesen, doch ein solcher Ort existiert nicht in Frankreich. Offenbar handelt es sich um das Wort für eine Krankheit, von der Dix nur hörte: „Tregemus", also Trigeminus, das ist die Verletzung des Hauptnervs über dem Ohr durch einen Streifschuss.

Abb. 7: Otto Dix: Lazarettszene „Tregemus", Kreide, Januar 1917, Dix-Archiv Bevaix

Dietrich Schubert

Abb. 8: Otto Dix: Schlamm, Somme um 1916, Kreide, Kunstmuseum Stuttgart

Eine Zeichnung von 1916 ist rückseitig betitelt *Schlamm* und zeigt die Männer knietief im Dreck zwischen Drahtverhauen.18 (Abb. 8) Das war die Realität des Herbstes 1916 nach starkem Regen, der die Erde zu Schlamm machte. Das Blatt kann als Memorie für eine Graphik von 1924 erkannt werden: MG-Zug geht vor, Somme, November 1916 zeigt uns

---

18 Kreide 41 x 40 cm, links oben signiert; die runden Formen weisen auf das Jahr 1916; Brigitte Reinhardt: Otto Dix Bestandskatalog, Galerie der Stadt Stuttgart, Stuttgart 1989, Nr. 68.

authentisch die Lage des Trupps von Dix, jetzt nicht abstrahiert, sondern in dem Dix'schen Realismus der 20er Jahre: vor einem gähnend leeren Himmel stampfen die müden Männer von links oben nach rechts unten durch tiefen Schlamm. Dabei müssen sie über die Leichen waten, deren Köpfe sichtbar sind, was die Zeichnung von 1916 bereits zeigte. Aber Dix wird in der Graphik präziser und dramatischer zugleich. Im Zentrum der Szene brüllt ein Mann, der keines der schweren MG schleppen muss, wobei es sich um den Zugführer Dix handeln kann, der seine Männer anfeuert (Abb. 9). Nach längerer Erkrankung wurde Dix erneut ins Artois kommandiert und anschließend im April/Mai/Juni nach Flandern, wo er an den Kämpfen entlang der Yser und am Wijtschaete-Bogen südlich von Ypern teilnahm. Diese trugen ihm die Auszeichnung mit der (sächsischen) Friedrich-August-Medaille ein.

Manche Autoren wollen eine Verwandtschaft zwischen Ernst Jüngers Buch *In Stahlgewittern* und den Dix'schen Kriegs-Darstellungen sehen. Die quasi neutralen Zeichnungen während der Kriegsmonate der Jahre 1915–1917, die schrittweise kubistischer geraten, so das Blatt von

Abb. 9: Otto Dix: MG-Zug geht vor, Somme, November 1916, Radierung 1924, Privatbesitz

Ende 1916 mit Gräben bei Amiens, rückseitig bezeichnet (nicht von Dix): *Graben zwischen Trümmern bei Amiens (Somme)*, mögen in dieser Weise verstanden werden. Doch auf die veristischen Radierungen, die Dix 1923/24 schuf, trifft die behauptete Nähe zwischen ihm und Jünger keineswegs zu. Mit der Galerie Nierendorf, Berlin, publizierte Otto Dix 1924 in fünf Mappen zu je 10 Blatt den Zyklus *Der Krieg*, also fünfzig Momente aus dem Grauen der Kämpfe, und zeigte so mit ungeheurer Anschaulichkeit die Folgen für die deutschen Soldaten. Dagegen schrieb der 20jährige Jünger am 4. Januar 1915 in seinem Feld-Tagebuch den erschreckenden Satz: „Der Anblick der von Granaten Zerrissenen hat mich vollkommen kalt gelassen."[19]

Eine derart atavistisch kriegerische Mentalität wie Jünger (Abb. 10) hatte der Kunststudent Otto Dix nicht. Auch teilte er nach 1919 nicht den „soldatischen Nationalismus und den Hass Jüngers gegen bürgerliche Ideale: „wir sind Söhne von Kriegen und Bürgerkriegen". Dix war bildender Künstler durch und durch, der die erlebte Realität dionysisch gestalten wollte. Seine Blicke auf die Opfer der Kämpfe und überhaupt auf die Kriegs-Folgen stehen in ihrer Realistik den Schilderungen in *Le Feu – Tagebuch einer Korporalschaft* (1916) von Henri Barbusse wesentlich näher. Wie Barbusse stellte Dix in seinen Radierungen 1924 die Kriegs-Wirklichkeit möglichst authentisch und abschreckend dar. Dies gelingt nicht mit Mitteln des Kubismus oder der radikalen Abstraktion (wie bei Pechstein in dessen *Somme*-Blättern), sondern mit den Mitteln des Realismus, d. h. eine gewisse Abstraktion durch das Schwarz-Weiß der Graphik, also eine Vereinfachung des Sichtbaren und die Verdichtung auf das Wesentliche und Typische. Dazu nutzte Dix auch das Prinzip von Francisco Goya, der eine seiner

Abb. 10: Ernst Jünger im Juni 1917 bei St. Quentin

---

[19] Ernst Jünger: Kriegstagebuch 1914–1918, hg. von Helmuth Kiesel, Stuttgart 2014.

Radierungen um 1815 treffend betitelt hatte: *Yo lo vi* (ich habe es gesehen). Otto Dix titelte: *Gesehen am Steilhang von Cléry-sur-Somme* (Abb. 11). Mit dem meisterlichen Einsatz der Radiertechnik und Aquatinta, besonders bei Nachtszenen, erreicht er eine gespenstische Wirkung wie mit der Komposition *Drahtverhau vor dem Kampfgraben*.

Werner Haftmann sprach 1984 in einem Essay über den Dix-Zyklus von „Stilleben eines entsetzlichen Erschreckens".[20] Womöglich wirken einige Blätter, zugespitzt gesagt, als ob quasi Stilleben zu sehen sind, freilich extrem makabre: eine Ebene übersät mit Leichen betitelt *Abend in der Wijtschaete-Ebene, November 1917* (3. Mappe, Blatt VII).[21] Solche Szenen erinnern an Goyas Darstellung *Las camas de la muerte*. Dies gilt ebenso für *Trichterfeld bei Dontrien*, *Verlassene Stellung bei Vis-en-Artois* wie für *Trümmer von Langemark*. Es ist jedoch eine kuriose, typisch deutsche Abstraktion, hier den Begriff Stillleben zu verwenden, denn solche zeigten schöne Gläser, Pokale, Bücher, Blumen und tote Tiere, in verlockenden Arrangements. Dix jedoch gestaltete Realitäten des elenden, anonymen Sterbens, den maschinellen Massentod

Abb. 11: Otto Dix: Gesehen am Steilhang von Cléry-sur-Somme, Radierung 1924, Privatbesitz

---

[20] Werner Haftmann: Lachende Totenköpfe – Zum Radier-Zyklus „Der Krieg" von Otto Dix, in: Frankfurter Allgemeine Zeitung, 14.4.1984. Dix arbeitete nicht nach Fotos, sondern aus dem Gedächtnis und seiner Imagination.
[21] Die Dix'schen Ortsangaben sind hilfreich; doch hier unterlief ihm ein Lapsus, denn im November 1917 war Dix bereits an der Ostfront, d. h. nur bis September 1917 in Flandern (vgl. den Militärpass bei Rüdiger, Dix – Grüße, S. 22–23).

durch das Granatfeuer auf die Stellungen und die Zerstörung des Lebensraumes, deren Ergebnisse man nicht als Stillleben sehen sollte. Seine Blätter formen die gottlose Entmenschung der Soldaten und bewirken das Gegenteil: eine schockartige Abschreckung, eben den Horror dieses Krieges. Einige Radierungen zeigen zerschossene Soldaten extrem nahsichtig (1. Mappe, Blatt VI und 3. Mappe, Blatt VI), wie das die Sanitäter und Leichenträger erleben mussten. In den Kriegsmonaten an der Somme bei Cléry und im Artois bei Souchez und Angres hatte Dix – was auffallend ist – keine solchen durch Geschosse verwundeten Köpfe gezeichnet. Unter den farbigen Gouachen und den vielen Kreide-Zeichnungen der Kriegszeit, erstmals 1961/62 in St. Gallen unter der Aufsicht des alten Dix und begleitet von einem Text des französischen Schriftstellers Jean Cassou[22] gezeigt, finden sich neben den Graben-Landschaften und Trümmern dagegen Selbstbildnisse und Köpfe von Kameraden wie *Gefreiter Müller* oder *Kauender* (fressender Soldat). *Schütze Späth* von 1916 gibt den Kameraden vor seinem Schlagschatten an der Wand, mit einem düsteren, raumlosen Blick, im Bewusstsein des drohenden Todes im Feuer. Damit musste Dix auch rechnen, wenn eine Granate nahe seinem Zug einschlug. Während er im Laufe von 1917 einige expressive Selbstporträts zeichnete wie *Selbst rauchend*, haben wir von der Somme 1916 keines gesichert (aber mit Verlusten muss gerechnet werden). Unter den expressionistischen Gouachen ragt qualitativ die heraus, die in einer Auktion in London 1999 als „*Wild man*" (Abb. 12) bezeichnet wurde, aber wegen der roten Feuerringe um Kopf und Augen zweifellos einen im Trommelfeuer wahnsinnig gewordenen Soldaten nahsichtig gibt. Die Mischung aus runden und eckigen Formen weist auf die Zeit 1916/17 hin, also vermutlich auf die Herbstschlacht an der Somme.[23]

Unmittelbare Erinnerung an die Erlebnisse an der Somme im Juli/August 1916 haben wir neben dem *Cléry*-Blatt in der Nachtszene Blatt VII der 2. Mappe *Leuchtkugel erhellt die Monacu-Ferme* (Abb. 13). Neben den Trümmern eines Gebäudes links erblicken wir, in die Tiefe gestaffelt, die Zerstörungen des Granatfeuers, die zerschundene Erde, die Räder einer Feldkanone, zerschossene Bäume mit Leichenteilen wie in *Verlassene Stellung bei Neuville* (Neuville-St. Vaast). Im Vordergrund liegt ein toter Mann, der in Leichenstarre den Arm mit der Faust senkrecht erhoben hat; dort erkennt man zwei Kreuze von Feldgräbern, die nun auch zerstört sind. In dieser Symbolik dementiert Dix den christlichen Erlösungs-Gedanken, der von den Priestern beschönigend über das brutale Töten gedeckt wurde.

Nur wenige Radierungen zeigen überhaupt Aktionen wie die Flieger im Ort Lens (nördlich Arras). Kampf-Handlungen fehlen, außer die dramatische Szene, wie aus der Sicht der Fran-

---

[22] Jean Cassou: Otto Dix, in: Dix „Der Krieg" (Dessins), St. Gallen 1961, S. 4–15. – Es ist hier nicht der Raum, die drei Phasen der Kriegsdarstellung im Schaffen von Dix darzulegen: 1915–1918, um 1923/24 und 1930–1934 mit dem Dresdner Triptychon und dem „Flandern"-Gemälde der Nationalgalerie in Berlin.

[23] Dazu vgl. Dietrich Schubert, in: Otto Dix, Katalog hg. von Olaf Peters, Neue Galerie New York 2010, S. 42, fig. 19; Ausstellungskatalog: Allemagne – Les années noires, hg. von Bertrand Lorquin, Musée Maillol Paris 2007, p. 236 als „L'homme sauvage", auf 1915/16 datiert.

Abb. 12: Otto Dix: Wahnsinniger Soldat („Wild Man"), Gouache 1916/17, Privatbesitz

zosen, als ein deutscher *Sturmtrupp unter Gas* mit erhobener Handgranate im Drahtverhau vorgeht (2. Mappe, Blatt II): das ist nicht wie vom Fotografen gestellt, sondern konfrontiert direkt den künftigen Betrachter. Die Gasmasken wirken gespenstisch: es sind die quasi entmenschten Gesichter der Soldaten im anonymen Sterben des Maschinenkriegs. Dix kannte offenbar das seit April 1915 von den Deutschen eingesetzte Giftgas bzw. er sah Gas-Opfer im Dreck und im Feld-Lazarett. Denn mit Zeichnungen bereitete er 1923 Radierungen vor: im VI. Blatt der 5. Mappe *Die Schlafenden von Fort Vaux (Gastote)* und im III. Blatt des Zyklus macht er die Folgen anschaulich: *Gastote bei Templeux-la-Fosse, August 1916* (Abb. 14). Der Ort liegt östlich von Péronne. Zwei Sanitäter unterhalten sich neben einer Reihe von toten

Abb. 13: Otto Dix: Leuchtkugel erhellt die Monacu-Ferme, Radierung 1924, Privatbesitz

Soldaten, die Gas-Opfer wurden. Ob Dix Gaswolken selbst erleben musste, ist ungewiss, in seinen Postkarten findet sich kein Hinweis. Doch in einer Gouache (aus der Sammlung Gurlitt) malte er 1916 einen monströsen Soldaten-Kopf mit Maske.

Trost im Gebet zu Gott? Von Dix kennen wir keine Neigung zum Gebet. Er notiert nur lapidar jenen Satz zum Krieg als „Naturereignis". Was Dix zeigt, sind nicht die heroischen Aktionen, wie sie Ernst Jünger, Paul C. Ettighoffer und Franz Schauwecker suchten,[24] nicht die Dynamik der Kämpfe, keinen Sturmangriff. Dix zeigt an den deutschen Soldaten die Folgen dieses Krieges, das elende Verrecken, die Toten oder Sterbenden, deren erstarrte Gebärden den Betrachter appellativ erreichen. Ganz nahsichtig gestaltet Dix einen offenbar wahnsinnigen Soldaten mit Kopfwunde, der die Augen aufreißt (1. Mappe, Blatt X): *Fliehender Verwundeter, Sommeschlacht 1916,* ist der Titel der Darstellung. In der 4. Mappe gab er noch Szenen der Deutschen in der Etappe, in Brüssel, Antwerpen, Méricourt, die Kantine in Haplincourt (bei Bapaume), teils karikierend. Die Vergewaltigung einer Nonne

---

[24] Ernst Jünger: In Stahlgewittern, 4. Aufl., 1922; Paul C. Ettighoffer: Verdun – das große Gericht, Gütersloh 1936; Franz Schauwecker: So war der Krieg, Berlin 1928.

Abb. 14: Otto Dix: Gastote bei Templeux-la-Fosse, August 1916, Radierung 1924

bei Nacht schied Dix jedoch wieder aus. Man muss betonen, dass Dix durchgehend die gefallenen deutschen Soldaten zeigt, nicht wie sonst auf Kriegs-Bildern üblich die toten Feinde. Nur in Blatt IV der 5. Mappe wird von einem Deutschen nachts ein Grabenposten erstochen – ein Franzose oder ein Brite? Auch die himmelschreiende Gruppe der Opfer bei Cléry, die nicht geborgen wurden, zeigt tote Deutsche (s. Abb. 11), kenntlich an den Uniformjacken und Stiefeln, in anderen Szenen am Stahlhelm, auch in der gespenstischen Nachtszene mit Soldaten im Stacheldraht *Totentanz anno 17, Höhe Toter Mann*.

Für die Buchausgabe der *Krieg*-Mappe, die Karl Nierendorf 1924 herausgab, schrieb Henri Barbusse einen Text, der die Nähe der beiden, Dix und Barbusse, ihre anti-heroische Haltung gegenüber den Schrecken, belegt: „Der diese Bilder des Grauens sich aus Hirn und Herzen riß und vor uns ausbreitet, stieg in den letzten Schlund des Krieges. Ein wahrhaft großer deutscher Künstler, unser brüderlicher Freund Otto Dix schuf hier in grellen Blitzen die apokalyptische Hölle der Wirklichkeit."[25]

---

[25] Barbusse' Text von 1924 stand erstmals im Katalog Otto Dix, Galerie Nierendorf, Berlin 1926, S. 8–9; vgl. auch in meiner Ausgabe von Otto Dix: Der Krieg, Marburg 2002; Horst F. Müller: Studien und Miszellen zu Henri Barbusse und seiner Rezeption in Deutschland, Frankfurt a. M. u. a. 2010.

Deutsche Kritiker, so etwa Paul Westheim, Willi Wolfradt und Max Herrmann-Neiße, würdigten 1924 die Radierungen.[26] Wolfradt sprach vom „elementaren Einschlagen dieses Outsiders in die Moderne" und empfahl sogar die *Krieg*-Blätter als Wandschmuck für die Schulen! Auf Seiten der Militärs sowie im bürgerlichen Kunstbetrieb jedoch stießen die Blätter auf entschiedene Ablehnung. So richtete beispielsweise der Kölner Galerist Hermann Abels (Salon für Graphische Kunst) ein Schreiben an den Verleger Nierendorf: „Wenn aber die neue Radierfolge als ein deutsches Denkmal für den unbekannten Soldaten gelten soll, so ist dies nicht nur eine Entgleisung in der Wahl der Anpreisung, sondern eine Unverschämtheit, die jeden ehemaligen Frontkämpfer auf das Tiefste empören muß."[27]

Auch Dix' Heimatstadt Gera entschied sich 1926 gegen den Ankauf der Mappen, begründete dies mit Geldmangel, erwarb jedoch die *Totentanz*-Folge des jungen Erich Drechsler, der nicht am Krieg teilgenommen hatte.[28] Bei den Verhandlungen verwies man auf den Satz im *Berliner Börsen-Courier* von 1924: „Neben dem Buch von Barbusse sind diese Radierungen das einzige Dokument des Krieges, sachliche Schilderung und furchtbare Anklage zugleich."[29]

---

[26] Willi Wolfradt: Otto Dix, Leipzig 1924; Max Herrmann-Neiße: Ein wichtiges Kriegsgedenkbuch, in: Die Aktion, hg. von Franz Pfemfert, 14 (1924), Sp. 532–534 (sprach bereits von „Weltenbrand").

[27] Ulrike Rüdiger (Hg.): Otto Dix „Der Krieg", Bad Wildungen 1993, S. 13; Dora Apel: Heroes and Whores, in: Art Bulletin 1997, S. 369; Jörg Merz: Otto Dix' Kriegsbilder, in: Marburger Jahrbuch für Kunstwissenschaft, 26 (1999), S. 189–225.

[28] Kirsten Fitzke: Allegorie versus Realismus – Die Ablehnung von Otto Dix' Mappenwerk „Der Krieg" im Geraer Stadtrat 1926, in: Mitteldeutsches Jahrbuch, 16 (2009), S. 141–149.

[29] Paul Westheim: Otto Dix, in: Das Kunstblatt, 8 (1924), S. 286. Andere Stimmen im Otto-Dix-Katalog der Galerie Nierendorf, Berlin 1926, S. 15–17; das Gemälde „Schützengraben" war bei Nierendorf 1926 ausgestellt.

Literatur

Henri Barbusse: Le Feu, Paris 1916, dt. Ausgabe: Das Feuer – Tagebuch einer Korporalschaft, Zürich 1918.
Jean Cassou, Otto Dix, in: Otto Dix „Der Krieg" (Dessins), Erker St. Gallen 1961, S. 4–15.
Thomas Compère-Morel (Hg.): Otto Dix „La Guerre", Historial de la Grande Guerre, Péronne/Mailand 2004, Texte von Philippe Dagen und Annette Becker.
Paul Fox: Confronting Post-War Shame in Weimar Germany – Trauma, Heroism, and the War Art of Otto Dix, in: Oxford Art Journal, 29 (2006) H. 2, S. 249–267.
Otto Griebel: Ich war ein Mann der Straße – Lebenserinnerungen eines Dresdner Malers, Halle 1986.
Annegret Jürgens-Kirchhoff: Schreckensbilder. Krieg und Kunst im 20. Jahrhundert, Berlin 1993.
Hans Kinkel: Otto Dix – Protokolle der Hölle, Zeichnungen, Frankfurt a. M. 1968.
Heinz Dieter Kittsteiner: Dix, Friedrich und Jünger – Bilder des Krieges, in: Katalog Otto Dix – zwischen den Kriegen, Berlin/Hannover 1977, S. 33 ff.
Jörg Merz: Otto Dix' Kriegsbilder, in: Marburger Jahrbuch für Kunstwissenschaft, 26 (1999), S. 189–225.
Olaf Peters: Neue Sachlichkeit und Nationalsozialismus, Berlin 1998.
Olaf Peters: Otto Dix. Der unerschrockene Blick – eine Biographie, Stuttgart 2013.
Otto Dix. Der Krieg – Das Dresdner Triptychon. Katalog, hg. von Birgit Dalbajewa, Simone Fleischer, Olaf Peters, Staatliche Kunstsammlungen Dresden, Dresden 2014.
Ulrike Rüdiger: Dix – Grüße aus dem Krieg: Feldpostkarten der Otto-Dix-Sammlung in der Kunstgalerie Gera, Gera 1991.
Dietrich Schubert: Künstler im Trommelfeuer des Krieges 1914–18, Heidelberg 2013.
Dietrich Schubert: Otto Dix. Mit Selbstzeugnissen und Bilddokumenten (Reinbek 1980), 8. Aufl. 2014.
Dietrich Schubert: Otto Dix – „Der Krieg". 50 Radierungen von 1924, Marburg 2002.
Dietrich Schubert: „Gesehen am Steilhang von …". Zeugen des gewaltsamen Sterbens im Ersten Weltkrieg: Henri Barbusse bei Souchez und Otto Dix bei Cléry-sur-Somme, in: Dominik Groß/Christoph Schweikardt (Hg.): Die Realität des Todes, Frankfurt a. M. 2010, S. 195–221.
Bernd Ulrich: „Dann geht's wieder in die schöne Läuse-Schlampagne" – Otto Dix im Ersten Weltkrieg, in: Otto Dix. Der Krieg – Das Dresdner Triptychon. Katalog, hg. von Birgit Dalbajewa, Simone Fleischer, Olaf Peters, Staatliche Kunstsammlungen Dresden, Dresden 2014, S. 35–43.
Jay Winter: Otto Dix brûlé par l'eau-forte de la guerre, in: '14–18 la très grande guerre, Paris 1994, S. 251–255.

V Bei unseren Helden an der Somme – Der deutsche Somme-Film

von Rainer Rother

Karl Kraus, der unnachahmliche Kritiker aller feuilletonistisch verbrämten Versuche, die Wirklichkeit des Krieges zu leugnen und seine angebliche Unvermeidlichkeit verkaufsträchtig herauszustellen, zitiert im Oktober 1916 in der *Fackel* zwei deutsche Reaktionen auf den englischen Propagandafilm *The Battle of the Somme*[1]:

> Daß die Vorführung einer Schlacht im Film zum täglichen Brot der deutschen Kinobesitzer gehört, weiß man. Da nun die technische Kanaille in London, wenngleich sicherlich mit größerem Können, dasselbe tut und Aufnahmen von der Offensive an der Somme vorgeführt hat, heißt es in Leipzig:
>
> „… Die gefilmte Schlacht, die gefilmte Majestät des Sterbens und des Todes. Daß die Engländer eine unwissende und ungebildete Gesellschaft sind, wissen wir ja, der vorliegende Fall zeigt aber auch, bis zu welcher Gefühlsrohheit Neid und Lüge führen."
>
> So heißt es in Leipzig. Und da der Neid ein hervorragendes Motiv für das Kinorepertoire ist, meldet sich die *Kölnische Zeitung* (*Ausgabe für das Feld*), die auch zu bescheiden ist, von den deutschen Schlachtfilms außerhalb der Annoncenrubrik etwas zu wissen, und regt an, die Rohheit und Unbildung der Engländer sogleich in Deutschland einzuführen:
>
> „ … Wäre es nicht erwünscht, daß man auch dem Deutschen hinter der Front solche lebenswahren Bilder der jüngsten Ereignisse vorführte? An Gelegenheiten, die geeignete Bilder zur Aufnahme bieten, dürfte kein Mangel sein. Die Taten unserer Soldaten, im Bilde vorgeführt, gäben wahrhaftig Stoff genug für mehr als einen Film, und das Volk, das am Bilde manchmal mehr hängt als am Worte, würde solchen Vorführungen ein gewaltiges Interesse entgegenbringen, auch wenn wir auf die Ausschmückungen im Interesse nationaler Selbstverhimmlung, die Engländer und Franzosen nötig haben, verzichten."[2]

---

[1] The Battle of the Somme, Auftraggeber: War Office; Produktionsgesellschaft: British Topical Committee for War Films; Produzent: William F. Jury; Schnitt: Charles A. Urban, Geoffrey H. Malins; Kamera: Geoffrey H. Malins, J.B. McDowell; 5077 Fuß, ca. 72 Min.; Erstaufführung: 10.8.1916; Die Schlacht an der Somme. Der britische Dokumentarfilm von 1916 erstmals in voller Länge, hg. von absolut Medien GmbH in Zusammenarbeit mit ARTE, 2011.

[2] Die Fackel, 18 (1916), Nr. 437–442, 31.10.1916, S.24 f. Die zitierten Passagen aus den Zeitungsberichten übernimmt Kraus wörtlich in sein Drama „Die letzten Tage der Menschheit", ebenso wie etwas später einen Pressebericht zu dem am 17. 1 1917 uraufgeführten Film „Bei unseren Helden an der Somme"

Die beiden alternativen publizistischen Bewertungen dieses in der deutschen Öffentlichkeit selbstverständlich unbekannten Films entsprechen exakt den Reaktionsweisen der militärischen und politischen Stellen, die im Deutschen Reich mit Fragen der Propaganda befasst waren, auf die offenkundige Überlegenheit der alliierten Propaganda. Gemäß der schon bei Beginn des Krieges verbreiteten Lesart, nach der Deutschland diesen Krieg führe, um die feindliche Einkreisung zu durchbrechen, und dabei die Seite der Kultur – nicht der „bloßen Zivilisation" – vertrete, hatte das Deutsche Reich bis 1916 eine eher defensive Form der Propaganda betrieben. So wurde selbst für die Kriegsanleihen in den ersten Kriegsjahren nur mit Schriftplakaten geworben, die vor allem in Banken zum Aushang kamen. Erst zur Zeichnung der sechsten Kriegsanleihe 1917 wurde das berühmte Plakat *(Helft uns siegen)* nach einem Gemälde Fritz Erlers eingesetzt – mit beachtlichem Erfolg.

Was für die deutsche Propaganda allgemein galt, traf auch auf den Film zu. Die entscheidenden Schritte zum Aufbau einer eigenen Filmpropaganda wurden erst Mitte 1916 eingeleitet. Am 29. Juli 1916 schrieb die Zentralstelle für Auslandsdienst (ZfA), die im Oktober 1916 als Zusammenfassung aller mit Auslandspropaganda befassten Stellen des Auswärtigen Amtes eingerichtet worden war[3], hoffnungsfroh an den deutschen Konsul in Amsterdam, es sei nunmehr „begründete Aussicht vorhanden, daß bis zum Herbst neue und mehr interessante Films und Bildmaterial vorliegen wird [sic!]. Dadurch ist für uns die Voraussetzung erfüllt, die wir für die weitere Ausgestaltung der Filmpropaganda in neutralen und verbündeten Ländern gestellt hatten."[4]

Bis zum Herbst konnte diese Hoffnung nicht erfüllt werden – in den Akten der ZfA finden sich vielmehr noch immer die Klagen der Gesandtschaften über die schlechte Qualität der deutschen Filme. So hieß es aus der Deutschen Gesandtschaft in Stockholm:

> Lieber Herr Horstmann, ich glaube, ich habe schon einmal Gelegenheit gehabt, mich mit Ihnen darüber zu unterhalten, daß ich auf Propaganda im Allgemeinen nicht viel gebe. Etwas anderes aber ist es mit dem Kino. Im Anfang waren die Verhältnisse hier sehr gut, aber seit einiger Zeit macht die Entente so ungeheure Anstrengungen, daß wir stark ins Hintertreffen geraten sind, alle Deutschen und Deutschfreunde hier sind sich darüber einig, daß etwas geschehen muß, namentlich jetzt, wo die neue Saison beginnt, dabei wären die Kinoleute im Allgemeinen sehr zugänglich; sie klagen darüber, daß sie von der Entente geradezu überschwemmt werden und würden gerne mehr deutsche Filme bringen, wenn sie nur entsprechend gute und zugkräftige bekämen. Darin [sic!] aber scheint es zu hapern.

---

vgl. Die Fackel, 19 (1917), Nr. 454–456, 1.4.1917, S.25 f. Kraus' nur scheinbar polemische Behauptung, in dem Drama sei nichts von ihm erfunden worden, wird auch hier bestätigt.

[3] Vgl. hierzu Hans Barkhausen, Filmpropaganda für Deutschland im Ersten und Zweiten Weltkrieg, Hildesheim u.a. 1982, S. 67).

[4] Bundesarchiv Potsdam, Bestand R 901, Akte 946.

Die ZfA antwortete darauf am 25. September, die Gründe für die unzureichende Filmpropaganda seien „genugsam bekannt [...] Der Hauptgrund ist der Mangel an wirklich interessanten, auch im Ausland ansprechenden Filmaufnahmen."[5] Auch von der Deutschen Gesandtschaft in Sofia kamen Klagen. Von einer Veranstaltung im Nationaltheater, auf der „Messter-Filme" gezeigt wurden hieß es: „es war ein ‚gesellschaftliches Ereignis'. Umso bedauerlicher war, daß das Gebotene doch recht stark hinter den Erwartungen zurückblieb. Es wurden aktuelle Bilder überhaupt nicht, nur, wie es schien, alte Ladenhüter, und dazu in einem vollkommen planlosen Durcheinander gebracht. Herbst, der eine witzige aber scharfe Zunge hat, faßte sein Urteil in die Worte zusammen: ‚Messterfilms, keine Meisterfilms!'"[6]

Die offenbar allbekannte und unstrittige Mangelhaftigkeit der eigenen Filme macht die Anstrengungen verständlich, eine neue, kompetente Stelle einzurichten, die schließlich als Bild- und Film-Amt (Bufa) gegründet wurde. Der Gründungsprozess dauerte bis zum 31. Januar 1917; in dieser Zeit hatte *The Battle of the Somme* auch international schon Aufsehen erregt. Auch hier berichten die Vertrauensleute aus dem Ausland entsprechend. Der Chefredakteur der Zeitschrift *Ost und West* berichtete am 10. November 1916 aus Kopenhagen über die üblichen Probleme der deutschen Filme und fügte hinzu, es sei „ein gewaltiger Ententefilm hier eingetroffen, den man als Attraktion ersten Ranges bezeichnet".[7] Der beispiellose Erfolg des englischen Films beschleunigte möglicherweise den Prozess des Umdenkens.[8]

Der englische Film nahm in gewisser Hinsicht die Funktion eines Vorbildes an; seine Wirkung jedenfalls war den deutschen Stellen bekannt: „Es wird zur Zeit in England ein Film aus den Sommekämpfen vorgeführt, der die englischen Leistungen verherrlicht und unsere Taten herabzudrücken versucht."[9] Als der Film dann auch im neutralen Ausland lief, erreichte die ZfA ein dramatischer Hilferuf. Er kam von einem Herrn Binz, der die deutsche Filmpropaganda in Skandinavien organisieren sollte und der telegrafisch berichtete, das Publikum verlange „möglichst grausame sensationelle Schlachtenbilder, ähnlich englischem Sommefilm."[10]

Diese Kennzeichnung bezieht sich auf ein wesentliches, neues Element von *The Battle of the Somme*, der in einer einmaligen historischen Situation entstand. Die britischen Kameraleute an der Front besaßen die Möglichkeit, die Vorbereitungen der Schlacht sowie einige ihrer Begebenheiten extensiv zu filmen: Dieses Mal waren sie informiert und zur rechten

---

[5] Brief vom 11.9.1916 und das Antwortschreiben vom 25.9.1916 (ebd., S. 214 und S. 217).
[6] Ebd., Akte 947, S. 31.
[7] Ebd., S. 91.
[8] Nicolas Hiley („The British Cinema Auditorium") geht von einer Million Besuchern allein in London während der ersten Woche aus. In der Begleitbroschüre zur Video-Edition des Films wird sogar eine Zahl von insgesamt 20 Millionen Besuchern für möglich gehalten.
[9] Preußisches Kriegsministerium an den Reichskanzler, 21.10.1916 (Bundesarchiv Potsdam, R 901, Akte 947, S. 33).
[10] Ebd., S. 161.

Zeit am rechten Platz. Das Bildmaterial ist überwiegend an den Schauplätzen der Schlacht aufgenommen worden, nur relativ wenige Szenen wurden inszeniert.[11] Roger Smither deckt in seiner Analyse des Films eine Reihe von *fakes* auf – nicht nur inszenierte Szenen, sondern auch Bildsequenzen, die zu einer anderen Zeit oder an einem anderen Ort an der Somme aufgenommen wurden. Ungeachtet solcher Fälschungen enthält der Film vor allem authentisches Material – und das ist das Ungewöhnliche, den Zeitgenossen völlig neu und glaubwürdig Erscheinende an diesem Film. Die „Propaganda der Fakten", auch von der britischen Regierung zur offiziellen Linie erklärt, bewährte sich hier mit der ihr innewohnenden Zweischneidigkeit. Das Gezeigte ist in der Mehrzahl der Fälle „authentisch", die dokumentierten Szenen erscheinen daher glaubwürdig. Desungeachtet stellt die Organisation des Materials nicht darauf ab, einen zutreffenden Bericht von den Ereignissen der Somme-Schlacht zu geben. *The Battle of the Somme* verwandelt propagandistisch geschickt ein militärisches Desaster in einen Erfolg. Aber der Film erreicht dies unter weitgehendem Rückgriff auf „dokumentarisches" Material. Im Gegensatz zu vielen anderen Filmen, denen die Inszenierung überdeutlich anzusehen war, erschien er dem Publikum als eine faktentreue Darstellung der Ereignisse, als ein „Dokument". Diese Qualifizierung wurde möglich durch den augenfälligen Kontrast zu den „Spielfilmen": Ihnen gegenüber behauptete *The Battle of the Somme*, ein Non-Fiction-Film zu sein. Erstmalig war ein Film entstanden, der es unternahm, mindestens in einigen Szenen die Schrecken des Krieges zu zeigen.

Der Unterschied zwischen *non-fiction* und *fiction* ist in der Wahrnehmung des Publikums vermutlich überhaupt erst während des Krieges deutlich geworden, auch wenn heutige Untersuchungen mit guten Argumenten die dokumentarische Qualität des Films stark relativieren. Die Innovation, die *The Battle of the Somme* darstellte, seine Glaubwürdigkeit und sein Erfolg, machen es verständlich, dass der erste Film, der von der neuen Institution Bufa vorgestellt wurde, als deutsche Antwort auf den englischen Film konzipiert war. Bemerkenswert aber ist, wie dieser Film schon vor der Premiere dem einheimischen Publikum präsentiert wurde.

Ein „gesellschaftliches Ereignis":
Die Uraufführung von *Bei unseren Helden an der Somme*

Eine erste Ankündigung des noch zu schaffenden Amtes gegenüber amtlichen Dienststellen enthielt ein Rundschreiben des Kriegsministeriums vom 12. Oktober 1916, in dem eine Militärische Stelle beim Auswärtigen Amt unter der Leitung von Freiherr von Stumm als Ansprechpartner genannt wird.[12] Die Strukturen des Bild- und Filmamtes (Bufa) waren zu

---

[11] Vgl. die detaillierte Untersuchung von Roger Smither: ‚A Wonderful Idea of the Fighting': The question of fakes in ‚The Battle of the Somme', in: Historical Journal of Film, Radio and Television, 13/2 (1993), S. 149–168.

[12] Bundesarchiv Potsdam, R 901, Akte 947, S. 73.

diesem Zeitpunkt offenbar bereits recht weitgehend geplant; Oberstleutnant von Stumm war der Leiter des Bufa und unterstand direkt Oberstleutnant Hans von Haeften, dem Chef der Militärischen Stelle beim Auswärtigen Amt. Das Bufa wurde bemerkenswerterweise bereits vor dem Gründungserlass des Preußischen Kriegsministeriums (vom 30. Januar 1917) aktiv und trat sogar anlässlich der Uraufführung des Films *Bei unseren Helden an der Somme* an die Öffentlichkeit.[13]

Auffallend an der Premiere ist zunächst, dass es sie überhaupt gab – es war das erste Mal, dass ein Film auf diese Art, quasi als eine offizielle Bekanntmachung, präsentiert wurde. Im damaligen Kontext ist auch erstaunlich, dass vorab in der Presse über das Ereignis berichtet und ein ausgewähltes Publikum, darunter auch Journalisten, zur Uraufführung eingeladen wurde. Schon diese Einladung war ungewöhnlich, es gab zuvor in Deutschland keine vergleichbare „Pressevorführung" für Propagandafilme, noch dazu in derart offiziellem Rahmen. Eindeutig handelte es sich hier um ein „Ereignis".

Der Vorbericht erschien am 17. Januar, zwei Tage vor der Premiere, in der Berliner Tageszeitung *BZ am Mittag;* verfasst hatte ihn Hans Brennert.[14] Dies geschah sicher in Absprache mit Haeften und zeigt, dass dieser keineswegs gewillt war, die „zurückhaltende Art" bisheriger Propaganda beizubehalten. Brennert schlägt in seinem für die damaligen Verhältnisse außergewöhnlich umfangreichen Artikel gleich den Ton an, der auch in den weiteren Berichten nach der Uraufführung auffällt:

> Aus der Hölle an der Somme, vom flammenschwangeren Boden des Saint-Pierre-Vaast-Waldes, holten heldische Operateure deutscher Filmtrupps auf Befehl der Obersten Heeresleitung die größte kinematographische Urkunde dieses grausigen Krieges. Den Stahlhelm auf dem Kopf und die Kamera in der Hand sausten sie auf langen Fahrzeugen der Sturmtruppen auf der Feuerstraße mit hinaus, schwärmten mit vor in die ersten Gräben, sahen die Gasangriffe sich wölken, trotzten dem Trommelfeuer, schwangen sich mit dem Sturmtrupp über den Grabenrand, arbeiteten sich von Trichter zu Trichter, durch Wald und Busch, durch Drahtverhaue, Pfützen und Waldkanäle, mit den Sprengminenlegern, zwischen den rasenden Einschlägen schwerer Geschosse und berstender Minen, heran bis an die feurige Mauer unseres Sperrfeuers, vor dem fliehende Feinde im Handgranatenkampf zusammenbrachen.

---

[13] Bei unseren Helden an der Somme, Produktion: Bufa („in Gründung"), Kameramänner nicht ermittelt (keine Produktionsunterlagen vorhanden), 981 Meter, Erstaufführung: 19.1.1917, Erstzensur 27.1.1917 mit einer Länge von 967 m. Die Kopie des Bundesarchivs hat eine Länge von 964 m und entspricht vermutlich der Fassung von 1921. Für diese Angaben danke ich Hans-Gunter Voigt, Bundesarchiv-Filmarchiv Berlin.

[14] Von Hans Brennert stammte auch der Text zur Begleitbroschüre: Bei unseren Helden an der Somme. Amtliche Aufnahmen aus der Somme-Schlacht, Berlin 1917. Brennert war später auch als Drehbuchautor bei den Filmen „Das Tagebuch des Dr. Hart" und „Der feldgraue Groschen" für das Bufa tätig; vgl. Barkhausen, S. 169.

Die atemlose Prosa, die auch den Rest des Textes prägt, versucht offenbar das „Filmerlebnis" zu suggerieren. Die drei deutlich voneinander abgehobenen Teile des Films werden alle in dieser Art beschworen, wobei zum Teil die Botschaften seiner Zwischentitel paraphrasiert werden, zum Teil seine bildlich umgesetzte Propaganda in Worte gefasst wird. Die Vorab-Berichterstattung ist also von der Öffentlichkeitsarbeit des Bufa als Möglichkeit erkannt und genutzt worden, eine bestimmte Rezeptionsweise zu lancieren.

Die Platzierung des Artikels in der *BZ am Mittag* darf als Coup gewertet werden: Für jedermann sichtbar vollzog sich die Wendung der Propagandapolitik „auf Befehl der Obersten Heeresleitung", wie man hinzufügen möchte. Das Neue und Ungewöhnliche dieses Vorgehens bleibt auch in den Berichten von der Uraufführung spürbar. Keiner der Artikel, die ab dem 20. Januar in der Berliner Presse erscheinen, versäumte es, auf den offiziellen Charakter des Films hinzuweisen, der auch in den entsprechenden Anzeigen erwähnt wurde.[15] In diesen Anzeigen allerdings firmierte der Film unter dem Titel „Die Schlacht an der Somme – amtlich militärische Aufnahme in Aktion." Offensichtlich wurden Filmtitel des Bufa häufig falsch wiedergegeben, denn am 22. Mai 1917 dekretierte die Oberzensurstelle beim Kriegspresseamt wahrhaft erschöpfend an sämtliche Zensurstellen:

„Ankündigungen der von dem Bild- und Filmamt herausgebrachten, durch die Flora-Film-Gesellschaft vertriebenen militärischen Filme und ihre Vorführungen sind nicht zensurpflichtig. Ankündigungen, die nach Inhalt und Aufmachung gegen den guten Geschmack verstoßen oder geeignet sind, die behördliche Ursprungsstelle militärischer Filme zu schädigen oder in Verruf zu bringen, sowie Ankündigungen, deren Wortlaut von den durch das Bild- und Filmamt gegebenen Titeln abweichen, können verboten werden. Als Ankündigungen in diesem Sinne sind auch Anzeigen, Aushänge, Plakate und Anschläge an öffentlichen Orten, Anschlagsäulen oder -tafeln, in Vorräumen von Kinotheatern oder an anderen Stätten der Vorführung anzusehen."[16]

Vergleichsweise neutral ist der Verweis auf den „amtlich-militärischen" Charakter der Aufnahmen, wie er sich in der *Berliner Morgenpost* findet (21. Januar 1917), oder den „amtlichen Kriegsfilm" (*8 Uhr Abendblatt*, 20. Januar 1917). Überraschend aber ist, dass in drei Zeitungen das Bufa – das offiziell noch gar nicht existierte – als Urheber des Films erwähnt

---

[15] In der „Licht-Bild-Bühne" gibt es ein kleines Reklamegerangel um den Film. Für die „Eiko-Woche", Nr. 124 (Erscheinungstag Freitag, der 19. Januar – also am Uraufführungstag von „Bei unseren Helden an der Somme" - wird in der Nummer 2, 1917 so geworben: „hochinteressante Bilder von der Somme-Schlacht. Handgranaten-Angriff, Truppen gehen zum Sturm vor, Trommelfeuer u. a.". Bemerkenswert ist diese Reklame, weil die Front an der Somme im Januar 1917 keineswegs besonders umkämpft war; die alliierte Offensive war längst beendet. Offenbar wird hier auf einen „Mitnahme-Effekt" spekuliert. In: Licht-Bild-Bühne Nr. 3,1917, wird entsprechend geantwortet. „Bei unseren Helden an der Somme" sei „nicht zu verwechseln mit anderen Kriegsfilmen, die lediglich kleine Ausschnitte in Wochenübersichten geben!"

[16] Bundesarchiv Potsdam R 901, Akte 1031, S. 253.

wird: „Ein Bild- und Filmamt ist errichtet worden und als militärische Stelle dem Auswärtigen Amt angegliedert worden", weiß z. B. die *Tägliche Rundschau* zu berichten.[17]

Diese Mitteilungen, zehn Tage vor der offiziellen Gründung des entsprechenden Amtes, sind wohl als unerwartete Folge einer Pressepolitik zu verstehen, welche die bei der Premiere des Films anwesenden Journalisten mit den notwendigen Informationen versorgte. Doch entsprach der Hinweis auf das Bufa durchaus nicht den Wünschen der Regierung. Noch Monate später wurde entschieden, dass Verlautbarungen über das Bufa nicht in der Presse erscheinen sollten.[18] Eine „offensivere" Propagandapolitik ließ sich jedoch nicht ohne Mithilfe der Presse realisieren. Es ist anzunehmen, dass die drei Nennungen des Bufa Resultat der Gespräche waren, in denen Haeften oder einer seiner Mitarbeiter den Journalisten Hintergrundinformationen zur Pressevorführung gegeben hatte.

Der deutsche Somme-Film

Ganz wesentlich zur Überzeugungskraft des britischen Films hatte die ungewohnte Brutalität der Abbildungen beigetragen. Bilder toter Soldaten waren zuvor nie (auch nicht in der Fotoberichterstattung) gezeigt worden. Es mag sein, dass diese fraglos authentischen Aufnahmen die Glaubwürdigkeit der Inszenierungen stärkten, gerade weil sie einen Schock auslösten. Diese aber, selbst die vieldiskutierte Sequenz, in der die Truppen den Schützengraben zum Sturmangriff verlassen (die im Englischen als „over the top-sequence" bezeichnet wird), sind in

Plakat von 1917 zur Filmvorführung in Köln

---

[17] Tägliche Rundschau, Morgenausgabe, 20.1.1917. Ganz ähnlich das Berliner Tageblatt, Morgenausgabe, 20.1.1917, und die Vossische Zeitung am folgenden Tag.
[18] Sitzungsbericht zu einer Besprechung im Bufa am 13.3.1917 (Bundesarchiv Potsdam, R 901, Akte 1030, S. 181; vgl. auch die Akte 1031, S. 253, 22.5.1917).

der Art ihrer Aufnahme nicht von vornherein unglaubwürdig, behalten in den Kameraeinstellungen ein Mindestmaß an Wahrscheinlichkeit bei.[19] Die zeitgenössische Rezeption des Films als „authentisch" kann nicht simpel als Verblendung gewertet werden – zu gering war die Erfahrung des Publikums mit Aufnahmen, die vom Kriegsschauplatz selbst stammten, um der Evidenz der Filmbilder nicht zu erliegen. Zumal die inszenierten Aufnahmen durchaus geschickt eingefügt worden waren, so dass der Film in seiner Gesamtheit akzeptiert werden konnte in einer Situation, als den „offiziellen Berichten" gerade nicht mehr getraut wurde.

Ob die deutsche Antwort *Bei unseren Helden an der Somme* jemals annähernd überzeugend gewirkt hat, muss bezweifelt werden. Die drei Teile des Films zeigen die Situation hinter der Front an der Somme, einen Vorstoß im Saint-Pierre-Vaast-Wald und einen Angriff bei Bouchavesnes. In den beiden letzten Fällen ist jedoch mehr als fraglich, ob die Bilder des Films an den Orten entstanden, die in den Zwischentiteln angegeben werden – und ob es sich um die behaupteten Ereignisse handelt. Der erste Teil jedoch verwendet durchgängig dokumentarisches Material. Die Abgrenzung „authentischen" Materials von inszenierten Szenen ist grundsätzlich problematisch, weil auch die „dokumentarischen" Aufnahmen eine Veränderung der Situation vor der Kamera einschließen – es gibt kaum Filmbilder, die eine Realität zeigen, wie sie ohne die Kamera wäre (Aufnahmen mit versteckter Kamera können hier eine Ausnahme sein). Als „dokumentarisch" soll hier eine Aufnahme verstanden werden, die aller Wahrscheinlichkeit nach tatsächlich an dem Ort und in der Situation aufgenommen wurde, die von den Zwischentiteln angegeben wird.

Am Beginn stehen die Belege für den Erfolg der deutschen Truppen. Während *The Battle of the Somme* ein Desaster der Entente in einen Sieg umdeutet, kann der deutsche Film das Halten der meisten Stellungen vergleichsweise unproblematisch als Sieg darstellen. Bilder von Gefangenen und von verwundeten gegnerischen Soldaten auf Bahren, die in einen Eisenbahnwaggon geladen werden, stehen für diesen Erfolg. Das Betonen der eigenen militärischen Stärke knüpft ironisch an die Feindpropaganda an, der überleitende Zwischentitel lautet: „Die Reserven des erschöpften Deutschland!" Die folgenden Einstellungen zeigen Gruppen marschierender Soldaten und Pferdefuhrwerke, die Scheinwerfer, Brückentrains und Minenwerfer transportieren. Die hier zu sehenden Soldaten tragen noch den Pickelhelm, nicht den seit Februar 1916 allmählich eingeführten Stahlhelm – ein Hinweis darauf, dass diese Aufnahmen möglicherweise nicht alle aus der Zeit der alliierten Somme-Offensive von 1916 stammen. Die Überzeugungskraft der Bilder wird zudem dadurch geschmälert, dass die Massen an Menschen und Material, über die das „erschöpfte Deutschland" angeblich verfügt, nicht immer auch im Bild erscheinen. Die Einstellungen von den transportierten Gerätschaften dauern nicht lang genug, um deren „Menge" auch zu zeigen. Die Eingangssequenz setzt auf den Kontrast zwischen dem „geschlagenen Feind" und den starken deutschen Truppen; sie wird mit drei Einstellungen beendet, die dem Titel „Deutsche Sturmtruppen fahren zur Front" folgen: Hier tragen die winkenden Soldaten

---

[19] Vgl. Smither, A Wonderful Idea.

Stahlhelme und werden mit LKWs transportiert – beides Zeichen für die Modernität der Truppe.

Der Film konzentriert sich in der nächsten Sequenz auf Hilfestellungen für die Zivilbevölkerung. Der einleitende Titel lautet: „Deutsche Eisenbahner bergen französische Flüchtlinge vor dem rücksichtslosen Feuer ihrer eigenen Landsleute". Fünf Einstellungen zeigen den Treck der Flüchtlinge und das Einsteigen in Waggons. Mit dieser Sequenz ist die Einleitung beendet; in der Folge variiert der erste Teil des Films ausschließlich das Thema der von der Entente zerstörten französischen Ortschaften. Ganz analog den zahlreichen Entente-Filmen, in denen Zerstörungen von Städten, Dörfern und Landschaften zum Beleg für die rücksichtslose deutsche Kriegsführung gezeigt werden, benutzt auch der deutsche Somme-Film die Bilder von Verwüstungen. „Vor kurzem noch eine belebte Kreisstadt Frankreichs – jetzt ein Trümmerhaufen nach dem Willen seines englischen Bundesgenossen" lautet beispielsweise ein Titel. Die Aufnahmen von den Ortschaften hinter der Front inszenieren keine Handlung, sie geben sich als Bestandsaufnahme

Plakat nach einem Entwurf von Louis Oppenheim, vermutlich von 1916

und als Anklage: „Die Reste der großen Kathedrale von Péronne. Das willkommene Ziel französischer und englischer Granaten, von denen aber die Zeitungen der Entente, die sich über das Feuer der armierten Plattformen der Kathedrale von Reims entrüsteten, nichts sagen!"[20] Diese nachträgliche Rechtfertigung des Beschusses der Kathedrale durch deutsche

---

[20] Zwischentitel, zitiert nach der Kopie, die im Bundesarchiv-Filmarchiv in Berlin liegt. Die Titel dieser Kopie sind nicht einheitlich gestaltet, die Mehrzahl von ihnen scheint jedoch dem Original zu entsprechen. Weitere Zwischentitel mit der eindeutigen Schuldzuweisung für die Zerstörung der Somme-Städte an die Alliierten sind: „Bapaume, das schmähliche Opfer französischen und englischen Kriegswillens", „Peronne! Das Totgeweihte! (sic!) Zerfetzt von den feindlichen Geschossen aus aller

Artillerie wurde vermutlich eher in Deutschland als im neutralen Ausland akzeptiert. Mit steigender Kriegsdauer bekamen die zunehmenden Verwüstungen noch eine weitere Bedeutung: Sie zeugten davon, was dem eigenen Land erspart blieb, weil die deutschen Truppen in fremden Ländern *standhielten*.[21]

In den Trümmern zeigt der Film ein weitgehend geordnetes Leben der Soldaten (deren Schicksal, unter so unzureichenden Bedingungen ausharren zu müssen, er zugleich beklagt). Unfreiwillig komisch wirkt heute die Betonung der Ordnung und deren Beleg durch Bilder, in denen die Soldaten vor dem Hintergrund der zerstörten Kathedrale von Péronne Trümmer beiseite schaffen oder sich um ihr gepflegtes Äußeres sorgen: Schuhe werden geputzt, Uniformen ausgebürstet.

Der erste Teil des Films liegt insgesamt noch auf der ironischen Linie der „Wir Barbaren"-Propaganda, mit der feindlichen Anwürfen begegnet werden sollte. Wie eine Plakatserie die Verdienste Deutschlands um Wissenschaft und Bildung gegen die geringeren Lorbeeren aufrechnet, die England hier aufzuweisen habe, und eine andere den Militarismus-Vorwurf durch den Verweis auf die angeblich viel geringeren Militärausgaben Deutschlands zu entkräften trachtet, so liegt auch in diesem Teil des Films implizit und explizit das Schwergewicht auf dem Vergleich. Der Bezug auf die Vorwürfe der Entente-Propaganda prägt die Aussagen, deren er sich bedient und lässt die Bildauswahl zu ihrer Illustration werden.

Anders gehen die beiden folgenden Teile des Films vor. Sie können allerdings ebenfalls als Reaktionen auf die gegnerische Propaganda verstanden werden. *The Battle of the Somme* war der erste Film, für den mit „authentischen Bildern" von der Schlacht geworben wurde. Solche waren zuvor von den kriegführenden Nationen kaum zugelassen worden. Zwar versprach die Kinowerbung, dass die besonders rigiden Einschränkungen, die in Deutschland galten, mit dem deutschen Somme-Film durchbrochen würden. Doch seine Bilder sind im zweiten und dritten Teil nicht länger dokumentarisch; gegen ihre Authentizität sprechen fast alle Kriterien: Die gezeigten Orte sind jeweils aus nur sehr wenigen Schauplätzen komponiert, die in gering variierten Einstellungen wiedergegeben werden. Sie zeigen alle Indizien eines Übungsgeländes; Spuren, die auf den Kampfplatz an der Somme verweisen, gibt es nicht. Der Wald, in dem der zweite Teil des Filmes spielt, und den der einleitende Titel als Wald von Saint-Pierre-Vaast bezeichnet, ist gänzlich unbeschädigt; keinerlei Spuren eines Bombardements sind zu sehen. Auch die Gegend, die im dritten Teil angeblich ein Abschnitt von Bouchavesnes ist, wirkt wie ein Übungsgelände. Die Kamerapositionen sind oft so „exponiert", dass sie wohl kaum am Kriegsschauplatz entstanden sind. In die Gräben schaut die Kamera hinein, im Wald müsste der Operateur ebenfalls deutlich sichtbar in der

---

Welt!", „Französische Flieger schweben über der Stadt und lenken das Feuer der Ententebatterien auf französische Giebel und Gassen" und „Zerborstene Türen, tote Trümmer fragen die Welt: Wer sind die Barbaren?".

[21] Der am 12. Oktober 1918 freigegebene Film „Rentier Kulickes Flug zur Front" formuliert diese Botschaft eindeutig.

Gegend gestanden haben, um seine Aufnahmen zu erzielen. Und bei der Minenexplosion, die als Höhepunkt des dritten Teils arrangiert ist, steht die Kamera derart nahe an der Explosion, dass die herausgeschleuderten Steine sie fast treffen – sie hätte also mitten im feindlichen Gebiet stehen müssen. Ebenso bei den Aufnahmen, die den folgenden Sturmangriff zeigen – hier laufen in einer Einstellung die Soldaten direkt auf die Kamera zu.

Die Abläufe der Schlacht, die im englischen Somme-Film nicht als ein Geschehen an einem Ort, sondern als Panorama des gesamten Ereignisses suggeriert werden, beschränken sich im deutschen Film auf zwei Episoden. Sie werden „vollständig", mit jeweils glücklichem Ende gezeigt – und von so wenigen wechselnden Gesichtspunkten, dass dies fast wie ein Mittel erscheint, „Authentizität" durch Beschränkung zu erreichen. Erst am Ende des Films, nach dem Titel „Zahlreiche Gefangene gemacht", gibt es wieder Bilder, die so aussehen, als seien sie tatsächlich im Verlauf der Somme-Schlacht, wenn auch nicht an der Front, aufgenommen worden.[22] Die Gefangenen, die hier gezeigt werden, stehen unter der Bewachung deutscher Soldaten, die den Pickelhelm tragen – auch hier ist fraglich, ob die Aufnahmen aus der Somme-Schlacht stammen. Die Präsentation der Gefangenen am Ende des zweiten Teils wird zur Mobilisierung rassistischer Vorurteile genutzt. Der Titel lautet: „[…] im langen Zuge folgen den deutschen Kämpfern in das von England zerschossene Péronne die weißen und farbigen Träger der Kultur".[23] Das *Berliner Tageblatt* nimmt dies in seinem Bericht nicht nur auf, sondern verstärkt es noch: „grinsende Turkos fressen gierig die gute Gefangenenkost der deutschen Feinde." Dergleichen ist in den Bildern des Films nicht zu entdecken, offenkundig setzt er aber auf das – damals äußert geläufige – Ressentiment, wenn er Gefangene mit dunkler Hautfarbe zu Gruppenbildern arrangiert und sozusagen ausstellt.

Die deutsche Antwort auf den britischen Somme-Film steckte von vornherein in einem unlösbaren Dilemma. Es waren gerade die Szenen der Schlacht, mit denen das Vorbild überzeugte, und diese Szenen waren durchaus nicht alle gestellt. Vergleichbares Ausgangsmaterial stand anscheinend für den deutschen Film nicht zur Verfügung; noch waren keine „Filmtrupps" eingerichtet worden, die an der Front filmen durften. Daher antwortete man im Wesentlichen mit inszeniertem Material. Damit konnte allerdings die Glaubwürdigkeit des Vorbildes, die sich auf die Unterscheidung von *fiction* und *non-fiction* stützte, nicht

---

22 Ein isoliertes Bild, in dem sich Soldaten in einem schlammigen Gelände mit dem Transport einer Kanone mühen, fällt im dritten Teil aus dem Rahmen. Hier deuten alle Anzeichen darauf hin, es an der Somme aufgenommen wurde. In der Kopie des Bundesarchivs wirkt diese Einstellung wie ein Fremdkörper.

23 Paraphrasiert erscheint der Zwischentitel schon in Brennerts Ankündigung (BZ am Mittag, 17.1.1917), der in seinem Resümee schrieb: „Deutsches Leben ficht gegen einen Feind, der mit den Wilden aller Erdteile uns überfiel, die Neutralen vergewaltigte und seine eigenen Siedelungen und deren Kirchen in Schutt und Asche legt, deutsche Gefangene mißhandelte und deutsche Offiziere martern und morden ließ." So unverhohlen sprach kaum ein anderer Bericht die Propagandabotschaft aus, der dieser Film dienen sollte.

erreicht werden. Fast zwangsläufig aber musste die Pressekampagne dem unzureichenden Film die Qualitäten des Vorbildes zusprechen: Auch *Bei unseren Helden an der Somme* wurde als *non-fiction*-Film, als „Dokument" ausgegeben. Die Kluft zu den Bildern, die er tatsächlich enthielt, war zu groß, als dass er unter diesen Umständen hätte reüssieren können.

Die Berichterstattung der Presse

Der Tenor der Berichte über die Berliner Premiere von *Bei unseren Helden an der Somme* ist auffällig ähnlich: Die „Besonderheiten" der deutschen Propaganda werden herausgestellt – ganz in dem Sinne des Berichterstatters der *Leipziger Zeitung*, der vorgeschlagen hatte, „auf die Ausschmückungen im Interesse nationaler Selbstverhimmlung, die Engländer und Franzosen nötig haben, zu verzichten." Einen ähnlichen Vergleich zu dem englischen Film zieht nur ein Bericht nach der Premiere der deutschen „Antwort", dann jedoch ganz in dem Sinne des Kampfes „Kultur vs. Zivilisation". Der deutsche Film habe „nichts von der demagogischen, aufreizenden Farbe, die dem englischen Film von der Sommeschlacht innegewohnt", das aber gereiche ihm zum Vorteil. Denn: „wie alles, was amtlich und militärisch-deutsch ist, bleibt auch in dieser stummen Schilderung kein Wort zuviel. Nichts wird gesagt, gedeutet oder gar gallisch glorifiziert. ‚Seht, so ist es', sagt dieser Film."[24]

Die vermeintliche Tatsächlichkeit des Gezeigten wird in allen Berichten in unterschiedlichsten Wendungen betont. Die Aufgabe, die dem deutschen Film zugedacht war, die wesentliche Stoßrichtung der Propaganda zielte auf den Eindruck, nun „lebenswahre" Bilder von der Front zu bieten. Dass dies gelungen sei, verkündeten die Zeitungen. „Das sind keine ‚gestellten' Kriegsszenen mehr, keine Genrebilder aus der Etappe mit kaffeetrinkenden französischen Großmüttern und beschaulich-wirtschaftlichen Landsturmmännern. Das ist der ungeschminkte, leibhaftige Krieg. […] Mitten im Alltag hatte man – minutenlang – dem wirklichen Kriege ins Herz geblickt."[25] Die *Berliner Volkszeitung* verkündete, „das Objektiv ist objektiv" und beendete den Artikel mit dem Satz: „Der Film, der uns einige ihrer (der Somme-Schlacht, d. Verf.) Bilder gibt, ist heute schon Geschichte. Man sieht sie mit klopfendem Herzen." Das *8 Uhr Abendblatt* fand: „Hier ist wirklich etwas geschaffen worden, was die Bezeichnung gewaltig verdient, ein Dokument der großen und schweren Zeit des Weltkrieges."[26]

Das Dokumentarische hob auch die *Tägliche Rundschau* hervor und brachte es in den Zusammenhang einer älteren Debatte um den Film: „Den selbst in den Zeiten der heftigsten Bekämpfung der Auswüchse des Kinowesens nicht bestrittenen dokumentarischen Wert des Films hat sich auch unsere Heeresleitung zunutze gemacht, um Beweisstücke von

---

[24] Berliner Volkszeitung, 20.1.1917.
[25] Der Reichsbote, 23.1.1917 (= Unterhaltungsblatt des Reichsboten).
[26] Beide Zitate vom 20. 1.1917.

unwiderleglicher Stärke zu gewinnen." Am weitesten jedoch ging das *Berliner Tageblatt*, und wurde dabei grundsätzlich:

> Ist dies noch Bild, nur Bild? Auch die lahmste Fantasie wird fortgerissen und ergänzt diese Abschrift der Wirklichkeit durch das Getöse des Kampfes. Alle Zuschauer schweigen, keinem kommt es in den Sinn, nach diesen Szenen Beifall zu spenden. Aber es gibt auch keinen, der unbewegt von dannen ginge. Achtung vor dem Kino, dem Vielverlästerten! Hier wird es Geschichte![27]

Die Konkurrenzstellung gegen *The Battle of the Somme*, die nur selten direkt angesprochen wird, ist aus den Beschreibungen der Presse eindeutig. *Bei unseren Helden an der Somme* sollte für Deutschland das leisten, was *The Battle* für England geleistet hatte, nämlich weiten Bevölkerungskreisen das Gefühl geben, vermittels eines Filmes nun einen getreuen Eindruck davon zu erhalten, was die Männer an der Front durchstehen mussten – und von dem sie sprachlich so wenig selbst mitzuteilen vermochten. Geradezu aufdringlich ist die Häufung der entsprechenden Passagen in den Berichten:

> Worte, hundertmal gehört, werden zu Bildern. Wie einfach klingt das im Heeresbericht: ‚Wir ließen im Saint-Pierre-Vaast-Walde eine Mine sprengen und nahmen einen vorspringenden Graben'. Seht euch diesen Film an. Ihr werdet erfahren, wie ‚einfach' das ist – die Mine und das vorspringende Grabenstück.[28]

Das ähnelt sehr den überlieferten Reaktionen auf *The Battle of the Somme*, insbesondere dem oft zitierten Satz von Frances Stevenson, der Sekretärin des englischen Premierministers Chamberlain: „It reminded me of what Paul's last hours were: I have often tried to imagine myself what he went through, but now I know: and I shall never forget."[29] Doch beschrieb Frances Stevenson ihren individuellen Eindruck nach dem Film, und zwar auf authentische Weise (wie immer skeptisch man zurecht die „Authentizität" dieses Films beurteilen mag). Mehr als fraglich ist, dass die fast gleichlautenden Passagen in der Berichterstattung zum deutschen Somme-Film den Eindruck wenigstens der zur Sondervorführung geladenen Journalisten authentisch wiedergeben. Denn die vielen *fakes* in *Bei unseren Helden an der Somme* konnten ihnen wohl kaum verborgen bleiben. Sie waren so offenkundig, dass diesbezügliche Fragen nicht erst gestellt werden mussten, wie es später der deutsche Gesandte in der Türkei treffend formulierte, als er sich über die mangelnde Filmversorgung beklagte: „Daß gut gestellte Kriegsfilme im übrigen auch jetzt noch Erfolg haben können, hat unser Somme-Film bewiesen, der allgemein größtes Interesse erregt hat."[30] Verwunderlich ist

---

[27] Beide Zitate vom 20.1.1917.
[28] Berliner Volkszeitung, 20.1.1917.
[29] Zitiert nach: Nicholas Reeves: The Power of Film Propaganda – Myth or Reality?, in: Historical Journal of Film, Radio and Television, 13/2 (1993), S. 192.
[30] Von Kühlmann, Kaiserliche Deutsche Gesandtschaft in Pera, 4.5.1917 (Bundesarchiv Potsdam R 901, Akte 948, S. 62).

es nicht, dass kein Bericht von Zweifeln der Rezensenten an der Authentizität der Bilder spricht - zu sehr wussten sich die deutschen Zeitungen auch ohne die Bedingungen des „totalen Krieges" auf die Kriegsziele des Reiches verpflichtet. Es bedurfte keines Zwanges, um ein fast „gleichgeschaltetes" Presseecho zu erhalten. Insofern war die Pressestrategie des offiziell noch nicht gegründeten Bild- und Filmamtes aufgegangen.

Unter den Artikeln finden sich jedoch zwei, die verdeckt von den Schwächen des Films berichteten. Am Tag nach der Uraufführung brachte die *BZ am Mittag*, in der Brennerts Vorbericht den Auftakt zu einer Kampagne gebildet hatte, einen Text, der sich mit der Wirkung der Vorführung auseinandersetzte. Darin heißt es:

> Überdies, der Film verschönt! Der Mensch, der Dulder des Kriegsgeschehens, ist so klein und unsichtbar in der modernen Schlacht. Die optische Linse, ein fühlloser Ästhet, erfaßt weite Geländeausschnitte, komponiert, ist ein Architekt wundervoller Landschaftskonturen, in silbernem Nebel verdunstend. [...] So hat es nie eines Kämpfers Auge gesehen, nie eines Kämpfers Herz empfunden.

Diese vorsichtige, am Ende wieder umgebogene Kritik ist in der deutschen Öffentlichkeit die einzige Spur, dass dieser Film in seinem zweiten und dritten Teil keine „authentischen", an der Front aufgenommenen Bilder der Schlacht zeigt. Enthält der erste Teil mit seinen Bildern von den Zerstörungen in den Ortschaften hinter der Front durchgängig Material, das an Ort und Stelle (wenn auch vielleicht nicht immer zur angegebenen Zeit) aufgenommen sein dürfte, so gilt das für die folgenden Teile nicht. Die Sequenzen, die einem Stoßtrupp-Unternehmen und einem Sturmangriff gewidmet sind, sind offenbar ausschließlich bei Manövern aufgenommen worden. Lediglich Szenen wie die Rückkehr in die Stellungen oder solche mit Gefangenen stammen wohl tatsächlich vom Kriegsschauplatz.

Die vergleichsweise reservierte Haltung der *Vossischen Zeitung* verdankt sich einem grundsätzlichen Misstrauen gegenüber den Fähigkeiten des Films:

> Dieser Film ist eine Art Gipfel der Film-Berichterstattung, aber von seiner Höhe sieht man auch deren Grenzen. Man darf nicht erwarten, daß der Kinematograph je zu absoluter Geschichtsschreibung fähig sein wird; er wird und muß eine illustrative Beigabe des geschriebenen und gedruckten Wortes bleiben – freilich eine lebensvollere, als sie frühere Zeiten je besaßen.

Diese Skepsis, speise sie sich auch aus einem Vorurteil gegenüber dem neuen Medium, ist bei dem Film des Bufa durchaus angemessen und das keineswegs enthusiastische Urteil der *Vossischen Zeitung* jedenfalls angemessener, als die Umdeutung des Films in ein lebenswahres Dokument.

Es ist kaum zu beurteilen, wieweit die fast einhellig positive Darstellung der Presse die Reaktionen des Publikums zu steuern vermochte. Immerhin kann aus dem Wandel der Haltung der Gesandtschaft in der Türkei ein Schluss gezogen werden. Diese hatte am 1. Februar an den Reichskanzler von Bethmann Hollweg ein Schreiben gerichtet und sich dabei auf den besonders enthusiastischen Bericht des *Berliner Tageblattes* über *Bei unseren Helden an der Somme* berufen. Die Gesandtschaft vermutete nach der Lektüre, es handle sich um einen Film, „der dem Zuschauer einen wirklichen Begriff von den Vorgängen auf dem Kriegsschauplatz geben soll. Eine derartige Schaustellung würde natürlich auch hier großes Interesse erwecken."[31] Nachdem der Film dort gesehen werden konnte, hielt die Gesandtschaft den Film bloß noch für einen „gut gestellten Kriegsfilm". Es darf vermutet werden, dass diese Reaktion einer informierten Stelle nicht allein dastand. Die Unterschiede beider Filme gerade in der Glaubwürdigkeit des Bildmaterials dürften den Zuschauern nicht verborgen geblieben sein, die Gelegenheit hatten, den deutschen wie den englischen Somme-Film zu sehen (was wohl nur einem kleinen Kreis aus den Gesandtschaften in neutralen Ländern und eventuell Angehörigen des Bufa vorbehalten war). Es ist anzunehmen, dass auch einige Journalisten die Schwächen des deutschen Films gerade in diesem Punkt nicht übersehen haben.

Was den Publikumszuspruch in Berlin betrifft, so ist *Bei unseren Helden an der Somme* nur mäßig erfolgreich gewesen. Der relativ kurze Film (Dauer etwa 33 Minuten) lief drei Wochen im Tauentzienpalast, als Beiprogramm zu *Satans Opfer – Amerikanisches Schauspiel in fünf Akten* und später zu *Die leere Wasserflasche – Eine Detektiv-Abenteuersatire in vier Akten* von Joe May.[32] Die Laufzeit kann für die damaligen Verhältnisse, als der Programmwechsel der großen Uraufführungskinos rasch vonstatten ging, als durchaus befriedigend gelten. Jedoch war der Film offenkundig nicht attraktiv genug, um sich im Beiprogramm überdurchschnittlich lange halten zu können. Und für eine Aufführung ohne begleitenden Spielfilm war er im Gegensatz zum englischen Film deutlich zu kurz. Dies blieb auch bei späteren Produktionen ein Problem, was den Einsatz vor allem im Ausland erschwerte. Im Vergleich zu *The Battle of the Somme* ist der deutsche Somme-Film fraglos auch von seiner Massenwirksamkeit deutlich unterlegen.

Die strategischen Überlegungen des „Bufa in Gründung" lassen sich anhand der von ihm als beispielloses Ereignis organisierten Premiere in Umrissen rekonstruieren. Wie präsent und für alle Beteiligten auch deutlich das Vorbild von *The Battle of the Somme* gewesen sein mag, das Vorgehen der militärisch-amtlichen Stelle spricht für sich. Schon die Wahl des Themas machte für einen Film, der im Januar 1917 gestartet wurde, wenig Sinn, sofern nicht der Vergleich mit dem britischen Film Ansporn und Intention gewesen ist. Selbst wenn man die Vorbereitungszeit einkalkuliert, hätte eine „deutsche Antwort", die wirklich eine zeitgemäße Reaktion gewesen wäre, wesentlich früher her ausgebracht werden müssen. In eben der Zeit seit Mitte 1916, in der über eine Neuorganisation der Filmpropaganda nachgedacht wurde und in der dann die Entscheidungen zur Gründung des Bufa gefällt wurden, sind entsprechende Aufnahmen an der Front aller Wahrscheinlichkeit nach nicht gedreht worden. Die Tatsache, dass dieses neue Amt als erstes Produkt einen Film über die seit November mehr oder weniger zum Stillstand gekommene Somme-Schlacht herausbrachte, kann

---

[31] Bundesarchiv Potsdam R 901, Akte 947, S. 255.
[32] Die Berliner Morgenpost vorn 21.1.1917 kehrte im Bestreben, den militärisch-amtlichen Film zu protegieren, die Verhältnisse kurzerhand um: „Ferner sieht man SATANS OPFER, ein Schauspiel voll dramatisch bewegter Handlung."

aus aktuellen Propaganda-Erfordernissen überhaupt nicht erklärt werden. Es sei denn, dass der deutsche Film vor allem für das Ausland gedacht war, wo ein Erscheinen erst ab Januar 1917 keine allzu einschneidende Verzögerung bedeutet hätte. Denn auch der englische Film wurde im neutralen Ausland erst nach einer Wartezeit, die teilweise mehrere Monate dauerte, gezeigt. Dass der deutsche Film seinerseits im Ausland zunächst in nur wenigen Kopien und recht spät anlief, wurde zwar von den entsprechenden Gesandtschaften beklagt, könnte aber mit den Anfangsschwierigkeiten der neuen Organisation zu erklären sein.[33] Die Frage, ob der deutsche Film, der ersichtlich – wenn auch „weniger spektakulär" – den britischen nachahmte, gegen diesen bestehen konnte, kann jedenfalls verneint werden.

Schlussbemerkung

Bei unseren Helden an der Somme war ein filmisches Experiment. In ihm wurden fast alle Mechanismen erprobt, die Filmpropaganda so wirkungsvoll werden ließen. Allerdings ist das Experiment insgesamt misslungen, zu wenig glaubwürdig waren die Bilder. Dies gilt fast für die gesamte deutsche Filmpropaganda des Ersten Weltkrieges, auch nach der internen Einschätzung des Bufa selbst, das im November 1917 in einer Denkschrift „nur für den Dienstgebrauch" seine Anstrengungen skeptisch resümierte.[34] In der Nachkriegsdiskussion wurde diese Kritik noch verstärkt. Vor allem die Nationalsozialisten beklagten vehement die überwiegend defensive Strategie der filmischen Kriegspropaganda.[35] Auffallend aber ist, dass mit den programmatischen Überlegungen des Bufa und in den unvollkommenen Filmen selbst ein Muster vorliegt, das sich durchaus als Vorbereitung der NS-Propaganda begreifen lässt. Selbst das weitest gehende „Authentizitätszeichen" dieser Propaganda ist in der Pressekampagne zu *Bei unseren Helden an der Somme* bereits vorformuliert. Wie die NS-Kriegswochenschauen und die »Feldzugs-Filme« die Namen der PK-Berichterstatter verzeichnen, die „bei den Aufnahmen" gefallen waren, so gehörte es auch schon zur Strategie des Bufa, mit den besonderen Gefahren, die mit den Aufnahmen verbunden waren, zu werben. Zwar erscheint eine solche Information nirgends im Film, doch finden sich die

---

[33] Tatsächlich sind die Akten der ZfA in Potsdam voller Klagen über ausbleibende Lieferungen, und zwar das ganze Jahr 1917 hindurch. „Bei unseren Helden an der Somme" scheint nirgendwo „rechtzeitig" zum Einsatz gekommen zu sein. Besonders bitter beklagt sich Harry Graf Kessler von der Schweizer Gesandtschaft über die Verzögerung der Auslieferung, die mehrmals fest angesetzte Vorstellungen scheitern ließ, vgl. Bundesarchiv Potsdam R 901, Akte 947, S. 289 f., 28.2.1917. Die Lieferungen von Propagandafilmen scheinen auch später unbefriedigend gewesen zu sein, vgl. Akten 949 und 950, die Berichte aus Stockholm und Kristiania.

[34] Bundesarchiv Potsdam R 901, Akte A 951, S. 170–181.

[35] Vgl. hierzu Rainer Rother: Gesäuberte Perspektiven. Die filmische Weltkriegsinszenierung im Nationalsozialismus, in Nationalsozialismus und Erster Weltkrieg, hg. von Gerd Krumeich, Essen 2010, S. 145–154.

Spuren einer gezielten Informationspolitik in zwei Zeitungsberichten wieder: „Vier der mutigen Leute sind gefallen, als sie diese Bild-Urkunden für die Nachwelt sammelten."[36] Nichts ist unwahrscheinlicher, als dass für diese Aufnahmen ein Kameramann sein Leben lassen musste – wenig ist aufschlussreicher für die Zielvorstellungen des Bufa als die Tatsache, dass es sich dieses Hinweises bediente. Nicht die unvollkommenen und missglückten Filme selbst, wohl aber die Überlegungen über die Anforderungen an Filmpropaganda zeigen das Bufa auf der Höhe seiner Zeit. Die Fälschungen, zu denen *Bei unseren Helden an der Somme* griff, beweisen den Mangel der Voraussetzungen für die Art Filme, die das Amt zu verkaufen in der Lage gewesen wäre. Es hat aber auch mit den gestellten Filmen gegenüber den Jahren zuvor eine effektivere Propaganda getrieben.

Entgegen den offiziellen Behauptungen, es handle sich um Informationen, waren diese Filme in der Regel auch in späteren Jahren reine Inszenierungen. Nicht immer waren diese so leicht zu durchschauen wie im ersten Bufa-Film, vermeidbar waren sie jedoch nicht. Der Grund dafür waren die tatsächlichen Schwierigkeiten von Filmaufnahmen an der Front sowie die Tatsache, dass der Filmapparat in der Armee noch unzureichend entwickelt war.

Literatur

Hans Barkhausen: Filmpropaganda für Deutschland im Ersten und Zweiten Weltkrieg, Hildesheim u.a. 1982.
Modris Eksteins: Tanz über Gräben. Die Geburt der Moderne und der Erste Weltkrieg, Reinbek 1990.
Der Erste Weltkrieg im Film, hg. von Rainer Rother und Karin Herbst-Meßlinger, München 2009.
The First World War and Popular Cinema. 1914 to the Present, hg. von Michael Paris, New Brunswick N.J. 2000.
Nicholas Hiley: The British Cinema Auditorium, in: Film and the First World War, hg. von Karel Dibbets und Bert Hogenkamp, Amsterdam 1995, S. 160–170.
Anton Kaes: Shell Shock Cinema. Weimar Culture and the Wounds of War, Princeton u.a. 2009.
Klaus Kreimeier: Die Ufa-Story. Geschichte eines Filmkonzerns, München 1992.
Ulrike Oppelt: Film und Propaganda im Ersten Weltkrieg, Stuttgart 2002.
Roger Smither: „A Wonderful Idea of the Fighting": The Question of Fakes in „The Battel of the Somme", in: Historical Journal of Film, Radio and Television, Bd. 13, 1993, Nr. 2, S. 149–168.
Philipp Stiasny: Das Kino und der Krieg. Deutschland 1914–1929, München 2009.
Dieter Vorsteher: Bilder für den Sieg. Das Plakat im Ersten Weltkrieg, in: Rainer Rother (Hg.), Die letzten Tage der Menschheit. Bilder des Ersten Weltkrieges, Berlin 1994, S. 149–162.

---

[36] Berliner Tageblatt, Morgenausgabe, 20.1.1917; ebenso in der Berliner Morgenpost vom 21.1.1917.

VI Rückzug und Zerstörung 1917

von Michael Geyer

Der Rückzug der deutschen Soldaten in die Siegfried-Stellung im März 1917 wird ebenso wie die unter dem Decknamen „Alberich" durchgeführten massiven Verwüstungen des geräumten Gebietes von der Geschichtsschreibung des Ersten Weltkrieges bislang eher am Rande wahrgenommen. Im historischen Bewusstsein verschwand die Rücknahme des Heeres hinter der politisch heftig umstrittenen und, infolge des Kriegseintritts der USA, zugleich militärisch fatalen Aufnahme des uneingeschränkten U-Boot-Krieges. Dennoch stehen beide Ereignisse in einem engen Zusammenhang. Sowohl der Rückzug an der Westfront als auch die Verschärfung des Seekrieges resultierten aus der Krise der deutschen Kriegführung als Ergebnis der Großschlachten des Jahres 1916 bei Verdun und an der Somme. Die Folgewirkungen der beiden Entscheidungen reichten weit über den Ersten Weltkrieg hinaus. Mit „Siegfried" und „Alberich" wurde der Krieg mit und gegen Zivilisten zum ersten Mal bewusst und systematisch von einer modernen Armee durchexerziert und als militärische Notwendigkeit aus der Abwehr heraus legitimiert.

Strategische Entscheidungen und operative Maßnahmen

Die Siegfried-Bewegung wurde innerhalb von drei Tagen respektive Nächten, vom 16. bis zum 19. März 1917, durchgeführt. Das Lösen vom Feind begann zwar in kritischen Sektoren wie dem vorspringenden Bogen der Front zwischen Arras und Bapaume, in denen Angriffe erwartet wurden oder unmittelbar bevorstanden, bereits gegen Ende Februar. Der Rückzug selbst wurde aber in einer einzigen, großen Bewegung durchgeführt. Er betraf bei Arras den südlichen Flügel der 6. Armee, dann die gesamte, von der Somme-Schlacht gezeichnete 1. und die 2. Armee, sowie den größeren Teil der 7. Armee nördlich von Laon – insgesamt nicht weniger als 29 Divisionen mitsamt allen Formationen, etwa die schwere Artillerie, welche die Schlacht an der Somme durchgefochten hatten. Während französische Einheiten im Süden scharf nachdrängten, stießen englische Truppen im Norden nur zögerlich vor. Jedoch wurde der Rückzug nirgends auch nur ansatzweise gestört, und das Gleiche kann für die Zerstörungsmaßnahmen gelten, die aus Gründen der Geheimhaltung erst in der letzten Rückzugsphase durchgeführt wurden.

Die „ganze Bewegung" war, wie Ludendorff in seinen Kriegserinnerungen schrieb, „eine glänzende Leistung der Führer und Truppen und legte Zeugnis ab von der vorsorglichen, vorausschauenden Arbeit des deutschen Generalstabes."[1] Die für die Planung

---

[1] Erich Ludendorff: Meine Kriegserinnerungen, 1914–1918, Berlin 1919, S. 323.

und Durchführung verantwortliche Heeresgruppe des Kronprinzen von Bayern war nicht weniger hochgestimmt.[2] Der Befehlshaber der gerade erst im Herbst 1916 aufgestellten und die vier Armeen koordinierenden Heeresgruppe, Kronprinz Rupprecht, belobigte Führer und Mannschaften nicht nur für den „glatten" Verlauf, das geschickte und rechtzeitige Ausweichen und das Täuschen des Feindes, sondern auch für den „frischen Angriffsgeist", den die Sicherungsabteilungen auf dem Rückzug bewiesen hatten. Er verwies auch auf die großen Vorteile der neuen Stellung – das Zurücklassen der „verschlammten Trichterstellungen" zwischen Arras, Bapaume und Péronne sowie der zerschossenen Kraterlandschaft der Somme-Schlacht – und betonte die Ersparnis von eigenen Kräften.

Die Siegfried-Bewegung war in der Tat außerordentlich erfolgreich. Sie hat die deutsche Lage an der Westfront erheblich verbessert. Der Rückzug erschien deshalb im Rückblick als genialer Schachzug, der die Alliierten täuschte, ja düpierte und ins Leere laufen ließ. Er demonstrierte eine meisterliche Kontrolle des Schlachtfeldes von den großen operativen Entscheidungen bis hin zu den Kämpfen der Nachhuten und bewies die Überlegenheit der deutschen Infanterie in der Bewegung. Die Siegfried-Stellung selbst wurde zum Inbegriff eines planmäßig vorbereiteten und geschickt angelegten Verteidigungswalles, gegen den der Feind vergeblich anrannte. Der subjektive Eindruck, voll und ganz Herr der Lage zu sein und die feindlichen Absichten selbst aus der Hinterhand der Abwehr zu diktieren, wurde bis weit in die Nachkriegszeit ausgekostet. Siegfried-Bewegung und die Siegfried-Stellung wurden zur Demonstration deutscher Durchhaltekraft in einem Moment der Krise, die sich aus den verlustreichen Großschlachten des Jahres 1916 vor Verdun und an der Somme ergab.

Diese positive Erfahrung des Rückzuges wurde so jedoch weder erwartet noch vorbereitet. Im Grunde war die militärische Führung an der Westfront, voran die Oberste Heeresleitung (OHL), selbst am meisten überrascht. Sie hatte, wie die Heeresgruppe und die Armeen, eher einen niederschlagenden Eindruck erwartet.[3] Was im Nachhinein zum Triumph planmäßiger deutscher Generalstabsarbeit geriet, kristallisierte sich in Wirklichkeit in einem zähen Ringen um die operative Entscheidung heraus, die in letzter Minute der OHL nachgerade abgepresst werden musste.

Angesichts der kritischen militärischen Lage im Herbst 1916 verlängerte die OHL den Krieg gewissermaßen sowohl in die deutsche Zivilgesellschaft als auch in das gesellschaftliche Gefüge der gegnerischen Mächte hinein. Was 1916 zunächst als Improvisation begriffen wurde, stellte in realiter eine wirkliche Neuorientierung und Reorganisation dar. Die deutsche Kriegführung war am Ende der beiden Großschlachten des Jahres 1916 in eine tiefe Krise geraten, deren unmittelbare Konsequenz an der Westfront in einer Hinwendung zur Abwehr bestand. Diese operative Abwehr erhielt eine offensive Dimension durch die Einbeziehung der eigenen wie der gegnerischen Zivilisten. Weniger einsichtig ist der

---

[2] Der Weltkrieg 1914–1918, bearb. im Reichsarchiv, Bd. 12, Berlin 1939, S. 145 (im Folgenden abgekürzt als WKW).

[3] Ebd., Bd. 12, S. 61. Siehe auch AOK 1, Ia Nr. 1858 geh., 7. Dezember 1916 sowie der anderen Armeen; Bayrisches Hauptstaatsarchiv (BayHSTA)/Abt. IV, Heeresgruppe (Hgr) Rupprecht, 107.

Umstand, dass sich mit der Wende zur Abwehr auch die Kriegführung an der Front ganz in diesem Sinne änderte.

Das Offizierskorps mit seinem „Kult der Offensive" und die militärischen Institutionen, voran der Generalstab, ließen sich jedoch nicht ohne weiteres ummodeln. Weiterhin wurde Offensive gedacht, obwohl Krieg aus der Abwehr angebracht war. Um einen Krieg aus der Hinterhand auch tatsächlich zu führen, mussten die militärischen Führungsstäbe über ihren eigenen Schatten springen. Dabei war es einfacher, „strategische" Entscheidungen zu treffen als „operative" Maßnahmen zu unterbinden. Große Offensiven im Osten und Südosten wurden radikal gestrichen, die bereits weit gediehenen Verhandlungen über eine deutsch-österreichische Entlastungs-Offensive an der (italienischen) Isonzo-Front abrupt gekündigt. Doch ganz wollte man gerade im Westen auf den Angriffsgedanken nicht verzichten. Ludendorff hatte zwar unmittelbar nach der ersten Besprechung in Cambrai die Erkundung und, Ende September, den Ausbau rückwärtiger Stellungen befohlen, insistierte aber darauf, dass dieses unter keinen Umständen einen Rückzug nach sich ziehen dürfe. Noch am 29. Januar telegrafierte er an die Heeresgruppe: „Ein freiwilliges Zurückgehen in die Siegfried-Stellung kann aus politisch-militärischen Gründen nicht stattfinden."[4] Rückzug war Eingeständnis einer Niederlage und musste ganz ohne Zweifel eine moralische Krise von Heer und Heimat heraufbeschwören – so die allgemeine Auffassung.[5] Krieg aus der Abwehr war zwar objektiv notwendig, aber subjektiv war diese Strategie für die Frontoffiziere ein Unding.

Wenn Ludendorff schließlich doch seine Meinung änderte und Hindenburg dabei mit sich zog, so hatte dies mit dem hartnäckigen Auftreten der Heeresgruppe Rupprecht zu tun. Diese war für den entscheidenden Frontabschnitt an der Somme verantwortlich, weshalb ihre Rolle in der Entscheidungsbildung an sich nicht überraschen darf. Beachtenswert ist jedoch, mit welcher Nachhaltigkeit die Heeresgruppe sich für die Defensive einsetzte. Kronprinz Rupprecht selbst hätte am liebsten die gesamte Front seiner Heersgruppe von Armentières im Norden bis Laon/Soissons im Süden zurückgenommen.[6] Doch drang er mit seinen Ansichten nicht durch. In diesem Falle hatte die für die Koordination zuständige Korpsgruppe N[7] der 1. Armee protestiert, dass sie keine Möglichkeit für den Stellungsbau in der vorspringenden Ancre-Ecke südlich von Arras sähe, weshalb dieser Frontabschnitt nicht verteidigungsfähig sei.[8] Gerade in diesem Abschnitt südlich von Arras wurde aber

---

[4] Telegramm Ia 2079 geh. op, 29. Januar 1917; BayHSTA/Abt. IV, Hgr Rupprecht, 108.
[5] Siehe auch Oberkommando der 6. Armee Ia Nr. 430 geh., 10. Dezember 1916, erwartete „große moralische und politische Nachteile", im „Heere wie in der Heimat würde sie schwer ertragen werden"; BayHSTA/Abt. IV, Hgr Rupprecht, 107.
[6] Siehe die unveröffentlichten Tagebucheintragungen vom 15. und 26. September 1916; BayHSTA/Abt. III, Nl Kronprinz Rupprecht, 704.
[7] Die Gruppe N war Ende 1916 aus dem Generalkommando des XIV. Reservekorps hervorgegangen und bildete den rechten Flügel der 1. Armee.
[8] WKW, Bd. 11, S. 510 f.

ein englischer Großangriff für möglich gehalten. Wenn denn also tatsächlich Personal und Material gespart werden sollte, dann gab es nur die Entscheidung für „einen ganzen Entschluss" – den Rückzug in die Siegfried-Stellung. Diese Auffassung hatte die Heeresgruppe bereits am 15. Januar und dann noch einmal am 28. Januar in Memoranden niedergelegt.[9] Ihr Generalstabschef Hermann von Kuhl setzte sie schließlich in dramatischen Ferngesprächen mit Ludendorff durch. Der Befehl zum Rückzug erfolgte am 4. Februar. Zwei Tage später erließ die Heeresgruppe die notwendigen Ausführungsbestimmungen.[10]

Doch damit war noch kein Ende der Debatte. Die 1. Armee unter General von Below stellte sich quer und wollte sich unter keinen Umständen aus ihrem Sumpfgelände zurückziehen.[11] Die 7. Armee plante eine größere Offensive aus dem Rückzug heraus. Auch die Heeresgruppe stellte ebensolche Erwägungen an.[12] Schließlich wischte der Generalstabschef der Heeresgruppe Deutscher Kronprinz, Oberst Graf von der Schulenburg, den Plan emphatisch vom Tisch. „Zu einer entscheidenden Offensive fehlen die Mittel." Schulenburg brauchte die freiwerdenden Divisionen als Reserve, um in den bevorstehenden Abwehrkämpfen zu bestehen.[13] Praktisch erst in letzter Minute war der Weg endlich frei für eine große, geschlossene Rückzugsbewegung, die nach ihrer erfolgreichen Durchführung natürlich der vorausschauenden Planung der OHL zugeschrieben wurde. Das Unternehmen selbst wurde am 9. Februar 1917 mit den auf fünf Wochen geplanten und bis ins Detail vorbereiteten Räumungs- und Zerstörungsarbeiten („Alberich") eingeleitet. Einzelne Formationen wie der besagte Korpsstab N der 1. Armee zogen sich bereits ab Mitte Februar in Zwischenstellungen zurück.

Die Spannung in diesen Tagen war ungeheuer. Niemand wusste, ob sich der Gegner täuschen ließe und was er tun würde, wenn er die deutsche Absicht erkannte. Alle möglichen Szenarien wurden geprüft und wieder verworfen – aber nichts geschah, jedenfalls nichts, was den Rückzug der vier Armeen beeinträchtigt hätte. Die Ruhe war zwar von kurzer Dauer, denn in der Schlacht bei Arras (April – Mai 1917) stießen britische Streitkräfte prompt in die offene rechte Flanke der Siegfried-Stellung, die unbefestigt geblieben war. Kanadische Truppen überrannten wenig später die deutschen Stellungen auf der Vimy-

---

[9] Hgr Kronprinz von Bayern, Oberkommando Ia Nr. 2026 geh., 15. Januar 1917 „Vorschlag für die Operationen auf dem französischen Kriegsschauplatz im Frühjahr 1917"; Hgr Kronprinz von Bayern, Oberkommando, Iad Nr. 2104 geh., 28. Januar 1917; BayHSTA/Abt. III, Nl Kronprinz Rupprecht, 586.

[10] Hgr Kronprinz von Bayern, Ia Nr. 2177 geh., Streng geheim durch Offizier geschrieben, Heeresbefehl, 4. Februar 1917; BayHSTA/Abt. III, Nl Kronprinz Rupprecht, 586. Hgr Kronprinz von Bayern, Iad, Nr. 2200 geh., 6. Februar 1917; BayHSTA/Abt. IV, Hgr Rupprecht, 106.

[11] AOK 1, Ia Nr. 1858 geh., 7. Dezember 1916; BayHSTA/Abt. IV, Hgr Rupprecht, 107. AOK 1, Ia Nr. 2150 geh., 1. Februar 1917; BayHSTA/Abt. IV, Hgr Rupprecht, 108.

[12] Hgr Kronprinz von Bayern, Oberkommando Ia Nr. 2344 geh., 21. Februar 1917, „Ansichten für Angriffs-Operationen bei Alberich-Siegfried"; BayHSTA/Abt. III., Nl Kronprinz Rupprecht, 586.

[13] WKW, Bd. 12, S. 72 f.

Höhe, wo ein altertümliches Stollensystem (ähnlich wie schon vor Verdun) den Kampf aus der Abwehr heraus erschwerte. Aber der Rückzug selbst erfolgte nach der großen Anspannung des vorangegangenen Jahres geradezu in einem Zustand schwereloser Euphorie. Niemand konnte so richtig glauben wie glatt das alles ging.

Die operative Entscheidung zugunsten eines geschlossenen Rückzuges bewährte sich gegen alle Erwartungen. Die eklatante Diskrepanz zwischen (geringeren) deutschen und (hohen) alliierten Verlusten im Jahre 1917 erklärt sich aus der verkehrten Situation, in der die Deutschen Gewinn aus dem fehlgeschlagenen Angriff vor Verdun und dem verlustreichen Patt an der Somme zogen, während die Franzosen in der Schlacht am Chemin des Dames und die Briten in Flandern die bitteren Früchte ihres Sieges aßen und ihre Armeen an den Rand des Zusammenbruchs trieben. Mit dem Rückzug wurde der Beginn des Niederganges des deutschen Heeres erfolgreich überspielt. In dieser Verkehrung der Lage findet sich dann auch der Anfang jener politisch folgenreichen Kodierung des Krieges, gemäß der die deutsche militärische Führung und, in der Erinnerung, die nationale Gesellschaft sich vorstellte, dass ein Krieg aus der Hinterhand der Abwehrschlacht, wenn er nur radikal genug geführt worden wäre, Deutschland unüberwindbar gemacht hätte. Die Siegfried-Bewegung war gleichermaßen eine komplexe operative Maßnahme wie die Erfahrung eines Momentes der Unüberwindbarkeit und der Macht über das Geschick.

Der Bau der Siegfried-Stellung

Die Errichtung der Siegfried-Stellung war die wohl größte Baumaßnahme des Weltkriegs. Zwischen Oktober 1916 und März 1917 wurden nicht weniger als 510.000 t Kies und Schotter, 110.000 t Zement, 20.000 t Rundeisen, 8.200 t T-Träger, Bretter, Bohlen, Kantholz, Rundholz, Schurzholz, Schwarzblech, Wellblech, Drahtgeflecht, Zementröhren, Entlüftungsrohre und anderes mehr verarbeitet. Hindernismaterial wie etwa 3 Millionen eiserne und 1,5 Millionen hölzerne Pfähle, 12.500 t Stacheldraht, glatter Draht, Spanische Reiter, Fußangeln und Drahtkrampen fanden Verwendung. Dazu brauchte es Schanz- und Werkzeug wie Spaten, Kreuzhacken, Schaufeln, Drahtscheren, Betonmischmaschinen, autogene Schweißapparate, manuelle Eisenbiege- und Schneidemaschinen und anderes mehr.[14] Zu den Baustoffen und Geräten kam natürlich noch der Gesamtaufwand für Gleis- und Verladeanlagen, Verschiebebahnhöfe, Pionierparks, Lagerhallen, Baracken hinzu – ein Aufwand, der mit dem Stellungsbau konkurrierte. Erst als das Gesamtprojekt durchgeführt war, gewannen auch die beteiligten Stellen eine Vorstellung davon, welchen unglaublichen Materialaufwand der moderne Stellungsbau erforderte – und dies obwohl „nur" eine knapp 150 km lange Strecke gebaut wurde.

---

14 Hgr Kronprinz Rupprecht, Id Nr. 2271 geh., April 1917, Denkschrift Siegfried-Alberich, Teil 1: Ausbau der Siegfried-Stellung, hier Beilage 5; BayHSTA/Abt. III, Nl Kronprinz Rupprecht, 564.

Die Arbeit selbst wurde vorwiegend von Kriegsgefangenen und Zwangsarbeitern geleistet. Insgesamt stellte die OHL speziell für die Siegfried-Arbeiten 65.000 Mann zur Verfügung.[15] Diese Zahl wurde bereits Mitte November erreicht, als der Erdaushub für den Bau der 1. Stellung begann und ging dann in den folgenden Monaten leicht zurück. Von diesen 65.000 Mann – knapp 70.000 mit Bewachung sowie Fuhr- und Magazin-Einheiten – waren lediglich 7.300 Mann aus der Armee selbst entnommen, von denen wiederum die Mehrzahl von den einzelnen Armeen abgestellte Kriegsgefangenen-Arbeiter-Bataillone waren, sodass anfänglich die Zahl der „eigentlichen" Soldaten außerordentlich gering war. Daran änderte auch nichts, dass die OHL zusätzlich 13.300 Mann Armierungs- bzw. (Landsturm) Pionier-Soldaten (mit insgesamt 126 Offizieren) abkommandierte. Die Verhältnisse änderten sich erst, als im Februar und März 1917 die Stellung fertig werden musste und etwa die 1. Armee zusätzlich zu den 15.000–18.000 Arbeitern weitere ca. 60.000 Soldaten abkommandierte.[16]

Die hauptsächliche Arbeitskraft für den Ausbau der Siegfried-Stellung kam von knapp 26.000 Kriegsgefangenen mit einem Bewachungspersonal von 3.800 Landsturm II-Soldaten, sowie von etwa 9.000 arbeitsverpflichteten Belgiern und Franzosen mit ihrer ebenfalls vom Landsturm II gestellten Bewachung. Schließlich waren auch etwa 6.000 „freie" Arbeitskräfte – zunächst vorwiegend aus Deutschland, aber gegen Ende vermehrt aus der Etappe und aus Belgien – eingesetzt, die von zivilen Baufirmen rekrutiert wurden.[17] Für den rückwärtigen Eisenbahnbau waren weitere 20.000 Mann eingesetzt, wobei hier Zivil-Arbeiter-Bataillone und reguläre Eisenbahnbau-Kompanien das Gros der Arbeiter stellte.[18] Insgesamt kann auch hier gelten, dass ohne Zwangsarbeit der Ausbau der rückwärtigen Verbindungen nicht hätte gewährleistet werden können.

In einem Bauabschnitt von ca. 18–20 km kamen knapp 10.000 Arbeitskräfte zum Einsatz, die alle untergebracht und verpflegt werden mussten. Weit über die Hälfte, bis zu 70%, dieser Arbeitskräfte waren Zwangsarbeiter, die tagtäglich von ihren Unterkünften in bewachten Kolonnen an ihre jeweiligen Arbeitsstellen gebracht wurden. Die Sache selbst war nicht so außerordentlich, denn im Etappengebiet war schon vorher eine Vielzahl von Kriegsgefangenen zum Einsatz gekommen, doch hatte sich ihre Präsenz gewissermaßen stückchenweise über die Jahre 1915 und 1916 hin entwickelt. Jedoch der Großeinsatz von Kriegsgefangenen und Zwangsarbeitern bedurfte der Vorausplanung.[19] Waren letztere bislang in allen möglichen Unterkünften untergebracht, so wurden nun eigene Lager errichtet

---

[15] Siehe dazu die Unterlagen unter Siegfried-Allgemein III; BayHSTA/Abt. IV, Hgr Rupprecht, 106.
[16] Hgr Kronprinz von Bayern, Id Nr. 4023, 16. November 1916; BayHSTA/Abt. III, Nl Kronprinz Rupprecht, 585.
[17] Ebd.
[18] Chef des Feldeisenbahnwesens, IVa Nr. 4435g/5732 geh., Denkschrift „Die Eisenbahnen bei Siegfried-Alberich", Kriegstagebuch, Anl. 15 h; BayHSTA/Abt. IV, Rekodeis, Bd. 6.
[19] Zur Frage des Einsatzes siehe den lebhaften Telegramm-Verkehr zwischen der Heeresgruppe und der OHL Anfang Oktober; BayHSTA/Abt. IV, Hgr Rupprecht, 106.

sowie die Versorgung neu geregelt (und berechnet). Barackenlager wurden angelegt. Ganze Orte, Fabrikanlagen, Gehöfte – so genannte Siegfriedorte – wurden von den Bewohnern geräumt und mit Gefangenen und Zwangsarbeitern belegt.[20] Diese wiederum wurden mit gruppenspezifischen Armbändern gekennzeichnet.[21]

Im Rahmen des Ausbaus der Siegfried-Stellung entstand so binnen kurzem ein System der massenhaften Zwangsarbeit mitsamt Arbeitslager, das ebenso rasch perfektioniert wurde. Zwangsarbeit wiederum ging einher mit einer Totalisierung der Überwachung und einer weitgehenden Einschränkung der Bewegungsfreiheit. Nichts davon war grundsätzlich neu, aber eine Vielzahl von Einzelmaßnahmen untergeordneter Stellen zusammen mit der Neuordnung der Kontroll- und Bewachungsinstanzen im rückwärtigen Gebiet fügte sich zu einem umfassenden Zwangs- und Kontrollregime.[22] Das Siegfried-Gebiet insgesamt verwandelte sich in ein riesiges Lager, das sich wie ein Bandwurm von Arras bis nach Laon zog.

Dass dies auch vor Ort so erfahren wurde, zeigte sich an den typischen Spannungen innerhalb des Zwangssystems. Die Gleichstellung von Kriegsgefangenen bzw. Zwangsarbeitern und freien Arbeitern etwa führte zu Missmut und selbst zu Arbeitsniederlegungen – und das trotz der weitgehenden Militarisierung der Arbeitsverhältnisse. Zivilarbeiter aus Deutschland beklagten sich bitter über die Einschränkung ihrer Bewegungsfreiheit.[23] Belgische und französische Zivilarbeiter wurden von den Zwangsarbeitern als Verräter beschimpft, wobei allerdings gerade die „freien" Arbeiter zusammen mit den Kriegsgefangenen die manuelle Schwerarbeit verrichteten, während Zwangsarbeiter-Bataillone weisungsgemäß in rückwärtigen Betrieben und Depots oder beim Bahnbau arbeiteten. Die Soldaten insgesamt, aber insbesondere die kämpfende Truppe, blickten auf die heterogene Ansammlung von Arbeitskräften herunter und betrachteten sie allesamt als minderwertig und ihre Arbeit als überwiegend wertlos.[24] Jede Gruppe stand für sich und kämpfte im Zweifelsfall gegen alle anderen um kleine Vorteile und Freizügigkeiten.

Die Arbeit war außerordentlich schwer und das Bewachungspersonal, allesamt ältere Leute, neigte zu Gewalttätigkeiten.[25] Das hauptsächliche Problem jedoch waren unzulängliche Kleidung, fehlende ärztliche Versorgung und mangelhafte Nahrung – typische Erscheinungen in Arbeitslagern, zumal diese gewissermaßen aus dem Boden gestampft

---

20   Denkschrift Siegfried-Alberich, Teil 1, S. 22 f.
21   Generalquartiermeister, IIc Nr. 33866, 2. November 1916 und Nr. 40462, 2. Januar 1917; BayHSTA/Abt. IV, Hgr Rupprecht, 106.
22   Hgr Kronprinz Rupprecht, Id Nr. 643 geh. (N.O. Nr. 97), 29. September 1916; BayHSTA/Abt. IV, Hgr Rupprecht, 107.
23   Denkschrift Siegfried-Alberich, Teil 1, S. 40–42.
24   Dazu: Bauleitung 69 Abt. I (tech) Nr. 449, 24. März 1917; BayHSTA/Abt. IV, Hgr Rupprecht, 108.
25   Siehe etwa das Kriegstagebuch vom 1. Juli 1916 – 12. Dezember 1916 der württembergischen Bewachungskompanie des Kriegsgefangenen-Arbeits-Bataillon 88; HSTA Stuttgart, M 420, Büschel 37.

worden waren und am Ende der Versorgungskette standen.[26] Gerade in den kalten Wintermonaten setzten die Entbehrungen den Arbeitern zu. Das Resultat war, dass die Zahl der Kranken, Arbeitsinvaliden und der Todesfälle drastisch anstieg.[27] Wer, wie die deutschen Arbeiter, kündigen konnte, zog so schnell wie möglich wieder ab. Im März 1917 waren nur noch ganz wenige deutsche Arbeiter im Siegfriedbau beschäftigt.

Obwohl die Praxis brutal und in manchen Lagern unerträglich war, wird man dennoch nicht sagen können, dass es sich hier um eine Art *universe concentrationnaire* gehandelt habe. Denn wie immer die Praxis geartet war, ein inhumaner Wille war nicht zu erkennen. Eher das Gegenteil war der Fall. Sowohl aus den niederen Rängen als auch von den kommandierenden Offizieren kamen wiederholt Forderungen nach einer Gleichstellung der Versorgung mit der Truppe, nach winterfester Bekleidung sowie nach ärztlicher Versorgung. Leistung war gefragt. „Engherzigkeit, Gleichgültigkeit, falsche Behandlung, Überforderungen schädigen die Baufortschritte."[28]

Dabei zeigte sich das typische Paradox jeder Zwangsarbeit. Gegenüber den als überwiegend „gutmütig und leistungsfähig" charakterisierten russischen Kriegsgefangenen entwickelte sich eine Art paternalistisches Wohlwollen, allerdings erst nachdem „aufhetzende Elemente [...] entfernt" worden waren.[29] Dieser Paternalismus schloss Handgreiflichkeiten und Rohheiten der Wachmannschaften ein, ermöglichte andererseits aber auch eine Entspannung der Arbeitsverhältnisse.[30] Das Verhältnis zu den zivilen Zwangsarbeitern war dagegen immer gespannt, da letztere widerständig blieben. Sie ließen sich nach allgemeiner Auffassung nur zur Arbeit bewegen, wenn genügend Aufsichts- und Bewachungspersonal vorhanden war, an dem es aber immer mangelte. Ausschreitungen und Widersetzlichkeiten waren deshalb an der Tagesordnung.[31]

Eine Grenzsituation wurde mit dem Eintreffen von zwei Kommandos rumänischer Kriegsgefangener erreicht, die weder der schweren Arbeit noch der Witterung gewachsen waren. Nachdem diese Gefangenen physisch massenhaft zusammenbrachen, wurden sie

---

[26] Siehe dazu die Unterlagen über die Verpflegung von Kriegsgefangenen, der Zivil-Arbeiter-Bataillone und der freien Arbeiter in den Akten der 27. (württembergischen) Infanteriedivision; HSTA Stuttgart, M 39, Bd. 20. Grundsätzlich Generalquartiermeister IIc, betr. Unterbringung und Beschäftigung der Z.A.B; BayHSTA/Abt. IV, Hgr Rupprecht, 106.

[27] 7. Armee, AOK Id 138 Siegfried, 9. Dezember 1916; BayHSTA/Abt. IV, Hgr Rupprecht, 106. Siehe auch die verstreuten Listen über Zugang und Abgang in den Zivil-Arbeiter-Bataillonen gegen Ende des Bandes.

[28] Denkschrift Siegfried-Alberich, Teil 1, S. 42.

[29] Siehe Fernschreiben Hgr Rupprecht an OHL vom 1. Oktober 1916 über eine Gruppe von 600 russischen Kriegsgefangenen aus dem Lager Beverloo, die sich anfänglich weigerten, im Stellungsbau zu arbeiten; BayHSTA/Abt. IV, Hgr Rupprecht, 106.

[30] Vortrag über den Bau der Siegfried-Stellung von Hauptmann Schinnerer; BayHSTA/Abt. V, HS 2695.

[31] Denkschrift Siegfried-Alberich, Teil 1, S. 41. AOK 7, Id 488 geh., 24. März 1917: „Freie Belgier im allgemeinen gut; weniger die unfreiwilligen"; BayHSTA/Abt. IV, Hgr Rupprecht, 108.

„wegen körperlicher und geistiger Minderwertigkeit als unbrauchbar entfernt", was in diesem Falle hieß, dass die Überlebenden in das Stammlager zurückgeschickt wurden.[32] Die hohen Verluste gingen auf die körperliche Schwächung und Auszehrung der Kriegsgefangenen zurück, deren Ursache unklar ist. Jedenfalls wurde diese Schwäche von den Mannschaften wie von den Offizieren geradezu als Affront aufgefasst, der einherging mit einer völligen Ahnungslosigkeit, wie man mit diesen entkräfteten Menschen umgehen sollte. Die Idee jedenfalls, dass Arbeitsunfähige entfernt werden müssten, zeigte die Grenzen der Duldung auf. Dass es sich hier nicht allein um ethnische Vorurteile handelte, wurde deutlich, als eine weitere Gruppe von Arbeitern ähnlichen Strapazen ausgesetzt wurde. Niemand in der Truppe hatte auch nur ein gutes Wort für die „freien" deutschen Arbeiter übrig, die als arbeitsscheu, schwächlich, kränkelnd, widerwillig, unmoralisch und undiszipliniert verunglimpft wurden.[33] Merkwürdig – durchaus im Wortsinne – war, dass widerständige Belgier und Franzosen scharf bewacht, widerständige Russen und arbeitsunfähige Rumänen hingegen „entfernt" und für deutsche Arbeiter Arbeitslager gewünscht wurden.[34] Die „konzentrationäre" Sprache war also da, aber die Praxis des Zwanges selbst wurde eher durch den kleinbürgerlichen Habitus der Reserveoffiziere und ihrer Vorstellungen von Arbeit und Ordnung geprägt.

Gerade weil der Weg in den Vernichtungskrieg mit guten Absichten ordentlicher Leute gepflastert war, bot der Bau der Siegfriedlinie ein ungeahntes Bild der Zukunft. Was sich hier herausbildete, waren zweifellos Elemente eines totalitären Syndroms. Ursprünglich sollte der Ausbau des gesamten Festungssystems von deutschen privaten Baufirmen unter Anwerbung von Arbeitern aus den besetzten Gebieten erfolgen – im Zweifelsfalle eben durch Zwangsarbeit.[35]

Dabei kam allerdings nicht viel heraus – lediglich 1.400 freie, und vier Zivil-Arbeiter-Bataillone mit etwa 12.000 Mann für die Siegfried-Front. Was blieb, war jedoch die feste Überzeugung, die von allen militärischen Stellen geteilt wurde, dass Zivilfirmen und freie Arbeit an der Front nichts zu suchen hatten. Zwangsarbeit hingegen funktionierte – zwar nicht vergleichbar mit den „Gewaltleistungen" der kämpfenden Truppe auch im Stellungsbau, aber doch sehr viel besser als freie Arbeit. Ergo, so räsonierte Ludendorff später, wenn nur 1916 kräftig genug durchgegriffen und Zwangsarbeit flächendeckend in den besetzten

---

[32] Denkschrift Siegfried-Alberich, Teil 1, S. 41.

[33] Etwa AOK 7. Armee, Iva Nr. 23290/3536, 25. Dezember 1916: „Krankheit, moralische Minderwertigkeit, politische Unzuverlässigkeit"; BayHSTA/Abt. IV, Hgr Rupprecht, 106.

[34] AOK 7, Id 488 geh., 24. März 1917: „Für deutsche Zivilarbeiter muss, wenn nötig, Anwendung von Zwang und militärischen Strafen möglich sein. Kündigung und Arbeitsniederlegung müssen ausgeschlossen sein." BayHSTA/Abt. IV, Hgr Rupprecht, 108.

[35] Pionierregiment 30 B. Nr. 70/16, 4. Oktober 1916; Nr. 138/16, 11. Oktober 1916 über Freiwilligen-Anwerbung in Belgien; Hgr Kronprinz von Bayern Oberkommando Id/Pi R 30 Nr. 1103 geh., 20. Oktober 1916; BayHSTA/Abt. IV, Hgr Rupprecht, 106 und 107.

Gebieten durchgesetzt worden wäre, dann hätte es nicht nur ein geschlossenes Festungssystem gegeben, sondern auch noch weitere rückwärtige Linien, die dann 1918 fehlten.[36]

Die hauptsächliche Kriegserfahrung der OHL bestand darin, dass massenhafte Zwangsarbeit unabdingbare Voraussetzung für eine erfolgreiche, moderne Kriegführung sei. Dass die Arbeiter aus den besetzten Gebieten kommen mussten, war für sie schon deshalb vorgegeben, weil das Deutsche Reich nicht auf koloniale Arbeitskräfte zurückgreifen konnte. Abstrus war die Logik von Ludendorff nicht, aber totalitär war sie schon.

Alberich

„Alberich" war der Deckname für alle Rückzugsvorbereitungen – nämlich taktische Räumung, Zerstörung, Überschwemmungen, Einwohnerverschiebungen – im Rahmen der Siegfried-Bewegung. Die „Alberich-Zeit" war der auf fünf Wochen bemessene Zeitraum, in dem die auf Grund der Alberich-Vorbereitungen festgelegten Maßnahmen nach Terminkalender mobilmachungsartig durchgeführt werden sollten und zwischen dem 9. Februar und dem 15. März 1917 auch tatsächlich durchgeführt wurden. Es war keine kleine Sache, nicht weniger als zwei Armeen (die 1. und 2. Armee) und zwei weitere in Teilen (die 6. und 7. Armee) mit allen Waffen, Geräten, Anlagen und Betrieben zurückzuführen und alle verbleibenden Kriegsmittel, Stellungen etc. zu zerstören. Doch Alberich ist in die Geschichte eingegangen wegen der ebenfalls terminmäßig geplanten Räumung aller zivilen Anlagen, alles beweglichen Gutes und aller Einwohner sowie der systematischen Zerstörung des geräumten Landstriches, seiner Bauten, und seiner landwirtschaftlichen Betriebe und Obstgärten, sowie seiner gesamten Infrastruktur. Alberich produzierte „espaces désertiques", wie dies ein französischer Zeitgenosse zutreffend formulierte.[37]

Räumung und Zerstörung waren mit Abschluss der Siegfried-Bewegung am 19. März nahezu perfekt gelungen. Was in diesen Wintermonaten stattfand, war zuerst die Ausarbeitung, dann die Durchführung – also im wahrsten Sinne des Wortes: die Erfindung – des Vernichtungskrieges oder jedenfalls eines seiner zentralen Aspekte: der Krieg der Verbrannten Erde.

Ausgangspunkt war die Weisung des Chefs des Generalstabes des Heeres an die Heeresgruppe vom 2. Oktober 1916. Ludendorff legte fest: Der „Gegner muss ein völlig ausgesogenes Land vorfinden, in dem seine Bewegungsmöglichkeit auf das Äußerste erschwert ist". Zur „völlige[n] Zerstörung" standen an: „Straßen, Brücken, Kunstwasserstraßen, Schleusen, Ortschaften und alle Vorräte und Anlagen, die von uns nicht zurückgeführt werden, aber dem Feind von irgendwelchem Nutzen sein könnten." Von der Heeresgruppe wurde dies dergestalt verstanden, dass „Räumung" unter anderem auch den Abschub der Zivilbevölkerung beinhalten könne und dass zu den Zerstörungen auch „Überschwemmungen, Abbren-

---

[36] Ludendorff, Kriegserinnerungen, S. 324.
[37] Les espaces désertiques: Impressions d'un combattant, in: L'Information, 26. November 1917.

nen von Geländebedeckungen, Zerstörung ständiger [elektrischer] Leitungen (soweit nicht Abbau erfolgt)" zu rechnen seien. Des weiteren legte die Heeresgruppe fest, dass bei der Größe der Aufgabe in dem 10–15 km tiefen, unmittelbaren Angriffsgelände vor Siegfried „besonders gründliche Zerstörungsarbeit geleistet werden müsse", was etwa „Unterkünfte mit ihren schusssicheren Kellern, günstige Beobachtungsstellen, Kunstbauten" mit einschloss, während bei weiter entlegenen Ortschaften „Vorbereitung zum Abbrennen und zur Zerstörung sanitärer Anlagen (Wasserleitung usw.)" genüge.[38] Das Stichwort für Alberich kam von der 1. Armee, welche in ihrer Ausarbeitung das Ziel des gesamten Unternehmens prägnant zusammenfasste: „Nach Durchführung des Rückmarsches soll der Gegner eine Wüste vorfinden."[39]

Ernste Bedenken wurden alleine von Kronprinz Rupprecht, dem Oberbefehlshaber der Heeresgruppe, artikuliert – und dies erkennbar nur in seinen privaten Aufzeichnungen. Es war nicht das erste Mal, dass der bayerische Kronprinz und die OHL wegen der Behandlung der Zivilbevölkerung aneinander gerieten. Im Frühjahr 1916 war er völlig fassungslos gewesen, als die (damalige 2.) OHL erwog, angesichts einer drohenden Versorgungskrise die gesamte belgische und französische Bevölkerung nach vorne durch die Front abzuschieben.[40] Im Oktober reagierte er konsterniert und hielt fest: „Mich erinnert diese Weisung an jene, die einst Louvois zur Verwüstung der Pfalz erteilte [...] Sie scheint mir ungemein hart." Er wollte seinen Namen nicht mit derartigen Maßnahmen belasten. Rupprecht hatte nach einem wilden ersten Jahr des Krieges ein Stück seines herrschaftlichen Verantwortungsbewusstseins zurückgewonnen. Doch machte er den Fehler, sich damit zu trösten, „dass sie [die Weisung] sich aus technischen Gründen als unausführbar erweisen wird".[41]

Kronprinz Rupprechts Trost erwies sich als verfehlt. Die Dritte OHL kommandierte nicht, sondern baute Organisationen auf. Und in dem Maße, in dem eine „S" [Sonder-] Organisation aufgebaut wurde, fand sich auch ein Weg, Dinge zu tun, die vorher noch jenseits aller Vorstellungen gelegen hatten. Der Bau der Siegfried-Stellung und die Zerstörungen im Rahmen von Alberich waren so erfolgreich, weil zu ihrer Planung und Durchführung eine durchgehende Sonder-Organisation im Rahmen des Generalstabes bereit stand, die alle Maßnahmen koordinierte und ihrerseits Innovationen anstieß, die bis hinunter in die einzelnen Kompanien wirkten.[42] Indem Räumung und Zerstörung in terminierbare, erprobbare

---

[38] Chef des Generalstabes des Heeres Ia Nr. 281 geh. op.; Nur durch Offiziere!/Streng geheim; BayHStA/Abt. IV, Hgr Rupprecht, 107.

[39] AOK 1, Ia Nr. 1304, Nur durch Offiziere!/Streng geheim/Anl. A; BayHStA/Abt. IV, Hgr Rupprecht, 107.

[40] Bericht Krafft von Delmensingen an den bayerischen Ministerpräsidenten vom 2. Februar 1916: „Seine Königliche Hoheit gab der Entrüstung über die Grausamkeit des geplanten Vorgehens in den schärfsten Worten Ausdruck und erklärte sich außer Stande, bei dieser Sache mitzuarbeiten."; BayHSTA, MA 944.

[41] Tagebucheintrag vom 1. Oktober 1916; BayHSTA/Abt. III, Nl Kronprinz Rupprecht, 705.

[42] Ebd.

Maßnahmen zerlegt, Mögliches von Unmöglichem getrennt und Prioritäten gesetzt wurden, wurde Zerstörung machbar.

Die Systematik des Planens und Arbeitens und wohl auch die Überzeugung, all das zu tun, was militärisch notwendig war, hatte ihre Tradition im preußischen Generalstab. Aber was hier entstand, war doch etwas Neues: Ein improvisiertes „Gestell", das ganz und gar der „Perfektion der Technik" – der Herstellung einer Wüste – diente und in der Perfektionierung sich ständig selbst überbot.[43] Auf diese Weise wurde aus den Anweisungen zur Räumung und Zerstörung das „Merkblatt für ‚Alberich'-Zerstörungen" in der 1. Armee vom 1. März 1917. Darin wurden die zuständigen Offiziere und Pionier-Kommandeure eingeschworen, „persönlich" die Ausführung zu überwachen, „selbsttätig ein[zu]greifen und mit allem Nachdruck dafür [zu] sorgen, dass das Zerstörungswerk gründlichst und vollkommen besorgt wird". Die Pioniertrupps, Sicherungs-Abteilungen, sowie die Nachhut-Einheiten wurden noch einmal angehalten, alles eigene und fremde Material, das liegenblieb oder nicht zurückgeschafft werden konnte, auch tatsächlich zu zerstören. „Nichts darf in die Hand des Gegners fallen, was für ihn irgend von Nutzen sein könnte."[44]

Was die Zerstörung anging, so wuchs der Katalog der Maßnahmen in dem Maße an, in dem die Vorarbeiten voranschritten. Zerstörungsobjekte mussten erkundet und gelistet, Probezerstörungen vorgenommen, Berechnungen zum Gesamtbedarf an Material angestellt, Arbeitskräfte und Sprengkommandos eingeteilt, Minenstollen und Minenkammern sowie Stauanlagen gebaut und Bäume abgeholzt werden. Die koordinierende Gruppe N (die im engeren Zerstörungsbereich agierte) wies an: „Sämtliche Ortschaften müssen abgebrannt, Mauerreste umgeworfen, alle schusssicheren Unterstände, Keller, Katakomben, alle Brunnen und Wasserleitungen, Straßen und Eisenbahnen, alle für den Feind günstigen Beobachtungsstellen wie Kirchtürme, Schornsteine, hohe Gebäude, Windmühlen müssen zerstört, größere Baumreihen und Parkanlagen gefällt werden."[45] Wie Häuser völlig flach zu legen waren, sodass sie keinerlei Deckung gaben, dazu brauchte es ausführliche Studien.[46] Brunnen und sanitäre Anlagen gewannen eine besondere Rolle, nachdem sich (im Rahmen der Prioritätenbildung) die Überlegung festgesetzt hatte, dass ohne Wasserversorgung und Abwasserregelung größere Truppenansammlungen unmöglich waren. Aus der 1. Armee kam die Idee, Brunnen zu vergiften, was schließlich abgelehnt wurde, wobei allerdings Tümpel und stehende Gewässer zur „Unbrauchbarmachung (nicht Vergiften!)" durch Chemikalien frei gegeben wurden.[47] Die Sprengung von Brunnen erwies sich als nachhaltiger und in die-

---

[43] Zur Perfektion in der Praxis siehe etwa das Merkblatt „Erfahrungen über Zerstörung im Vorgelände" [Juni 1917]; BayHSTA/Abt. IV, Hgr Rupprecht, 106.
[44] Gruppe N/Ia/Bod. Genstoffz. Nr. 723 geh., 1. März 1917; HSTA Stuttgart, M 200, Büschel 43.
[45] Ebd.
[46] AOK 2, Ia/Is 173/apr/560, geh., 11. April 1917, Anlage 2: Zerstören von Gebäuden; BayHSTA/Abt. IV, Hgr Rupprecht, 108.
[47] Denkschrift Siegfried-Alberich, Teil 2, S. 81. Hgr Kronprinz von Bayern Oberkommando Id Nr. 1496 geh., 2. November 1916; BayHSTA/Abt. IV, Hgr Rupprecht, 107.

sem Falle wohl auch der militärischen Kultur konformer. Gerade weil die Zerstörung zwar im Großen angewiesen, aber im Kleinen durchgearbeitet und in ständiger Rückmeldung verbessert wurde, war sie am Ende so total.

Ortschaften erwiesen sich als rasch zerstörbar, nachdem man erst einmal begriffen hatte, wie dies am besten zu bewerkstelligen war: „So wurde Bapaume in 45 Minuten zerstört (5 gleichzeitige Sprengungen im Zentrum, dann die weiteren Sprengungen, einige Minuten später wurde die Stadt an über 400 Stellen in Brand gesetzt)". Es waren insbesondere die Dörfer, die niedergelegt wurden und von denen in der Tat viele „vollkommen verschwunden sind."[48] Auf das Gesamte gesehen war der Aufwand – an jedem Ort, jeder Straßenkreuzung, jedem Obstgarten des gesamten, riesigen Gebietes – gewaltig. Aber die Zerstörung gelang in solcher Perfektion, weil die Arbeit vor Ort so gründlich und detail-versessen gemacht wurde. „Pionierdienst", fasste ein Offizier der Pioniere zusammen, „ist in der Hauptsache Kleinarbeit [und] Kleinarbeit kann letzten Endes für den Erfolg ausschlaggebend sein."[49]

Auch die Zerstörung der Verkehrsstruktur wurde mit größtem Aufwand betrieben. Das schloss etwa die Unbrauchbarmachung von Schleusen ein, was parallel lief zu den vor allem im Bereich der 2. und 7. Armee durchgeführten Anstauungen und Versumpfungen vor der Front, die ganze Gebiete unbegehbar machten. Der Abbau der elektrischen Leitungen erwies sich als besonders schwierig und zeitaufwendig, wurde aber doch, wenn auch nur mit Brachialgewalt, abgeschlossen. Der systematische „Rückbau" und die anschließende weitgehende Zerstörung noch verbliebener Bahnanlagen sowie der Schwellen gelangen nur mit einem außerordentlichen Großeinsatz von Kräften.[50] Die Unwegbarmachung des dichten Straßennetzes war nach übereinstimmender Auffassung weniger erfolgreich. Doch auch die Straßen blieben durch geschickte Anlage der Sprenglöcher vorübergehend unpassierbar. Was zurückblieb, war in der Tat, wie die Gruppe N in einem Merkblatt in Steigerung der Anweisung der 1. Armee angeordnet hatte, eine „vollkommene Wüste".

Noch vor der endgültigen Zerstörung wurde alles bewegliche Hab und Gut geräumt und die Einwohner verschoben. Der Aufwand allein der Bahn macht das Ausmaß der Räumung deutlich: 17.940 Wagen beförderten alles mögliche Räumungsmaterial, 11.711 Wagen das Eisenbahnmaterial und 7.522 Wagen die Bevölkerung in das rückwärtige Gebiet.[51] Ein Gutteil des Kriegsgerätes sowie der Heeres- und Wohlfahrtseinrichtungen wurde von den Armeen selbst befördert. Der gesamte Groß-Viehbestand des zu zerstörenden Gebietes wurde zurückgetrieben, Lebens- und Futtermittel ebenso wie das Saatmaterial geborgen. Alle Metalle wurden gesammelt, Lager von Kleidungen, Möbel und Wohnungseinrich-

---

[48] Ebd.
[49] Beiträge zur Denkschrift Siegfried-Alberich, 25. März 1917; BayHSTA/Abt. IV, Hgr Rupprecht, 108.
[50] Bayerischer Regiments-Kommandeur der Eisenbahn-Truppen z.b.V. (Rekodeis) Nr. 1, Anlage 15 g: Denkschrift Alberich, April 1917; BayHSTA/Abt. IV, Rekodeis 1, Bd. 6.
[51] Denkschrift: Die Eisenbahnen bei Siegfried-Alberich, S. 29 f.

tungen sowie Haushaltsgeräte beschlagnahmt und zurückgeführt.⁵² Die Liste der „Vorräte des Landes und [der] Gegenstände aller Art, die für das Heer von Nutzen sind" wurde trotz aller Knappheit der Transportmittel lang und länger.⁵³ Geld wurde eingesammelt und umgetauscht; Banken ausgehoben; geräumte Wohnungen wurden bewacht. Das Land wurde tatsächlich ausgesogen und von allem, soweit bekannt, blieb kaum etwas Nutzbares zurück.

Unter diesen nicht nutzbaren „Objekten" fanden sich auch knapp 15.000 Zivilisten, die als arbeitsunfähig – Alte, Kranke, Irre, Kinder – „nach vorne" in die nicht zerstörten Teile des Räumungsgebietes im Bereich der 2. Armee – nach Noyon, Ham-Guiscard und Nesle – abgeschoben wurden.⁵⁴ Diese Gruppe wiederum war der kleinste Teil einer Massenumsiedlung von etwa 140.000 Personen der einheimischen arbeitsfähigen Bevölkerung. Rechnet man den von den jeweiligen Ortskommandanten organisierten, eher tropfenweise erfolgten Abschub der Bevölkerung in Ortschaften hinter der Stellung hinzu, die für die Siegfried-Arbeiter und die rückwärtigen Anlagen des Heeres freigemacht wurden, dann erhöht sich die Zahl auf ca. 150.000 abgeschobene Personen. Sie alle wurden während der Alberich-Zeit in knapp drei Wochen sei es im Fußmarsch oder in einem der von der Eisenbahnverwaltung so genannten Gemüsezüge abtransportiert, teils in die nordfranzösische Etappe, teils in das besetzte belgische Gebiet.⁵⁵

Der „Einwohnerabschub" bildete, so lautet die interne Einschätzung, „die schwierigste Räumungsmaßnahme."⁵⁶ Die Probleme begannen damit, dass die Arbeiten für den Ein-

---

52   Generalquartiermeister IIb Nr. 2068 geh., 5. Januar 1917 über die Frage ob zusätzlich zu Lägern und Geschäften, in diesem Falle in Saint Quentin, auch Haushaltungen zu räumen seien. Die Antwort war negativ, aber die Praxis sah anders aus; BayHSTA/Abt. IV, Hgr Rupprecht, 106.
53   AOK 2, Is Nr. 523 geh., Nur durch Offiziere, 18. Oktober 1916 (Anlage 1 zur Denkschrift Alberich); ebd.
54   Dazu Hgr Kronprinz von Bayern Oberkommando Id, Nr. 1454 geh., 7. November 1916 und Oberkommando Id, 30. November 1916; BayHSTA/Abt. III, Nl Kronprinz Rupprecht, 586. Siehe auch die Verfügung der OHL, Hgr Kronprinz von Bayern Oberkommando Id Nr. 1695 geh., 30. November 1916, welche die Bewohner von Saint Quentin, einschließlich der arbeitsunfähigen, ausnimmt; BayHSTA/Abt. IV, Hgr Rupprecht 107.
55   Die tatsächlichen Zahlen weichen von den aufgrund namentlicher Listen errechneten Zahlen ab. Diese wiederum decken sich nicht mit den publizierten Zahlen. Die Eisenbahnverwaltung rechnete mit 149.000 Personen und einem Transportaufwand von 5.688 Wagen. Sie transportierte dann effektiv 135.530 Personen in 341 Zügen mit insgesamt 7.522 Wagen ab, wobei bei der 1. Armee sehr viel mehr (32.000), bei der 2. Armee etwas weniger (14.100 nach rückwärts, 19.150 nach vorwärts, 36.180 aus Saint Quentin) und bei der 7. Armee sehr viel weniger Personen (23.700 statt 49.000) anfielen als errechnet. Bevollmächtigter Generalstabsoffizier des Feldeisenbahnwesens beim Oberkommando der Hgr Kronprinz Rupprecht, Denkschrift, 9. April 1917; BayHSTA/Abt. IV, Hgr Rupprecht, 108; Denkschrift: Die Eisenbahnen bei Siegfried-Alberich.
56   Denkschrift Siegfried-Alberich, Teil 2, S. 89.

wohnerabschub bis in den Januar aufgeschoben wurden.⁵⁷ Gerade weil kein guter Grund dafür zu finden ist, kann man vermuten, dass die Verzögerung letztendlich auf einen humanitären Impuls Kronprinz Rupprechts zurückging. Diese Annahme liegt auch deshalb nahe, weil die OHL prompt mit der inhumansten Variante des Abschubs aufgewartet hatte. Da die Kapazität der Eisenbahn nicht für Sach-, Eisenbahn- und Personentransporte ausreichte, ordnete sie an, dass die Bevölkerung zu Fuß nach rückwärts bewegt werden sollte.⁵⁸ Die 1. Armee weigerte sich aus militärischen, die 2. Armee aus humanitären Gründen, und die Heeresgruppe hakte noch in ihrer rückblickenden Denkschrift nach, dass der Abschub von Einwohnern ohne Ausnützung der Bahn jedenfalls „im gleichen Umfang wie bei der ‚S' Operation nicht ausführbar" sei.⁵⁹ Praktisch hieß dies, dass ausgerechnet der Abschub der Bewohner bis zuletzt unbearbeitet blieb.

Gerade weil vor allem in der 2. Armee ein durchaus humanitärer Impuls zu erkennen war, wird umso deutlicher, wie inhuman der Akt selbst sich gestalten musste. So war die 2. Armee sehr besorgt, dass insbesondere Kranke und Alte in Personenwagen bzw. in Lazarettwagen und mit Helfern transportiert würden.⁶⁰ Aber dies änderte nichts an dem Umstand, dass der Abschub selbst abrupt durchgeführt wurde, nicht zuletzt um das Verbergen oder Zerstören wertvoller, zurückzutransportierender Einrichtungen zu verhindern. Zwar wurden einzelne Ortschaften gemeinsam verlagert und großer Wert darauf gelegt, dass Familien nicht auseinander gerissen wurden. Aber die Senioren und die Kinder, ebenso wie die Kranken und Schwachen, wurden, wie immer man das anstellte, von ihren arbeitsfähigen Familienangehörigen getrennt. Die 40.000 Einwohner von Saint Quentin schließlich wurden überfallartig abtransportiert, weil die 2. Armee mit dem Rücktransport „eine Gefahr für die Geheimhaltung von Alberich" sah. Der Abschub war in der Tat eine „harte Maßnahme", aber die Praxis machte ihn noch härter als gedacht.⁶¹

Deutlich wird angesichts solcher Charakterisierung, dass der Einwohnerabschub eine kritische Grenze überschritten. Nicht dass dies etwas an der Tatsache geändert hätte, aber beim Abschub der Einwohner war kaum einem Soldaten wohl in seiner Haut. Schließlich wurde gerade in diesem Zusammenhang das Argument der militärischen Notwendigkeit besonders häufig strapaziert. Aber gerade in dieser militärischen Notwendigkeit lag auch der Haken. Denn wenn es tatsächlich zutraf, dass der Einwohnerabschub militärisch notwendig

---

57 Die Frage des Einwohnerabschubs wurde erst am 21. Januar 1917 mit einer Verfügung des Generalquartiermeisters gelöst. Hgr Kronprinz von Bayern Oberkommando Id Nr. 1469 geh., 2. November 1916: „Abschub der Zivilbevölkerung unterbleibt"; BayHSTA/Abt. IV, Hgr Rupprecht, 107.
58 Noch Ende Januar ging AOK 2 von einem Abschub zu Fuß aus und rechnete dabei mit Entfernungen von über 80 km. AOK 2, Is Nr. 357 geh., 30. Januar 1917; BayHSTA/Abt. IV, Hgr Rupprecht, 107.
59 Denkschrift Siegfried-Alberich, Teil 2, S. 89.
60 AOK 2, Ia/Is Nr 173/apr/560, geh., 11. April 1917; BayHSTA/Abt. IV, Hgr Rupprecht 108.
61 AOK 2, Is Nr. 117 geh., 3. Dezember 1916: Drängen auf eine frühzeitige Räumung der Stadt. AOK 2, Is Nr. 472, 12. Februar 1917; BayHSTA/Abt. IV, Hgr Rupprecht 107; Denkschrift Siegfried-Alberich, Teil 2, S. 91.

war, so konnte dies nur heißen, dass sich die Praxis der Kriegführung umstürzend geändert hatte. Mit der Entvölkerung des Räumungsgebietes wurden Zivilisten nunmehr auch an der Westfront zu Objekten der Kriegführung.

Was Offiziere und Mannschaften in der Aktion „Alberich" tatsächlich über die Schwelle dieser neuen Kriegführung befördert hatten, war das Talent, in einer kritischen Situation des Krieges neue Wege zu finden, um dem Feind zu schaden. Alberich war ein so ungeheurer, da kreativer Akt der Zerstörung, der in dem kleinen Stück Welt vorwärts der Linie von Arras bis Laon das zivile Leben vollständig zerschlug und eine historische Landschaft zu einer Wüste werden ließ.

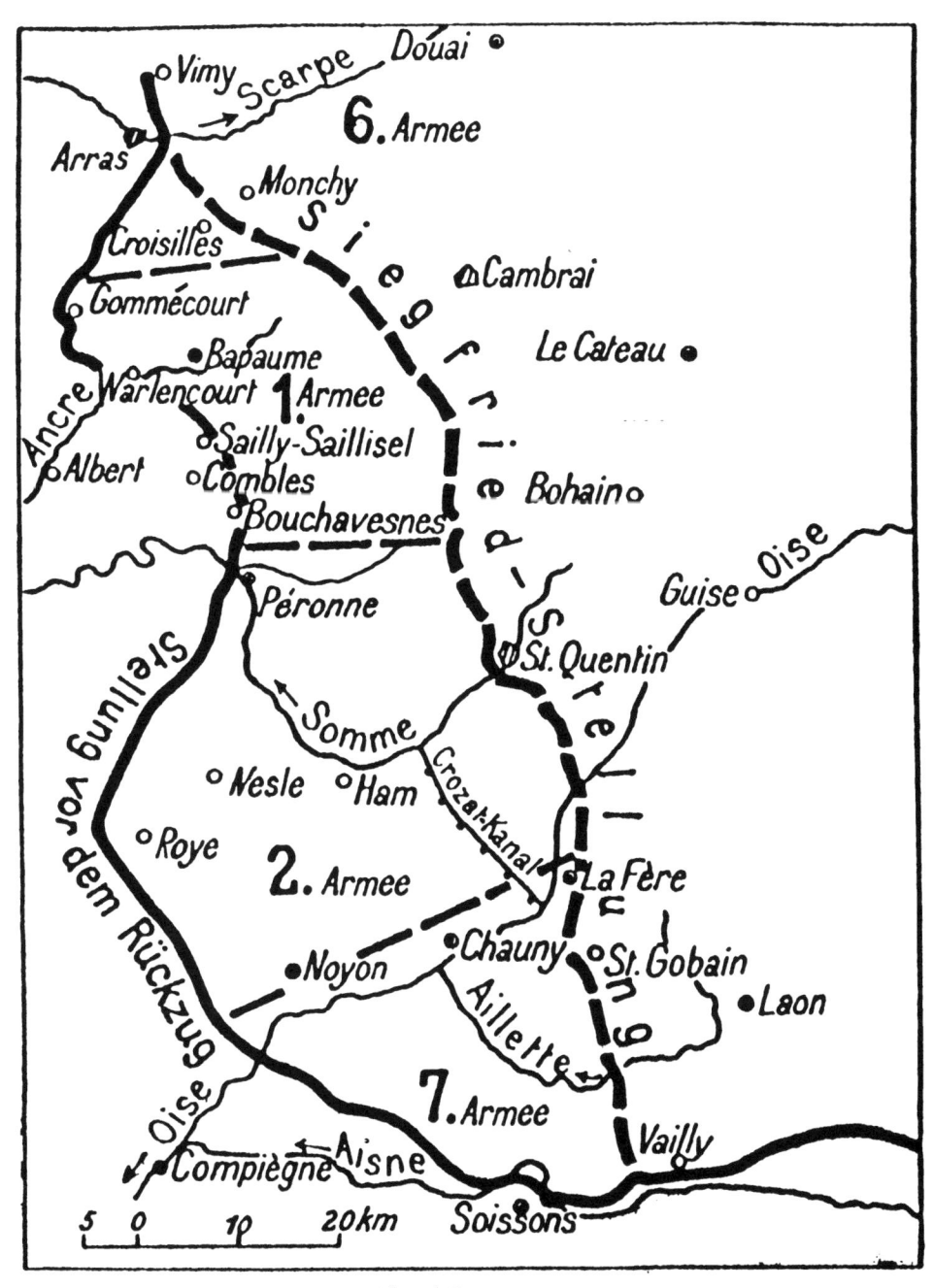

Alberich-Bewegung 1917

Hugo Natt, Stabsarzt, Infanteriedivision 56, Infanterieregiment 118

Tagebuch

9. Februar 1917 [Péronne]
Nachmittags 4½ fahren wir im Wagen [...] über Cartigny, Doingt nach Péronne. Ganz klarer, heller Tag. Die Fahrt dauert etwa 1 Stunde. Von Cartigny aus das übliche Zerstörungsbild. Bei Doingt sieht es wüst aus, die Häuser alle zerschossen, die Erde tief aufgewühlt. Die Bäume zeigen an den zerrissenen Ästen und der zerschossenen Rinde noch die Spuren des Feuers. In geringerer Entfernung von der Landstraße die gewaltige Eisfläche der Somme, resp. der sie begleitenden Sumpfflächen. Von Péronne sieht man zunächst gewaltige, zerschossene Wallmauern, Reste früherer Fortbefestigung, mit Gräben und Teichen. Dann fährt man auf schöner, breiter Chaussee in die eigentliche Stadt hinein. Die Häuser beiderseits zeigen sämtlich gewaltige Löcher; mächtige Schutt- und Schmutzhaufen vor den Häusern. Am Rathaus steigen wir aus, im Keller ist der Verbandplatz.

Hugo Natt

10. Februar 1917 [Péronne]
Als Ärztezimmer dient ein Kellergewölbe von der Größe eines sehr großen Wohnzimmers. Die Wände sind mit Stoffen verkleidet. Innen stehen 2 schöne Betten, ein Klavier, prächtige Polsterstühle, mit rotem Plüsch überzogen, auf denen sich wohl früher die Ratsherren von Péronne breit gemacht. Der Hauptschmuck sind 2 sehr große Bilder im breiten Goldrahmen: „La misère" von Debras[1] und „Daphnis et Chloe" von Bonné [?]. Besonders das erstere ist ergreifend schön: Eine junge Mutter, den Säugling an der Brust, hat sich auf der Wanderung ermüdet auf einem Felsen niedergelassen. Der schmerzvolle Ausdruck in dem feinen blassen Gesicht, den schönen feuchten Augen. Die edlen Formen der entblößten Schulter, die feingebildete Hand sind mit Meisterschaft gezeichnet. – Ein weiter Gang verbindet das Arztzimmer mit dem Operations-Raum und Verwundetenlager, 2 Kellerräumen, deren Ausstattung noch recht dürftig ist. – Das Wetter ist umgeschlagen, die bisherige scharfe Kälte hat nachgelassen. Der Zugang zur Stellung geschieht über Holzstege, die über das

---

[1] Louis Debras.

hier sehr sumpfige Somme-Gebiet führen. Zur Zeit ist alles zugefroren. Der Weg über die Stege ist gut, doch muss man bei dem der Stellung am nächsten verlaufenden Steg früh gehen, weil er sonst eingesehen wird. Wir hatten uns in der Stellung verspätet, mussten deshalb den weiteren Rückweg durch die „Pariser Vorstadt" nehmen, eine ziemlich armselige Vorstadt mit sehr zerschossenen Häusern. – Der Weg über die Brückenstege ist sehr schön, da sie beiderseits zwischen Schilfdickicht durchführen, zwischen dem man dann viele große Strecken freien Wassers überschreitet. Massenhaft sieht man Wildenten, denen von den Mannschaften fleißig nachgestellt wird. Mit Dienstgewehr! Die Schießerei ist nicht ungefährlich, da die Kugeln in dem freien Gelände sehr weit fliegen, sodass manchmal das Passieren der Brücken recht gefährlich war. Bis der Kommandeur mit strengen Arreststrafen einschritt. Dabei erlebte ich Folgendes: Vor 2 Tagen hatte ich einen Gefreiten auf Arrestfähigkeit untersucht, dem 5 Tage strenger Arrest zudiktiert waren. Heute Mittag schickte der Ortskommandant Nachricht, der Arrestant sei tobsüchtig geworden, es möchte ein Arzt hinkommen. Ich ging hin. Die Arrestzelle war im früheren Gefängnis eingerichtet. Ich hörte nun Folgendes: Der Arrestant hatte heute guten Verpflegungstag. Am Morgen hatte man ihm, damit er sich Feuer machen könne, Holz und dazu eine Kreuzhacke zum Kleinmachen herein gegeben. Nun habe er angefangen zu toben, habe alles in der Zelle kurz und klein geschlagen, habe das dürre Holz angesteckt. Sobald jemand in seine Nähe wollte, ging er mit der Kreuzhacke auf ihn los. Aus der Zelle drang dichter Rauch. Als ich das kleine Schubfensterchen aufmachte und ihn anrief, hob er sofort die Axt hoch und ging auf mich zu. Dann warf er kleine Holzstückchen durch die Tür. Dabei schrie er unverständliche Worte. Da man befürchtete, er könne Tür und Fenster zertrümmern und dann mit der Axt Schaden anrichten, war große Aufregung, was geschehen sollte. Ich riet zum Abwarten. Nach 2 Stunden gingen wir wieder hin. Es qualmte tüchtig, da er von neuem Feuer angesteckt. Ihn mit Gewalt zu fesseln, wäre ohne schwere Verwundungen nicht abgegangen. Ich riet abzuwarten, bis der Rauch ihn betäubt. Es dauerte auch kaum eine Stunde, da wurde er gebracht. Noch immer schrie und schlug er um sich: „Meine armen Eltern. Jetzt habe ich 5 Jahre gedient, bin nur bestraft worden. Wäre ich doch nur von einer Kugel gefallen." Ich sprach ihm beruhigend zu, auch sein Feldwebel. […]

20. Februar 1917 [Péronne]
Von der Straße aus sieht man an der säulengeschmückten Fassade des Rathauses nicht viel von der furchtbaren Zerstörung, nur ein gewaltiges Granatloch in der Wand. An dem dazugehörigen Bau an der Ecke des Marktplatzes ist das ganze Dach zerstört, die Kuppel mit Turmspitze ragt als formloses Gewirr von Metallklumpen und Gestänge über das Dach hinaus, doch ist die Hauswand selbst durch einen Säulenvorhof geschützt. Große Haufen von Mauerschutt und allerlei Gerät liegen auf der Straße. Fenster fehlen völlig. Tritt man vom Marktplatz her über die Schutthaufen in das Innere des Rathauses[2], so

---

[2] Im Rathaus von Péronne befand sich die Kunst- und Antikensammlung „Musée Alfred Danicourt".

kommt man zunächst in einen großen Saal, dessen Wände Abbildungen ägyptischer und assyrischer Bilder-Friese zeigen. Aus dem Schutt heraus ragen farbig bemalte Bruchstücke einer Nachbildung eines ägyptischen Altars. Die farbigen Abbildungen an den Wänden zeigen ägyptische Priesterinnen, ägyptische Handwerker. Es sind bekannte Abbildungen nach Fundstücken in Ägypten. Anschließend ein kleiner Saal mit vielen Glasvitrinen. Hier soll früher eine wertvolle Münzensammlung gewesen sein.[3] In dem massenhaften Schmutz und Unrat, der den Boden bedeckt, liegen Bruchstücke von Gipsnachbildungen, Skelettteilen, allerhand Museumsgerät. So z. B. alte römische Handmühlen etc. Durch einen Gang kommt man zu dem früheren Sitzungssaal. Hier sieht es ganz besonders wüst aus. Man hat, um die darunter liegenden Kellergewölbe besser gegen Einschlag zu sichern, auf den Boden Mauerschutt geschüttet, etwa 1 ½ m hoch. Dabei allerlei Unrat: alte Bettstellen etc. Der Schutt kontrastiert seltsam zu den gewaltigen farbigen Säulen und der getäfelten Decke. Als Baumaterial hat hier überall Kalkstein gedient. – Über eine breite, tadellos erhaltene Treppe kommt man in den ersten Stock. Hier war früher die Bibliothek. Jetzt ein Bild grauenhafter Verwüstung. Man hat offenbar planmäßig Bücher, Aktenmaterial etc. auf den Boden hingestreut, um die Deckungskraft gegen Granateinschläge zu erhöhen. Meterhoch liegen hier die Bücher zerrissen, zertreten umher. Die Decke ist an einzelnen Stellen durch Einschläge durchlöchert, sodass auch das Regenwasser Zutritt hat. Ich finde unter den Büchern viele alte medizinische Werke von hohem antiquarischen Wert: Galon, etc. Im anstoßenden Raum liegen gewaltige Massen Manuskripte, sicher auch von hohem Wert. – Auch liegen hier viele Bände standesamtlicher Eintragungen, überhaupt Massen amtlichen Materials. Alles der Vernichtung geweiht. – Die Treppe führt bis zum Speicher, doch ist hier alles zerstört, auch vom Dach ist nur noch das Gerippe vorhanden. – Direkt hinter der Treppe, die von der Straße nach dem Rathaus führt, befand sich noch ein Raum, der ehemals als Büro gedient hat. Auch hier meterhoher Schutt. Um nicht immer im Keller sitzen zu müssen, habe ich mir diesen Raum für mich eingerichtet. Da es unmöglich war, den Schutt herauszuschaffen, haben wir aus Türen etc. einen neuen Fußboden gefertigt, den wir auf den Schutt, der vorher oberflächlich gleich gemacht worden war, legten. Die Tür war natürlich durch den vorgelagerten Schutt unbenutzbar. Wir schnitten am oberen Rand der Schuttmasse die Tür ab und stellten von außen einen mit mehreren Stufen versehenen Auftritt davor. Eine ziemliche Schwierigkeit bot die Beschaffung der Fensterscheiben. Ich half mir, indem ich mir vom im Hause stehenden ehemaligen Bücherschrank die Kristallscheibe samt Rahmen herausnehmen und annageln ließ. Der weitere Bedarf wurde aus Fensterresten der Nachbarschaft gedeckt. Es dauerte mehrere Tage, bis mein Tagesraum fertig war. Dann konnte ich mich doch immer morgens ein paar Stunden dorthin setzen und arbeiten. Zur Zeit arbeite ich mir einen Exzerpt aus der „Klinik der Tuberkulose" von Bandelier und Röpke.

---

[3] Vgl. hierzu Gustav Krauß, 15. Juli 1916, S. 132 in diesem Band.

25. Februar 1917 [Péronne]
Heute war ich zurück in Bernes zu einer Besprechung mit dem Divisionsarzt. Auf der Fahrt kamen wir durch das brennende Cartigny. Die Einwohner haben den Ort längst geräumt. Zur Zeit wird bereits mit der Niederlegung der noch brauchbaren Häuser, Sprengung der Brunnen etc. begonnen. Wie man hört, soll das ganze Somme-Gebiet in 30 km Tiefe geräumt werden und in dem geräumten Gebiet alles zerstört werden. Auch Péronne wird es so ergehen. Es ist Befehl deshalb ergangen, dass alles gut brauchbare Mobiliar zurückgeführt werden soll. Wie es heißt, zur Einrichtung der neuen Stellungen, der sog. Siegfried- und Wotan-Stellungen, die die Begrenzung des Räumungsgebietes darstellen. Von unseren Kellermöbeln werden 3 Polstersessel, 1 sehr schönes Sofa zurückgeführt. Auch die beiden großen Bilder („Daphne und Chloe" und „La misère") sind aus dem Rahmen genommen, aufgerollt und abgeholt worden. Sie sollen später der Stadt wiedergegeben werden.

26. Februar 1917 [Péronne]
Seit vorgestern ein tüchtiger catarrhus descendens[4] mit Schmerzen in der linken Seite. – Heute Nachmittag lud mich Oberstleutnant Fabarius zu einem Spaziergang ein. Ich hole ihn an der Wohnung des Regimentsstabes ab, der in einem kleinen Häuschen an der alten Stadtmauer ein recht geschütztes Heim gefunden hat. Dabei ein tiefer Stollen. – Der ganze Stadtteil nach der Somme zu ist kolossal zerstört. Überall auf der Straße versperren große Schutthaufen den Weg. – Wir gehen über den Bertha-Steg, der über einen ½ km durch das Schilfdickicht des Somme-Gebietes führt. Wundervoll klarer Tag. Die Stadt Péronne steigt sehr schön vom Strand der Somme auf, liegt sehr malerisch da. Wir sprechen davon, wie Péronne einst eine reiche Stadt gewesen, Garnison eines Kavallerieregiments, wie es auch im Kriege noch erst als reicher Etappenort berühmt war. Dann sprechen wir von Zuhause. – Ziemlich starkes Artilleriefeuer, das mich gar nicht, den Oberstleutnant stark belästigt, da wir jenseits des Stegs in die Nähe von Batteriestellungen kommen, auf die sich das feindliche Feuer richtet, kehren wir um.

3. März 1917 [Péronne]
Seit 3 Tagen wieder Bronchitis, Schmerzen in linker Seite, besonders bei Bewegungen. Habe mich erst nach 12 Uhr gelegt. Die vielen Erkältungen wohl teils Folge der geringen Bewegung im Freien, teils der Verwöhnung in dem warmen Keller, zumal man in den Kleidern schläft. – Nach ½ 9 gehe ich in das Revier, das ich mir im Souterrain der Schule eingerichtet habe. In den Kellerräumen ist nicht viel Licht, sodass ich mir in den völlig zerstörten Zimmern des Parterres 3 Untersuchungszimmer eingerichtet habe. Es war ziemlich viel Arbeit nötig, bis die Revierräume ihre Betten etc. hatten. Insgesamt sind dort 72 Betten zur Verfügung, auch Tische und Bänke. Beleuchtung durch erweiterte Kellerluken, die nach

---

[4] Bronchialkatarrh.

außen durch Glas in Form von Bilderrahmen, aus denen die Bilder entfernt sind, gedeckt sind. – Nach dem Revier spaziere ich über den Bertha-Steg, betrachte mir die Eismasse am Rand der Somme. Heute Nacht hatte es wieder stark gefroren. – Durch das klare grüne Wasser der Somme sieht man, dass sie noch stellenweise recht tief ist. Große Wasserbezirke sind durch Eisengitter abgesperrt, offenbar war hier eine sehr ergiebige Fischerei. Dann ging ich entlang am Somme-Ufer, um von dort aus durch eine Querstraße zum Rathaus zu kommen. Ich kam gerade zurecht, um eine Sprengung zu sehen. An dem großen Gebäude der Gendarmerie nationale hatte man zur Sprengung an 6 Stellen die Mauer angebohrt und Minen mit je über 1 Zentner Sprengstoff angebracht. Mittels Zündschnur wurden diese zur Explosion gebracht. – Der Erfolg war nicht befriedigend. Es flogen zwar in weiter Ausdehnung Steine durch die Luft, aber es waren nur große Löcher gerissen worden: das Haus stand noch. –

5. März 1917 [Péronne]

Heute früh alles weiß: dicker Schnee. – Seit 2 Tagen sind die systematischen Zerstörungsarbeiten im Gang. Die noch leidlich erhaltenen Häuser werden teils eingerissen, teils gesprengt. Ein paar Handgranaten an die Pfeiler gelegt, abgezogen, dann prasselt alles zusammen. – Bei den gestrigen Arbeiten an den gegenüberliegenden Häusern flogen Splitter durch meine schönen Kristallscheiben. Dem Rathaus gegenüber sieht es wüst aus: Die Frontseiten der Häuser sind abgerissen, man sieht die zerstörten Stuben. Die Dächer sind teils eingestürzt, teils hängen sie noch über. Der Schutt liegt bis zur Mitte der Straße. Es ist riskant, an den Häusern vorbeizugehen, da dauernd Gestein und Gebälk nachstürzt. –

11. März 1917 [Péronne]

An vielen Orten der Stadt ist gesprengt worden. Mehrere Häuser sind abgebrannt. Der Brand ist nicht völlig erloschen. Heute früh spazierte ich wieder über den Bertha-Steg. Ein englischer Flieger flog sehr niedrig über uns, dass wir seine schwarzen Kreise erkennen konnten, trotz heftigen Feuers unserer Maschinengewehre. Nachmittags war es im Tagraum wenig gemütlich, da in den letzten Tagen viel in die Nähe des Marktplatzes geschossen wurde. Auch heute mussten wir wieder in den Keller flüchten wegen plötzlich einsetzenden Feuerüberfällen. Zum ersten Mal Schrapnellwolken direkt über den Straßen der Stadt. – Heute Nachmittag zeichnete ich mit Maler Weber. –

12. März 1917 [Péronne]

Heute Nacht brannte es wieder an mehreren Stellen. War lange vor dem Rathaus, sah dem Spiele der Flammen zu. Merkwürdig aufregend und faszinierend, solch große Brände. Auch tagsüber qualmt es immer weiter. – Neben uns war versucht worden, das Haus wegzusprengen. Heute früh sah ich, dass die Mauern noch standen, der Fußboden niedergebrochen war. In die Kellergewölbe sah es sich wie in tiefe Gebirgsabgründe. – Die Vorbereitungen für den Rückzug sind schon getroffen. Wir werden die erste Station in Doingt haben. Alle Vorbereitungen äußerst geheim. Alle Befehle für den Rückzug sprechen von ihm als dem Tage X. Die Tage vorher sind entsprechend als X-1, X-2 bezeichnet. – Heute ist der Tag X-1. Mit Feldunterarzt Graeff ging ich heute früh nach Doingt, um mir den Sanitätsunterstand anzusehen. Erst durch eine Vorstadt, dann über eine weite Strecke Chaussee, vorüber an zerschossenen Bäumen und alten und neuen Trichtern, dann durch das gänzlich zerstörte Doingt. Vor D. läuft unsere Stellung auf den Höhen. Ein alter Sanitätsunterstand ist dazu bestimmt. Als Bataillonsunterstand dienen Artilleriestollen. Weiter bieten die Gräben keine Unterstände, die Stellung soll ja auch nur einen Tag lang gehalten werden. Unser hauptsächlicher Schutz sind die vielen Sumpfflächen der Somme. – Wir gingen dann durch das zerstörte Flamicourt zurück.

Nachmittags war ich beim Regiment wegen der Anordnungen für den Sanitätsdienst. Die ersten Kompanien für die Besetzung der Reservestellung sind schon abgerückt. Es herrscht eine ganz ungewöhnliche Stille. Stundenlang kein Artillerieschuss. Ob morgen früh Trommelfeuer einsetzen wird? Morgen ist Tag X. – Abends bin ich allein. Es ist trotz der Stille eine ungeheure Aufregung unter den Leuten. Draußen brennt es an verschiedenen Stellen. Ich sitze bei Petroleumlicht. Ofenloch, der getreue, hat Petroleumlampen und -Schirme „gefunden".

13. März 1917 [Péronne]

Hatte eine sehr schlechte Nacht, bin schon um 5 Uhr wach geworden. Fühle öfters Erschwerung beim Ausatmen. – Es ist auffallend ruhig. Heute früh machte ich nochmals meinen gewohnten Gang über den „Bertha-Steg". An den Weiden sieht man schon einzelne Kätzchen. Kein Schuss fällt weit und breit. Eine „Atempause des Krieges". Erfreute mich an dem schönen Blick auf die alten Befestigungswälle, über die großen Sumpfwasserflächen weg. Das Schilf zeigt noch seine graubraunen Halme bis über Manneshöhe, mit den schönen Fruchtständen gleich wallenden Agraffen. Gehe dann am Ufer entlang, vorüber an der gesprengten Gendarmerie nationale. Furchtbares Straßenbild. Viele Häuser sind innen völlig ausgebrannt. Von anderen stehen nur noch niedrige Mauerreste. Die Trümmer sperren die ganzen Straßen, ein furchtbares Gewirr von Balkenstücken, Steinen, Hausgerät, Drahtknäuel. Gerade werden von den Fernsprechleuten die letzten Leitungen abgebaut. – Es ist wunderschöner Sonnentag. Das kräftige Gelbbraun des Sandsteines leuchtet fröhlich, dass selbst die Ruinen schön erscheinen. Besonders schön das Bretagnetor (hat mir Maler Weber als Aquarell gemalt). – Heute Abend soll die große Rückzugsbewegung beginnen. – Nachmittags wird es zusehends leerer in der öden Stadt, über der ein dicker Rauchnebel schwebt. Bald nach dem Mittagessen machen sich auch die Krankenträger der Sanitätskompanie auf den Weg. Ich bin nun ganz allein. – Einen Sanitätsoffizier habe ich in die Citadelle beordert, der dann mit der Truppe zurückgehen soll. Ich selbst besetze den Verbandplatz in Hancourt. Erfreulicherweise kommt noch ein Sanitätsauto mit Chefarzt Kottenhahn. Mit diesem fahren wir zurück. – Ich habe in Hancourt Quartier in dem gleichen Zimmer, in dem ich bei dem Hermarsch mit dem Bataillonsstab gelegen habe. Der Abend ist ruhig.

14. März 1917 [Hancourt]
Ganz ruhige Nacht. Der Bataillonsstab ist angekommen. Ohne jeden Verlust ist die Ablösung vom Feinde geglückt. – Heute Morgen welche Wohltat: Tageslicht am Fenster und frische Luft, nachdem ich jetzt wochenlang Kellerluft geatmet hatte. Es ist draußen schmutziges Regenwetter. Für unsere Rückzugsbewegung ist das Wetter erwünscht. Einmal haben die Fesselballone kein Gesichtsfeld, außerdem können die Flieger nichts erreichen. –

15. März 1917 [Hancourt]
Noch in Hancourt. Das I. Bataillon ist ganz glatt herausgekommen. Das III. Bataillon liegt noch in der Stellung bei Doingt. Vom II. Bataillon sind noch 2 Kompanien in Péronne zurückgeblieben. Außerdem vom I. Bataillon von jeder Kompanie 1 Offizier mit 1–2 Gruppen und Maschinengewehren, die auf alle Punkte, von denen aus der Feind eindringen könnte, eingerichtet sind. Es sind in den Graben-Unterständen Vorrichtungen angebracht worden, um die eindringenden Truppen zu verletzen. So z. B. sind an den Türen Handgranaten angebracht, die sich beim Öffnen der Türen entzünden. Ferner sind an den Stegen überall Tretminen angebracht, die beim darauf Treten explodieren. Es wurde mir vieles der Art erzählt, aber ich glaube nicht an große Wirkung dieser Maßregeln, da die Engländer sicher nicht ohne Vorsichtsmaßregeln in die Stellung folgen werden. – Nachmittags mache ich mit Hauptmann Lüters einen Spaziergang über die Felder nach Vraignes, wo über 1.000 Evakuierte untergebracht sind. Wir hatten schon unterwegs Frauen von dort getroffen, die Löwenzahn zu Salat gesucht. Der Ort zeigt wenig Zerstörung. – Leider sind auch hier, wie im ganzen geräumten Gebiet, alle Obstbäume abgeschlagen. Auch auf dem Friedhof sind alle Bäume gekappt. –

17. März 1917 [Vendelles]
Noch in Hancourt. – Heute früh sind unsere Patrouillen, die noch vorn geblieben waren, zurückgekommen. Bisher scheinen die Engländer den Rückzug noch nicht gemerkt zu haben. Jedenfalls haben sie fest auf unsere Gräben getrommelt.
Schöner warmer Tag. – Abends 8.30 Abmarsch nach Vendelles. Schon am Nachmittag waren verschiedene Baracken in Brand gesteckt worden. Gegen Abend brannte der ganze Ort, ein schauriges Bild, wie ich es im ganzen Krieg, außer in den ersten Tagen in Belgien, nicht gesehen hatte. Aus jedem Hause schlugen gewaltige Flammen hoch, darüber die gewaltigen Rauchwolken, besonders die tiefschwarzen Rauchklumpen der Dachpappe. Dazwischen kracht und knattert es, teils Infanteriemunition, die noch in den Quartieren gelegen, teils auch noch Handgranaten, die vergessen worden, teils auch zerspringende Ziegel. – Die Pferde werden durch den Flammenschein unruhig, dass sie kaum zu halten sind. Dann rücken wir über Bernes nach Vendelles. Überall zur Seite und im Rücken sieht man den Flammenschein brennender Gehöfte. – Nachts kommen wir in Vendelles an. Hier war Haus No 8 als Verbandplatz bestimmt und geschont worden. Wir haben tadellose Zimmer, und doch schliefen wir schlecht, da dauernd gewaltige Detonationen erfolgten. Von den

Pionieren wurden die zurückführenden Straßen, die seit langem in kleinen Abständen unterminiert worden waren, in die Luft gesprengt. Das ganze Häuschen zitterte unter der Wucht der Detonationen, dass die Scheiben klirrten und man im Bett vor Schreck in die Höhe fuhr.

18. März 1917 [Vendelles]

Am Morgen zeigt sich hier das gleiche Bild wie in Hancourt. Die wenigen noch stehenden Häuser werden gesprengt, bis alles ein wüster Trümmerhaufen geworden ist. – Das I. Bataillon hat hier die b-Stellung, d. h. die Nachhutstellung besetzt. Die a-Stellung war bei Doingt gewesen, von dem III. Bataillon besetzt. Die Postierungen in Péronne, vom I. und II. Bataillon gestellt, waren gestern zurückgekommen. Es sollen nun heute in der Frühe das I. und II. Bataillon hier durchmarschieren, während wir selbst bis zum Abend bleiben, um dann von der III. Division abgelöst zu werden. Diese hat die Siegfried-Stellung bereits besetzt, und unsere Linie soll die vordere Stellung werden. – Wir gehen mit Hauptmann Lüters die Stellung ab. Sie besteht nur aus einem Graben mittlerer Höhe. Es ist tüchtig kalt, doch sind die Leute alle guten Mutes. – Abends 11.30 Abmarsch. Wir gehen erst ein Stück zu Fuß. Links und rechts der Straße brennt und raucht es. Es stehen nur noch ganz wenige Häuser, die bleiben sollen. Sonst ist alles ein rauchender Trümmerhaufen. So wie hier sieht es in dem ganzen Räumungsbezirk aus: Alle Obstbäume gefällt, ebenso alle größeren Bäume überhaupt, alle Überführungen, Eisenbahnen, Landstraßen in die Luft gesprengt, alle Häuser zerstört. Es sollen gegen 500 Ortschaften zerstört sein. Eine gewaltige Maßregel: Durch das zerstörte Gebiet kann der Feind nur langsam vordringen, da er keinerlei Hilfsmittel vorfindet, erst sich Straßen bauen, Brunnen anlegen muss. Z. B. hat man auch die Brunnen systematisch so zerstört, dass man Mist etc. hineinwarf. Die vom Feind geplante Offensive ist durch unseren Rückzug gegenstandslos geworden, die kapitalistische Schwächung des feindlichen Nationalvermögens ist eine ungeheure; die Truppen, die von uns bisher im besetzten Gebiet gestanden, sind nun zu neuen Aktionen frei geworden. – Bisher soll der Feind nur mit Patrouillen vorgetastet haben. Von uns sind im geräumten Abschnitt noch 3 Schwadronen Kavallerie mit Maschinengewehren, die unsern Rückzug decken und den Feind beunruhigen sollen. – Der Nachtmarsch ist recht anstrengend: 31 km, bis Bohain. – Bin recht müde. Nachts gegen 2 Uhr wird Essen ausgegeben. Wir sitzen am Straßengraben: Wie gut schmeckt die dicke Nudelsuppe. Die Zigarre muss über die Länge des Weges weghelfen. Der Weg führt über: Vendelles, Bellenglise, Sequehart, Fresnoy-le-Grand, Bohain.

19. März 1917 [Bohain]

Kommen gegen 10 Uhr in Bohain an: Sehr müde, Atembeschwerden.

20. März 1917 [Wassigny]

Mittags marschieren wir 12 km bis nach Wassigny. Viel sumpfiges Gelände. Ziemlicher Aufenthalt, da ein Lastauto eingebrochen. Der Weg muss erst durch Leute der Maschinengewehrkompanie freigemacht werden. Seitwärts kann man nicht vorüber, da Sumpf und dichtes Gestrüpp. – Der Ort ist überbelegt. Wir kommen in ein nettes Häuschen; ich erhalte ein Bett, aber im Zimmer kein Ofen.

21. März 1917 [Petit Fayt]
Saßen gestern Abend noch lange zusammen, da Feldwebel Leutnant Lüthje zum Abendessen geladen war. Heute früh Marsch über Oisy nach Le petit Fayt. Sehr kalt. Fast dauernd Schneetreiben, sodass man gern streckenweise vom Pferd steigt, weil Füße und Hände zu sehr frieren. Der Weg geht durch hügeliges Gelände. Saubere, offenbar wohlhabende Dörfer. Überall große Obstgärten und Viehweiden, eingefasst von Dorngebüsch. Man sieht auf den Feldern schon ein wenig Grün, eine Freude für das Auge, das so lange nur Ruinen und Schuttflächen gesehen. Abends klares Wetter.

22. März 1917 [Maubeuge]
Abends hatten wir noch Besuch bekommen. Ein Leutnant vom Infanterieregiment 38, der hier unterkommen sollte. Wurde von Hauptmann Lüters in seiner gastfreundlichen Art eingeladen. Erzählte von einer kommenden Offensive bei Laon. Wir selbst sollen nach Maubeuge kommen. Wohin wir wohl von dort aus kommen werden? Heute früh war alles weiß von Schnee. Wegen der Kälte viel zu Fuß. Schönes hügeliges Gebiet. Sehr schön liegt hoch oben Dom St Pierre [Dompierre]. Viel schöne Ausblicke von der Höhe ins Tal. Große schöne Dörfer, die vom Kriegsschrecken bisher nichts gespürt, die Bevölkerung vor der Tür. Die Frauen und unsere Mannschaften rufen sich zu, machen Scherze, gerade als sei es Manöver. Der heutige Weg beträgt 25 km. Die letzte Hälfte reite ich. Garstig kalt, da scharfer, schneidender Ostwind. Zuletzt marschieren wir auf der grande route Maubeuge–Paris, eine der vielen Napoleonsstraßen, die fast ohne Biegungen gradlinig das Land durchziehen und aus strategischen Überlegungen (Möglichkeit schneller Truppenverschiebungen) entstanden sind. – Die letzten 8 km fast dauernd heftiges Schneewetter, sodass wir wie Schneemänner aussehen. – Gutes Quartier in einem Vorort von Maubeuge.

23. März 1917 [Maubeuge]
Wir aßen gestern Abend in Maubeuge. Scheuerpflug ist heute zurückgekommen, erzählt mir von meiner lieben Frau und den beiden Bübchen, dass mein liebes Frauchen erkältet gewesen, dass lieb Walterlein aus Angst um seine Plätzchen heftig geschrien. Freue mich außerordentlich mit seiner Erzählung. – Beim Bier kam auch Leutnant Rönnberg zu uns. Er war zuletzt aus Péronne herausgegangen. Erzählte voll Stolz von den (mir sehr geschmacklos vorkommenden) Überraschungen, die sie den Engländern hinterlassen. Sie hatten am alten Gefechtsstand einen Tisch mit 2 Tellern auf die Straße gestellt, auf die Teller Ratten und Heringe gelegt, dazu 1 Glas Sekt und einen Zettel: „Lieber Tommy, Guten Appetit! Nicht ärgern, nur wundern!" Dazu ein Haufen Handgranaten, eine scheinbar lose, derart, dass sie beim Aufheben los gehen musste.

Rathaus von Péronne nach dem Rückzug der Deutschen in die Siegfried-Stellung, März 1917

Sebastian Heinlein, Sanitäter, Infanteriedivision 56, Feldlazarett 4
Tagebuch

13. Februar 1917 [Berthaucourt]
[...] Es wird allmählich alles abgerissen hier und abgefahren. Unsere Schweizerbaracke wird abgebrochen.

16. Februar 1917 [Berthaucourt]
Die Zivilisten müssen abreisen so nach und nach. Die ganze Gegend von der Front bis St. Quentin und noch darüber hinaus ist sozusagen auf Abbruch hergerichtet. Die Straßen werden unterminiert, die Brunnen zugeschüttet, die Bahnanlagen fortgeschafft. Es werden Brandkommandos gebildet, die im richtigen Moment alle Dörfer und Einzelhäuser einäschern müssen. Es wird eine große Rückwärtsverlegung unserer Front eintreten. Eine Menge anderer Maßnahmen sind im Gange, in die unsereiner gar keinen Einblick hat. Sogar mit einer Preisgabe St. Quentins wird gerechnet, denn die Hauptverteidigungsanlagen beginnen erst hinter Quentin vor Neuville und seitlich vor Mézières. Man hört den ganzen Tag Schießen, nah und fern: Artillerie schießt sich ein.

20. Februar 1917 [Berthaucourt]
[...] Gestern bekamen wir hier im Hause und im Vorderhause etwas in den Keller eingebaut von Pionieren. Bald wird's ernst. Sprengvorrichtung.

23. Februar 1917 [Berthaucourt]
Heute Morgen 5 Uhr wurde alles Zivil abtransportiert. Gestern gab es noch Gelegenheit, Bohnen zu kaufen.

24. Februar 1917 [Berthaucourt]
Ich schicke ein Großpaket heim und noch ein kleines. Besuche Fritz in St. Quentin. Alle Dörfer sind leer, nur noch Soldaten.

26. Februar 1917 [Berthaucourt]
Wir müssen ein Baumfällkommando stellen. Es werden alle Obst-, Nutz- und Zierbäume, ebenso alle Sträucher gefällt. Es soll in der ganzen Gegend kahl sein, damit der Feind hier keine Deckung findet und damit die Flieger besser beobachten können.

27. Februar 1917 [Vermand]
Heute Abmarsch nach Vermand. Wir übernehmen eine Krankensammelstelle. Ich bin zugeteilt zur Transportabteilung an der Bahnlinie. Heute wird das Dorf Maissemy gesprengt.

Das liegt ganz nahe und knallt ganz tüchtig. Die Balken spritzen himmelhoch. Alles, was irgend kann, rennt auf die Anhöhe, sich das Schauspiel zu besehen.
Wir dippeln von Berthaucourt um 10 Uhr morgens los nach Pontru, dann links ab nach Vadancourt, Bihécourt, Vermand. An vielen Stellen waren unsere Soldaten am Werk, die Häuser und Schuppen in Brand zu stecken. Maissemy brannte.

28. Februar 1917 [Vermand]
Heute wird schon das Ausweichgleis vor unserer Transportabteilung weggerissen und fortgeschafft. Mittags schaffen wir alle unsere Kranken in den Lazarettzug. Nun ist's leer hier. Nun kommen Neuaufnahmen.

2. März 1917 [Vermand]
Heute transportieren wir wieder ab mit Lazarettzug. Abends Brände in Vermand. Es weht Reiseluft.

7. März 1917 [Vermand]
Heute wurde das Bad abgerissen. Ich mache einen Korb Kartoffeln zurecht zum Heimschicken. Die Sprengladung wurde heute unter die Straße hinter unserem Haus gelegt. […] In Vermand abends Brände.

15. März 1917 [Vermand]
[…] Wir leeren die Strohsäcke. Die Bahnlinie wurde gestern an der Brücke gesprengt. Heute werden an den einzelnen noch liegenden Schienen Stücke herausgesprengt. Ich schicke das 2. Stoffpaket ab. Mittags muss unser Lazarett mit Ausnahme der Küche geräumt sein. Es soll gesprengt werden.

16. März 1917 [Vermand]
Heute wird die Bahnlinie an etlichen Stellen noch weiter gesprengt. Wir sind abends marschbereit. Der Chef ist elektrisch geladen des vielen Gepäcks wegen, das der Inspektor nachführt. […]

17. März 1917 [Bohain]
Morgens um 4 Uhr Abmarsch. Elende Straßen. Die Hauptverteidigungslinie passieren wir bei und in Bellenglise. Es geht durch verschiedene Dörfer. Jetzt sieht man wieder Zivilisten. Quartier in Bohain. Wir müssen noch alle Wagen in die Remise des Hotels schieben. 27 km.

Rückzug und Zerstörung 1917

„Unternehmen Alberich": Straße bei Havrincourt, März 1917

„Unternehmen Alberich": Sprengung des Schornsteins einer Zuckerfabrik, Februar 1917

Georg David Bantlin, Stabsarzt, Infanteriedivision 26

Tagebuch

18. Februar 1917 [Metz-en-Couture]
Was schon lange besprochen wurde, das Zurücknehmen unserer Front auf die Siegfried-Stellung, beginnt sich vorzubereiten. Heute wird die ganze Ortschaft Metz von den noch vorhandenen Einwohnern evakuiert.

Ein trostloser Anblick, diese etwa 500 Leutchen, Frauen, Kinder und alte Leutchen mit ihrem bisschen Hab und Gut (pro Person darf nur 25 Kilo mitgenommen werden), die am regnerischen Sonntagmorgen auf dem Marktplatz versammelt sind und ihre paar Sachen auf Fuhrwerke, Handkarren und Kinderwagen verstauen. Wer jung und rüstig ist, muss nach Gouzeaucourt marschieren, die übrigen werden auf Fahrzeuge verstaut. Wie schwer muss es ihnen sein, Haus und Hab und Gut zu verlassen und einer ungewissen Zukunft entgegenzugehen! Fast alle sind äußerst gefasst, die Jungen teilweise sogar etwas übermütig; vielleicht hoffen sie, nach Frankreich in die goldene Freiheit zu kommen. Wenn sie sich nur nicht täuschen! Wir umgehen den Marktplatz in großem Bogen.

19. Februar 1917 [Metz-en-Couture]
Der Neuffen[1] ist wieder genommen. Es war alles gut vorbereitet und hat wohl schmerzliche, aber verhältnismäßig geringe Opfer gekostet. Die 3 Offiziere, die die Stoßtrupps geführt haben, sind gefallen oder schwer verwundet. Bei solchen Gelegenheiten müssen die Offiziere sich einsetzen, wenn es klappen soll. Besonders von den Flammenwerfern erzählen die gefangenen Engländer schreckliche Dinge. Es ist aber auch eine entsetzliche Waffe. Was wird man noch ersinnen, um Tod und Vernichtung zu bringen?

20. Februar 1917 [Metz-en-Couture]
Auch nach unserem neuen Erfolg, der der Linie wieder ihre alte Festigkeit zurückgegeben hat, ist das Grab von unserem Bernhard unerreichbar. Wie gern hätten wir ihn auf unserem Friedhof hier geborgen, der leider immer größer wird, aber auch allmählich unter meiner Leitung aus der nüchternen Anlage improvisierter Soldatenfriedhöfe sich zu einer freundlichen Ruhestätte entwickelt. Einen guten Hintergrund liefern alte Bäume des verwahrlosten alten Teils des Zivilfriedhofes.

22. Februar 1917 [Metz-en-Couture]
Die Häuser, die vorher noch von Zivilisten bewohnt waren, sehen traurig aus. Man vermisst beim Vorbeigehen das gewohnte Blondköpfchen eines spielenden Kindes, das laute

---

[1] Stellung bei Lechelle.

Schreien wilder Gassenjungen, die alltäglichen Gestalten der trotz Krieg und Einschränkung der Grazie nicht entbehrenden Wasser tragenden Mädchen und Frauen. Von den Dächern verschwindet schon das Stroh, da und dort fehlt ein Fenster, ein Balken, der im Ofen verschwindet. Bald werden nur noch Schutthaufen davon übrig sein. Unsere Soldaten haben eine fabelhafte Fertigkeit im Einreißen. Überall, wo Keller unter den von uns bewohnten Häusern sind, sind Sprengpatronen gelegt. „Achtung, geladen!" ist die tröstliche Anschrift vieler Häuser. Aber man schläft ruhig und gut auf dem Pulverfass. Täglich kracht es da und dort vom Sprengen von Brunnen und Unterständen. Auch die Kirchenglocken sind heruntergeholt worden, selbst auf dem Dach der Gockelhahn, der später eine Pionierkaserne in Ulm als Trophäe zieren soll. Die Engländer werden mollige Quartierchen antreffen!

26.–27. Februar 1917 [Metz-en-Couture]
Da der in letzter Zeit von unserer Division der Nachbardivision übergebene Verbandplatz in Le Transloy wieder vom Truppenarzt des Infanterieregiments 121 besetzt werden soll, ist abwechselnd einer von uns für 2 Tage im Verbandstollen in Rocquigny.

Welch ein Unterschied gegen den Sommer 1916! Wenn man bei Nacht aus dem Stollen heraustritt, um zu hören, was die plötzlich eintretende wilde Schießerei zu bedeuten hat, hat man ein Schauspiel von überwältigender Furchtbarkeit: ein fortwährend auf und ab schwellendes Donnerrollen, in das die Eruptionen näher und ferner platzender Geschosse aller Kaliber und die hart wie Hammerschlag klingenden Abschüsse unserer eigenen Geschütze als starke unterstrichene Instrumente sich mischen, während Maschinengewehr-Taktak und das unruhigere, ungleichmäßigere Geknatter des Gewehrfeuers den Part der leichteren Instrumente übernehmen, ist die Orchestermusik. Den Vordergrund der Szene bildet das in schweigender Anklage phantastisch zum Himmel starrende Gebälk und Mauerwerk zerstörter Häuser, scharfe Silhouetten gegen den fortwährend in unruhigem, fürchterlich gelbrotem Lichte auflodernden Horizont zeichnend. Düsterrot fahren die Feuer platzender Granaten dazwischen, gespenstisch das plötzlich aufzuckende weiße Licht der Leuchtraketen und, wie über all das Teufelswerk spottend, die frechen Feuerwerksfarben der roten und grünen Signallaternen. Die Szene ist menschenleer trotz den Tausenden und Abertausenden, die sich in Not und Tod gegenüberliegen. Mit kaltem Grausen fühlt der Zuschauer, wie der Schnitter Tod grinsend über all das Verderben und Herzeleid, das sich die Menschheit hier zufügt, mit hochgeschwungener Sense über die Szene schreitet.

6. März 1917 [Metz-en-Couture]
Auf dem Hauptverbandplatz haben wir immer eine Anzahl Schwerverletzte liegen, von denen gar mancher dadurch, dass ihm bei uns der Weitertransport erspart werden kann, sich wieder erholt hat, sodass der nötige Eingriff doch noch möglich wird oder auch mancher durch rasche Hilfe noch gerettet werden kann. Bauchschüsse behalten wir grundsätzlich hier und operieren sie, wenn irgend der Zustand es erlaubt (Stabsarzt Dr. Weil), da wir doch längst überzeugt sind, dass die früher für möglich gehaltene Selbstheilung der Darmwunde kaum je vorkommt.

„Unternehmen Alberich": Abtransport der Einwohner von Metz-en-Couture,
fotografiert von Georg David Bantlin, 18. Februar 1917

Dank der bequemen Transportverhältnisse des Stellungskrieges haben wir recht leidliche Verhältnisse für unsere Verwundeten, gute Federbettgestelle und richtige Matratzen, weiße Überzüge u.s.w., – für eine Sanitätskompanie früher ein nicht zu erträumender Luxus. Auch für die Wissenschaft ist mehr gesorgt als früher. [...] Neulich hatte ich selbst eine gerichtliche Sektion zu machen, da ein Engländer, der gefangen von einem Landsturmmann zurücktransportiert wurde, diesen dabei erstochen hatte. Anfangs in der übertriebenen Gutmütigkeit unserer Leute gut Freund, waren sie nächtlicherweile nach einigem Schnaps hintereinander gekommen, wobei der englische Bierführer aus einem Londoner Vorort den Deutschen erstach. Er verteidigte sich geschickt vor dem Kriegsgericht, wurde aber auf Grund des ärztlichen Gutachtens (die Verletzungen deuten auf die feste Absicht, den Gegner zu töten) und auf Grund des guten Leumunds des Toten, der nie vorher betrunken gesehen worden ist, zum Tode verurteilt und bald darauf erschossen.

Der Abbau und der Rücktransport wertvollen Materials macht rasche Fortschritte. An der Ancre ist ja schon mit dem Rückmarsch begonnen worden, – es ging offenbar glatt und kostete den verwunderten Engländern große Opfer. Wir werden ihnen auch hier ihr Konzept verderben.

15. März 1917 [Metz-en-Couture]
Gestern war ich das letzte Mal in Rocquigny; nicht ohne ein Gefühl leisen Bedauerns denkt man daran, dass all dies heiß umkämpfte Gebiet mit den Gebeinen so vieler tapferer Streiter dem Feind überlassen werden soll, – freiwillig allerdings, nicht als Besiegte kehren wir um, den Engländern an besser gelegener Stelle einen warmen Empfang zu bereiten. Und sie werden noch viel zu überwinden haben, bis sie nur so weit sein werden. Die vielen starken Stellungen, die zwischen der Siegfriedstellung und der jetzigen liegen, werden ihnen viel zu schaffen machen.

Der Abmarsch geht morgen Nacht los; alles ist bis ins Einzelne geregelt. Die vorderste Linie bleibt vorerst von Offizierspatrouillen besetzt, die dem Feind die volle Besetzung der Gräben vorzutäuschen haben. Erst in der Nacht vom 17./18. gehen sie zurück und überlassen den neu eingesetzten Truppen, die Vorhutstellungen, die auf der Höhe von Villers – Trescault u.s.w. gelegen sind, zu beziehen.

Unsere Division marschiert in der Nacht vom 17./18. durch die Siegfriedstellung durch und kommt in Ruhe; bis dahin hält die Nachhut hinter den vorgeschobenen Patrouillen die R3-Stellung, die östlich Bus verläuft. Man hofft, dass alles programmmäßig verläuft, die Engländer werden staunen. In Metz-en-Couture ist inzwischen das Zerstörungswerk tüchtig weitergediehen; mein Quartierchen ist auch fast mit einer Brunnensprengung in die Luft geflogen, und nur der Umsicht meines Burschen, der noch rasch die Fenster geöffnet hatte, verdanke ich es, dass es hier noch Fensterscheiben und ein warmes Stübchen gibt. Alle Augenblicke knallt es in der Nachbarschaft von in sich zusammenstürzenden gesprengten Häusern, und dicht neben den bewohnten Häusern zündet ein abziehender freundlicher Nachbar zum Abschiedsgruß seine Hütte an; das macht den Kerlen Spaß, abzureißen und abzubrennen. Es steckt doch noch viel vom Räuber und Wilden im Menschen. Zur Veredlung des Gemüts trägt ein solch mit grimmiger Energie geführter Rückzug nicht bei. Barbaren werden uns jetzt die Engländer wieder in allen Zungen nennen, und sie werden auch ein barbarisches Stück Erde vorfinden: keinen Brunnen, der nicht gesprengt und durch künstliche Verunreinigung unbrauchbar gemacht wäre, keinen Keller und kein Haus, das nicht noch von dem uns nachrückenden Zerstörungstrupp gesprengt würde. Alle Straßenkreuzungen sind unterhöhlt und mit Sprengladungen versehen. An wichtigen Stellen sind die Chausseebäume ¾ gefällt und können durch zwei Axthiebe in die Straße geworfen werden. Es wird fast unmöglich werden, dies Gelände in absehbarer Zeit zu Aufenthaltsräumen für angreifende Truppen instand zu setzen. Allerhand grimmiger Soldatenhumor macht sich in diesen Tagen des Abbaus geltend. Auch unser in allen Sprachen dichtender Stabsarzt <u>Fritz</u> hat den Engländern mit einer auf die Lokustür gemalten Inschrift einen freundlichen Empfang vorgesehen. Sie lautet:

> You crie: poor little Belgium
> Poor Ireland you don't care
> Protecting culture, God and law
> You brought the niggers there
> I know you're always hypocrites
> Now hear, what I you tell,
> Our Germany will go to head
> But you oh, go to hell!
> With every good wish for a Happy Xmas
> u. [and] bright New Year at Metz en C.
>
>   Yours Truly
>   German

Wir ziehen morgen ab nach Gouzeaucourt, um dort nochmals einen Hauptverbandplatz zu improvisieren. Ich werde am 17. früh abgemeldet, da ich mich am 18. bei Charleville in Nouzon zu einem Hundekurs[2] melden soll.

16. März 1917 [Gouzeaucourt]

In Gouzeaucourt ist's dasselbe wie in Metz-en-Couture: brennende und gesprengte Häuser, zwischen denen sich Soldaten bewegen, wie wenn das ein alltäglicher Spaziergang wäre. Die Bahn nach Cambrai ist abgebaut worden, wir bekommen fast keine Verwundeten. Offenbar stoßen die Engländer nicht nach.

17. März 1917

Im Auto durchfahre ich die interessante mehrlinige Siegfriedstellung mit ihren breiten Drahtverhauen bei Le Pavé, um in Caudry die Bahn zu erreichen. Langer Aufenthalt in

---

[2] Sanitätshunde.

Busigny, wo ein altes Schloss eben mit den Möbeln und Gemälden eines weiter vorne gesprengten Schlosses für das Generalkommando eingerichtet wird. Der erste Frühlingstag!

„Unternehmen Alberich": Gesprengte Mühle bei Riencourt, März 1917.
Fotografie aus Cornelius Breuningers Fotoalbum

Cornelius Breuninger, Leutnant, Reservedivision 26, Infanterieregiment 180

10. März 1917 [Moyenneville]
Heute ist Empfang in Croisilles. Es ist düster, wie das Schloss in Saint Leger nun arm und bloß auf dem kahlen Boden steht, der große Park, in dem es idyllisch versteckt lag, ist fast gänzlich umgelegt. In Croisilles sind schon ganze Viertel eingerissen, es brennt an allen Ecken und Enden. Das ganze Land wird systematisch und methodisch verwüstet, kein Stein soll auf dem anderen bleiben, alles, Häuser, Villen, Schlösser, Fabriken, Kirchen, alles fliegt in die Luft, alle Brunnen werden gesprengt, alle Straßen aufgerissen. Armes Frankreich, wo sind deine blühenden Städte und Dörfer? Was bleibt sind nur die Friedhöfe. Alles andere fällt in Schutt und Asche, um dem Gegner den größtmöglichen Schaden zuzufügen, alles wird dem militärischen Zweck untergeordnet. Die Engländer werden in dem 25–40 km breiten und über 100 km langen Gelände nichts mehr benutzen

Cornelius Breuninger (Mitte), 1916

können, keine Häuser, keine Keller, keine Unterstände, keine Brunnen, keine Straßen, keine Bahnen. Überall, wohin das Auge schaut, nur Trümmer und Wüstenei. Wir sind diesmal mit größter Bewusstheit Hunnen und Barbaren. Welches Wut- und Wehgeheul wird einmal losgehen. Ich bin vom Empfang sofort wieder nach Hause.

11. März 1917 [Moyenneville]
Sonntag. Bei uns haben nun die ersten Sprengungen stattgefunden. Den Fensterscheiben waren sie ein tückischer Feind. Um 11 h Predigt von Pfarrer Lempp. Es war nur eine kleine Gemeinde in Lempps Zimmer. 2. Abschnitt der Leidensgeschichte. Im Dienen liegt der wahre Sinn des Lebens, vor allem im Liebesdienst. Er sagt feine Worte über das Wesen der Kameradschaft.

12. März 1917 [Moyenneville]
Morgens um ½ 9 Uhr mit Leutnant Brandis nach Cagnicourt geritten, um die Quartiere näher anzusehen, in die wir kommen sollen. Der Ort liegt 4–5 km hinter der neuen Front. Die Wege sind unter aller Kritik, der Verkehr geradezu ungeheuer. Ein Heer bewerkstelligt

seinen Rückmarsch mit allen Mitteln. In Croisilles brennt es auf allen Seiten. In Cagnicourt ist schon manches vorbereitet. Ich wollte in Riencourt bei der Großen Bagage Mittagessen schinden, der Vogel war aber mit Sack und Pack ausgezogen. Ich ergatterte noch einen Käse und ein schwarzes Brot. Nachher bei Leutnant Nagel zu einem guten Kaffee gekommen. Wir sind über die neue Stellung gerade über unseren Abschnitt geritten. In Croisilles Lebensmittelempfang einen Tag früher, damit das Proviantamt verlegt werden kann.

14. März 1917 [Moyenneville]

Arbeit gibt's für uns über und über genug mit den vielen Fuhren. Unsere Pferde sind so angestrengt, dass sie den Dienst nicht mehr tun. Ich habe verschiedene, die vor lauter Ermattung nicht mehr fressen. Zum Glück ist heute wieder trüber Tag, an dem die englischen Flieger nicht spionieren können. Aus diesem Grunde blüht auch das Sprenggeschäft ganz außerordentlich. Am Abend ist es schauerlich schön, überall am Horizont Feuerschein zu erblicken und in den nächsten Orten den Flammenschein aufleuchten zu sehen. Es ist ein grausiges Tun, was wir Deutschen nach Anordnung der obersten Heeresleitung vollbringen. Wir sind mit Bewusstsein Barbaren. In meiner persönlichen Stellung bin ich mir nicht ganz klar bei dieser Sache. Mélac[1] mit seinen Horden war ein Stümper gegen uns!

16. März 1917 [Moyenneville]

In der Nacht ist unser Bataillon in die Nachhutstellung gerückt. Es gibt heute ein ganz kriegerisches Bild, da und dort Posten und Feldwachen. In der Frühe sind wir aus Moyenneville abgerückt. Den ganzen Morgen wurde gesprengt, wie zu einem Salutschießen. Meine Fensterscheiben sind in die Brüche gegangen und da wurde es ungemütlich. Ich habe zunächst beim Bataillonsgefechtsstand einen Besuch gemacht. Herr Hauptmann und ich sind einmal zu einer guten Aussprache gekommen. Geschadet hat es sicher nicht.

Wir haben uns in St. Leger auf 2 Tage und eine Nacht einquartiert. Es geht ganz nett. Auch dieser große schöne Ort wird in einigen Tagen auf dem Haufen liegen. Man hat heute Mittag ein ganzes Viertel hinaufgelassen. Manchmal tut einem doch das Herz weh, z.B. wenn ich das schöne Herrschaftshaus ansehe, das morgen oder übermorgen mitsamt dem vielen Schönen, das noch drin ist (Kasten, Spiegelschränke, Büffets usw), in die Luft geht. Eine schöne Standuhr will ich noch retten für unser Kasino, auch wenn sie über einen halben Zentner wiegt mit ihrem massiven Marmor. Will sehen wie heute Nacht die große Sache gelingt, dieses weltgeschichtliche Geschehen, das der Westfront mit einem Schlag einen ganz anderen Charakter verleiht, sie kommt aus der Erstarrung in die Bewegung.

17. März 1917 [Moyenneville]

Bin um 11 Uhr abends auf meine Matratze gelegen. Morgens um ½ 6 h ist der Stab vom II. Bataillon eingetroffen, für den ich in meinem Haus Quartier gemacht hatte. Den Adjutanten und Ordonanzoffizier habe ich in mein Zimmer genommen und ihnen Feuer

---

[1] Der Name des französischen Generals steht für die Verheerung der Pfalz im 17. Jahrhundert.

gemacht und zu Essen angeboten. Ich bin dann nicht mehr hingelegen, sondern habe mir einen Kaffee machen lassen und bin dann zum Bataillon in die Nachhutstellung bei Hamelincourt hinausgeritten, um die Instruktionen des Bataillonsführers entgegen zu nehmen. Es war der erste rechte Frühlingstag, blau und mild, wenige Leute hat man auf der Straße gesehen. Sonntagsstimmung. Eigentümlich Kriegsbilder haben sich geboten: Batterien auf freiem Felde, Flugzeugabwehrgeschütze in Masse. Die Engländer haben's auch wichtig gehabt, der ganze Himmel war von ihren Maschinen voll. Nach meinem Vortrag bin ich über Hamelincourt nach Moyenneville vorgeritten, um noch einen letzten Blick dorthin zu tun. Traurig sah es aus, kein Haus ist mehr gestanden. Wie wenn ein Erdbeben drüber gegangen wäre. Überall wohin das Auge schaute, im Osten, Süden, Norden und Westen stiegen Rauchsäulen auf, niemand war mehr zu sehen, außer einigen Patrouillen und Wachtposten. In Hamelincourt knarrten die Fensterläden und Dachrinnen im Morgenwind, nur noch wenige Häuser sind gestanden, ein Teil des Ortes stand in hellen Flammen, in Boyelles stieg eine Rauchwolke auf, wie ich sie noch nie gesehen. Bis gegen Mittag war ich wieder in St. Leger. Bald mussten wir ausziehen, denn von 2 Uhr ab wurde der ganze Ort gesprengt, auch unser Haus mit all seinen wertvollen Möbeln. Kurz nach 2 Uhr hats angefangen, zuerst verlor sich die Kirche in einer großen Staubwolke, bald darauf ist auch das prächtige Schloss vom Erdboden verschwunden und dann hats weiter getroffen, unersättlich, es war das reinste Salutschießen. Gegen 4 Uhr bin ich nach Cagnicourt abgerückt und habe meine Bagage zurückgelassen. In Croisilles zeigte sich mir ein grauenhaftes Bild, alle die großen Fabriken lagen auf dem Haufen. Müde ist meine Friedel[2] nach Cagnicourt, gekommen. Meine Burschen haben recht vorgesorgt, ich habe ein sehr nettes Zimmer. Meine Bagage kann noch nicht in ihre Quartiere, die Kolonne, die drin ist, zieht erst morgen aus. Heute Nacht kommt mein Bataillon von der Nachhutstellung hierher; der Rückzug ist dann glücklich beendet. Das Regiment hat keine Verluste.

[2] Breuningers Pferd.

Paul Kessler, Feldpostsekretär, Gardeinfanteriedivision 2

Tagebuch

19. Februar – 17. März 1917 Hervilly
Im übrigen waren die Räumlichkeiten alle sehr hübsch, sowohl die für den Dienstbetrieb vorgesehenen als auch unsere Privatquartiere. Ich bewohne diesmal mit Eichelbaum zusammen ein sehr hübsches Zimmer, wie wir es selten getroffen haben. Einige Male spazierten wir abends nach dem 2 ½ km von hier entfernten Roisel, in welchem jetzt schon damit begonnen wird, die Häuser zu sprengen bzw. niederzubrennen, denn die deutsche Front soll zur Siegfried-Linie zurückgenommen und das geräumte Gelände als „verbrannte Erde" zurückgelassen werden, wo der Gegner nicht die geringsten Unterkünfte vorfinden soll. Auch bei uns in Hervilly ist man schon dabei, die Häuser niederzulegen; auch in unserem Hause sind schon die Sprengladungen angebracht, und am Tage unseres Abrückens – am 17.3. – standen nur noch 3 Häuser, darunter auch unser Postamt. Sie sollten erst von den Nachhuten gesprengt werden. Also am 17.3. morgens ½ 6 Uhr rückten wir ab, Marschziel St. Souplet (bei Le Cateau).

Rückzug und Zerstörung 1917

„Unternehmen Alberich": Gesprengte Häuser in Roupy, Februar 1917

„Unternehmen Alberich": Das zerstörte Schloss von Roupy, Februar 1917

Rückzug und Zerstörung 1917

Kirche von Bapaume, Februar 1917

Rückzug und Zerstörung 1917

Westfront 1918

VII Die Rückkehr an die Somme 1918

von Markus Pöhlmann

Die Geschichte der deutschen Operationen an der Somme im Frühjahr und Sommer 1918 ist die Geschichte einer Rückkehr. Zurückgekehrt waren deutsche Truppen im Verlauf des Ersten Weltkriegs an viele Orte und Regionen: an den Oberrhein, nach Ostpreußen, Polen, Galizien, an den Chemin des Dames, an die Marne oder auf den Kemmel-Berg. Von kaum einer Rückkehr aber wurde eine derart kriegsentscheidende Wirkung erwartet, wie von der am 21. März 1918 an der Westfront einsetzenden Frühjahrsoffensive, die ihren Weg in der Picardie auch über die Schlachtfelder der Jahre 1914–17 nehmen sollte.

Wie präsentierte sich die von vier Jahren Zerstörung geprägte Kriegslandschaft 1918 und wie wirkte sie auf die Soldaten? Das Gebiet, das die deutschen Truppen Anfang September verließen, hatte sich von einem geographischen Raum, einer administrativ definierten Region und einem Frontabschnitt unter vielen in eine Kriegslandschaft verwandelt. Die Somme war Kampfzone und Erinnerungsort gleichermaßen.[1]

Von „Michael" bis Amiens

Die ersten Überlegungen zu einer kriegsentscheidenden Offensive an der Westfront waren von der Obersten Heeresleitung (OHL) im Herbst 1917 nach dem Scheitern des U-Boot-Krieges angestellt worden.[2] Nachdem die britische Offensive in Flandern nicht durchgedrungen war, ließ sich mit einer defensiven Haltung der schwer angeschlagenen Briten für das kommende Frühjahr rechnen. Der Ausbruch der Revolution in Russland ermöglichte es, dort Kräfte frei zu machen und nach der Westfront zu verlegen. Auch drängte die Zeit, denn für das Kriegsjahr 1918 erwartete die deutsche Führung die Ankunft der amerikanischen Verbände als neue Gegner auf dem europäischen Kriegstheater.

Aus dieser Lageanalyse ergab sich ab November 1917 die Frage, wo und wie der geplante Angriff geführt werden sollte. Seitens der zuständigen Heeresgruppen waren Angriffe an der

---

[1] Für den Einstieg in den weiteren Zusammenhang von Raum (Umwelt, Gelände und Landschaft) und dem Krieg in Frankreich empfiehlt sich Christoph Nübel: Durchhalten und Überleben an der Westfront. Raum und Körper im Ersten Weltkrieg, Paderborn 2014.

[2] Für die Darstellung der deutschen Planung und Operationsführung siehe Der Weltkrieg 1914–1918, bearb. im Reichsarchiv, 14 Bde., Berlin 1925–1944, Bd. 14: hg. von der Kriegsgeschichtlichen Forschungsanstalt des Heeres, Berlin 1944 (Nachdruck 1956; im Folgenden abgekürzt als WKW). Die beste Darstellung der Entwicklung auf beiden Seiten bietet David Stevenson: With Our Backs to the Wall. Victory and Defeat in 1918, London 2011.

Lys (Pas de Calais) bzw. im Somme-Gebiet gegen die Briten sowie im Verdun-Bogen gegen die Franzosen vorgeschlagen worden. Die Präferenz für die Picardie und die dabei zu verfolgenden Operationsabsichten wurden von Hindenburg und Ludendorff am 11. November 1917 in Mons festgelegt. Eine in der Folge erstellte Denkschrift der zuständigen Heeresgruppe Kronprinz Rupprecht von Bayern entwickelte unter dem Codenamen „Michael" den Angriffsgedanken: Der Angriff sollte genau dort angesetzt werden, wo die französischen und britischen Armeen aneinander grenzten. Angelehnt an das natürliche Hindernis der Somme sollte die Flanke nach Süden, gegen die Franzosen, gedeckt bleiben, während die 17. und 2. Armee zunächst nach Westen durchbrechen und dann nach Nordwesten einschwenken sollten. Damit sollten die rückwärtigen Verbindungen der britischen Expeditionsstreitkräfte bedroht und diese zum Rückzug auf die Kanalhäfen gezwungen werden. Trotzdem blieb Operation „Michael" zunächst nur eine Präferenz und keine endgültige Entscheidung. In der Zwischenzeit erhielten die Heeresgruppen den Auftrag, weitere Operationspläne für ihre Bereiche auszuarbeiten. Die Entscheidung der OHL fiel erst Ende Januar 1918 und ging mit einer Neugliederung der Verbände an der Westfront einher. Danach waren nun drei Armeen (17., 2., 18.) für den Angriff vorgesehen. Diese unterstanden aber jetzt nicht mehr nur der Heeresgruppe Kronprinz Rupprecht (17. und 2.), sondern auch der Heeresgruppe Deutscher Kronprinz (18.). Der Grund für diese Entscheidung lag wohl in dem Wunsch der Heeresleitung, durch ein derartiges System des divide et impera die Führung selbst fest in der Hand zu behalten. Am 10. März wurde der Befehl für „Michael" ausgegeben, der Angriff war für den 21. des Monats in Aussicht genommen.

Über den Winter waren die Truppen verstärkt, ausgerüstet und ausgebildet worden. Die Vorbereitung zur Frühjahrsoffensive kann als Musterbeispiel für militärisches Lernen stehen, das in weiten Bereichen von unten nach oben stattfand: Lehren aus der Flandernschlacht, aus dem britischen Angriff bei Cambrai mitsamt der deutschen Gegenoffensive, aber auch aus der 12. Isonzo-Schlacht in Oberitalien, beide im Spätherbst 1917, waren in die Denkschriften aufgrund von Anregungen aus der Truppe aufgenommen worden, die wiederum Eingang in neue Vorschriften fanden. Die militärischen Vorbereitungen wurden von einer „politischen Offensive" begleitet, durch welche die Kriegsgegner friedenswillig und gleichzeitig die deutsche Öffentlichkeit auf eine letzte, große Anstrengung eingeschworen werden sollten. Während die dilettantische deutsche Auslandspropaganda auf ganzer Linie scheiterte, gelang es der politischen Führung, die Kriegsmoral in Deutschland selbst – trotz der inzwischen erreichten Massenverluste und der miserablen Versorgungslage – noch einmal aufzurichten. Die 8. Kriegsanleihe vom März 1918 wurde bezeichnenderweise unter dem Titel „Der letzte Hieb" beworben.

Der Morgen des 21. März war neblig, die Erde von den Regenfällen der vergangenen Tage aufgeweicht. Ohne das übliche tagelange Vorbereitungsschießen der Artillerie, das den Verteidigern in der Regel den Beginn einer Offensive ankündigte, begann um 4.40 Uhr früh zwischen Arras und La Fère die Beschießung der gegnerischen Linien. Gegen die Artillerie der gegenüber liegenden britischen 5. Armee (General Gough) setzten die Deutschen anfänglich auch Gas ein. Zunächst wurden die Kommandostellen und Verbindungswege von 6.608 Geschützen und 3.534 Minenwerfern unter Feuer genommen, danach die Stellungen. Um 9.45 Uhr stiegen die ersten deutschen Infanteristen aus den Gräben. Alles in allem standen 76 Divisionen zum Angriff bereit – rund 1,4 Millionen Soldaten.

Der Angriffsbefehl der 2. Armee (General von der Marwitz), deren Weg durch das Somme-Gebiet führen sollte, lautete:

> 2. Armee greift aus der Linie Villers-Guislain–Bellenglise in westlicher Richtung an. Ihr und der 17. Armee fällt zunächst die Abschnürung der im Cambrai-Bogen stehenden englischen Kräfte zu. Operativ wird das bei der 2. Armee erreicht, wenn die Mitte – XVIII. Reservekorps und XIV. Armeekorps – möglichst weit nach Westen gegen die Linie Manancourt – Péronne ohne Aufenthalt vorstößt, taktisch durch Zusammenwirken der inneren Armeeflügel der 17. und 2. Armee bei Ytres (XI. Armeekorps) und Equancourt (XIII. Armeekorps). Diese Ziele müssen in einer ununterbrochenen Angriffsbewegung erreicht werden, Tagesziele gibt es daher dafür nicht. Je schneller dies erreicht wird, desto größer ist der Anfangserfolg: die Vernichtung erheblicher englischer Kräfte und die Überwindung des feindlichen Stellungssystems.[3]

Der Überraschungsfaktor und der Nebel begünstigten zunächst den Einbruch in die erste britische Stellung. Doch der Nebel schränkte auch die eigene Luftunterstützung ein. Bei den schlechten Sichtverhältnissen konnte die Infanterie vielerorts der Feuerwalze nicht folgen. Die Soldaten litten zudem unter dem eigenen Gas, das der Wind mittlerweile auf die deutschen Stellungen zurücktrieb. Die Verbindung zu den Stäben riss bald ab, sodass sich die Infanterie weitgehend ohne Begleitwaffen, ohne geordnete Artillerieunterstützung und ohne Luftunterstützung innerhalb von 48 Stunden ihren Weg durch die erste und zweite britische Stellung kämpfte. Dabei stieß sie auf teilweise erbitterte Gegenwehr der überraschten Briten. Am 23. März erreichten die ersten deutschen Truppen Péronne und das Ufer der Somme.

Am selben Tag traf ein Heeresbefehl ein, der die Operationsziele der 2. Armee neu formulierte. Die Armee sollte nun nicht mehr am nördlichen Somme-Ufer entlang westwärts vorstoßen und dann nach Nordwesten zur Abschnürung der Briten einschwenken, sondern sie sollte die Angriffsrichtung – über die Somme – nach Südwesten, und damit gegen die Franzosen, verändern. Was war geschehen? Im Verlauf der Schlacht hatten zwar alle drei Armeen Geländegewinne gemacht, am vorteilhaftesten gestaltete sich die Lage aber bei der 18. Armee im Süden, der als Aufgabe eigentlich nur der Flankenschutz der Hauptoperation zugedacht gewesen war. Im Zentrum und im Norden stieß der Schwenkflügel aus 2. und 17. Armee dagegen auf stärkeren Widerstand. Ludendorff hatte nun auf diese Lage reagiert und eine Verstärkung des erfolgreichen Angriffs im Süden vorgenommen. Die Folge war, dass sich der Angriff von einer Umfassungsbewegung in eine exzentrische Operation wandelte.

Zunächst aber erreichte die 2. Armee am Morgen des 24. März die „Somme-Wüste", den Raum, der 1917 im Verlauf der „Alberich-Bewegung" von den Deutschen so gründlich verwüstet worden war. Daran schloss sich westlich das alte Schlachtfeld von 1916 an, dessen

---

[3] WKW, Bd. 14, S. 117.

wegeloses Trichtergelände zusätzlich das Nachziehen der Artillerie und den Nachschub erschwerte. Die Angreifer kämpften hier um Orte, die an die blutigen Kämpfe von 1916 erinnerten, inzwischen längst aber nur noch auf den Landkarten existierten: Le Transloy, Lesboeufs, Morval, Combles, Ginchy, Longueval, Guillemont oder Hardecourt. Am 25. März versteifte sich der Widerstand weiter und die Angriffskraft nahm merklich ab. Der Oberbefehlshaber der 2. Armee, General von der Marwitz, beschrieb seine Eindrücke:

> Gestrige Fahrt durch Kampfgebiet der Somme-Schlacht das Traurigste, was bisher gesehen: Orte nur schwer zu finden, unübersehbares Trichterfeld mit spärlichem toten Gras überzogen und dazwischen zahllose kleine englische Kreuze verstreut. So fährt man stundenlang, oft auf Bohlenbahnen. Das ist Nordfrankreich![4]

Am 26. März trat die Armee endlich aus der Somme-Wüste heraus und suchte jetzt, den Übergang über die Ancre zu erzwingen. Bei der Einnahme von Albert kam es zu erbitterten Häuserkämpfen; Gerüchte berichteten über abgekämpfte Truppen, die den weiteren Vormarsch verweigerten, nachdem sie auf britische Alkohol- und Lebensmitteldepots gestoßen waren. Auch begann sich der Widerstand zu formieren. Besonders die alliierte Luftüberlegenheit machte sich inzwischen bemerkbar: Die Armee meldete, die Hälfte ihrer Verluste seien mittlerweile auf Luftangriffe zurückzuführen.[5]

Für die von der OHL am 26. März befohlene Fortführung des Angriffs über die Avre und in Richtung auf Amiens waren jetzt schon weder Truppen noch Munition vorhanden. Nachdem am 28. März auch ein beiderseits der Scarpe angesetzter Ergänzungsangriff (MARS) gescheitert war, ließ die OHL schließlich am 5. April „Michael" einstellen. Am selben Tag notierte Kronprinz Rupprecht in sein Tagebuch:

> Es fällt auf, dass in sämtlichen Weisungen der OHL eine eigentliche Absicht nie zu erkennen ist, sondern immer nur von zu erreichenden Gelände-Abschnitten die Rede ist, und es macht mir den Eindruck, wie wenn die OHL sozusagen von der Hand in den Mund lebt, ohne sich zu bestimmten operativen Absichten zu bekennen.[6]

Die Gesamtverluste der Deutschen lagen bei etwa 230.000 Mann, die Gegner hatten ca. 212.000 Soldaten verloren. Die 2. Armee war rund 45 km vorgestoßen, die 18. Armee sogar 60 km – Distanzen, die in den Schlachten von 1915–17 kaum vorstellbar gewesen waren. Was zunächst als großer Erfolg erschien und auch als solcher durch die Propaganda verkauft wurde, verlor an Bedeutung, wenn man sich die ursprüngliche Absicht der Operation vor Augen führte: Dem Ziel, das französische und das britische Heer zu trennen und letzteres einzuschließen bzw. wenigstens gegen die Kanalküste abzudrängen, war man, selbst

---

[4] Georg von der Marwitz: Weltkriegsbriefe, hg. von Erich von Tschischwitz, Berlin 1940, S. 286.
[5] WKW, Bd. 14, S. 221. Siehe auch die entsprechenden Feststellungen in den Briefen von General von der Marwitz, S. 299 und S. 304.
[6] Kronprinz Rupprecht von Bayern: Mein Kriegstagebuch, hg. von Eugen von Frauenholz, 3 Bde., München 1929, Bd. 2, S. 372.

nach Ansicht der amtlichen Militärgeschichtsschreibung „nicht einmal entscheidend näher gekommen."⁷ Ungenügende Kräfte, der Nebel, die widrigen Kampfbedingungen in der Somme-Wüste, ausbleibender Nachschub und nicht zuletzt hartnäckiger Widerstand der Gegner hatten zum Scheitern von „Michael" geführt. In operativer Hinsicht dürfte aber vor allem die Entscheidung der Heeresleitung schwer gewogen haben, beim ersten Stocken des Angriffs auf dem rechten Flügel den Schwerpunkt auf den linken zu verlegen, und die gegen die Briten gerichtete Umfassungsbewegung in eine exzentrische Operation gegen Briten *und* Franzosen abgeändert zu haben.

Die 2. Armee richtete sich in der neuen Linie zur Verteidigung ein. An der Fortsetzung der nun als „Große Schlacht in Frankreich" firmierenden Anschlussoffensiven in Flandern, am Chemin des Dames und in der Champagne war sie nicht mehr beteiligt. Die Picardie wurde wieder zu einem sommerlichen Nebenkriegsschauplatz. Tatsächlich aber konnte von wirklicher Ruhe im Bereich der 2. Armee keine Rede sein. Was sich in den Monaten April bis Juli abspielte, war ein nach außen hin unspektakuläres, aber finales Ausbrennen der Armee.⁸ Ein Bataillonskommandeur erinnerte sich an diese Monate:

> Aber oft habe ich bei der Beobachtung der Leute vor mich hingesagt: Sie sehen aus wie Gespenster. Farblos, verhungert, in zerrissenen Uniformen, verlaust, schleichend, manche fast Menschen nicht mehr ähnlich.⁹

Wiederholte, örtlich begrenzte Angriffe der Briten und Franzosen und ein beunruhigend dauerhafter Artilleriebeschuss, der auf eine wachsende materielle Überlegenheit der Gegner hindeutete, schwächten die Kampfkraft. Dazu kamen Abgaben von Truppen an die Schwerpunkte der Kämpfe. Die aus der Heimat eintreffenden Reserven waren militärisch kaum noch ausgebildet und, bedingt durch die dort herrschende Mangelernährung, von schwächlicher Konstitution. Zudem grassierte bereits im Juni/Juli die Spanische Grippe, die allein bei der 2. Armee zu 8.100 Ausfällen führte. Die für diese Armee erhaltenen wöchentlichen Beurteilungen des Kampfwertes sprechen für den Zeitraum zwischen März und August 1918 eine deutliche Sprache: Noch am 13. April hatte die Armee über 28 Divisionen geboten (davon zwölf im Einsatz, 16 in Ruhe). Am 3. August waren es nur noch 17 Divisionen (zehn

---

7   WKW, Bd. 14, S. 255–258, hier S. 255. In der Bewertung der obersten Führung geizt die ansonsten eher der Ludendorff-Apologie frönende amtliche Militärgeschichtsschreibung nicht mit deutlicher Kritik. So sei der Plan, beide Gegner zugleich zu schlagen, „auf starke Überschätzung des bis dahin Erreichten zurückzuführen" gewesen (S. 257); auch vermisste man bei den Kämpfen „eine klare Schwerpunktbildung" (S. 258).
8   Wie und warum die Soldaten so lange aushielten untersucht die vergleichende Studie von Alexander Watson: Enduring the Great War. Combat, Morale and Collapse in the German and British Armies, 1914–1918, Cambridge 2008.
9   Bericht des Kommandeurs des II. Bataillons, Infanterieregiment 48, Major Würtz, zit. in: Thilo von Bose: Die Katastrophe des 8. August 1918, Oldenburg/Berlin 1930, S. 30 (Schlachten des Weltkrieges, Bd. 6). Dort auch weitere eindrückliche Beispiele für den Verfall der Kampfkraft.

im Einsatz, sieben in Ruhe). Eindrücklicher wird der Verlust an Kampfkraft aber, wenn man den Zustand der Verbände differenziert betrachtet: Am 13. April galten von den 28 Divisionen nur noch vier als voll kampffähig, 21 hatten Bedarf an Ausbildung und 2 waren nur für den Stellungskrieg geeignet. Am 3. August hatte sich die Zahl der voll kampffähigen Divisionen noch einmal auf zwei halbiert; Bedarf an Ruhe und Ausbildung hatten elf, während die nur im Stellungskrieg einsetzbaren Divisionen sich auf fünf erhöhten. Der Kampfwert der meisten Verbände wurde mit Kategorien beschrieben, die den augenscheinlichen Verfall nicht mehr verbergen ließen: „Ausbildungsgrad der Infanterie gering", „hohe Offiziersverluste", „Artillerie z. Zt. nahezu unbeweglich, da erheblicher Teil der Pferde räudekrank", „in hohem Grade ablösungsbedürftig" oder schlicht „nicht einsatzfähig".[10]

Diese Schattenarmee traf am Morgen des 8. August ein wohlvorbereiteter britisch-französischer Großangriff.[11] Dessen Schwerpunkt lag zunächst östlich von Villers-Bretonneux, zwischen der Somme und dem südlich gelegenen Luce-Bach. Im Verlauf der Kämpfe sollte sich der Einbruch in die deutsche Front bis an die Oise, unterhalb von Noyon, ausweiten. Wie schon während der deutschen Offensive hatte auch der alliierte Angriff schlagartig, ohne artilleristische Vorbereitung eingesetzt; zudem war er durch starken Nebel begünstigt. Doch anders als im März auf deutscher Seite, war die Attacke aber jetzt von 546 Tanks begleitet. Im massenhaften Einsatz ermöglichten hier die Panzer den schnellen Einbruch in die deutsche Front. Als der Nebel aufriss, griffen die alliierten Schlachtflieger die zurückweichenden Verteidiger an. Am folgenden Tag mussten die Deutschen das umkämpfte Montdidier räumen, die wenigen Reserven wurden, wie sie kamen, in die Schlacht geworfen, wo sie innerhalb kurzer Zeit untergingen. Wie dramatisch sich der Durchbruch gestaltete, zeigt der Befehl des Armeeoberkommandos der 2. Armee, die gesamte verbliebene Feldartillerie in „offene und Randstellung zum direkten Schuss" gegen die Tanks zu bringen.[12] Da nun die Angreifer ihrerseits in das schwierige Kampfgelände der Somme-Schlacht von 1916 gerieten, stockte nun auch deren Angriff, er wurde am 12. August eingestellt. Nördlich der Somme standen die Spitzen der Alliierten vor Bray, südlich vor Chaulnes.

Der operative Erfolg war – nüchtern und im Vergleich zu den deutschen Angriffen vom März betrachtet – durchschnittlich, der moralische dagegen enorm. Schockierend für die deutsche Heeresleitung waren die Geschwindigkeit des Angriffs und der Erfolg der neuen Panzerwaffe, die hier in Massen und taktisch geschickt eingesetzt wurde. Schockierend war aber auch das offenbar werdende Nachlassen der Kampfkraft der eigenen Truppe, was sich vor allem in den hohen Gefangenenzahlen zeigte. Zwar hatten auch die Briten und

---

[10] Bayerisches Hauptstaatsarchiv, Abteilung Kriegsarchiv (München), Bestand Heeresgruppe Kronprinz Rupprecht, Nr. 80: Wochenberichte „Kampfwert der im Bereich der Heeresgruppe befindlichen Divisionen (geheim)" (1918). – Die Differenzen bei den Summen ergeben sich aus dem Umstand, dass zum Zeitpunkt der Erhebungen oftmals Divisionen noch im Antransport waren, die dann uneinheitlich in die Statistik aufgenommen wurden.
[11] Siehe Stevenson, With Our Backs to the Wall, S. 117–125.
[12] WKW, Bd. 14, S. 561.

Franzosen nach vier Tagen Halt machen müssen, um sich zu reorganisieren und Reserven nachzuziehen. Doch anders als die Deutschen im Frühjahr war ihre Kampfkraft damit nicht verbraucht. Vielmehr begann in den kommenden Wochen eine Serie von Angriffen, in deren Folge sich die deutschen Truppen endgültig aus dem Somme-Gebiet zurückzogen. Der Angriff vom 8. August bildete somit den Auftakt zum großen Rückzug der deutschen Armeen im Westen, der erst mit dem Waffenstillstand vom 11. November sein Ende finden sollte.

Somme-Kämpfer 1918

Vor dem Hintergrund dieser Kämpfe ist zu fragen, ob das von Bernd Hüppauf entwickelte Modell der zwei konträren soldatischen Mythen „Langemarck" (1914) und Verdun" (1916) nicht um die Variante „Somme" (1918) zu ergänzen wäre.[13] Nach Hüppauf bildeten sich in der deutschen Kriegserinnerung neben dem traditionell-heroischen und vom Motiv der Opferbereitschaft geprägten Langemarck-Mythos mit den Materialschlachten von 1916 ein von techno-nihilistischen Zugen gekennzeichneter Verdun-Mythos aus. Die diesem Mythos eigene Idee eines in den „Stahlgewittern" des Krieges geborenen „Neuen Menschen" habe dazu geführt, dass dieser Mythos früh ideologisch vereinnahmt wurde. Zwar ist die Existenz der beiden Mythen an sich zu bejahen; dennoch gilt es, die Wirkungsmacht des Verdun-Mythos zu relativieren und ihn durch eine dritte Variante, den Somme-Mythos – und zwar den der Schlachten vom Frühjahr und Sommer 1918 –, zu ergänzen. Denn es ist eben auch und vielleicht gerade letztere Erfahrung, die im Diskurs der militärischen Experten und der Veteranen aber auch in den literarischen Spiegelungen dieses Krieges während der 1920er Jahre prägend war. Den Verdun-Typus, dessen Vertreter die Pose des „Frontkämpfers" einnahmen, kennzeichnete vor allem sein elitärer Anspruch, der in der Konsequenz alle „Etappenhengste", „Drückeberger", aber auch „Wilhelminer", also die höheren Offiziere, wie überhaupt die ganze zivile Welt ausgrenzte. Es ist zu fragen, wie repräsentativ dieser Typ des Weltkriegssoldaten für die Weimarer Nachkriegsgesellschaft und den Weltkriegsdiskurs wirklich war. Tatsächlich war die Masse der Veteranen weit weniger von elitärem Frontkämpfergeist beseelt als die in den 1930er Jahren einsetzende Reheroisierung des Kriegserlebnisses glauben zu machen suchte.[14] Der Bezugspunkt des Denkens und Redens der Veteranen über den Krieg war zunächst nicht die Materialschlacht von 1916, sondern das zeitlich näher liegende Kriegsjahr 1918, das vom Zerfall der Kampfkraft geprägt war und das schließlich mit dem militärisch-gesellschaftlichen Zusammenbruch

---

13   Bernd Hüppauf: Schlachtenmythen und die Konstruktion des „Neuen Menschen", in: Gerhard Hirschfeld, Gerd Krumeich, Irina Renz (Hg.): Keiner fühlt sich hier mehr als Mensch ... Erlebnis und Wirkung des Ersten Weltkriegs, Essen 1993, S. 43–84.

14   Vgl. Richard Bessel: Die Heimkehr der Soldaten: Das Bild der Frontsoldaten in der Öffentlichkeit der Weimarer Republik, in: Ebd., S. 221–239.

endete. Der Schwerpunkt der Kämpfe lag in dieser Phase im Gebiet der Somme, weswegen man den hier vorgeschlagenen Archetypus durchaus als „Somme-Kämpfer" bezeichnen kann. Dieser kämpfte nicht aus nationalistischer Gesinnung oder um des Kämpfens willen; er kämpfte (noch) aus Gehorsam, vornehmlich aus Gewohnheit und aus Sorge um die soldatische Primärgruppe. Er kämpfte aber auch und vor allem in dem Bewusstsein der personellen und materiellen Unterlegenheit der eigenen Seite und damit in Erkenntnis der Aussichtslosigkeit seiner Sache. Sogar bei dem prominentesten Vertreter der elitären Frontkämpferattitüde, Ernst Jünger, lassen sich in seinem Essay *Wäldchen 125* Auszehrung und Ahnung der Niederlage als die eigentlichen Grundstimmungen nachvollziehen: „Man kann", so der Erzähler, der im Sommer 1918 die von der Natur wiedereroberte Kriegslandschaft im Raum Puisieux beobachtete, „eine Ermattung in Wort und Haltung beobachten, die sich selbst auf den Stil des Sterbens erstreckt."[15] Mehr eine stoische als eine heroische Figur, bot der Typ Somme-Kämpfer von 1918 einvernehmlichere Möglichkeiten der soldatischen Identifikation in einer Zeit, in der die Frage nach dem Sinn des persönlichen wie des nationalen Opfers kontrovers diskutiert wurde.[16]

Geschichte einer Rückkehr

Die zunächst anhaltende Erinnerungsmächtigkeit der Somme mag auch in dem Umstand begründet gewesen sein, dass die Soldaten über die Jahre immer wieder in diese Kriegslandschaft zurückkehrten. So sind die Selbstzeugnisse der Soldaten, noch stärker als dies hier geleistet werden kann, auf die Thematisierung dieser Rückkehr zu untersuchen. Dabei scheint diese Rückkehr 1918 nicht unbedingt angstbeladen gewesen zu sein (was im Verlauf der Schlacht von 1916 durchaus die Regel war). Vielmehr wurde sie als Heimkehr an einen vertrauten Platz beschrieben. Jünger schildert in *Feuer und Blut* seine Rückkehr nach dem Ort Quéant unmittelbar vor Beginn von „Michael":

> Wie hat sich dieses große Dorf verändert, seitdem ich es zum letzten Male sah! Damals im Winter 1915 verlebten wir hier eine gemütliche Zeit. Dort links am Wege, wo jetzt der Trichter einer Dreißig-Zentimeter-Granate gähnt, muss das Häuschen gestanden haben, in dem wir mit den funkelnagelneuen Achselstücken am Rock das große Frühstück gaben, das sich vom Morgen bis weit über Mitternacht ausdehnte, ich und der kleine Schultz, der jetzt

---

[15] Ernst Jünger: Das Wäldchen 125. Eine Chronik aus den Grabenkämpfen 1918, in: ders.: Sämtliche Werke, Abt.1, Bd. 1, Stuttgart 1978, S. 301–438, hier S. 305 (Erstausgabe 1925).

[16] Siehe dazu auch die Auswahl an Selbstzeugnissen in der von heroischem Pathos nicht freien Kompilation von Wolfgang Förster (unter Mitwirkung von Helmuth Greiner): Wir Kämpfer im Weltkrieg. Feldzugbriefe und Kriegstagebücher von Frontkämpfern aus dem Material des Reichsarchivs, Berlin 1929, S. 440–504; deutlich, wenngleich ohne örtliche Zuschreibung, auch im Schlussteil von Erich Maria Remarques „Im Westen nichts Neues".

da vorne kalt und stumm an der Straße Vraucourt – Mory liegt. Wie viele hat man wieder fallen sehen, denen man eng verbunden war![17]

Die Kriegslandschaft weckt hier Erinnerungen an den vertrauten Wohnort (das „Häuschen"), an eine sorgenfreie Zeit (Frühstück), an eigene *rites de passage* (Übergangsriten) und an den Verlust von Kameraden. Für General von der Marwitz war es die Erinnerung an „mein Städtchen Péronne", die er in einem Brief vom 3. September 1918 anlässlich des endgültigen deutschen Rückzugs noch einmal Revue passieren ließ: „Ich liebe diese Stätte, sie hat in meinem militärischen Kriegsleben immer wieder den Mittelpunkt gebildet, um den sich der so abwechslungsreiche Kriegspfad drehte."[18] Es konnte so weit gehen, dass die heimatliche Kriegslandschaft an der Somme als „alter deutscher Boden" reklamiert wurde, hätten doch, so folgerte ein Feld-Divisionspfarrer, die „germanischen Franken Klodwigs" um das Jahr 500 die Römer aus der Region vertrieben. Diese kulturelle Verbundenheit habe demnach durchaus Langzeitwirkung gehabt:

> Vom alten deutschen Erbe erzählen weiter die vielen Blondschöpfe mit den blauen Augen, die in den kinderreichen nordfranzösischen Dörfern auf Straßen und Höfen herumtollen und mit uns deutschen Soldaten gut Freund geworden sind.[19]

Natürlich finden sich auch in den Nachkriegsdarstellungen derartige Reminiszenzen. Hier war die Somme, so der Autor Veit Roßkopf, schon zu einer „halbvergessenen Sage" geworden:

> Das niederbayerische Bauernblut fühlt sich heimisch angeweht und angezogen von der flandrischen [gemeint ist aber hier die Picardie! M.P.] Erde. Mancher wünscht sich, hier bis zum Ende des Krieges bleiben zu können in diesem heimatlich hellen und ebenen, guten, bäuerlichen Land, in dem man zum erstenmal wieder gespürt hat, wie es im Frieden ist.[20]

„Heimatliche" Gefühle konnten gerade in den Regimentsgeschichten aber durchaus auch formuliert werden, wenn man auf gegnerische Truppen traf, die man aus früheren Kämpfen kannte. Für die Kampfführung dürften sie gleichwohl keine Konsequenzen gehabt haben.[21] Für den Autor der Geschichte des 5. bayerischen Infanterieregiments, das 1916 im

---

[17] Ernst Jünger: Feuer und Blut. Ein kleiner Ausschnitt aus einer großen Schlacht, in: ders.: Sämtliche Werke, Abt.1, Bd.1, Stuttgart 1978, S. 439–538, hier S. 538 (Erstausgabe 1925).
[18] Marwitz, Weltkriegsbriefe, S. 310.
[19] Zwei Jahre an der Westfront. 323 Bilder aus Artois, Pikardie [sic!] und französisch Lothringen, hg. von einer selbständigen Infanterie-Division, München 1917, S. 9–10.
[20] Veit Roßkopf: Ein Tag in einer Artilleriestellung, in: Ernst Jünger (Hg.): Das Antlitz des Weltkrieges. Fronterlebnisse deutscher Soldaten, Berlin 1930, S. 112–139, hier S. 112.
[21] So bezeichnet der Autor einer Regimentsgeschichte die im Sommer 1918 gegenüber liegende britische Division als „alte Freundin" (Richard Bechtle: Die Ulmer Grenadiere an der Westfront. Geschichte des

Raum Bapaume gekämpft hatte, war das Alberich-Gebiet bei der Rückkehr Mitte August 1918 „kaum wiederzuerkennen".²² Der Autor der Geschichte des Grenadierregiments 123 schließlich schilderte die Rückkehr seiner Einheit während der Frühjahrsoffensive im März 1918 wie eine Heimkehr:

> Nun waren wir wieder mitten in vertrautem Gelände; 1916 und 1917 sind wir gar oft auf diesen Wegen gegangen. Heudicourt, Sorel, Fins – wer hätte je gedacht, dass wir diese Orte wieder nehmen müssen, die vor dem Hindenburgrückzug auf Nimmerwiedersehen von uns zerstört und geräumt worden waren? Wechselvolles Kriegsschicksal, wie für uns, so auch für den Gegner, der nun um den Preis all seiner Somme- und Cambraikämpfe kommen soll! Wie in der Heimat, so kommen wir uns vor [...].²³

Die Vorstellung der Somme als „Heimat" der deutschen Soldaten hat etwas Verstörendes, zumal diese Gemütshaltung gänzlich ironiefrei eingenommen wurde. Sie wird aber aus der spezifischen Natur des Stellungskrieges und der langen Verweildauer des militärischen Sozialverbandes verständlich.²⁴ Die Kriegslandschaft war ein Ort höchster Anstrengung und auch ein Ort, an dem man vertraute Menschen durch Gewalt verloren und mitunter auch dort begraben hatte. Auf manche der alten Gräber von 1914–17 stieß man, trotz aller zwischenzeitlichen Zerstörungen, noch 1918. Neben die Phasen extremer Anstrengung waren aber auch solche der Ruhe getreten, in denen sich die Kriegslandschaft auf eigentümliche Weise kultivieren ließ. So wurden Gräben in den Stellungssystemen nach Heimatorten oder prominenten Persönlichkeiten benannt; in den rückwärtigen Gebieten entstanden Stabs- und Fürsorgeeinrichtungen mit Jägerzaun, Blumenrabatten und häuslichem Motto über der Tür des Unterstands; Tierzucht und Landwirtschaft wurde betrieben. Die Soldaten begannen, sich die Heimat, die sie verlassen hatten, an der Somme aufzubauen. In der Masse der privaten Soldatenfotografie bildet diese kurios anmutende Landnahme eine wichtige Motivgruppe; als Beweis für deutsche „Kulturleistung" ging sie auch in die Propaganda ein.²⁵ Dabei wurde den deutschen Soldaten diese Heimaterfahrung an der Somme besonders leicht gemacht, waren doch die französischen Zivilisten, die dieses Heimaterleb-

---

Grenadier-Regiments König Karl, 5. württ., Nr. 123 im Weltkrieg 1914–1918, Stuttgart 1920, S. 140).
²² Das K. B. 5. Infanterie-Regiment Großherzog Ernst Ludwig von Hessen. Unter Benützung der amtlichen Kriegstagebücher bearb. von Generalmajor a. D. Heinrich Weniger, Oberst a. D. Artur Zobel, Oberst a. D. Maximilian Fels, München 1929, S. 122.
²³ Bechtle, Ulmer Grenadiere, S. 130.
²⁴ Dazu Nübel, Durchhalten und Überleben an der Westfront, S. 255–260.
²⁵ Zwischen Arras und Péronne. 311 Lichtbilder zur Erinnerung an die Zeit des Stellungskampfes und der Abwehr der englischen Offensive, hg. von einem deutschen Reservekorps, Bapaume 1916; Das 41. Reserve-Korps von der Somme zum Pripiat. Mit 438 Bildern, München 1918; weiterführend dazu Gerd Krumeich: Der deutsche Soldat an der Somme 1914–1916: zwischen Idylle und Entsetzen, in: Siegfried Quandt und Horst Schichtel (Hg.): Der Erste Weltkrieg als Kommunikationsereignis, Gießen 1993, S. 45–62.

nis allein durch ihre Anwesenheit hätten konterkarieren können, seit Anfang 1917 in der gesamten Region praktisch nicht mehr existent.

Die Somme als Heimat war eine Erfahrung, die sich bei den deutschen Soldaten also bereits im Verlauf des Krieges ausgebildet hatte. Sie war eben kein literarisches oder ideologisches Konstrukt der Nachkriegszeit. Wo diese persönliche Heimaterfahrung nach 1918 öffentlich gemacht wurde, konnten Erinnerungen aus der Kriegszeit abgerufen werden. Gleichwohl ging die Heimaterfahrung mit der Rückkehr nach Deutschland und der Reintegration in die zivile Gesellschaft verloren. Eine bis in die jüngste Vergangenheit anhaltende, gewissermaßen physische Verbundenheit mit der Kriegslandschaft Somme, wie sie bei britischen Veteranen zu beobachten war, konnte sich in Deutschland nie einstellen.

Die Kriegslandschaft Somme war also nie *nur* eine Kampfzone gewesen. Sie wurde, und zwar bereits während des Krieges, zu einem veritablen Erinnerungsort. Dabei ist auf deutscher und auf französischer Seite eine interessante Konkurrenz zwischen den Erinnerungsorten „Verdun" und „Somme" zu konstatieren. Doch war die relativ eindeutige Dominanz von „Verdun", wie sie heute für die kollektive Erinnerung in Deutschland festzustellen ist, in der Zwischenkriegszeit so keineswegs gegeben. Der „Somme" kam damals zunächst einmal eine mindestens ebenso hohe Bedeutung zu, weil sich hier die Deutschen über Jahre hinweg in der Abwehr befunden hatten – eine Lage, die für die Ausbildung von militärischen Opfermythen besonders förderlich ist. Ihre Bedeutung war aber auch deshalb nicht zu unterschätzen, weil der Frontsektor über die längere Dauer, und zwar bis Spätsommer 1918, von kriegsentscheidender Bedeutung blieb. Die Erinnerung an die dortigen Kämpfe konnte daher nicht mehr durch neue Schlachten an anderen Orten überlagert werden. Der Grund für die spätere Dominanz des Erinnerungsortes „Verdun" hat also keine militärischen Ursachen, auch lässt sie sich nicht mit der Dimension von Tod und Zerstörung erklären, die an beiden Orten apokalyptisch war. Es war vielmehr die Suche nach einer Kriegslandschaft, an der nach 1945 die deutsch-französische Aussöhnung verortet werden konnte. Das internationale Schlachtfeld Somme konnte dies kaum leisten, Verdun dagegen in ganz charakteristischer Weise. So verblasste auch die Erinnerungsfigur des „Somme-Kämpfers" von 1918, und es verblasste die Erinnerung an die „Heimat" an der Somme.

Literatur

Thilo von Bose: Die Katastrophe des 8. August 1918, Oldenburg, Berlin 1930 (Schlachten des Weltkrieges, Bd. 36).
Jörg Duppler und Gerhard G. Groß (Hg.): Kriegsende 1918. Ereignis, Wirkung, Nachwirkung, München 1999.
Max von Gallwitz: Erleben im Westen 1916–1918, Berlin 1932.
J. P. Harris und Niall Barr: Amiens to the Armistice. The BEF in the Hundred Days' Campaign, 8 August – 11 November 1918, London/Washington 1998.
Ernst Jünger: Das Wäldchen 125. Eine Chronik aus den Grabenkämpfen 1918, in: ders.: Sämtliche Werke, 1. Abt., Bd. 1, Stuttgart 1978, S. 301–438.
Martin Kitchen: The German Offensives of 1918, Stroud 2001.
Konrad Krafft von Dellmensingen: Der Durchbruch. Studie anhand der Vorgänge des Weltkrieges 1914–1918, Hamburg 1937.
Georg von der Marwitz: Weltkriegsbriefe, hg. von Erich von Tschischwitz, Berlin 1940.
Hans Meier-Welcker: Die deutsche Führung an der Westfront im Frühsommer 1918. Zum Problem der militärischen Lagebeurteilung, in: Die Welt als Geschichte, 21 (1961), S. 164–184.
Martin Middlebrook: Der 21. März 1918. Die Kaiserschlacht, Berlin 1979 (engl. 1978).
Martin Müller: Vernichtungsgedanke und Koalitionskriegführung. Das Deutsche Reich und Österreich-Ungarn in der Offensive 1917/1918, Graz 2003.
Christoph Nübel: Durchhalten und Überleben an der Westfront. Raum und Körper im Ersten Weltkrieg, Paderborn 2014.
Kronprinz Rupprecht von Bayern: Mein Kriegstagebuch, hg. von Eugen von Frauenholz, 3 Bde., München 1929.
David Stevenson: With Our Backs to the Wall. Victory and Defeat in 1918, London 2011.
Alexander Watson: Enduring the Great War. Combat, Morale and Collapse in the German and British Armies, 1914–1918, Cambridge 2008.
Der Weltkrieg 1914–1918, bearb. im Reichsarchiv, 14 Bde., Berlin 1925–1944, Bd. 14: hg. von der Kriegsgeschichtlichen Forschungsanstalt des Heeres, Berlin 1944 (Nachdruck 1956).
David T. Zabecki: The German 1918 Offensives. A Case Study in the Operational Level of War, New York 2006.

Die Rückkehr an die Somme 1918

Deutsche Artilleriekolonne in der Nähe von Fontaine-lès-Clercs, März 1918

In der Nähe von Péronne erbeutete britische Langrohrgeschütze, 1918

Angriffsbefehl[1]

10. März 1918

Seine Majestät befehlen:
1. Der Michael-Angriff findet am 21. März statt. – Einbruch in erste feindliche Stellung 9.^{40} vormittags.
2. Heeresgruppe Kronprinz Rupprecht schnürt dabei als erstes großes taktisches Ziel den Engländer im Cambrai-Bogen ab und gewinnt nördlich des Omignon-Baches bis zu seiner Einmündung in die Somme die Linie Croisilles–Bapaume–Péronne–Omignon-Mündung.
   Bei günstigem Fortschreiten des Angriffs des rechten Flügels 17. Armee ist dieser über Croisilles weiter vorzutragen.
   Weitere Aufgabe der Heeresgruppe ist, Richtung Arras–Albert vorzustoßen, mit linkem Flügel die [sic!] Somme bei Péronne festzuhalten und mit Schwerpunkt auf dem rechten Flügel die englische Front auch vor der 6. Armee ins Wanken zu bringen und weitere deutsche Kräfte aus dem Stellungskrieg für den Vormarsch frei zu machen. Sämtliche hinter der 4. und 6. Armee stehenden Divisionen sind hierfür eintretendenfalls unverzüglich heranzuziehen.
3. Heeresgruppe Deutscher Kronprinz gewinnt zunächst südlich des Omignon-Baches die Somme und den Crozat-Kanal. Bei raschem Vorwärtskommen hat 18. Armee die Übergänge über die Somme und die Kanal-Übergänge zu erkämpfen. Daneben hat die 18. Armee sich bereit zu halten, ihren rechten Flügel bis Péronne auszudehnen. Die Heeresgruppe nimmt Bedacht auf Verstärkung des linken Flügels 18. Armee durch Divisionen der 7., 1. und 3. Armee.
4. Über 2. Garde-ID[Infanteriedivision], 26. württembergische ID. und 12. ID. verfügt die OHL[Oberste Heeresleitung].
5. Über „Mars" und „Erzengel" behält sich die OHL je nach Stand der Operationen Entscheidung vor. Vorbereitungen sind ununterbrochen durchzuführen.
6. Die übrigen Armeen handeln gem. Chef des Gestbs[Generalstabs] Ia Nr. 6925 geh. op. Mob. vom 4.3.18.[2]
   Heeresgruppe Kronprinz Rupprecht deckt dabei den rechten Flügel der Mars/Michael-Operation gegen einen englischen Gegenangriff. Heeresgruppe Deutscher Kronprinz weicht einem französischen Großangriff gegen 7. (ausschließlich Erzengel-Front), 1. und 3. Armee planmäßig aus.
   Bei Heeresgruppe Gallwitz und Herzog Albrecht behält sich OHL Entscheidung über die bei einem französischen Großangriff zu treffenden operativen Maßnahmen oder über das weitere Wegziehen von Divisionen auf das Schlachtfeld vor.

     gez. v. Hindenburg

---

[1] Der Weltkrieg 1914–1918, Bd. 14, Berlin 1944, S. 85.
[2] Betraf Ablenkung des Gegners.

Die Rückkehr an die Somme 1918

Schlachtfeld bei Albert, 1918

Kirche von Albert mit der „Hängenden Madonna von Albert", 1918

Georg von der Marwitz, General, Oberbefehlshaber der 2. Armee

Briefe an seine Frau Helene von der Marwitz und Aufzeichnungen[1]

24. März 1918 [Le Cateau]
Ein stilles Viertelstündchen für folgenden Brief: Also wirklich Sieg über die Engländer, vielleicht noch nicht entscheidenden, aber wir rechnen doch, dass an 30 Divisionen von ihm geschlagen sind. Nachdem am 21. der erste Einbruch fast überall gelungen, ging's zuerst nur langsam weiter, aber am 22. nachmittags kam's überall in Fluss. Gestern ging's wieder ein gut Stück vorwärts, obgleich der Engländer Tanks vorbrachte; die haben ihren Schrecken gründlich eingebüßt, es heißt jetzt bloß noch: „es kam ein Gegenangriff auch mit Tanks, er wurde abgewiesen, so und so viel Tanks erledigt." Nördlich der Somme ist meine vorderste Infanterie schon weiter, als meine Stellung 1916 bei Péronne war. Ich könnte dreist schon wieder nach Péronne, habe aber zur Zeit da nichts zu suchen. Es ist doch zu wunderbar, wer hätte das gedacht! Heute fuhr ich nach vorn in die von uns 1917 zerstörte Zone zu einem Generalkommando, wo ich etwas bei einer Division drückte. Dort erreichte mich die Nachricht, dass der Kaiser auf der Fahrt nach Le Cateau sei. Ich musste nun zurückfahren, erfuhr dann unterwegs, dass er schon über Cambrai unterwegs sei. Wir fuhren uns dort zwar gerade aus dem Wege, aber ich holte ihn dann bei dem aus der Cambrai-Schlacht bekannten Gouzeaucourt ein, wo er sein mitgebrachtes Frühstück verzehrte. Ich kriegte auch einen Teller Suppe und – Komturkreuz des Hohenzollern-Ordens mit dem Stern. Ich sagte: „Aber Eure Majestät, die Schlacht ist noch nicht zu Ende." Da meinte er: „Doch, der erste Teil der großen Schlacht <u>ist</u> zu Ende." Na, da nahm ich ihn dann dankend an. Er hob dann noch den Paletot von Vater Hindenburgs Brust und zeigte einen Stern auf dessen Brust und sagte: „Na, was ist <u>das</u> für ein Orden?" Ich konnte ihm aber dienen, wusste, dass es der Blücher-Stern war, denn ich las das in Blücher[2]-Briefen und sah gerade neulich im Zeughaus das Ding von Blücher. „Ja", sagte der Kaiser, „Blücher bekam ihn, weil er <u>mit</u> den Engländern Siege erfocht, Hindenburg weil er dasselbe <u>gegen</u> sie getan hat." Vater Hindenburg sagte nichts dazu, sondern stand wie eine Mauer. Ich gratulierte, und dann fragte er etwas nach der Lage, aber nur wenig. – Wir standen neben einem englischen Soldaten-Friedhof und der Kaiser las jede Inschrift und hob eine abgefallene kleine Metallplatte auf und ließ sie mitnehmen. Als Seine Majestät weiterfuhr, erbat ich Erlaubnis, zurückzufahren nach Hause. Es war auch Zeit, denn es gab Anordnungen zu treffen. Ja, es ist große Zeit, der Herr hilft uns durch, es will mir scheinen, als wenn er das Ende im Auge hat. Wie herrlich wär's. [...]

---

[1] Georg von der Marwitz: Weltkriegsbriefe, hg. von Erich von Tschischwitz, Berlin 1940.
[2] Generalfeldmarschall Gebhard Leberecht von Blücher.

26. März 1918 [Le Cateau]
Heute ist ein rechter Wendetag: Unsere Offensive führte derartig vorwärts, dass ein Quartierwechsel unvermeidlich geworden ist, wohin? Ja, vor uns liegt die Zerstörungszone vom Vorjahr, alle Orte sind in Trümmerhaufen verwandelt, so gehen wir – in ein großes englisches Barackenlazarett, das nahe vor den Toren von Péronne steht bei Tincourt. Ich war heute da, es sind ganz hübsche helle Räume, manches fehlt, aber es wird schon gehen. Die Generalkommandos, die ich jetzt besuchte, lagen ähnlich, meist aber schlechter. – Es ist eine zu wundersame Sache, dass wir – speziell ich – Péronne und Gegend 1916 mit allen Mitteln verteidigten, 1917, nachdem ich inzwischen Oberbefehlshaber an derselben Stelle geworden war, freiwillig aufgaben, um es 1918 unter Einsatz stärkster Kräfte wieder zu nehmen. Um die Maisonnette-Ferme ist wohl heftiger Kampf gewesen, bei Cléry, wo ich 1914 über die Somme als Kavallerieführer ging, sind 40 englische Geschütze völlig zusammengeschossen worden. Welche Wandlungen hat dieses Land durchmachen müssen, jetzt ist es eine Wüste, schrecklich anzusehen, traurig im Grau des unendlichen Staubes, der von den baumlosen Chausseen alles überzieht. Viele Tanks, die Hoffnung Englands, stehen umher; sie haben gelegentlich Truppen aufgehalten, entscheidend können sie nicht wirken. – Jetzt geht's nun aus der übergroßen Bequemlichkeit des hiesigen Lebens wieder hinaus in den wirklichen Feldkampf. Ich verlasse Le Cateau ja ungern, es ist mir hier sehr gut gegangen in jeder Beziehung, und ich wäre undankbar, wollte ich das nicht anerkennen, dafür nicht dankbar sein, aber die Veranlassung ist herrlich: Siegreiches Vordringen! Welche Schwierigkeiten gerade meine Armee zu überstehen hat, ist gar nicht zu sagen, da der größere Teil über das Kampfgebiet der Somme-Schlacht hinweg musste. Das Trichtergelände erlaubt nur Bewegung auf den Trichterrändern, sodass Fahrzeuge die größten Schwierigkeiten haben; jetzt sind sie aber durch, denn heute wurde Albert an der Ancre genommen. Dahinter folgt nun die Hallue, an der Goeben[3] die Franzosen 1871 schlug, da werden sie sich vielleicht auch dieses Mal setzen.

29. März 1918 [Péronne]
Über unsere Kämpfe kann ich nichts berichten, die Gegend, in der wir fechten, ist fürchterlich. Es ist der Raum der einstigen Somme-Schlacht, der eine Riesenwüste ist. Die Orte sind kaum als solche erkennbar, nur wie ein von Gestrüpp überzogenes Hügelland sehen sie aus. Unsere vordersten Linien erreichen gerade den Rand des nicht zerstörten Gebiets, aber schön ist's dort auch nicht, die Engländer haben nicht einen Morgen bestellt, alles liegt wüste. Wie dieses Land mal wieder bewohnbar werden soll, ist unerfindlich.

12. August 1918 [Péronne]
Der Feind griff seit gestern noch nicht wieder an. Wir müssen aber weiter aufpassen, wie die Schießhunde. Den ganzen Erfolg verdankt der Feind wiederum den Tanks. Nach der Schlacht von Cambrai sah ich die Tankgefahr für behoben an, ich hatte mich davon

---

[3] General August von Goeben.

überzeugt, dass die Dinger zu langsam fuhren und zu wenig Beobachtungsmöglichkeit zuließen. Sie mussten oft ins völlig Dunkle hineinfahren, blieben sitzen und wurden erledigt. Ich habe damals aber betont, dass der Gedanke, auf Raupenbändern übers Gelände zu fahren, glänzend wäre und für den Bau von gepanzerten Geschützen ausgenutzt werden müsse. Das ist meiner Ansicht nach die Artilleriewaffe der Zukunft. So haben's nun unsere Gegner gemacht, sie haben solche Geschütze, und zwar in sehr erheblicher Zahl. Sie fahren viel rascher als früher, wohl mit der Geschwindigkeit eines Lastautos auf guter Straße. Nun war am 8.8. dicker Nebel, sodass unsere Artillerie nicht imstande war zu schießen. Man hatte überall Tankgeschütze stehen, aber natürlich unbeweglich, die konnten also gar nicht wirken, und dann hatte man auch Tank-Batterien, deren Pferde trotz des feindlichen Beschusses in der Nähe gehalten wurden; aber ehe die angespannt hatten, verging natürlich doch längere Zeit, und, selbst wenn das geschehen war, sind bespannte Geschütze doch nur in der Lage, nach erfolgtem Abprotzen zu feuern, und bevor sie dazu kommen, werden sie erledigt. Kurz, im Nebel ist's eine böse Waffe. Hätte man nun gepanzerte Batterien, so würden die in der Lage sein, sofort, wie bei einem Auto, nach dem Andrehen des Motors loszufahren, und sie könnten im Fahren bzw. unmittelbar nach dem Halten sogleich feuern. Diese Batterien wären also glänzende Begleitartillerie für unsere Infanterie. Im Stellungskampfe, so wie ich es eben schilderte, und im Bewegungskriege als Batterien, die unmittelbar bei der Infanterie bleiben und diese unterstützen können. Wir wollen mal sehen, ob nicht in dieser Richtung auch bei uns die Technik sich entwickeln wird, ich würde es für richtig halten. In den weiteren Kampftagen haben die Gegner übrigens gewaltig Haare und Tanks lassen müssen, und ich möchte die Ruhe, die seit gestern herrscht, damit in Zusammenhang bringen. An einigen Stellen sollen sehr viele Tanks zusammengeschossen stehen. [...]

3. September 1918 [Gouzeaucourt]
Ich fuhr gestern vor auf die Höhen, die dem Städtchen Péronne östlich vorgelagert sind, kenne den Blick von dort genau, denn ich bin häufig zu Pferde dort gewesen und beim Zurückreiten den Hang zur Stadt heruntergeritten an Doingt vorbei, manchmal mit Oheimb[4] zusammen. Als ich oben war, konnte ich unsere Infanterie der Stadt gegenüber deutlich liegen sehen, die tapferen Häufchen, welche die Angriffe aus der Stadt schon den zweiten Tag abgewiesen haben. Von der Stadt und ihrer einst ragenden Kathedrale ist wenig zu sehen, man muss wissen, dass da eine Stadt liegt, um sie selbst mit dem Glas zu erkennen. Ich liebe diese Stätte, sie hat in meinem militärischen Kriegsleben immer wieder den Mittelpunkt gebildet, um den sich der so abwechslungsreiche Kriegspfad drehte. Dieser Gedanke verfolgte mich bei der Heimfahrt; wunderbar, es war mittleres feindliches Störungsfeuer auch mit Schrapnells, wir sind ruhig hindurchgegangen und gefahren, haben nichts abgekriegt.

---

[4] Generalmajor Bolko von Oheimb.

Als ich 1914 über Moislains–Bouchavesnes vorkam, da sah ich zum ersten Mal links vor mir die Stadt liegen, zum Teil versteckt hinter den ehemaligen Festungswerken, die deutlich als solche erkennbar waren. Ich wusste, dass das IV. Korps darauf zustrebte, während ich mit dem II. Korps zusammen war, an das ich am Tage vorher von Norden her herangekommen war. Ich konnte mir denken, dass man mich im Engpass von Péronne nicht herüberlassen würde, und versuchte weiter, stromabwärts bei Cléry überzugehen, es ging aber nicht, das sumpfige Tal des Flusses zu breit, meine Geschütze reichten nicht weit genug. Ich traf mit Linsingen[5] zusammen und stellte den Antrag, er möge mit seiner schweren Artillerie mir herüberhelfen. Er wollte erst nicht, da er mit dem Korps den Strom nicht überschreiten wollte, schließlich willigte Linsingen ein, und nach kurzer Artillerie-Vorbereitung gelang es der Vorhut herüberzukommen. So ließ ich unser Städtchen links, also östlich, liegen and setzte vergnügt den Vormarsch in Allgemeinrichtung Paris fort. Ich vermutete sicherlich, Péronne so bald nicht wiederzusehen, aber es kam, wie Eichhorn[6] zu sagen pflegte „Erstens: es kommt anders, und zweitens: als man denkt". Die Marne-Schlacht wurde verloren, die Kavallerie stopfte mühsam das große Loch, welches zwischen erster und zweiter Armee durch das Abschwenken der ersteren entstanden war, und drückte über Soissons in Gegend Laon, wo sie durch die eintreffende 7. Armee unter Heeringen[7] abgelöst wurde. Nun hieß es, heraus auf den äußersten Flügel der Armee, sich von diesem absetzen und gegen die feindliche Flanke operieren. Schön gedacht, aber jedesmal, wenn ich im Begriff stand, den äußeren Flügel zu überschreiten, hieß es bei dem betreffenden Korps: „ich bin vom Gegner bereits teilweise umfasst, Sie müssen auf meinem Flügel ins Gefecht eingreifen, sonst kann ich nicht halten". So bei Noyon, bei Nesle und so auch an dem Tage, wo ich hinter dem bayerischen I. Korps über Péronne durchziehen wollte. Der kommandierende General ließ mir sagen, er sei in Front mit allen seinen Kräften gebunden, werde aber im Somme-Bogen von Bray aus umfasst, ich müsse seinen Flügel schützen. Ich hab's getan und einen Tag dort gefochten mit dem Erfolge, dass ich tatsächlich die Umfassung des Flügels verhinderte, wofür ich später den bayerischen Verdienst-Orden kriegte. Ich ließ am folgenden Tage die Division Schmettow stehen und rückte mit der 2. Kavalleriedivision (Thumb) über Péronne weiter. Auf dem Mont St. Quentin, den ich heute (wohl zum letzten Male) vor mir sah, rasteten wir, um dann auf dem Flügel des XIV. Reservekorps (Stein – Kriegsminister –) zu erscheinen, und so noch öfter bis fast an die Küste. […]

Die große Frühjahrs-Offensive 1918 hatte auch Péronne wieder als Ziel, und gerade meine Armee musste etwa mit der Mitte darauf losmarschieren. Der Angriff glückte über Erwarten gut, und noch in den Märztagen zog ich wieder in Péronne ein. Es war noch mehr Ruine als vorher, Inschriften auf französisch und englisch an der Kathedrale und am Rathause besagten, dass die Trümmer so liegen bleiben sollten bis zum Frieden. Nun, wir räumten auf nach Möglichkeit und fingen auch an, die besten Häuser wieder instandzu-

---

[5] General Alexander von Linsingen, Führer des II. Armeekorps.
[6] Generalfeldmarschall Hermann von Eichhorn.
[7] Generaloberst Josias von Heeringen, Oberbefehlshaber der Küstenverteidigung.

setzen. Am 8.8. setzte der große Tankangriff im Nebel gegen die von mir schon lange als hochgefährdet bezeichnete Front in Gegend Villers-Bretonneux ein. Noch am Vormittage erkannte ich, dass das Auffangen des Stoßes zu weit östlich erst möglich sein würde, als dass die Einrichtungen in Péronne zu halten sein könnten. Die Kampfhandlungen führten zu schrittweiser Aufgabe des Geländes an der Somme, immer näher rückte das Schlachtfeld an die Stadt heran, bis sie gestern aufgegeben werden musste, aber im Osten und Süden noch umschlossen gehalten wurde. Das gab mir die Veranlassung, einen letzten Blick auf die Stätte zu werfen, die so oft für mich und meine Truppen Bedeutung gehabt hatte. Wird's nun der letzte Blick bleiben oder soll ich es noch einmal wiedersehen? Gott allein weiß es. Ich nehm es, wie er's gibt, und will nicht murren.

Die Rückkehr an die Somme 1918

Innenraum der Kirche von Péronne

Deutscher Soldat auf der Hauptstraße von Péronne

Alfred Bauer, Stabsarzt, Reservedivision 19, Reserveinfanterieregiment 78, Feldlazarett 6

Tagebuch

22. März 1918 Villers-Outréaux
[...] Wir spazieren durch den Ort. Krankensammelpunkt ist in der Kirche; dort stehen sie haufenweise bis auf die Straße. Der Hauptverbandplatz scheint recht gut vorbereitet; hier strömt von vorn alles zusammen. Die Verluste scheinen doch recht erheblich zu sein; Leichtverwundete kommen massenhaft und die Sanitätsautos mit oft mehreren Anhängern sausen unaufhörlich vorbei. Von vorn hört man bis jetzt wenig; ich habe den Eindruck, dass an dieser Stelle die Sache nicht ganz nach Wunsch geglückt ist. Je weiter vorne, desto subjektiver und begrenzter ist natürlich der Eindruck. Nach dem Mittagessen 1 ½ Stunden Mittagsschlaf trotz unzähliger Autos und Kolonnen, die vorüberrattern. Englische Flieger über uns, werfen abseits einige Bomben.

Nachmittags gehe ich zum Hauptverbandplatz, um dort etwas zu helfen. Zunächst in die Kirche, wo die Leichtverwundeten sind. Wüster Schlamassel. Gegen 200 Leute drängen sich dort. Die Sanitätskompagnie kann die Sache nicht im Entferntesten bewältigen. Ich hole einige Leute von uns und richte in einer Seitennische des Mittelschiffs eine Verbandstelle ein; es fehlt aber an allem; Verbandszeug, Instrumente u.s.w. musste ich mir selbst holen; dann ging es aber rasch; wir erledigen 50–60 Mann; dann werde ich zu der eigentlichen chirurgischen Station gebeten, wo die Schwerverletzten sind; die Chirurgen sind völlig erledigt und bitten mich, die Nachtarbeit zu übernehmen; ich willige natürlich ein und verabrede, von 8 Uhr ab den Dienst mit meinem Personal zu übernehmen. [...]

25. März 1918 [Moislains]
[...] Der Blick von der Höhe nach Westen ist wundervoll (Bild N°. 23, 24); unten im Tal liegt das zerschossene Moislains; eine Gegend zur Verteidigung geeignet wie kaum eine. Vor Moislains steht ein Tank (Bild N°. 22); es scheint dort ein Übungsfeld für Tanks gewesen zu sein. Vor dem Ort sind zahllose Kolonnen aufgefahren; auf der Straße steht in

Alfred Bauer

endlosem Zuge Fahrzeug hinter Fahrzeug, 2 oft 3 Reihen nebeneinander. Moislains sieht aus wie alle diese Orte; von der Kirche stehen noch die Umfassungsmauern. Dann geht es über einen Bach und den Berg hinauf. Alte Schützengräben, Granattrichter, französische Stahlhelme; verrostete Granaten, alles aus den Sommekämpfen von 1916/17. Talwärts stand einst ein Wäldchen, jetzt nur noch meterhohe Stümpfe. (Bild N°. 4) Jetzt muss doch eigentlich Bouchavesnes kommen. Ich sehe mich um, da steht eine Tafel mit der Aufschrift Bouchavesnes. Aber wo ist der Ort? Hier und da eine fußhohe Erhöhung, die sich bei näherem Zusehen als Mauerrest entpuppt. Auch ab und zu eine Vertiefung, die man zunächst für ein Granatloch hält, bis man ein halbverschüttetes Kellerloch entdeckt. Und sonst nichts, aber auch rein gar nichts mehr; das also ist oder vielmehr war das vielumkämpfte Bouchavesnes. Hier ist das wichtige Straßenkreuz Péronne–Bapaume, aber leider kreuzen sich hier auch die Kolonnen; es ist ein ungeheurer Wirrwarr, trotzdem sich die Straßenpolizei heiser brüllt. Oberhalb der Straßenkreuzung ein verlassener Tank. Eine Sanitätskompagnie hat in einem Zelt eine Leichtverwundetensammelstelle aufgetan; unsere Sanitätskompanie 209 im Hauptverbandplatz in mehreren Baracken, alles mehr wie kümmerlich. Wir stellen uns zur Hilfe zur Verfügung, werden aber allenthalben abgelehnt, trotzdem mehr wie genug zu tun ist. Ich schaue in die große Baracke hinein, dort liegen fast nur Schwerverwundete, meist Engländer. Beim Durchgehen werde ich von allen Seiten angerufen, aber ich kann ja nicht helfen ohne Instrumente und alles. Ich mag das nicht ansehen und gehe wieder hinaus. Ich höre, dass vor uns noch Verwundete liegen. Ich bitte mir Morphium, Spritze und Verbandszeug aus und gehe mit Giesen und Milark hin; gleich vorn liegen schon mehrere Tote unserer Division und 2 verwundete Pferde stehen traurig auf 3 Beinen; an der anderen Seite des Abhanges alte Unterstände und ein bereits ausgebrannter Tank (Bild N°. 5; N°. 6). Am Abhang liegt das einstige Marrières-Wäldchen, jetzt nur noch Stümpfe und Trichterfeld. Unsere Regimenter 357 und 237 haben dort gestürmt; überall liegen ihre Leichen, aber der Gegner hat noch schwerere Verluste; seine besten Regimenter hat er hier gehabt; Hochländer und Südafrikaner. Die toten Feinde liegen meist in Granatlöchern, von wo aus sie unsere Sturmtruppen unter Feuer genommen haben; die unseren haben meist Kopf- und Herzschüsse, die auf der Stelle tödlich waren; die Extremitätenschüsse sind wohl schon abtransportiert; bei den toten Schotten sehe ich auch Bauchschüsse und tödliche Beinschüsse; die nackten Beine sind blaurot; nicht einmal eine kurze Hose haben die Menschen an; nur ihren Unterrock; einem sind die Oberschenkelbeugemuskeln weggerissen, er hat noch versucht, sich zu verbinden, ist aber darüber verblutet. Bald hinter der Anhöhe liegt der englische Hauptgraben (Bild N°. 6), den sie hartnäckig verteidigt haben; er ist gut ausgebaut, mit Bohlenrost belegt (Bild N°. 7 und 8). Hier liegen Schotten und Afrikaner dicht gesät in den wunderlichsten Stellungen (N°. 9, 10, 11), zusammengerollt wie eine schnurrende Katze, lang ausgestreckt, die Hände ins Erdreich gekrallt; andere als wenn sie ruhig schliefen und nur geweckt zu werden brauchten, und wieder andere liegen da wie ein Bündel blutiger Kleider; man sieht keinen Kopf, keine Arme und Beine; in so eigenartiger Stellung sind sie zusammengestürzt; es erinnert mich an die ausgegrabenen Menschen von Pompeji und Herculaneum. An einer Stelle liegen ein Dutzend verwundeter Südafrikaner, ein Brustschuss, ein Wirbelsäulenschuss mit Extremitätenlähmung, ein Halsschuss, Beckenschüsse u.s.w. Die Leute liegen seit 24 Stunden in der Kälte und es weht ein rauher Nordost. Ich gebe allen, die Schmerzen haben Morphium und sehe die Wunden nach. Abseits im Graben liegen noch 2 und dann finden wird noch einen ganz weit im Feld; er hat eine komplizierte Arm- und Beinfraktur; ich stelle ihm die Knochen nach Möglichkeit richtig und schiene sie mit Teilen eines Granatkorbes; er sagt: „danke schön" und erklärt, er könne von Afrika her etwas deutsch. Ohne Zusammenhang mit dem neuen englischen Graben verläuft der alte deutsche Graben von 16/17. Auch dieser scheint stellenweise verteidigt zu sein, denn man sieht darin und davor tote Schotten und Deutsche, unter den letzteren auch 2 Krankenträger. Wir suchen noch ziemlich weit ab, ohne weitere Verwundete zu finden. Die Höhe vor uns bei Le Forest liegt noch unter schwerem englischen Feuer; andauernd krepieren dort Granaten und Schrapnells; demnach scheinen wir nicht weit vorgekommen zu sein; von einem Erreichen der Ancrelinie, wie es im Divisionsbefehl heute Morgen hieß, ist sicherlich keine Rede; im Gegenteil habe ich den Eindruck, dass unsere Division den schweren Gegenstoß der Engländer aushalten muss, der sie nach den schweren Verlusten, die sie bisher erlitten hat, hart treffen muss. Als nichts mehr zu tun ist, gehen wir zurück nach Bouchavesnes; gerade kommt ein englischer Flieger ganz niedrig über unsern Biwakplatz herüber, uns und die Kolonne aus seinem Maschinengewehr beschießend; er selbst wird auch heftig beschossen, aber ohne Erfolg; ich suche vergebens nach einem Gewehr, denn ich meine, man hätte ihn wohl herunterholen können. [...]

29. März 1918 Proyart
[...] Gegen ½ 4 sind wir in Proyart. Von weitem sieht es ganz freundlich aus; in der Nähe verblasst das farbige Bild aber sehr schnell. Die Dächer sind zerfallen, und in den Häusern sieht es böse aus. Kein Einwohner ist mehr zu erblicken; alles geflüchtet vor den Boches. Und wie dann gehaust wird, wenn die Bewohner fort sind, das haben wir schon 1914 kennengelernt. Mit uns zog gerade eine Kolonne ins Dorf hinein. Im Nu spritzte alles auseinander in die Häuser, und nach wenigen Minuten erschienen sie mit tausend Sachen, Heubündeln, Kartoffelsäcken, Kleidungsstücken u.s.w., und nach 10 Minuten war die Durchsuchung bereits beendet, und es ging weiter zum nächsten Ort, wo sich natürlich dasselbe Schauspiel wiederholte. Wenn sie Sachen mitnehmen, die sie zum täglichen Gebrauch und zum Leben nötig haben, so ist dagegen natürlich nichts zu sagen; das machen wir auch, aber das Schlimmste ist dieser Vandalismus, diese Zerstörungswut, die vor nichts halt macht. In der Viertelstunde, welche die Kolonne im Dorf war, ist jeder Schrank durchgewühlt, jede Schublade herausgerissen und der Inhalt auf den Boden gestreut worden; was der Betreffende nicht gebrauchen kann, demoliert er einfach. Ich kann mir nicht helfen, aber wenn man so etwas sieht, dann hat man nicht den Eindruck eines disziplinierten Heeres, sondern einer plündernden Soldateska. Am berüchtigsten sind in dieser Hinsicht schon seit 1914 die Munitions- und Fuhrparkkolonnen. Die haben Zeit zum Räubern und auch Platz genug, ihren Raub unterzubringen. Ich belegte 3 Häuser, eins für Unteroffiziere, dort ließ ich Ranneberg zur Bewachung zurück, eins für uns und eins für die Mannschaften; bei letzteren befanden sich auch Pferdeställe und Parkplatz für die Wagen. Sehr schwierig war es, die Häuser festzuhalten, trotzdem in jedem einer Wache hielt, aber von vorn und

hinten, durch Tür und Fenster kletterten die plündernden Mannschaften hinein, und es kostete alle Mühe, sie wieder hinauszuwerfen, denn die Disziplin ist in solchen Lagen sehr gelockert. Ich ging von einem Haus zum andern, um dauernd nach dem Rechten zu sehen. Inzwischen gingen wir an die Herkulesarbeit, unseren Augiasstall auszumisten, anders kann man es wirklich nicht bezeichnen. Fußtief war der Boden aller Räume bedeckt mit Hausrat. Da lagen ein Dutzend wundervolle leinene Bettbezüge neben einem rotseidenen Unterrock und dem schwarzen Gehrock des Hausherrn; Porzellan, Bücher, Zeitungen, Speisereste, ein umgestürzter Topf mit weißen Bohnen, tausende von kleinen Nägeln (der Hausbesitzer schien Schuster gewesen zu sein) umgestürzte Stühle, Familienbilder, Lampen, Kerzenständer, Nachttische, Nachttöpfe u.s.w., und durch alles waren dreckige Soldatenstiefel getrampelt. [...]

11. April 1918 [Péronne]
[...] Ich habe ja nun schon manches Bild der Zerstörung gesehen, aber noch keine größere Stadt, die so gelitten hat wie Péronne. Die ganze Stadt, die doch im Frieden sicherlich 15.000 Einwohner gehabt hat, ist nur noch ein einziger großer Schutt- und Trümmerhaufen. Giesen und Butz waren 1915 mal besuchsweise dort gewesen; sie erzählten, es sei damals noch ein reizendes Städtchen gewesen, aber heute kennen sie es überhaupt nicht wieder. Ganze Straßenzüge sind einfach niedergelegt, auch nicht ein einziges Haus ist unversehrt geblieben. Als Wohnungen dienen die Kellerlöcher oder die Ruinen, deren offene Wände man notdürftig mit Brettern vernagelt hat. Wir gehen zum Markt; rechts stehen die Trümmer der Kathedrale; sie sind nur noch haushoch, alles ist eingestürzt und leergebrannt; nur das schöne gotische Westportal mit hübschen Skulpturen ist noch ziemlich erhalten. Über einen haushohen Schutthaufen klettere ich ins Kirchenschiff; die eine Säulenreihe liegt am Boden, die andere steht noch, sieht aber auch aus, als könne sie stürzen über Nacht. An der Hinterwand die Reste zweier Altäre und rechts in einer Seitennische ein von Granatsplittern durchlöchertes Ölgemälde, die Auferweckung von des Jairus Töchterlein. Wer waren die Kathedralenschänder? Nicht etwa wir Deutschen, die wir Péronne ja bis März 1917 gehalten und dann freiwillig aufgegeben haben, sondern die Engländer und Franzosen, die 9 Monate lang die unglückliche Stadt bombardiert haben. So sind die nackten Tatsachen. Aber wie haben unsere Gegner es verstanden, auch hier die geschichtliche Wahrheit in das gerade Gegenteil umzufälschen. Auf jedem Schutthaufen namentlich an hervorragenden Gebäuden, der Kathedrale, dem Rathaus u.s.w. steht eine meterhohe Tafel mit großer englischer Aufschrift, in der dringend ersucht wird, nichts zu verändern oder mitzunehmen, sondern alles unverändert zu belassen. Der Grund dieser Maßnahme ist nur zu klar; man will später der staunenden und entrüsteten zivilisierten Menschheit ad okulos demonstrieren, welche Verwüstungen diese Hunnen hervorgerufen haben. Dass die Barbaren, in diesem Falle ebenso wie in so manchem andern, die Engländer und Franzosen selbst waren, werden die geehrten amerikanischen und englischen Besucher, die nach dem Kriege wie ein Heuschreckenschwarm das Kampfgebiet unsicher machen werden, natürlich nicht wissen, aber das ist ja gerade der Zweck. „Nur frischweg verleumden; es bleibt schon etwas hängen". Dass nichts weggenommen werden soll, hat wohl auch noch andere Gründe; nach

dem schwunghaften Handel zu urteilen, der in allen Ententeländern mit Andenken von der Kathedrale zu Reims getrieben wird, wäre anzunehmen, dass auch die Trümmer von Péronne von sammelwütigen Amerikanern bald nach Amerika verschleppt worden wären. Vor der Kathedrale steht der leere Sockel eines Denkmals; das Standbild selbst, dass angeblich irgendein sagenhaftes Heldenmädchen aus der Vorgeschichte von Péronne darstellen soll, ist von den Deutschen entfernt worden, um es vor Vernichtung zu schützen. Auf der anderen Seite des Marktplatzes steht das alte Rathaus im Stile der ersten Kaiserzeit. Der eine Flügel ist völlig zerstört, in dem anderen sind noch einige Räume bewohnbar, die ersten, bei denen ich das sehe; hier hat die Etappenkommandantur ihr Heim aufgeschlagen. Ich gehe zu dem Offizier, um mich wegen der Quartiere zu erkundigen; er zuckt vielsagend die Achseln; wo wir etwas fänden, dürften wir uns ruhig einquartieren; besondere Erlaubnis hätten wir dazu nicht nötig. Das klang wenig ermutigend, aber wir hatten mehr Glück, als wir erst annehmen konnten. Auf dem Wege zum Bahnhof, der wieder in Betrieb ist, fanden wir zunächst einen ganz guten Wagenhalteplatz; ein Verwundetenzelt hatte dort gestanden; es war, wie ich später hörte, infolge englischer Bombenwürfe niedergebrannt. Dahinter lag direkt am Festungswall eine große Kaserne; sie war von zahlreichen Granaten durchlöchert; ich ging hinein und fand den ersten Stock noch ganz brauchbar; die Rückwand der Räume fehlte zwar vollständig, so daß man wie aus einer Loggia heraus ins Freie sah; der Boden war infolge von Explosionen geborsten und stellenweise in die Höhe gehoben wie von einem Erdbeben, aber die Decke über uns war heil, und es war sogar ein Bretterverschlag vorhanden, hinter dem man in einem allerdings pechdunklen Raum schlafen konnte, ohne von der kalten Nachtluft allzu sehr belästigt zu werden.

Walther Vogt, Feldunterarzt, Infanteriedivision 35

Briefe an seine Eltern in Marburg/Lahn

27. März 1918, 8 km vor Albert

Liebe Eltern!
Zuletzt schrieb ich wohl Kartenbrief am 22. aus Lesdain, südlich von Cambrai, seitdem keine Möglichkeit Post abzugeben. Alles wälzt sich vorwärts, nach rückwärts keine Verbindungen, alles denkt auch nur an vorwärts, und die Heimat muss warten. Wenn ich erzählen soll, weiß ich kaum, wo anfangen. Die Bilder sind überall überwältigend. Unsere Division ist erst am 26. März morgens eingesetzt auf das letzte Dorf vor Albert, hat Albert gestern Abend genommen und liegt jetzt ca. 3 km darüber hinaus. Vor ihr kämpfte eine Reservedivision, bei deren Sanitätskompanie Stabsarzt Wurm ist, ein alter Freund vom Infanterieregiment 61, den ich nun wiederholt traf, durch ihn hörte ich von den ersten Kämpfen. Erstes Angriffsziel war Epehy – wir kamen durch am 24. und sahen staunend dies Gewirr von Stellungen, Drahtverhauen, Flankierungsanlagen, Unterständen, Befestigungen größten Stils, freilich nur Erdwerke, nirgends Beton. Wie wir diesen Hauptstützpunkt genommen haben, ist mir unbegreiflich, und nicht einmal übermäßige Verluste. Nach dem 5stündigen Trommelfeuer mit viel Gas war 9.40, als der Sturm erfolgte, noch dichter Nebel, sodass die Stürmenden angefasst in Reihen vorgingen und in den ersten Graben kamen, ehe von drüben ein Schuss fiel.

28. März. Es wird noch nichts aus dem ausführlichen Erzählen, nur kurze Stichworte, wir folgten in langsamen, sehr schwierigen Märschen weit hinter den Kämpfen über Nurlu (Nacht vom 24. zum 25. in englischer Offiziersbaracke, wo ich einen schönen nützlichen Kurzpelz fand). Manancourt (Nächte vom 25.–27. im Zelt bei Frost und Nordwind), sehr unangenehme allnächtliche Fliegerbelästigung, die manche Verluste in dem riesigen Heerlager bringt. Gestern Marsch hierher durch die grausig tote Wüste der Somme-Schlacht, über Sailly-Saillisel, Combles, Guillemont, Longueval nach Bazentin-le-Petit, hier in heizbaren Wellblechbaracken ganz gut untergekommen. Ein Segen, dass ich mein Feldbett aus polnischen Zeiten behielt. Das Land gezeichnet von Verwüstungen, Wassermangel, Gräbern – man wird ganz melancholisch beim Durchziehen. Heute angeblich Angriff über Albert hinaus. Die Post geht weg durch einen wegkommandierten Offizier.
Eilig 1000 Grüße
Euer Walther

12. Mai 1918 [Lesboeufs]

[...] Unsere Umgebung ist an sich freundlicher und belebter als vorher, nur immer noch so feuchtes kaltes Wetter. Hier ist ein schöner sonniger Tag. Wenn wir nicht den großen Kanonenofen im Zelt hätten, wär's kaum erträglich. Wir 3 jüngeren wohnen jetzt in der Ruine in einem früheren „Zimmer", die Decke vielfach durchlöchert, trotz vieler Reparatur rieselt immer noch Lehm, Kalk und Spreu von oben. An den Wänden türmen sich rings Sandsackmauern bis unter die Decke, auch vielfach zerfetzt, die alte geblümte Tapete ist an einzelnen Stellen erhalten, mit alten deutschen, späteren englischen Kritzeleien, an den meisten Stellen ist der Bewurf[1] in großen Fetzen abgefallen, Tür fehlt, eine zweite Tür und den Kamin haben wir zugemauert, das große Fenster glänzt durch Offenheit, an der Decke sind neuerdings Planen gespannt gegen das Geriesel. Tisch, Bänke, Waschtische in wahrem Preiswettbewerb haben die Burschen gezimmert, so ist's ein höchst origineller Aufenthalt geworden, dessen Romantik aber mehr die Besucher als die dauernden Inhaber erfreut. Aber – 4 feste Wände, seit 6 Wochen zum ersten Mal, das ist doch schon viel wert. Die Ruine selbst habe ich ausfindig gemacht, die einzige von Lesboeufs und allen umliegen Dörfern, die noch steht, wegen des Damokles-Daches hatte wohl noch keiner gewagt, sie zu beziehen, anfangs sah sie natürlich noch toller aus, nur über Geröllberge hinein zu kommen. Im Hauptraum, der jetzt „Geschäftszimmer" ist, – es stehen nur Bruchstücke von Wänden und Decken – gähnte ein riesiges Loch, ein schwerer Einschlag, der das Kellergewölbe durchschlagen hat, unser Zimmer war verschüttet durch eine eingestürzte Sandsackwand. Aber was mich reizte, war der Garten, in dem noch einige leibhaftige Zwergobstbäume wieder ausschlagen, ein zerfetzter Fliederbusch weißlich zu blühen beginnt. Stachelbeer- und Johannisbeersträucher, Rosenbüsche, Pfingstrosenstauden im hohen wildgewucherten Gras sich wieder durcharbeiten, auch die Hecke des Gartens steht ringsherum noch erkennbar, sodass wir abgeschlossen sozusagen auf eigenem Grund und Boden hausen können. Nun – Ihr werdet bald auf schönen Photographien die eigenartige Schönheit des verwunschenen Schlosses bewundern können. Die ganze Gegend sieht hier wesentlich lebendiger aus, weil auch die weiten Trichterfelder grünen, vom hohen Wiesenwachstum überwuchert. Auf dem vorigen Biwakflecken konnte es ebenso gut November sein, so braun und öde dehnt sich dort das wüste Gelände. Wann werden wir wieder richtige Bäume und Gärten zu sehen bekommen? Ich glaube, es kann nicht mehr allzu lange dauern, es muss wieder vorwärts gehen, es ist ja keineswegs so, wie sie in dem jämmerlichen Reichstag munkeln – die Offensive ist steckengeblieben, nein an der Linie, wo wir stehen, ist befehlsgemäß Halt gemacht worden mit unverbrauchten Divisionen. Halt für die Riesenarbeit des Nachschubs und der Wiederherstellung von Straßen, Bahnen, Brücken, Anlegung von Depots mit Munition, Pioniergerät, Proviant, Anlegung von Wasseranlagen, ganze Lager von Lazarettbaracken und Zelten – was da entstanden ist in der kurzen Zeit, ist gar nicht zu beschreiben. Ein Feldzug im Westen kann nicht mehr gehen wie im Osten, ein Millionenheer ist hier so belastet von den Massen des langsam noch schleppenden Nachschubs, dass Pausen kom-

---

[1] Putz.

men müssen, alle Verhältnisse haben sich ins Große verschoben, eine Gefechtspause – im Osten beim großen Vormarsch 8–10 Tage, jetzt ebenso viele Wochen. Eckharts Erzählung vom Leben von Pferdefleisch in einer reichen einst schlemmerhaften Gegend beweist, wie rasch ein Land von den Tausenden leer gefressen ist, und mit der Munition geht es genau so. Also – unser Stellungskrieg ist Gefechtspause, damit trösten wir uns und warten voll Zuversicht auf den nächsten großen Schlag. [...]

Zerschossener Panzer am Ufer der Somme, März 1918

Chef des Generalstabes des Feldheeres.
Ia/II Nr. 6706 geh. op.

Gr. H. Qu., den 31. 3. 1918.

Betr.: **Marschlaengen.**

Die Maersche der Reserven und Kolonnen haben sich in letzter Zeit vielfach unter erheblichen Stockungen und Verzoegerungen vollzogen. Auf Grund dieser Erfahrungen neigen manche Stellen dazu, die Sicherheitskoeffizienten bei ihren Marschanordnungen besonders hoch zu nehmen und geringere Marschgeschwindigkeiten einzusetzen, als tatsaechlich erreicht werden koennen.

Abgesehen davon, dass dadurch die Ruhezeiten unnoetig verkuerzt und Truppe und Kolonnen ueberanstrengt werden, wird dadurch das Uebel nur verschlimmert, da die Strassen entsprechend laenger belegt werden und damit die Gefahr der Verstopfungen und Stockungen waechst. Es kommt vielmehr darauf an, Truppen und Kolonnen so anzusetzen, dass sie freie Strassen finden und im richtigen Zeitmass marschieren koennen. Hierzu sind sorgfaeltige Marschordnungen und Massnahmen fuer Freimachen der Strassen von nicht marschierenden Verbaenden noetig.

Richtige Marschanordnungen haben Kenntnis der Marschlaengen zur Voraussetzung. Die Angaben des „Taschenbuchs fuer den Generalstabsoffizier" sind veraltet. Umstehende Tabelle der wichtigsten Formationen, die sich auf die jetzige Staerke der vorzugsweise ausgestatteten Divisionen gruendet, soll als Anhalt dienen. Sie entbindet jedoch alle diejenigen, die Marschbefehle zu geben haben, keineswegs von der Aufgabe, im Einzelfall die tatsaechlichen Marschlaengen zu pruefen und ihren Anordnungen zugrunde zu legen.

I. A.:
Ludendorff.

Gkdo. XVIII. R. K. v. 11. 4. 18 — Ia 1498 op. —

7. Infanterie-Division.
Ia. Nr. 1417.

Div.-St.-Qu., den 5. 5. 1918.

Zusatz der Division:
Bei kleineren Maerschen sind als Marschgeschwindigkeit 10—12 Minuten fuer das Kilometer, bei groesseren Maerschen 15 Minuten fuer das Kilometer anzusetzen.
Die **Fuehrer aller Grade** haben auf einwandfreie Marschordnung und strenge Marschdisziplin zu halten.
Groessere Halte sind nur von der hoeheren Fuehrung anzuordnen.

v. der Esch

Verteilt bis Batlne. pp.

wenden.

Befehl des „Ersten Generalquartiermeisters" Erich von Ludendorff vom 31. März 1918

Marschlängen.

Verband	mit Gefechts-Tross	Gr. Tross
I. Infanterie.		
Batl. mit M. G. K.	520 m	130 m
Rgt. mit M. G. K., Min.-W. und Staeben	1700 m	450 m
M. G. S. S.-Abtlg.	450 m	90 m
II. Kavallerie.		
Esk.	100 m	50 m
III. Artillerie.		
Feldartl.-Battr.	220 m	60 m
„ -Abtlg.	700 m	200 m
L. Mun. Kol.	350 m	50 m
S. F. H.-Battr.	300 m	70 m
Moerser-Battr.	350 m	70 m
Battr.-Kol.	250 m	40 m
IV. Minenwerfer.		
Minenwerfer-Komp.	350 m	70 m
V. Pionier-Batl. (Stab, 4 Komp.,		
Kraftwagenstaffel und Bespannungsabtlg.	1700 m	200 m
Pionier-Komp.	150 m	30 m
Div. B. Train (voll bespannt)	300 m	50 m
Korpsbr. Train	750 m	70 m
VI. Sanitaetsformationen.		
San.-Komp.	250 m	—
Feld-Lazarett	200 m	—
Pferde-Lazarett	400 m	—
VII. Kol. und Trains.		
Mun. Kolonne	600 m	—
Prov. und Fuhrpark-Kolonne	600 m	—
Feldbaeckerei-Kolonne	500 m	—

Anm.: Nachrichtentruppen, Kraftfahrtruppen, Luftstreitkraefte sind nicht aufgenommen, weil sie im allgemeinen nicht in der geschlossenen Marschkolonne gemischter Verbaende marschieren.

Zweite Seite des Befehls vom 31. März 1918

Die Rückkehr an die Somme 1918

Paul Knoch, Fähnrich, Gardeinfanteriedivision 2, Fußartillerieregiment 3

Brief an seine Eltern in Hannover-Waldhausen

7. April 1918

Liebe Eltern!

Ich sitze mal wieder auf Beobachtung, allerdings sehen wir nur von uns besetzte Höhen, aber dafür schießen wir auch nicht, sind heute nur Reserve. Aber ich sitze in der Sonne unter blühendem Schlehdorn. Was das heißt und bedeutet nach 4 Tagen Regenwetter, immer marschiert durch fußtiefen Schlamm, durch Brei und Soße, nachts halbschlafend, von einem Straßenloch gegen einen Stein getreten, dann wieder in ein Schlammloch und dabei wenig Schlaf, draußen im Zelt alles nass, alles lehmig und bei täglich einem halben Löffel Marmelade. Wisst Ihr nicht, könnt Ihr Euch auch kaum vorstellen. Am 5. war es am schlimmsten, die Nacht vom 3. zum 4. waren wir durchmarschiert, am 4. auch noch allerhand gelaufen, da waren wir am 5. mächtig kaputt. Mussten aber weiter, da hat es den ganzen Tag geregnet. Ich hatte meine englische Gummizeltbahn umgehängt, da ging kein Tropfen durch, den lehmigen Mantel habe ich verstaut. Nur an den Knien ging das Wasser bis auf die Haut, macht nichts, denn sonst war ich trocken und wurde nicht durch den schweren Mantel beim Gehen behindert, wie fast alle andern. Am Abend schlugen wir in einem Walde bei strömendem Regen Zelte auf. Habe aber dann großartig geschlafen, denn mit Zeltbahnen bin ich wirklich versehen. Lege meine Gummizeltbahn auf den feuchten Boden, dann eine deutsche (Segeltuch) doppelt drüber, dann komme ich, eingewickelt in drei Decken und Mantel.

Habe eben gegessen und mich seit einigen Tagen mal wieder gründlich gewaschen. Großartiges Gefühl. Aus dem Regenwetter habe ich mir wenig gemacht. Manche waren ganz apathisch geworden. Mein Kampfgenosse Müller zum Beispiel, dann fing er an zu reden, wenn ich jetzt zu Hause sitzen könnte, das darf man nämlich nicht. Ich denke immer, es könnte noch schlimmer sein. Folglich sind wir immer noch ganz gut dran. Außerdem muss es mal besser werden, und was die Hauptsache ist, unsere Offensive geht gut vorwärts. Manchmal hatte ich jeden Mann, der uns mit so einem Heimatschuss begegnete, beneidet. Aber das waren nur Augenblicke, unterkriegen lasse ich mich nicht. [...]

Im Gebiet der Sommeschlacht 1916, also Péronne usw., sieht alles furchtbar verwüstet aus. Trichter neben Trichter, manche Dörfer, zum Beispiel Bouchavesnes, bis auf 1 m hohe Steinmauern von der Bildfläche verschwunden, von Bäumen stehen nur noch zersplitterte Stümpfe. An den Straßen liegen überall tote Pferde, Leichen von Deutschen, Engländern und Franzosen, Ausrüstungsstücke, Gewehre, Munition, hier und da mal eine zerschossene oder zurückgelassene englische Kanone. Man hat sich schon vollkommen an dies Bild gewöhnt. Weiter drüber nachdenken darf man nicht. Jetzt sind wir wieder in zivilisierten Gegenden, braune Äcker, grüne Saatfelder und Dörfer. [...]

Otto Voegtle, Gefreiter, Infanteriedivision 242, Infanterieregiment 475

Brief an seine Eltern in Heidenheim an der Brenz

19. April 1918 Gefechtsstand [Conchy-les-Pots]

Liebe Eltern

Seit 2 Tagen sind und wir nun endlich nach langem Umherirren granaten- und regensicher untergebracht. Der Ort, wo wir uns jetzt befinden, ist ein englischer Stollen, so ca 8–10 m unter der Erde mit Raum für 40–50 Mann. In den ersten Tagen nach dem Angriff lagen wir Tag und Nacht in Erdlöchern und Granattrichtern umher, geregnet hat es ja immer scheußlich, wir waren bis auf die Knochen nass. Das war ein Leben. Und wo wir waren, haben uns die Lumpen sofort wieder herausgeschossen. Der Franzmann legte nämlich in den ersten Tagen ein sehr starkes Sperrfeuer auf sämtliche Straßen und Wege, Waldstücke, kurzum, wo wir unseren Gefechtsstand aufschlagen wollten, krachte es. Nach den Erdlöchern haben wir es in den Kellern verschiedener Ortschaften versucht. Hier ging es anfanglich. Aber seit einiger Zeit war es auch dort nicht mehr auszuhalten, da er jetzt seine Dörfer, sozusagen planmäßig zusammenbolzt. Wie Ihr wohl wisst, sind wir an unserer Frontstrecke zum vorläufigen Stellungskampf übergegangen. Die Kampfhandlungen weiter nördlich von uns sollen dann später unsere Front wieder zum Wanken bringen. Es ist ja ausgeschlossen, dass wir auf einer Breite von 80 km dauernd angreifen können. So viele Divisionen haben wir nicht. Frankreich ist jetzt eben um einen breiten Streifen Zerstörung reicher.

Am gräulichsten sah es an der alten Front südlich von St. Quentin – La Fère aus. Da sind die Dörfer sämtlich vom Erdboden weggefegt. Die Unterkünfte hinter der damaligen englischen Front waren noch von unserem Rückzug her zerstört. Der Engländer hat dann zum Teil in den Trümmern Holzbaracken erstellt, die er dann bei seinem Rückzug angezündet hat. Manches steht aber doch noch. Unser 100 km Vormarsch hat geschlaucht, war aber trotzdem sehr interessant. Ungeheure Munitionsmengen liegen an den Straßen, über das Gelände zerstreut liegen die zahlreichen Opfer, meist Engländer, dann von Guiscard an, kommen Franzosen.

Otto Voegtle

Alle ganz neu eingekleidet direkt von Paris mit dem Auto und schon sind sie futsch. Am schönsten machen sich die französischen Stahlhelme, bald auf jedem qm liegt einer. Sie haben es dort noch sehr eilig gehabt. Ich kann es trotzdem nicht so beschreiben, wie es in Wirklichkeit aussieht. Man muss es mit eigenen Augen gesehen haben. Zu Anfang hat es mit der Verpflegung recht gespannt, da nichts vorgebracht werden konnte. Jetzt geht es wieder. Dafür aber haben wir von den Ortschaften reichlich Most, Wein, Weißbrot und Mehl gehabt und selbst gebrotzelt[1]. Fleischkonserven hatten wir selbst genügend. Nur an Rauchware hat es gespannt. Aber Tee brennt ja auch, und die Hauptsache ist, wenn es nur qualmt. Hoffentlich treffen von Euch bald Zigarren etc. ein. Gestern kam das 1. Paket in Gestalt einer Gesälznudel[2] vom 14.3. Obwohl sie 5 Wochen unterwegs war, schmeckte sie noch ziemlich frisch. Ich habe sie natürlich in einem Anlauf erobert. So. Also jetzt sind wir hier, zu viert in einer Nische, haben wieder einen Tisch und ein richtiges Lager, um die Knochen auszuruhen. Abgelöst wurden wir einmal nach E.[Ercheu], aber nur für 4 Tage, dann mussten wir wieder vor. Arbeit gibt es wieder etwas, habe meine Tusche wieder ausgepackt. Herr Oberstleutnant hält sich prächtig, er führt das ganze Regiment. Er ist eben mit einem Wort: ein feiner Mann.

Habt Ihr mein Eisernes Kreuz erhalten? Es macht sich doch ganz schön neben der Silbernen. Schickt auch bitte so eine Ordensschnalle zum Anheften, wenn es welche gibt. Für heute mache ich nun Schluss. Hoffentlich erhaltet Ihr dieses Schreiben gut. Erwarte auch Nachricht über Vaters Befinden. Es grüßt Euch aufs herzlichste Euer dankbarer Ottl.

Schickt auch gleich 1 Hemd, 1 Unterhose und 1 Paar Socken ab.

---

[1] gebraten.
[2] Gebäck.

Josef Schaller, Leutnant der Reserve, Infanteriedivision 15, Feldartillerieregiment 59

Brief an seine Eltern in Berlin-Steglitz[1]

9. April 1918

Liebe Eltern! Ich schreibe hier in einem ehemaligen englischen Lazarett tief in der Etappe. Hinter uns liegt, trennend zwischen bewohntem Land, die endlose Wüste des Somme-Schlachtfeldes. Gleich einer Karawane haben wir es durchzogen, jenseits mit allem versorgt, als da ist, Wasser und Futter für Menschen und Pferd, bis wir diesseits diesen toten Landes wieder in bewohnbare Gegenden kommen. Wir sind an vielen Orten vorbeigekommen, die blutig in der Geschichte vermerkt sind, ohne sie zu finden. Ich habe keinen Strauch und keinen Baum mehr gesehen, so weit das Auge reicht.

Tot liegt das wellige Land, nur grün von Quecken rings um uns. Und unzählige Kränze zeigen an, dass dieses Land auch ein Land der Toten ist. Granattrichter an Trichter, unten mit Wasser gefüllt, oben grünendes Unkraut. Blatternnarbig ist dieses Land. Ich habe noch nie so etwas Trost und Lebloses gesehen wie diese Gegend.

Wir sind durch die Stellen der Front gekommen, wo wir die Engländer gefasst haben. Welch ein Zusammenbruch! Worte versagen, um das zu schildern, was hier an uns vorbeizog. Tote, Tanks, Geschütze, Pferde, Lager, Zelte, Munition, Baracken, Dörfer und Städtchen. Wo soll ich da anfangen zu erzählen. Ich kann nur sagen, wir haben den bestausgerüsteten Gegner so gefasst, dass er in die Knie geknickt ist, wie ich es noch nirgends gesehen habe. Die Beute ist tatsächlich unermesslich. Was an Gummi und Kupfer allein das Schlachtfeld bedeckt, besitzen wir in der ganzen Armee nicht. Wenn ich unsere Dürftigkeit vergleiche mit dem Überfluss unserer Gegner, so fasst mich ein Staunen über die Größe unserer moralischen Leistungen allein. Was kriegstechnisch noch dazu kommt, ist noch größer. Ich muss Abstand gewinnen von diesen Tagen, um sie schildern zu können. Mir geht's gut.

Herzlichen Gruß
Euer dankbarer Sepp

---

[1] Mars. Kriegsnachrichten aus der Familie, 1914–1918. Max Trimborns Rundbrief für seine rheinische Großfamillie, hg. von Heinrich Dreidoppel, Max Herresthal, Gerd Krumeich, Essen 2013, S. 583 f.

Die Rückkehr an die Somme 1918

Luftbild des Dorfs La Vacquerie bei Gouzeaucourt

VIII Die deutsche Erinnerung an die Somme

von Gerd Krumeich

Nach dem verlorenen Weltkrieg und dem Kriegsschuld-Vorwurf des Versailler Vertrages waren nicht nur viele deutsche Politiker, insbesondere der Rechten, öffentlich darum bemüht, den soeben beendeten Krieg zu rechtfertigen. Auch die Bevölkerung suchte mehrheitlich nach einer wie auch immer gearteten Legitimation. Angesichts von 1,5 Millionen gefallenen deutschen Soldaten und – nach den offiziellen Zahlen des *Sanitätsberichts für das Deutsche Heer* – mehr als 4,8 Millionen Kriegsversehrter, erschien es geradezu zwingend, den Krieg selbst in eine historische Kontinuität zu stellen und für ihn eine Begründung zu finden. Einen zentralen Platz bei dieser Suche nach Sinngebung und Traditionsbildung nahm die veröffentlichte Erinnerung an die Somme ein: zum einen natürlich die Erinnerung an die ungeheuer verlustreiche Schlacht von 1916; zum anderen aber auch an den Rückzug in die Siegfried-Stellung im Februar und März 1917 sowie schließlich – allerdings war dies weniger ausgeprägt – an die „Große Schlacht in Frankreich" im Frühjahr und Sommer 1918, bei der die deutschen Armeen das ursprüngliche Kampfgebiet an der Somme teilweise wieder erreichten.

Dennoch ist es auffallend, dass die meisten Deutschen bereits während des Krieges damit begannen, einen deutlichen Unterschied zu machen zwischen den militärischen Ereignissen an der Somme und der Schlacht von Verdun. Der Hauptunterschied lag augenscheinlich darin, dass vor Verdun die Deutschen unbestreitbar die Angreifer waren, während sie sich an der Somme in einer Verteidigungsposition wähnten. Heute mag uns eine derartige Differenzierung spitzfindig erscheinen, denn es leuchtet nicht mehr ein, dass eine solche Unterscheidung überhaupt getroffen werden konnte, war doch die Somme genau wie Verdun fran-

Titelblatt der Feldzeitung vom 11. Januar 1917

zösisches Territorium, auf dem sich die deutschen Soldaten als Angreifer befanden. Dieser Befund ist gewiss zutreffend, was aber die historische Interpretation der damaligen Sichtweisen umso wichtiger macht: Vor Verdun hatten die Deutschen angegriffen und an der Somme verteidigten sie ihre Stellungen. Sie hielten dort „Wacht an der Somme" gleichsam als eine vorgeschobene „Wacht am Rhein". Und nicht von ungefähr lautete der Titel einer Soldatenzeitung der seit Herbst 1914 an der Somme liegenden 1. deutschen Armee: *Die Somme-Wacht*.[1]

Ihre befestigten Stellungen waren wie ein „Wall aus Eisen und Feuer"[2]. Auch die Soldaten – und hier funktionierte die Propaganda lediglich als ein Echo – waren zutiefst davon überzeugt, dass es eben dieser Wall „mitten im Feindesland" war, der dazu geführt hatte, dass die deutsche Bevölkerung von den Schrecken des Krieges, von Tod und Verwüstung verschont blieb. Das Verdienst der Soldaten als Beschützer der Heimat erschien durch die täglich gesehenen und erlittenen Gräuel des Krieges unbestreitbar zu sein. Geradezu paradigmatisch hat der Pionier Otto Riebicke, Gelegenheitsdichter mit einigem Renommee, in einem 1917 publizierten Prosaband diesen Anspruch formuliert:

Diese deutschen Soldaten mit dem deutschen Siegfriedhelm, mit der Faust am heißen Gewehr, mit den ehernen Gesichtszügen von Mut, Liebe und Grauen, diese Heroen, denen Minen und Granatfeuer immer wieder alles einebnen, so zuschütten, dass sie obenauf liegen müssen, nur ein paar Hände voll Sand über sich [...] und der Feind trommelt drüben aus starker Stellung und wirft hunderttausend Zentner Sprengmunition in klirrenden Minentöpfen herüber, dass die Luft voll ist von haarscharfen, rasend rotierenden Messern und die Erde haushoch gegen den Himmel spritzt – diese Männer an der Somme sind die Wehr im ungeheuerlichsten Orkan dieses Krieges, hinter der die Heimat sorglos und voller Zuversicht zur hohen Ernte geht.[3]

Dennoch waren die Deutschen nicht nur entschlossene Vorwärts-Verteidiger, sie waren auch Zeugen der Ereignisse an der Somme – Augenzeugen vor allem der Zerstörungen, die die Briten und selbst die Franzosen im eigenen Land durch ihre unerbittliche Kriegführung anrichteten. Auf Tausenden von Fotografien, in Briefen und Zeitungsartikeln „aus dem Felde" wurde dieser Vorwurf unablässig wiederholt: Nicht wir Deutschen sind für die ungeheuren Zerstörungen im Somme-Gebiet verantwortlich, sondern die Franzosen selber, ebenso wie die Briten und schließlich auch die Amerikaner. Bereits ab 1917 gab es eine

---

[1] Die Somme-Wacht. Kriegszeitung der 1. Armee, Nr. 1–5 (1917).
[2] So der Titel eines damals verbreiteten Werkes des Front-Kriegsberichterstatters Georg Wegener: Der Wall von Eisen und Feuer, 3 Bde., Leipzig 1915–1920.
[3] Otto Riebicke: Ringen an der Somme und im Herzen. Aufzeichnungen des Feldpioniers Otto Riebicke, Magdeburg 1917, S. 73.

Reihe von „Bilddokumentationen", die hauptsächlich dieser Art Propaganda dienten. Am bekanntesten wurde der in hohen Auflagen erschienene Band *Zwischen Arras und Péronne*.[4] 1917 entstand sogar im Auftrag des im selben Jahr gegründeten Bild- und Filmamtes (BUFA) ein von der 3. Obersten Heeresleitung angeforderter Propagandafilm mit dem Titel: *Bei unseren Helden an der Somme*. In der Werbung und in einer Begleitschrift für diesen Film heißt es:

> Jedes Bild des Sommefilmes ist Heldenlied. Das Lied vom deutschen Soldaten, der einfach nicht wollte, dass sie durchkämen, welcher einfach blieb, wo er saß. [...] Über die Straßen saust das schwere Feuer der Engländer und Franzosen hinein in die von uns besetzten Städte. Lange Flüchtlingszüge bergen französische Familien, denen die Entente Hof und Herd zerschießt. [...] Die blühenden, glücklichen Dörfer des Abschnitts sind von den Granaten der Entente eingeebnet. Irgendein Gutshof nur noch steht und harrt der Verwüstung: noch walten in ihm deutsche Ärzte und Sanitätssoldaten bergen ächzende, bleiche Opfer.[5]

An dieser Einstellung, dass man sich an der Somme lediglich verteidigt habe, änderten auch die Verwüstungen, die die deutschen Truppen 1917 bei ihrem Rückzug in die Siegfried-Stellung anrichteten, kaum etwas. Weder die infolge des neuerlichen Vormarschs während der Michaels-Offensive von 1918 entstandenen Kriegsschäden noch jene schrecklichen Zerstörungen bei dem endgültigen deutschen Rückzug im Herbst 1918, die noch weiterer Erforschung bedürfen, vermochten das bereits 1916 fest geformte Bild in Frage zu stellen. Der gesamte Somme-Diskurs in der Weimarer Republik wurde vom Verteidigungs- und vom Kulturbewahrungs-Topos beherrscht. In dem Maße, wie nach dem Krieg die Sieger (insbesondere die Franzosen) die Deutschen der Verübung von Kriegsgräueln beschuldigten, verfestigte sich noch deren selbstbewusste, mitunter auch larmoyante Verteidigungsstrategie: Sie gipfelte in der Behauptung, die deutschen Soldaten hätten angesichts des Beschusses der Kunstdenkmäler an der Somme durch die Briten und Franzosen alle Hände voll damit zu tun gehabt, selbstlos und unermüdlich die französischen Kulturgüter zu retten.

Die bereits im Krieg herausgebildete Argumentations- und Rechtfertigungsstrategie wurde nach dem Krieg geradezu systematisiert. Bekanntlich hat der pauschale „Kriegsschuld-Vorwurf" des Versailler Vertrages die meisten Deutschen zutiefst empört und zu einer immensen Rechtfertigungsliteratur während der 1920er Jahre geführt. Weniger bekannt

---

4   Zwischen Arras und Péronne. 311 Lichtbilder zur Erinnerung an die Zeit des Stellungskampfes und der Abwehr der englischen Offensive, hg. von einem deutschen Reservekorps, Korps-Verlagsbuchhandlung, Bapaume 1916; andere damals verbreitete Dokumentationen trugen folgende Titel: An der Somme. 321 Lichtbilder [...] Neue Folge von „Zwischen Arras und Péronne", 1917; An der Somme. Erinnerungen der 12. Infanterie-Division an die Stellungskämpfe und Schlacht an der Somme, Berlin 1918; vgl. auch Joseph Sauer: Die Zerstörung von Kirchen und Kunstdenkmälern an der Westfront, Freiburg 1917.
5   Bei unseren Helden an der Somme, Berlin 1917.

Gerd Krumeich

Titelblatt der „Bilddokumentation"

aber ist heute, dass der „Kriegsschuldartikel" 231 des Vertrages mit den daraus resultierenden Reparations- und Folgekosten sich auch direkt auf die zerstörten Gebiete, insbesondere an der Somme und in Nordfrankreich, bezog: Deutschland sollte „als Urheber" alle Schäden bezahlen, die die „alliierten und assoziierten Regierungen und ihre Staatsangehörigen infolge des ihnen durch den Angriff Deutschlands und seiner Verbündeten aufgezwungenen Krieges erlitten haben."[6] Damit waren in der Tat jene Schäden gemeint, die als Folge des von Deutschland zu verantwortenden Krieges, in welcher Weise auch immer, eingetreten waren. Die Deutschen aber waren oder blieben ganz überwiegend der – zwar engstirnigen, gleichwohl aus der damaligen Situation durchaus verständlichen – Ansicht, dass diese Forderung zutiefst ungerecht sei, hätten sie doch die meisten Schäden keineswegs angerichtet. Immer wieder wurde darauf hingewiesen, dass doch die Alliierten selber ihre Städte, Dörfer und Kulturschätze zerstört hätten.

---

[6] Der Friedensvertrag von Versailles nebst Schlußprotokoll und Rheinlandstatut, Berlin 1925. „Aggression" wurde in der deutschen Übersetzung in „Angriff" abgemildert.

Die deutsche Erinnerung an die Somme

Beaumont-Hamel   Telegr. Renn

Beaumont-Hamel. Durch franz. Artillerie   Kraftw. f. Pfitzer
zerstörte Häuser

27

Seite zu Beaumont-Hamel aus „Zwischen Arras und Péronne"

Gerd Krumeich

Gräberfeld eines deutschen Soldatenfriedhofs in Frankreich, 1920er Jahre

Hervorstechend in dieser polemischen Literatur war die Abrechnung, die der Weltkriegsoffizier Otto von Stülpnagel im August und Dezember 1922 in dem führenden Presseorgan des Revisionismus, den *Süddeutschen Monatsheften*, veröffentlichte.[7] Stülpnagels Argumentation und ausführliche Dokumentation richteten sich vor allem gegen den Vorwurf der „mutwilligen Zerstörung", welcher zwar nicht im Versailler Vertrag festgehalten war, aber in vielerlei Stellungnahmen ausländischer Politiker und Staatsmänner auftauchte, um die alliierten Reparationsforderungen moralisch zu rechtfertigen. Schon bei der Überreichung des Vertragsentwurfs von Versailles hatte der französische Regierungschef Clemenceau Deutschland nicht nur für den Kriegsausbruch, sondern auch für die Brutalisierung des Krieges verantwortlich gemacht. Ebenso begründete der britische Premierminister Lloyd George bei den Londoner Verhandlungen über die Höhe der Reparationssumme im Früh-

---

[7] Otto von Stülpnagel: Die Zerstörung Nordfrankreichs und Belgiens. Mit 361 photographischen Aufnahmen, in: Süddeutsche Monatshefte, 20 (1922/23), Dezember 1922, S. 117–157; vgl. auch ders.: Die Wahrheit über die deutschen Kriegsverbrechen, Berlin 1920.

jahr 1921 diese unter anderem mit den „mutwilligen Zerstörungen" der belgischen und französischen Ortschaften durch die Deutschen. Auch der französische Staatspräsident Poincaré, der schon bei der Eröffnung des Versailler Kongresses den Deutschen vorgeworfen hatte, das „schlimmste Verbrechen der Menschheitsgeschichte" begangen zu haben, verband dies in einer Vielzahl von Stellungnahmen der folgenden Jahre mit dem Vorwurf der mutwilligen und barbarischen Zerstörung von Nordfrankreich und Belgien.[8] Gestützt auf eine große Anzahl offizieller Dokumente der deutschen Militärbehörden suchte Stülpnagel hingegen nachzuweisen, dass „der deutsche Anteil an dieser Zerstörung französischer und belgischer Gebiete weit geringer ist als der alliierte".[9] Man habe vor allem hilflos den massiven alliierten Kriegsversehrungen zugesehen, und alle deutschen Zerstörungen, insbesondere beim Rückzug in die Siegfried-Stellung 1917 und beim endgültigen Rückzug im Spätherbst 1918, seien lediglich „eine militärisch notwendige und daher völkerrechtlich völlig zulässige Maßregel"[10] gewesen. Ähnliche Argumente waren auch in dem von der Verfassunggebenden deutschen Nationalversammlung bereits 1919 eingesetzten Parlamentarischen Untersuchungsausschuss (so genannter Dritter Unterausschuss) zu hören, der sich mit den Völkerrechtsverletzungen im Weltkrieg zu befassen hatte. Neben anderen Fragen – der Verschleppung belgischer Zwangsarbeiter nach Deutschland, der alliierten Seeblockade, dem Gaskrieg u. a. – standen auch „die Zerstörungen in Nordfrankreich anlässlich der Rückzüge des deutschen Heeres in den Jahren 1917 und 1918" auf der Agenda der Untersuchungskommission.[11] Der Ausschuss vernahm eine Reihe von Zeugen, darunter auch General von Kuhl als Stabschef der Heeresgruppe Kronprinz Rupprecht von Bayern. General Kuhl führte aus, wie stark sich die Verantwortlichen um einen möglichst humanen „Abschub" der Einwohner aus dem „Zerstörungsgebiet" bemüht hätten. Mit direktem Bezug auf die (u. a. von Stülpnagel vorgelegten) Dokumente argumentierte Kuhl, „dass die vorgenommenen Zerstörungen durchaus auf das militärisch Notwendige beschränkt worden sind. Es muß besonders festgestellt werden, dass nicht bloß beim Rückzug in die Siegfriedstellung, sondern überhaupt im ganzen Kriege sehr viele Zerstörungen überhaupt nicht von deutscher, sondern von feindlicher Seite vorgenommen worden sind".[12] Ohne weitere Aussprache übernahm der Unterausschuss diese Argumentation. Kuhls Ausführungen finden sich nahezu wörtlich in der Entschließung des Dritten Unterausschusses vom 29. September 1923: Die deutschen Maßnahmen seien durchaus mit der Haager Landkriegsordnung von 1907 im Einklang gewesen. Hingegen müsse „hervorgehoben werden, dass Städte wie Cam-

---

[8] Raymond Poincaré: Messages, discours, allocutions, lettres et télégrammes, 3 Bde., Paris 1919–1922, bes. Bd. 2 (1920).
[9] Stülpnagel, Die Zerstörung, S. 124.
[10] Ebd., S. 127.
[11] Vgl. Völkerrecht im Weltkrieg. Dritte Reihe im Werk des Untersuchungsausschusses, hg. von Johannes Bell, 4 Bde., Berlin 1927. Die Beratungen und Stellungnahme zu den Zerstörungen in Nordfrankreich finden sich in Bd. 1, S. 55–154.
[12] Ebd., S. 76 f.

brai, Douai, Denain, Valenciennes trotz der Bemühungen der deutschen Heeresleitung, ihnen eine Beschießung zu ersparen, durch das feindliche Artilleriefeuer zerstört worden sind".[13] Von solchen Argumenten ließen sich natürlich die zurückgekehrten Franzosen, die fassungslos vor den Trümmerfeldern ihrer Dörfer und vor den abgeholzten Obstplantagen, den unter Wasser gesetzten Bergwerken und den vergifteten Brunnen standen, nicht überzeugen. Aber zweifellos wurden (und werden zum Teil bis heute) manche tatsächliche Zerstörungen nordfranzösischer Städte durch die alliierte Artillerie der Brutalität der deutschen Besatzer zugerechnet. Beispielsweise war dies der Fall in der Stadt Saint Quentin, die in Stülpnagels Dokumentation eine große Rolle spielt, da er anhand der Kriegsakten des dort liegenden 18. Armeekommandos zeigen konnte, wie genau von deutscher Seite der Beschuss und die sukzessive Zerstörung der berühmten mittelalterlichen Kathedrale durch „feindliche Artillerie" zwischen April und Oktober 1917 beobachtet wurde. In der französischen Kriegs- und Nachkriegspropaganda allerdings wurden diese Zerstörungen pauschal der deutschen Barbarei zugeordnet. Ähnliches gilt für andere unterschiedlichen Kriegshandlungen ausgesetzten Städte Nordfrankreichs, wobei sich bereits während und dann nach dem Krieg vielfach Tatsachen und Propaganda unentwirrbar vermischten. Wenn die Deutschen nachzuweisen suchten, dass allein englisches Geschützfeuer die Stadt Cambrai in Schutt und Asche gelegt hatte, so betonten englische Militärs und auch die Presse, dass dies eben keineswegs der Fall gewesen sei, sondern dass die Zerstörungen ausschließlich eine Folge deutscher Kriegführung darstellten.[14]

Solche Nachkriegspolemik und gegenseitigen Aufrechnungen waren einer genuinen Bewältigung des Kriegserlebnisses und der in zahlreichen Fällen notwendigen Ent-Traumatisierung der betroffenen Menschen natürlich wenig förderlich. Auch die Tatsache, dass das Totengedenken in den Jahren nach 1919 häufig sehr politische Formen annahm und überdies stets kontrovers blieb, war einer Auseinandersetzung mit dem Krieg an der Somme abträglich. Um die deutschen Kriegergräber an der Somme kümmerte sich zunächst nahezu ausschließlich der „Volksbund Deutsche Kriegsgräberfürsorge e.V.", der damals allerdings noch keineswegs – wie dies heute der Fall ist – gemeinsam mit den Franzosen und Briten grenzüberschreitend die Friedhöfe und Gräber pflegte, sondern bei internationalen Verhandlungen immer wieder mit seinen revanchistischen Vorstellungen und Absichten auffiel. Auch auf französischer Seite waren Ablehnung und Deutschenhass noch derart ausgeprägt, dass für ein gemeinsames Totengedenken schlicht kein Platz war.

So blieb man auch bemüht, die deutschen von den französischen Grabstätten getrennt zu halten. Für große Verbitterung auf deutscher Seite sorgte eine Zeitlang die Tatsache, dass die deutschen Holzkreuze mit schwarzer Farbe angestrichen wurden, wohingegen die französischen Kreuze weiße Farbe erhielten. Eine genaue Erklärung hierfür gibt es bis heute nicht, aber viele Deutsche empfanden dies als eine offene Brüskierung. Auch wurden im Laufe der Rekultivierung des Landes nach 1919 die meisten der im Kriege errichteten deut-

---

[13] Ebd., S. 62.
[14] Ebd., S. 139f.

schen Ehrenmäler und Begräbnisplätze nicht beibehalten; oftmals zerstörten Anwohner die Grabsteine und entsorgten sie auf Müllhalden.

Die französische Regierung gestattete den Deutschen auch nicht die Errichtung neuer Helden- und Ehrenmäler, wie sie für die Gefallenen der alliierten Mächte überall an der Somme in den 1920er und 1930er Jahren selbstverständlich waren, und wie sie auch heute noch in der östlichen Picardie überall anzutreffen sind. Immerhin wurde von den Behörden gewährleistet, dass deutsche Soldatenfriedhöfe durch Zusammenlegungen neu entstehen und würdig instand gehalten werden konnten. Was aber bis heute noch einer Erklärung harrt, ist die Tatsache, dass trotz der Öffnung der Grenzen für deutsche Friedhofsbesucher ab 1924 und der ab 1927 organisierten „Gesellschaftsreisen" des Volksbundes nach Frankreich, deutsche Besuche an der Somme niemals auch nur annähernd die Dimensionen des englischen Besucherstroms annahmen.[15] Allerdings blieb die Reise, verbunden mit Passpflicht und unter genauer Angabe des Ortes und Zeitpunktes des Grenzübertritts, äußerst beschwerlich. Nach einer Statistik des Volksbundes Deutsche Kriegsgräberfürsorge erkundigten sich in den Jahren 1920–1930 nur drei Prozent der Angehörigen von Gefallenen nach deren letzter Ruhestätte. Vielleicht ist dieses Fernbleiben damit begründet, dass die Massenfriedhöfe in der damaligen Form historisch beispiellos waren, somit die Entindividualisierung des Soldaten ganz absichtslos versinnbildlichten und deshalb die Re-Individualisierung des Gefallenen im persönlichen Gedenken „vor Ort" schwierig oder gar unmöglich machten. Nach einer Analyse aufgrund der Akten des Departements wurden für die damals insgesamt 13 deutschen Soldatenfriedhöfe im Gebiet der Somme bis 1933 überhaupt nur wenige größere Gruppenreisen von deutschen Schlachtfeldbesuchern registriert.[16] Sicherlich bemerkenswert war die Reise von 50 Vertretern der Stadt Aachen, die im September 1933 zum Friedhof von Rancourt (bei Péronne) reisten, um das dort neu errichtete Denkmal einzuweihen. Um dort Unruhen zu vermeiden, fragte man sogar bei der Präfektur an, ob es den deutschen Besuchern gestattet sei, das Lied „Ich hatte einen Kameraden" zu singen.

Solche Verweigerung konkreter und persönlicher Erinnerungsarbeit an der Somme hinderte allerdings einige der ehemaligen deutschen „Somme-Kämpfer" nicht daran, ihren dort erlebten Krieg ideologisch fortzuschreiben, indem sie sich bemühten, den Heldentaten der Soldaten zur Verteidigung des Vaterlandes in der deutschen Gesellschaft Gehör zu verschaffen. Allerdings blieb in den Anfangsjahren der Weimarer Republik – das trifft für die literarische Bewältigung des Ersten Weltkriegs insgesamt zu – die schriftstellerische Aufarbeitung der Somme-Thematik sehr begrenzt. Eigentlich steht Ernst Jüngers *In Stahlgewittern*, zuerst 1920 erschienen und anfangs weitgehend unbeachtet geblieben, dann aber mit der Ausgabe von 1924 von einem breiten Publikum rezipiert, einzigartig da. In dramatischen Episoden „aus dem Tagebuch eines Stoßtruppführers" stellt Jünger geschickt Archetypisches,

---

[15] Vgl. die Angaben in Susanne Brandt: Vom Kriegsschauplatz zum Gedächtnisraum. Die Westfront 1914–1940, Baden-Baden 2000, S. 160 ff.

[16] Claudia Figge: Das visualisierte Gedenken an den Massentod des Ersten Weltkrieges. Deutsche Kriegerdenkmäler und Soldatenfriedhöfe an der Somme, Magisterarbeit, Universität Freiburg 1994.

Banales und Dramatisches der Schlachten an der Somme dar. Besonders eindrücklich sind seine kühlen und präzisen Schilderungen der planmäßig organisierten deutschen Zerstörungen beim Rückzug in die Siegfried-Stellung („Unternehmen Alberich") im Frühjahr 1917. Jüngers Extremerfahrungen der Kämpfe von 1918 sind auch Gegenstand seiner zuerst 1925 veröffentlichten Schrift *Das Wäldchen 125*. Zwar sind diese Beschreibungen, wie ein Vergleich mit Jüngers Kriegstagebuch zeigt, literarische Stilisierungen im Nachhinein, aber der Überzeugungskraft und Nachhaltigkeit hat diese epische Überhöhung der Jüngerschen Kriegserlebnisse nicht geschadet. Dies umso weniger, als es im deutschsprachigen Bereich zunächst nur wenige derart gelungene Beispiele gab, das konkret Erlebte des Weltkriegs in lesbare Form zu gießen.

Erst gegen Ende der 1920er Jahre explodierte geradezu das Interesse an literarischen und nun auch filmischen Erinnerungsstücken an den Ersten Weltkrieg. Die zehnjährige Wiederkehr des Kriegsendes von 1918 mag hierbei eine Rolle gespielt haben; aber wichtiger war sicherlich die Formierung der so genannten nationalen Massenverbände, die genau zu dieser Zeit begannen, sich politisch miteinander zu verbinden. Insbesondere der „Stahlhelm. Bund der Frontsoldaten" spielte eine bedeutsame Rolle bei der erneuten Annäherung an den Weltkrieg, der nun auch von der jetzt erkenntlich anwachsenden NS-Bewegung in Anspruch genommen wurde. Hitlers in seinen Reden und Schriften immer wieder proklamiertes Ziel war ja nicht zuletzt, die „Schmach von Versailles" zu tilgen und dem „Frontsoldaten" seine verlorene Ehre wiederzugeben. Von den nach 1928 veröffentlichten massenwirksamen Publikationen über den Ersten Weltkrieg ist vor allem Erich Maria Remarques Erfolgsroman *Im Westen nichts Neues* heute die mit Abstand populärste. Der Skandal, den diese ebenso sentimentale wie realistische Schilderung auf der politischen Rechten auslöste, gehört sicherlich zu den größten literarisch-politischen Ereignissen der 1920er Jahre, ebenso wie der dank zahlreicher Übersetzungen spätere weltweite Erfolg Remarques. In diesem Werk ist die Westfront insgesamt thematisiert, aber nicht spezifisch auf die Somme gemünzt. Gleichwohl bleibt die Somme archetypisch erhalten in den Schilderungen der Soldaten, die unerbittlich vom Maschinenkrieg zermalmt werden, die sich in die Erde krallen, verstümmelt werden, die von unsichtbaren Gegnern mit Geschossen aller Kaliber belegt und im „Stahlgewitter" nicht selten dem Wahnsinn oder der Verzweiflung anheim fallen. Das direkte filmische Pendant zu Remarques Buch war der bereits 1927 produzierte Kompilationsfilm *Somme* von Heinz Paul, in welchem das Kriegserlebnis der Soldaten ebenso realistisch wie dramatisch überzeugend gezeigt wird.

Neben Jüngers autobiographisch geprägten Schriften *In Stahlgewittern* und *Das Wäldchen 125* zählt Edlef Köppens Roman *Heeresbericht* aus dem Jahre 1930 auch heute noch zu den beeindruckendsten literarischen Darstellungen des Krieges an der Somme.[17] Ein Werk, welches auch deshalb von größerer Bedeutung ist, weil es damals gleichzeitig als Hörspiel in dem noch jungen Medium Rundfunk verbreitet wurde und dadurch eine größere Beach-

---

[17] Edlef Köppen: Heeresbericht, Leipzig 1930; Neuausgabe Reinbek bei Hamburg 1992 (folgt der Originalausgabe).

tung erfuhr.[18] Ähnlich wie Jünger montiert auch Köppen Erlebnisberichte der Somme in die Schilderungen von anderen Frontabschnitten ein, wobei das ganze eine äußerst realistische Färbung durch die Verwendung einer Menge von Originaldokumenten aus dem Kriege (Armee-Befehle, Propaganda-Erzeugnisse, Statistiken) gewinnt. So zitiert Köppen beispielsweise im Somme-Abschnitt Anweisungen der militärischen Zensurbehörde, die das Fotografieren in den besetzten Gebieten vom Dezember 1914 betreffen: „Jede Gelegenheit ist zu benutzen, um zu beweisen, dass die deutsche Kriegsführung alle unnötigen Härten vermeidet. In feindlichen Ortschaften sind die wichtigsten Baudenkmäler so zu photographieren, dass ihre Unversehrtheit nachgewiesen werden kann. Stets einige deutsche Soldaten mitphotographieren. Feindliche Verwüstungen und Grausamkeiten sind durch Bilder zu beweisen."[19] Aber trotz dieser ironischen Abwehr des üblichen deutschen apologetischen Diskurses finden sich auch bei Köppen immer wieder Momente, wo er das Grunderlebnis des deutschen Soldaten an der Somme in seinen *Heeresbericht* aufnimmt: „Es kracht, Reisiger sieht, dass da hinten Rauch aus einem Haus schlägt. [...] Der andere Gendarm: ‚Uns kann's ja ziemlich schnuppe sein. Sie schießen eigentlich grundsätzlich nur ihre eigenen Landsleute tot.'"[20] Von großer Tiefenschärfe allerdings, und zugleich in die Besonderheiten des Somme-Krieges eindringend, sind andere Beobachtungen in Köppens Roman. So berichtet er voller Erstaunen über die räumliche Nähe von absoluter Zerstörung und Banalität des Etappen-Daseins: „Ein seltsamer Irrsinn. Auf der einen Straße haut die Artillerie in Menschen und Häuser – und auf der nächsten ist Leben und Trubel wie in friedlichsten Zeiten. Zwei Zonen, die fünf Minuten auseinander liegen, Tod und Leben. Und das eine weiß nichts vom andern, oder will nichts wissen. Wahnsinn, Herrgott, Wahnsinn dieser Krieg."[21] Und auch was die neue Erfahrung des totalen Beschusses angeht, ist Köppen eine beeindruckende literarische Gestaltung gelungen:

Das Gewölbe des Himmels ist in zwei Teile geteilt. Hell. Und Dunkel. Wo die beiden Teile zusammenstoßen, da etwa liegt, wartend, I/96.
Die Nasen der Pferde, die Blicke der Kanoniere gehen feindwärts über den westlichen Teil des Gewölbes. Vom Zenit aus hat er seinen Samt verloren, ist erst leicht weißlich abgetönt, bekommt dann gelblichere Schattierung, fällt ins Rote, tiefer ins Blutrote, endlich in Flammen. Da ist die Front. Da liegt, eine einzige unaufhörliche, niemals abgeschwächte, unaufhaltsam gleichmäßige donnernde Wolke. Ohne Details. Ohne Crescendo. Ohne Steigerung und Gefälle. Zuweilen freilich will ein machtvoller Ton ausbrechen, sich selbst behaupten, geschwollen von seiner überragenden Stärke. Aber die Woge duldet so etwas nicht. Hier gibt es kein einzelnes Aufbrüllen. Hier gilt kein

---

18   Ein Mitschnitt des Hörspiels befindet sich im Deutschen Rundfunkarchiv.
19   Köppen, S. 294.
20   Ebd., S. 125.
21   Ebd.

einzelner Schuss. Hier arbeitet kein Kolben einer Maschine gesondert! Der Horizont feindwärts ist eine einzige rollende Feuerwalze.[22]

In der Zeit des Nationalsozialismus trat in der Literatur der Abnützungskrieg an der Somme sehr stark gegenüber dem heroischen Verdun-Erlebnis zurück. Die „soldatische" Literatur, die im Widerspruch zu den Leidensdarstellungen von Erich-Maria Remarque, Ludwig Renn, Arnold Zweig und anderen nun vor allem auf den heroischen Kampf um jede Anhöhe und jeden Graben setzte, konzentrierte sich gänzlich auf diese Sicht des Weltkrieges. Werner Beumelburg (*Gruppe Bosemüller*, 1930), Hans Zöberlein (*Der Glaube an Deutschland*, 1931) und Josef Magnus Wehner (*Sieben vor Verdun*, 1930) wurden zu den Anführern einer millionenfach aufgelegten heroisch-soldatischen Literatur, die nahezu ausschließlich an der Schlacht von Verdun exemplifiziert wurde und die diesen Krieg zugleich mystifizierte und verherrlichte. Diese Romane dienten ganz eindeutig der gesellschaftlichen Re-Integration des Kriegserlebnisses und – wohl noch stärker – der neuen „Wehrhaftmachung" im NS-Staat. Natürlich gab es in diesen zumeist auf den soldatischen Kämpfertyp konzentrierten Erzählungen auch Gemeinsamkeiten mit den Erfahrungen an der Somme, ohne weiteres ließe sich die *Gruppe Bosemüller* auch an den Schauplatz Somme versetzen. Aber insgesamt kann man feststellen, dass der Krieg an der Somme in den Jahren nach 1933 weitgehend aus der literarischen Kriegserinnerung getilgt wurde. Romane wie *Der Baum von Cléry* (1934) von Joachim von der Goltz, in dem die Zerstörung von Péronne 1917 wie eine Art makabrer Totentanz beschrieben wird, blieben eine Ausnahme:

> Wohin man sah, nichts als Verwüstung. Geborstene Hausmauern ließen den Blick ungehindert in das Innere der Wohnungen dringen. Man sah in Stuben mit zerbrochenem Hausrat und zerfetzten Tapeten, die im Wind wehten […] Irgendwo erklangen die scheppernden Töne eines Klaviers mit zersprungenen Saiten, auf das einer losschlug. Hin und wieder begegneten ihm [dem Protagonisten] Soldaten, die aus den bewohnten Kellern kamen oder mit der Säuberung der Straße beschäftigt waren. Einige waren mit wildem Geschrei bei der Rattenjagd, andere mühten sich, einen Pferdekadaver wegzuschleifen. Aus einem zertrümmerten Laden scholl Gelächter. Dort spielten ein paar Soldaten Komödie mit einer schwarzen Schneiderpuppe, die sie mit Hemd und Unterrock bekleidet hatten und von Arm zu Arm reichten und abknutschten. Einer, der dabeistand, machte mit einem Fassreifen und einem Emailletopf die Begleitmusik.[23]

Das bekannteste der wenigen Somme-Bücher aus den 1930er Jahren ist die gleichnamige Beschreibung der Somme-Schlacht von Hans Henning Freiherr von Grote aus dem Jahre 1937, eine geschickte Kompilation von Schilderungen des eigenen Erlebens mit publizierten Regimentsgeschichten sowie den Quellen aus verschiedenen Armee-Archiven. Für den

---

[22] Ebd., S. 240.
[23] Joachim von der Goltz: Der Baum von Cléry, Berlin 1934, S. 164.

NS-Schriftsteller Grote ist die Somme ein „Gemetzel [...] das sinnlos erscheinen kann, wenn nicht zuletzt doch in jedem Kampf [...] ein hoher Sinn beschlossen liegt".[24] Im Unterschied zu Verdun, wo der Soldat noch auf konkrete Ziele anstürmte, war er an der Somme nur mehr schutzloses Opfer des Krieges:

> Hilflos, eine versinkende Nussschale in den Wirbeln des Taifuns, treibt er inmitten scheußlicher Vielfalt von Mord und Brand und hat nichts, aber auch nichts mehr an Hoffnung als den Glauben an sich selbst, als den Willen, Widerstand zu leisten um jeden Preis. [...] Aus diesem Willen aber ergibt sich auch die Apotheose. Die Somme war die große Schlacht des Einzelkampfes. [...] Dem Sturm des Materials ausgeliefert, ohne Verpflegung und vor allem ohne Kenntnis der Gesamtlage, hielt diese Kompanie wacker ihre Stellung [...] Schlacht des Einzelkampfes – das heißt die erste große Materialschlacht, in der die tote Materie über jeden Geist zu triumphieren schien, indem sie ihn zur Ohnmacht verdammte, legte jedem einzelnen Mitkämpfer eine bisher nicht gekannte Last der Verantwortung auf. Ob Offizier, ob Mann, wer in den Strudel der Somme-Schlacht hineingeriet, sah sich sehr bald ganz allein auf sich selbst angewiesen [...] Ohne Befehle von irgendeiner Seite handelte jeder nach dieser Aufgabe: zu halten um jeden Preis und nicht eher zu weichen, als bis es unvermeidlich und daher geboten war.[25]

Solche auch kommerziell wenig erfolgreiche Schilderungen blieben aber die Ausnahmen, weil sie wohl zu sehr dem Typus der „alten" Kriegserzählung verhaftet waren, die eben stärker das fatalistische „Aushalten" unter Dauerbeschuss thematisierte als das verwegene Erobern feindlicher Stellungen. Dies änderte sich auch nach dem Ende der Nazi-Herrschaft nicht mehr wesentlich. Soweit der Erste Weltkrieg seit den 1950er Jahren überhaupt thematisiert wurde, blieb der Verdun-Topos unangefochten überlegen. Er ließ sich zum Heroismus genauso nutzen wie zur Mahnung und schließlich eben auch zur deutsch-französischen Verständigung. Denn vor Verdun blieb der Krieg bis heute weithin sichtbar, während an der Somme schon Ende der 1920er Jahre die meisten der zerstörten Orte wieder aufgebaut und die Schützengräben und Granattrichter weitgehend eingeebnet waren. An den Krieg erinnern dort heute vor allem die allgegenwärtigen Soldatenfriedhöfe und Gedenkstätten. Nur an einigen Stellen lässt die Landschaft an der Somme noch Spuren der Schlachten erkennen: auf manchen Feldern der Bauern, innerhalb der kleinen Wälder und auf einigen Anhöhen. Das eindrücklichste dieser vom Krieg selbst geschaffenen Monumente ist sicherlich der „große Krater" (Lochnagar) bei La Boisselle, der durch die Explosion von mehr als 27 Tonnen Ammonial-Sprengstoff entstanden ist, den die Engländer zu Beginn ihrer Offensive am Morgen des 1. Juli 1916 unter der deutschen Frontlinie zündeten. Aber insgesamt dominieren an der Somme die großen Denkmäler und Soldatenfriedhöfe, die allerdings nach wie vor nur von wenigen Deutschen besucht werden.

---

[24] Hans Henning von Grote: Somme, Hamburg 1937 (Das Heldenlied des Weltkriegs, Bd. 2), S. 9.
[25] Ebd., S. 27 und S. 69 ff.

Literatur

Christine Beil: Der ausgestellte Krieg. Präsentationen des Ersten Weltkriegs, 1914–1939, Tübingen 2004.
Susanne Brandt: Vom Kriegsschauplatz zum Gedächtnisraum. Die Westfront 1914–1940, Baden-Baden 2000.
Jost Dülffer und Gerd Krumeich (Hg.): Der verlorene Frieden. Politik und Kriegskultur nach 1918, Essen 2002.
Julia Encke: Der Krieg und die Sinne, Stuttgart 2006.
Astrid Erll, Gedächtnisromane. Literatur über den Ersten Weltkrieg als Medium englischer und deutscher Erinnerungskulturen in den 1920er Jahren, Trier 2003.
Michael Gollbach: Die Wiederkehr des Weltkrieges in der Literatur. Zu den Frontromanen der späten Zwanziger Jahre, Kronberg 1978.
Ulrich Heinemann: Die verdrängte Niederlage. Politische Öffentlichkeit und Kriegsschuldfrage in der Weimarer Republik, Göttingen 1983.
Gerd Krumeich (Hg.): Versailles 1919. Ziele – Wirkung – Wahrnehmung, Essen 2001.
Gerd Krumeich (Hg.): Nationalsozialismus und Erster Weltkrieg, Essen 2010.
Karl Prümm: Das Erbe der Front. Der antidemokratische Kriegsroman der Weimarer Republik und seine nationalsozialistische Fortsetzung, in: Horst Denkler und Karl Prümm (Hg.): Die deutsche Literatur im Dritten Reich, Stuttgart 1976, S. 138–164.
Thomas F. Schneider (Hg.): Kriegserlebnis und Legendenbildung. Das Bild des „modernen" Krieges in Literatur, Theater, Photographie und Film, Osnabrück 1999.
Kurt Sontheimer: Antidemokratisches Denken in der Weimarer Republik. Die politischen Ideen des deutschen Nationalismus zwischen 1918 und 1933, München 1978.
Klaus Vondung (Hg.): Kriegserlebnis. Der Erste Weltkrieg in der literarischen Gestaltung und symbolischen Deutung der Nationen, Göttingen 1980.
Arndt Weinrich: Der Weltkrieg als Erzieher. Jugend zwischen Weimarer Republik und Nationalsozialismus, Essen 2013.

Paul Zech

Von der Maas bis an die Marne[1]

XXII
[...]
Der Grenadier Elias Wülfrath lag fünf Tage ununterbrochen im Feuer von La Maisonnette. Eisen, Blut, Erde und Regen umschäumten seinen Körper mit infernalisch jagenden Gewittern. Er zielte und schoss. Er schanzte, dass die Hornhaut der Innenhand aufplatzte. Er wurde verschüttet und krallte sich nach zehn Stunden Atemqual aus den kalten Umklammerungen des Todes. Er murrte und fand wieder Anschluss zu seinen Kameraden. Er schleuderte Handgranaten wie die hundert anderen Bombardeure, die unmittelbar neben ihm lagen. Er bildete keine Ausnahme, an keiner Stelle der Abwehr, in keiner Technik des Angriffs tat er sich vor den anderen besonders hervor. Er blätterte in den wahnsinnig kurzen Pausen zwischen zwei Gefechten in den zerfransten und beschmutzten Briefschaften herum, die er mit dem Geldbeutel und der Erkennungsmarke auf der nackten Brust trug, zerknitterte eine Photographie, zu der er den Namen Wanda murmelte. Er schrieb Briefkarten an irgendwen und zerriss sie wieder. Er hob Erde in seine hohle Hand und zerkaute den frischgrünen Halm, den er auf dem Grabenrand oder in einer Gesteinsritze fand.

Er sehnte das Ende dieses Zustandes herbei, wie alle, die hier darbten, froren, in Schmerzen aufschrien, tierhaft heulten und starben.

Es waren die äußersten Dinge, die man von ihm verlangte. Er tat sie; nicht widerstrebend, aber auch nicht in einer hellaufbrennenden Freude. Wer überhaupt konnte sich noch freuen? Und worüber? Vielleicht hatte dies noch einen Schein von leiser Heiterkeit, wenn aus der Heimat die Post kam. Langsam, wie aus dem brasilianischen Urwald her. [...]

Der Grenadier Elias Wülfrath lag fünf Tage ununterbrochen im Feuer von La Maisonnette. Rad, Material, exponierter Betrieb der Maschinerie des Grabens. Längst schon mürbe und widerstandslos geworden. Greis von Angesicht, der Augenkreis klein, das Regenereszenzvermögen mystisch, aber die Brust breit genug für das Eiserne Kreuz.

Das er jedoch nicht bekam ... Bei einem plötzlichen Sturmangriff der Senegalesen geriet er in Gefangenschaft und hockte mit dreißig anderen Kameraden in einem französischen Dorfquartier.

Kalte, feuchtfaulige Luft war da in dem einen einzigen Kellerraum und ein kleines, rundes Fenster. Draußen klirrten und klappten die Wachen, und auf dem Gedonner der großmäuligen Geschütze Amerikas schwankte das ganze Gebäude.

---

[1] Paul Zech: Von der Maas bis an die Marne. Ein Kriegstagebuch, Rudolstadt 1986 [Nach dem Buchmanuskript von 1932], S. 149–153.

Niemand dachte an Flucht. Wie Tiere lagen sie auf den von Geziefer zerfressenen Dielen und schnarchten oder stöhnten die Zerrüttung und Erschütterung von fünf barbarisch wilden Gefechtstagen hinaus.

Der Grenadier Elias Wülfrath lag unbezwungen von den Kräftekreisen des Schlafes. Er empfand ein rasendes Verlangen nach einer Zigarette. Die Franzosen hatten mit sicher fegenden Krallen seine Taschen ausgekehrt. Er schnalzte mit der Zunge, suchte einen Halm Stroh und verspürte, dass es gemein schmeckte. Irgend etwas, das er noch nicht deuten konnte, legte sich auf seine Augen, dass sie schmerzhaft brannten. Es war eine verdammt helle Nacht draußen. Noch nie war der Mond in einer solchen Lichtfülle mächtig gewesen. Die Scheinwerfer mahlten und Péronne brannte aus fünfzig Dachstühlen.

Blendlaternenhaft zwängte sich das Licht in den dumpfen Kellerraum, das runde Fensterloch wurde zu einem glühenden Planeten, und Elias Wülfrath wich und wich nicht von dem erleuchteten Kreis des Fensters. Der Lichtkreis drängte sich wie ein Magnet um seinen Kopf, er riss ihm die Augen auf, und die anschwellenden Pupillen erschraken bis in die letzte Windung des Gehirns hinein. Er lähmte schließlich alle Empfindungen, erstarrte den Körper und hitzte das Blut zu seinem höchsten Fieberexzess.

Elias Wülfrath stand plötzlich draußen. Man hatte nie erfahren, wie ihm der Weg dorthin geworden war. Er stand aber vor der Wache, die erschrocken stehnblieb und den Hals hinhielt, den ein tierisches Gebiss zerfetzte.

Und dann war Wald um den Entflohenen. Eine schmale Lichtung ging tief durch das Gehölz, von gewaltigen Laubmassen überdunkelt wie die steilen Wandungen eines Viadukts. Der Wald schallte voller Artillerie, splitterte in sausenden Einschlägen und brannte in den Himmel empor.

Das runde, planetenhafte Licht, das in dem armseligen Fensterloch gestanden hatte, glänzte um viele Grade mächtiger vor den Pupillen des Flüchtigen. Es endete, wo die Lichtung des Waldes endete. Und stand schließlich so eindeutig wie die Mittagssonne am Ausgang des Laubtunnels. Er erschrak auch nicht vor der Blendung. Er schritt mit der schlafwandlerischen Sicherheit eines Somnambulen auf den Strahlenbahnen des Lichtes. Niemand versperrte ihm den Weg. Die tausend sausenden, zerplatzenden und wimmernden Projektile hin- und herüber durch die Astmaschen der Waldung glitten von ihm ab. Es war, als bewege sich nur sein Schatten, während der Leib aller realen Wirklichkeit entrückt schien. Am Ausgang des Waldes aber bestand der Nachtwandler noch einmal den Kampf mit einem riesenhaften Kerl von Posten. Geräuschlos ging das Ringen um Sein oder Nichtsein vorüber. Das Farnkraut trank Blut und Galle. Und so, als hätte nichts seinen Weg behindert, wallte Elias Wülfrath unangehalten durch ein Gewirr von Gräben, Verhauen und Postenstellungen.

[...]

Mit den schrecklich aufgerissenen Augen im Spiegel des Wassers versunken, fand ihn, da der Morgen schon heraufgraute, die deutsche Patrouille. Kameraden einer benachbarten Formation.

Man schleppte ihn von Verhör zu Verhör. Zwecklos bemühten sich die Offiziere zuerst und dann die Ärzte. Zwecklos bettete man ihn in den kalten weißen Saal des Lazaretts.

Zehn Wochen lag der Grenadier Elias Wülfrath umhügelt von der Einfalt seines stummen Gesichts. Sein Verstand schlief und schlief. Schlief bis zu dem Tage, da der weiße und unendliche Schnee fiel.
Und wachte auf in einer Welt, die er nicht mehr begriff.
(Juni 1918)

Edlef Köppen

Heeresbericht[1]

[...]
Im Loch hinter dem linken Flügelgeschütz von I/96 sitzen Vizewachtmeister Reisiger und Kanonier Winkelmann.
Der Feind trommelt.
Das Loch ist so breit, dass die beiden sich gegenüber sitzen können. Sie haben die Beine gegen den Leib gezogen, die Knie ineinander geschoben, die Ellbogen darauf gestützt. Ihre Hände halten ihr Gesicht. Sie sehen nach unten.
Der Feind trommelt.
– Die 7,5 Zentimeter-Granaten der leichten Feldartillerie dringen 1,80 Meter in Erde ein –
Zuweilen regt sich der eine von ihnen, zuckt mit dem Knie, zieht das Kinn fester an die Brust. Ein Zeichen für den anderen: Ich lebe noch – und was machst du?
Der Feind trommelt.
– Die lebendige Kraft eines 15 Zentimeter-Geschosses ist gleich der Marschwucht von zwei Infanteriedivisionen –
Nach einer Weile der andere. Sprechen kann er nicht. Sein Nachbar würde ihn ja doch nicht verstehen. Er zuckt also mit den Knien. Oder zieht das Kinn fester an die Brust. Das heißt: Ich lebe noch – na und wie geht es dir?
Der Feind trommelt.
– Ein 30,5 Zentimeter-Geschoss schleudert 8110 Splitter umher –.
Der Kopf wird nur gehoben, ruckartig auf einen blitzschnellen Augenblick, wenn eine Feuersäule so dicht am Rand des Loches hochzischt, dass man die Glut spürt. Dann senkt man die Augenlider: Schuss ging daneben.
Der Feind trommelt.
7,5 Zentimeter-Granaten, 15 Zentimeter-Granaten, 30,5 Zentimeter-Granaten.
Zuweilen werden die beiden Körper der Menschen im Loch mit hartem Schlag gegen die Wand geschleudert. Der Erdboden hat sich gewaltsam gehoben, bäumt sich unter einem Stoß. Der Stoß teilt sich den Menschen mit. Die Schulter kracht gegen den Lehm, der Stahlhelm.
Der Feind trommelt.
Reisiger schießt vornüber, sein Gesicht haut hart gegen die Kante von Winkelmanns Stahlhelm. Sein Zahnfleisch blutet. Er spuckt aus, richtet sich wieder hoch.
Der Feind trommelt.

---

[1] Edlef Köppen: Heeresbericht, nach der Originalausgabe Berlin 1930, Reinbek bei Hamburg 1992, S. 263–266.

Beide geben zuweilen blitzschnell die Hockstellung auf. Es gibt einen Wettbewerb, wer oben, wer unten liegt, wenn sie sich mit dem Rücken an der Lehmwand entlang schmieren, die Nase tief auf die Sohle des Loches drücken. Das geschieht dann, wenn ein Feuerstrahl direkt über ihnen steht –
Der Feind trommelt.
Einmal schlägt es hart gegen Reisigers Koppelschloss. Er spürt den Schlag schmerzhaft auf dem Magen. Etwas rollt zwischen seine Füße, er fasst danach, es ist glühend heiß, ein Splitter.
Der Feind trommelt.
Die beiden Menschen starren nach unten. Es ist eine dämmrige Helle geworden. Reisiger sieht die Stiefel von Winkelmann, Winkelmann sieht die verdreckten Gamaschen von Reisiger. Reisiger hebt die Handfläche nach oben, stiert hinein. Winkelmann macht die Haken am Kragen auf und zwei Knöpfe vom Uniformrock.
Der Feind trommelt.
Hunger? Nein. Durst? Nein. Rauchen? Ja. – Reisiger langt in die Tasche, in der das Verbandszeug ist, zieht zwei Zigaretten heraus. Eine bekommt Winkelmann. Er versucht, ein Streichholz anzustecken. Das verlöscht. Dasselbe zwei-, dreimal. Die beiden rauchen. Sie reißen den Rauch in die Lungen, sie blasen ihn zwischen ihren Knien hindurch an die Erde.
Der Feind trommelt.
Reisiger sieht Winkelmann in die Augen, lächelt, zeigt auf die Zigarette, nickt. Winkelmann lächelt auch, nickt wieder.
Der Feind trommelt.
Es beginnt zu regnen. Der Regen ist dicht wie Nebel. Die beiden nehmen ihre Zigaretten in die Höhlung zwischen beide Hände, dass sie nicht feucht werden.
Feuer am Rand des Loches. Die beiden rutschen auf den Boden, müssen beim Fall die Zigaretten in die Lehmschmiere stecken. Aus.
Der Feind trommelt.
Der Regen wird dichter. Nicht mehr Nebel; dicke Fäden; es prasselt auf die Stahlhelme. Sie rücken näher aneinander. Reisigers Knie unter Winkelmanns Kinn. Winkelmanns Knie gegen Reisigers Brust. Der Regen ist ein Bach, gießt am Stahlhelm entlang, übergießt die gekrümmten Rücken, saugt sich zwischen den Kragenrand, schüttet in die Stiefel.
Der Feind trommelt.
Der Lehmboden ist widerlich wie Kunsthonig. Die Menschen im Loch können keine normale Bewegung mehr ausführen, alle Glieder rutschen auf glibbriger Sauce hin und her. Es ist fast nicht mehr möglich zu sitzen. Schon eine Kopfbewegung genügt, um den Körper aus dem Gleichgewicht zu bringen. Sie stemmen sich mit beiden Händen auf den Grund, um sich zu stützen.
Der Feind trommelt.
Der Regen gießt.
Das Wasser im Loch steigt langsam.
Reisiger fasst in die Rocktasche, holt ein Notizbuch hervor: es ist schon halb nass, er schiebt es durch Rock und Hemd gegen die Brust. Winkelmann will das Verbandszeug

retten. Er zerrt es heraus; es ist dick und schmierig wie ein verbrauchter Schwamm. Er lässt es zu Boden fallen. Und beide sehen, es schwimmt, ein kleines Schifflein, es sinkt.
　Der Feind trommelt.
　Der Regen gießt.
　Sie sind nass bis auf die Haut. Das Wasser im Loch ist so hoch gestiegen, dass es die Ellbogen der aufgestemmten Arme umspült.
　Der Feind trommelt.
　Wie spät?
　Als der Flieger das zweitemal kam, war es gegen 12 Uhr nachts gewesen. Reisiger zieht eine Hand aus dem Wasser, streift den Ärmel hoch, die Armbanduhr geht noch. Er zeigt sie Winkelmann. 7 Uhr früh.
　Seit sieben Stunden trommelt der Feind.
　Die 7,5 Zentimeter-Granate schleudert 508 Splitter umher, die 15 Zentimeter-Granate 2030, die 30,5 Zentimeter-Granate 8110. Eindringungstiefen in Erde 1,80 Meter, 4,10 Meter, 8,80 Meter.
　Der Feind trommelt.
　Der Regen gießt.
　[…]

Ernst von Wolzogen

Die Wacht an der Somme[1]

Die Grauen sie hocken und schmiegen sich tief
Im Schoß der kreißenden Erde,
Wie Kindlein, eh' sie die Stunde rief
Zum scherzvoll erlösenden „Werde"!
    Und lacht der Tag
    Mit Amselschlag
Und schweigt das teuflische Toben –
    Der Graben lebt,
    Es steigt und hebt
Und schaufelt sich keuchend nach oben
Und liegt und lugt aus zerrissenem Nest.
Die Wacht an der Somme steht bombenfest!

Tagein, tagaus unter Sterbegestöhn,
Pesthauch verwesender Leichen,
Unter höllischer Schlünde Trommelgedröhn
Die grausigen Stunden schleichen.
    Es heult die Schlacht –
    Die Mine kracht –
Die Lüfte sausen und singen.
    Die Wolken im Schweiß
    Schütten Hagel heiß –
Spitzküglein, bissige, springen
Und picken wie Spechte im kahlen Geäst.
Die Wacht an der Somme steht bombenfest!

Hilf Mutter! Hilf, Himmel! Wie's kriecht und sich ballt!
Missfarbene, stinkende Schwaden.
Sie haben den Tod in Nebelgestalt
In ihre Kanonen geladen.

---

[1] Ernst von Wolzogen: Die Wacht an der Somme, in: Walter Richter: Das Danziger Infanterie-Regiment Nr. 128, Zeulenroda 1931, S. 255 f.

Die deutsche Erinnerung an die Somme

      Der Graben entlässt
      Wie zum Maskererfest
Urweltliche Rüsseltiere.
        Es taumeln und tappen
        Die närrischen Rappen,
Neumodische Höllenvampire.
Sie weinen und krächzen: verfluchter Südwest!
Die Wacht an der Somme steht bombenfest!

Tratra! Da blasen die Feinde zum Sturm,
Da rasseln die Trommeln zum Tanze.
Im deutschen Graben, da lebt kein Wurm,
Keine Ratte verteidigt die Schanze.
        En avant, en avant!
Franzosen und Engelländer - -
        Hei! Raus aus dem Loch!
        Wir leben noch!
Es speien die Trichterränder:
Ratatack, ratatack! Jetzt kriegt ihr den Rest!
Die Wacht an der Somme stand bombenfest!

Wo lebt ein Volk in der weiten Welt,
Das also gelitten, gestritten!
Das gleich dem Deutschen, von Hass umbellt,
Durch tausend Höllen geschritten?
        Und kommt der Sieg
        Und würgt den Krieg
Und erstickt ihn in Glockengeläute –
        Dann stellt einen Schrein
        Euch ins Herz hinein,
Verschließt drin die heiligste Beute:
Den ewigen Dank – dass ihr nie es vergesst:
Die Wacht an der Somme stand felsenfest!

Franz Peter Weixler

Die Somme – einst und jetzt[1]

Das Schlachtfeld 1916
Rund um Péronne, die wohl fast allen Kriegern der Westfront bekannte bedeutende Etappenstadt, die im Laufe des Krieges einmal von uns und dann wieder von gegnerischen Truppen besetzt war und die schließlich gegen Ende 1918 nur noch aus vom ständigen Granatenhagel zerschrotteten Mauertrümmern bestand, erstreckt sich ein Frontgebiet, dessen Namen alle überlebenden Beteiligten auch heute noch nur mit Scheu aussprechen: die Somme.

Kostbarstes deutsches Menschenmaterial musste im schweren Kriegsjahr 1916 dem Moloch Somme in kaum geahnten Zahlen geopfert werden; da lernten unsere Kameraden in hundert furchtbaren flammendurchzuckten Tagen und Nächten die Materialschlachten und das Trommelfeuer in der Worte bitterster Wirklichkeit kennen!

Im Raum zwischen Péronne und Albert bis hinauf nach Bapaume, in den sanften Flusstälern der Somme und Ancre, wo einstmals blühende und friedliche Bauerndörfer lagen, peitschte und zerwühlte seit dem Morgen des 24. Juni 1916 ein wahnwitziger Orkan von Granaten schwerster Kaliber die aufstöhnende Erde Tag um Tag, Woche um Woche und Monat um Monat, bis das ganze Land zu Schutt und Staub zerschlagen und zerstampft war, zu einer Stätte unheimlichsten Grauens, über der trostlos und lastend ständig schwarze und schmutziggelbe Qualm- und Gaswolken lagerten.

Die Soldaten der deutschen Sommefront, die in diesem Inferno, in dieser zur Wirklichkeit gewordenen Hölle ihre harte Kriegspflicht erfüllten, standen wie eine eherne Mauer. Sie erduldeten entsetzliche Qualen und litten unsagbar – und sie starben am bittern Ende groß und still als Helden. [...]

Neue Landschaft
Heute erinnert den unbefangenen Wanderer, soweit es die Landschaft angeht, nur noch wenig an den Krieg, wenn nicht die vielen, vielen Heldenfriedhöfe zu ernster, zurückdenkender Betrachtung mahnten. Über zweihunderttausend Tote kostete beide Seiten die bis zum 26. November 1916 dauernde Sommeschlacht.

So weit das Auge blicken kann, erheben sich aus den fast völlig eingeebneten Kampffeldern des Sommeabschnittes neuaufgebaute Städte und Dörfer; über die Somme und Ancre spannen sich moderne Betonbrücken, und überall ragen mächtige Kirchtürme empor, ein dem alten Sommekämpfer zunächst unwirklich scheinendes Bild.

Wieder dehnen sich weite üppige Getreidefelder und Zuckerrübenäcker wie vor dem Kriege aus, und junge Stämme sprießen auf den alten Stätten der Vernichtung. [...]

---

[1] Franz Peter Weixler: Damals und heute an der Westfront. Mit 245 Abbildungen, Berlin 1938. S. 60–63.

In Péronne, das nach alten Plänen, genau wie es vor dem Krieg aussah, neu erbaut ist, kennt sich der Frontsoldat sofort wieder aus und findet die Stellen, wo sich seine Quartiere und die Soldatenheime befanden. Die alte Burg trägt noch viele Kriegsspuren. Das Rathaus, die Stadttore und die große Kirche findet man in ihrer früheren Gestaltung wieder, wie sie noch die Kämpfer von 1914 und 1916 kannten. Was dem deutschen Nachkriegsbesucher dieser schönen Stadt nicht gefällt, ist das in der Hasssphäre unmittelbar nach dem Krieg entstandene Kriegerdenkmal der Stadt. Es zeigt eine bei einem toten Krieger kniende Mutter, die die geballte Faust drohend gegen Osten erhebt. Wir sind der festen Überzeugung, dass dieses Denkmal dem Empfinden der Kameraden von der anderen Seite heute auch nicht mehr entspricht.

Von der Höhenstraße Péronne–Albert hat man, nachdem das im August und in den ersten Septembertagen 1916 arg umkämpfte Cléry passiert ist, einen ausgezeichneten Blick links auf die Sommeniederung, auf die an Nahkämpfe erinnernde neue Ferme Monacu und die Orte Hem und Curlu, um die es Anfang Juli 1916 heiß herging. Rechts der Straße liegen im Tal die neuaufgebauten Orte Maurepas, Maricourt, Montauban und Combles.

[...]

Etwas nördlicher liegen Beaumont und Puisieux, einst gefürchtete Kampforte. Dann führt den kundigen Schlachtfeldbesucher der Weg wieder ostwärts über Miraumont, das 1916 einem Haufen rauchgeschwärzter Mauertrümmer wie nach einem Erdbeben glich. Hier wird die Ancre überschritten, und dann, nach Durchquerung einer sanften Geländemulde, erreicht man das kleine Dorf Le Sars, bekannt durch die schweren Kampfhandlungen der Anfang Oktober 1916 hier noch einmal mit aller Wucht aufflackernden Sommeschlacht. Am 7. Oktober 1916 wurde der Ort durch die Engländer unter für sie furchtbaren Verlusten genommen.

Am gleichen Tag wurde hier der Gefreite Adolf Hitler vom 16. Bayerischen Reserve-Infanterie-Regiment schwer verwundet. Nachdenklich, in ernstes Schweigen versunken, verweilt man an der historischen Stätte, in deren Umkreis der damalige Frontkamerad Hitler, heute unser Führer, das Grauen und die Leiden der Sommeschlacht am eigenen Leib kennenlernte.

[...]

Ludwig Harig

Ordnung ist das ganze Leben[1]

[...]
Jetzt ist es still, nur eine Neonlampe rauscht leise über den Zinnen des Giebels, es kommt kein Zug mehr wie damals in der Nacht vom 2. auf den 3. Juli 1916, als Vater in Ham eintraf, rußgeschwärzt und übernächtigt, ohne zu wissen, wohin es geht.

Seine Regimentsgeschichte erzählt: „Dass wir in keine neue Ruhezeit kommen würden, ahnte ja jeder Musketier, aber es war doch gut, dass wir alle nicht wussten, wie es kam. Das I. Bataillon hatte seinen Quartiermacher befehlsgemäß nach Nesle vorausgesandt, und als der Transportzug in stockdunkler Nacht in den Bahnhof von Ham einrollte, war des Adjutanten erste Frage die nach der neuen Unterkunft des Bataillons. Der Bahnhofskommandant, ein ergrauter Marineoffizier, meinte indessen seelenruhig, von Unterkunft wüsste er nichts, wohl aber stünden draußen etwa 60 Lastkraftwagen bereit, welche das Bataillon sofort zur Front schaffen sollten. – Aha! – Mit einem Schlage war jeder völlig im Bilde. Also denn hinein in den schönsten Schlamassel!"

Immer noch liegt Grabesstille über dem Bahnsteig von Ham, heute, fast siebzig Jahre später, es bellt kein Hund auf einer Haustür, es schlagen keine Nachtigallen aus dem nahen Hain, jetzt bleiben auch die Köpfe der Nachbarsleute eingezogen. Wir drehen eine Runde durch die Stadt, kein Mensch ist auf der Straße zu sehen, kein Glockenschlag zeigt die Stunde an, General Foy, auf seinem Denkmalsockel, sieht aus wie eine Frau mit praller Hüfte. Er hat einen Faltenwurf im Mantel, als trüge er ein Negligé. Wir eilen nach Noyon ins Hotel Saint-Eloi, in ein Zimmer mit dunkler Tapete, mit viel Schwarz und Purpur im Blumenmotiv, üppiger Pflanzenwuchs überzieht die Wände, schwülstige Accessoires putzen das Badezimmer, rosa Bidets und goldgelbe Marmorstäbe, ein Toilettenzug mit Delfter Porzellangriff, verschwenderischer Hauch von Etappe, die hinter noblem Fachwerk und verwinkelten Türmchen überlebt hat. Nein, dies ist nicht der Ort, an dem wir Vater finden, noch einmal in der Nacht verlassen wir das Hotel, aus einem Haus hinter der Kathedrale schreit ein Betrunkener, mit Flaschen wirft er gegen Steinfiguren, vielleicht ist es ein irrer Bilderstürmer, besessen vom Geiste Calvins, der hier geboren ist und seine Spur durch die Jahrhunderte zieht.

[...]
Es war auch an einem Sonntag, als Vaters Regiment in Ham angekommen war, auch es war zur Blutspende unterwegs, auch er war ins „Haus für alle" befohlen, aber es war wohl das Totenhaus, ja nicht einmal ein Haus, es waren Gräben, die auf die Männer warteten, ja nicht einmal Gräben, es waren Gräber. Da gab es auch keine Rast mehr für Vater, und wir holen ihn nicht mehr ein, so rasch wir auch seiner Fußspur folgen.

---

[1] Ludwig Harig: Ordnung ist das ganze Leben. Roman meines Vaters, München/Wien 1986, S. 72–79.

Nein, Ham war kein Ort für seine Füße. „Dort angekommen, sofort in die bereitstehenden Lastwagen", schreibt er in seinem Heft, „dichtgedrängt auf den Tornistern stehend, nach Pargny. Wenige Kilometer Fußmarsch nach Licourt. Zelte aufgeschlagen für die Nacht. Kaum abgebaut, Alarm. Abschlagen der Zelte. Antreten und sofort Abmarsch bei Dämmerung in die Sommeschlacht." Auch wir verlassen Ham. Es hat aufgehört zu regnen, auf der Straße nach Péronne glänzen einzelne dicke Regentropfen, als seien Münzen ausgestreut auf einem schwarzen Teppich, in den Wasserpfützen spiegeln sich die Bäume der Allee, seitlich liegend, als seien sie gefällt. Wir fahren an Zuckerrübenfeldern entlang, hie und da taucht ein Wäldchen auf, einzelne Gehöfte, Spalierobst hinter Weidezäunen, das auseinander genommene Räderwerk einer Erntemaschine.

In Matigny, am Gekreuzigten in der Dorfmitte, biegen wir links ab zur Somme. Die Gegend ist leicht gewellt, am Wegrand ragen schmiedeeiserne Kreuze wie riesenhafte Monstranzen auf, hinter Villecourt überqueren wir den Fluss, hinter dem Auenwald laufen Fluss und Kanal parallel nebeneinander her, der Schleusenwärter stapft in hohen Gummistiefeln über die Betonkante der Ufermole, aus der Öffnung seines Pfeifenkopfs quillt Tabak, die Federn seiner weißen Leghennen sträuben sich im Wind. Wir gehen über den Friedhof von Béthencourt, ich breite die Straßenkarte auf einer Grabplatte aus, mein Bruder sitzt neben mir im Gras und schaut über den Kanal hinweg. Ein Schiff fährt vorüber, hinter den Kreuzen und Grabsteinen sieht es aus, als führe es mitten durch den Friedhof. Es fängt wieder zu regnen an, der Schleppkahn verlässt die Schleusenkammer, der Wärter zündet seine Pfeife an, eine Szene wie aus einem Roman von Simenon.

Über die Mauern der Gehöfte von Pargny hängt Moos, hängt Efeu, die Hortensien sind welk wie immer, was hat Vater erzählt, als er diese Stunden wachrief? Sein Gedächtnis war überwachsen, die Erinnerung sprach nicht mehr, nie gab es Romanszenen in seinem Kopf. Die eine Kirchturmuhr zeigt halb sechs, die andere halb zwölf, doch es ist früher Nachmittag, die Zeit ist heute wie damals außer Regel. Vor der Kirche liegen die Reste des alten Gotteshauses, ein paar Steinblöcke, ein Säulenstumpf, ein Türsturz. Irgendwo bellt ein Hund, er ist schon heiser, und sein Röcheln klingt besorgniserregend. An der Schule ist ein Plakat angeheftet, grün, mit weißer Taube, wir lesen: „jeûne international pour la vie – pour le gel nucléaire", die Jugend der Welt fastet für ein atomares Einfrieren.

In Epénancourt beschreiben wir eine scharfe Linkskurve vor einer Fabrik, an zwei Blechfässern mit „mystik-jet" vorüber passieren wir einen Hohlweg, der hinaufführt auf die weite Bodenwelle. Jetzt sind wir oben auf den Westhängen der Somme, von Morchais aus rollen wir über freies Feld nach Licourt hinein, eine Egge rostet am Weg wie vergessenes Kriegsgerät. Hier sind die Ziegelsteine noch roter, der Lehm noch gelber, die Mülltüten noch bunter. Das Kriegerdenkmal von Licourt geht nach oben in eine steinerne Flamme aus, ein Genius zieht das Totenlaken über einen jungen schnurrbärtigen Soldaten.

Es ist Sommer, es flirrt die Luft von bleiernen Insekten, Vater ist unterwegs ins Feld, aber auch Leutnant Thiele ist unterwegs, noch befehligt er nicht die 9. Kompanie, noch sind sich Vater und Leutnant Thiele nicht in die Füße gelaufen, auch nicht beim Biwak von Licourt. Ein Foto zeigt die Soldaten der Kompanie vor einem Gebüsch, die Musketiere liegen im Gras, barhaupt und hemdsärmelig, einige tragen ihre Feldmütze, einige haben die

Jacke anbehalten. Sie dreschen Karten, in zwei Partien, mehr Kiebitze als Spieler, Vater ist nicht dabei. Die Zelte sind mit Zweigen getarnt, auch über den Gewehrpyramiden hängen Blumengirlanden. Der Offizier, der zwischen den Zelten und den lagernden Gruppen steht, hält einen Feldstecher an die Brust gepresst und ist zur Denkmalfigur erstarrt. Noch einmal ein Atemholen, noch einmal ein Auge voll Schlaf, dann ist es Abend, und als erstes bricht das III. Bataillon 207 in die Schlacht auf, mit ihm die Mannschaften des MG-Scharfschützentrupps 4. Vor dem Abmarsch nur noch der Schlag aus dem Kessel der Gulaschkanone, der Segen aus dem Munde des Feldpredigers: Leib und Seele sind mit eisernen Rationen versehen. Doch was ist mit Vater? Ist er gesund, ist er gesegnet, ist er gerüstet?

„Worte vermögen nicht zu schildern, in welches Tohuwabohu die Truppe kam", erzählt die Regimentsgeschichte „gänzlich unbekanntes, zum Teil unübersichtliches Gelände, dunkle Nacht, widersprechende Meldungen über die Lage, Befehle, Gegenbefehle, abirrende Kompanien, sich häufende Verluste, schweres Fernfeuer auf allen Anmarschwegen, allen Annäherungsgräben, und dicht davor die gewaltig kochende Schlacht, die ihre Schlacken dem Regiment entgegenwarf. Wohin man auch kam, überall ein fürchterlicher Brei zusammengeschossener, zerfetzter Bataillone und Kompanien, wirr durcheinander, in den Stunden der Krisis eiligst in die Schlacht geworfen und nun hier in engen, mit Menschenleibern vollgestopften Gräben ineinandergeballt, ohne klare Befehlsverhältnisse, ohne Ahnung der Lage."

Vater lief quer über die Felder am Westausgang von Licourt, das Bataillon hatte Weisung, bis zum Bahnübergang südlich Fresnes-Mazancourt vorzurücken, auf Offiziere zu warten, dann über Deniecourt vorzustoßen und in vorderster Linie abzulösen, obwohl nicht einmal feststand, dass nicht längst schon französische Truppen die Stellung besetzt hatten. Kaum waren die Kompanien in Richtung Marchélepot aufgebrochen, kam die Meldung, Engländer und Franzosen seien in breiter Front durchgebrochen, Reserve-Infanterieregiment 207 sollte einschwenken und gegen die Linie Belloy–Estrées angreifen. Befehle und Gegenbefehle wechselten in rascher Folge, es war stockfinstere Nacht. Vater saß in engem, tiefem Graben, zusammengepfercht mit den Männern der 9. Kompanie, seit zehn Stunden trug er den schwerbepackten Tornister auf dem Rücken, ohne rechten Schlaf seit der vorletzten Nacht, nichts Warmes im Magen, nur schrittweise rückte er im Graben voran, zwängte sich an Toten, Sterbenden, Verwundeten vorbei, dann stockte der Schub wieder, eine viertel, eine halbe, eine ganze Stunde, Versprengte, Verschüttete, Entnervte fluteten dem Strom entgegen, Vater stand, festgekeilt, im gedeckten Graben, draußen wartete die erschöpfte Truppe auf Essen, Munition, Ablösung, die Stunden verrannen, das Bataillon saß fest. Plötzlich setzte ein Feuerüberfall schwerer französischer Artillerie ein, die Gräben brachen zusammen, die Verbindungen rissen ab, die vorrückende Truppe verfehlte die Richtung und geriet westlich Fresnes' in offenes Gelände. Gegen halb vier, als der neue Tag heraufdämmerte, war das Bataillon endlich an Fresnes vorbeigekommen, am Nachmittag des darauffolgenden Tages blieb es zwischen den zusammengeballten Trümmern der schlesischen 11. Infanteriedivision stecken, am Morgen des 6. Juli musste es, da es über Deniecourt nicht hinauskam, herumgedreht und an Berny vorbei an das I. Bataillon angeschlossen werden, das schon vor Estrées in den Gräben lag.

337

Marchélepot, Fresnes, Deniecourt, nur ein paar Autominuten voneinander entfernt: wir fahren Vater nach. Heute, zwei Generationen später, sind die Gräben zugeschüttet, die Granattrichter eingeebnet, die Dörfer wieder aufgebaut. Das Kriegerdenkmal von Marchélepot ist ein stürmender Poilu mit wehender Fahne und Karabiner im Arm, am Ortsausgang passieren wir einen Autofriedhof, unterqueren die Bahnlinie südlich Fresnes-Mazancourt, fahren an Obstkulturen entlang, deren Bäume gar nicht mehr wie Bäume aussehen, und erreichen das Dorf nach einer scharfen Linkskurve. Das Kriegerdenkmal ist eine Totenlaterne, die aufgegebene Fabrik außerhalb des Dorfs steht auf freiem Feld wie ein zerschlagenes Kinderspielzeug aus dem Holzbaukasten.

[…]

Aus dem „Braunen Graben", dem Zwischengraben am Westausgang von Berny, rückte Vater in den „Freiherr-von-der-Goltz-Graben", den vordersten Graben südlich von Estrées, vor, es war Sturmgepäck befohlen, Mantel gerollt mit Kochgeschirr um Schulter und Hüfte, aber es kam nicht zum Sturm. Am 7. Juli standen französische Fesselballons über den Gräben, Flugzeuge kreisten über der Stellung und lenkten das gegnerische Feuer; am 8. schlug das Wetter um, im Nu hatte sich Sonnenbrand in Regennässe, Staub in Schlamm verwandelt; am 9. war das Bataillon wieder beim Schleppen, beim Schanzen, beim Stellungsbau. Unentwegt fegten Splitterhagel gegen die Grabensohlen, sausten Tellerminen auf die Unterstände, flogen Handgranaten in die Laufgräben, wie sollen wir uns Vater vorstellen, als er hier leben musste, in Kriechlöcher gekauert, in Stollen vergraben, schießend hinter der Schulterwehr!

„Da musste man auf seinen Kopf aufpassen", erzählte er später, „der Kopf ist das Wichtigste am Menschen, wenn der Kopf einmal ab ist, dann ist alles ab." Doch in seinem Heft lese ich über diese Tage nichts weiter als ein paar kärgliche Stichwörter. „Schützengräben eingeebnet", schreibt er, „das Anmarschgelände unter starkem Artilleriebeschuss. Bei Morgengrauen in der vermutlichen Stellung angelangt. Nur Granattrichter. Mit einigen Kameraden den rückwärtigen Pionierpark aufgesucht und vorwiegend Handgranaten und Pioniergerät nach vorne geschafft. Zu infanteristischen Handlungen kam es wenig, dafür aber hatten die unsrige und gegnerische Artillerie ausgiebig gesorgt"[…].

IX Erinnerungsorte an der Somme

von Frédéric Hadley

Die Entstehung eines Gedenk-Tourismus

Bereits 1917 setzte in den „befreiten" Gebieten an der Westfront der Schlachtfeldtourismus ein: Französische und britische Angehörige gefallener Soldaten wie auch manche Neugierige durchstreiften die Schlachtfelder der Jahre 1914 bis 1916 und besuchten die Gebiete, aus denen die Deutschen sich inzwischen zurückgezogen hatten. Unter den englischen Besuchern befanden sich auch einige Schriftsteller sowie etliche Konservatoren des späteren Imperial War Museum in London. Von ihnen gingen erste Überlegungen aus, die Spuren der Erinnerung an jenen Orten, wo die britischen Soldaten kämpfen, leiden und sterben mussten, in ansprechender Weise zu bewahren und zu gestalten. Im November 1920 stimmte die französische Deputiertenkammer einem Gesetzentwurf zu, der die Überreste des Weltkriegs zu „historischen Monumenten" erklärte. Ein Jahr später legte die Kammer insgesamt 236 dieser Monumente (Schützengräben, MG-Stellungen, Forts, Minenkrater, etc.) an für Frankreich kriegsentscheidenden Plätzen entlang der ehemaligen Westfront fest, die unbedingt zu erhalten waren. Zugleich wurden die bereits während des Kriegs angelegten Soldatenfriedhöfe von höchst unterschiedlicher Größe neu organisiert und ihre Zahl durch Zusammenlegungen erheblich reduziert. 1925 gab es in ganz Frankreich 174 französische, 165 deutsche und 76 so genannte gemischte Soldatenfriedhöfe.[1]

Nach Kriegsende erlebte die Somme-Region geradezu einen Besucherrekord durch die anreisenden Hinterbliebenen und insbesondere durch französische und britische Schlachtfeldtouristen. Seit Mitte der 1920er Jahre war es auch Deutschen gestattet, an die Somme zu reisen, um die Gräber ihrer Angehörigen aufzusuchen. Allerdings taten dies nur wenige, zumeist unter Führung des bereits 1919 gegründeten Volksbundes Deutsche Kriegsgräberfürsorge e.V.[2] Heute besuchen jährlich etwa 300.000 Menschen die Soldatenfriedhöfe und Gedenkstätten des Ersten Weltkriegs an der Somme, darunter etwa 100.000 ausländische, vor allem britische Touristen.

Die deutschen Soldatenfriedhöfe an der Somme erkennt man leicht an den schwarzen Kreuzen aus Metall oder Stein, oft inmitten eines Parks, die französischen an den einfachen weißen Kreuzen und dem Flaggenmast mit der Tricolore. Auf den Grabkreuzen stehen,

---

[1] Hierzu Susanne Brandt: Vom Kriegsschauplatz zum Gedächtnisraum. Die Westfront 1914–1940, Baden-Baden 2000, S. 129ff.
[2] Ebd.

soweit bekannt, der Name des gefallenen Soldaten, sein Dienstgrad und in der Regel auch das Todesdatum. Die französischen Steine tragen neben der militärischen Einheit noch den Zusatz „Gestorben für Frankreich". Die britischen Friedhöfe sind in dieser Gegend nahe der Front sehr zahlreich, weil die Soldaten damals keine andere Wahl hatten, als ihre Kameraden dort zu begraben, wo sie gefallen waren. Die Grabstellen der Briten sind mit einem Opferkreuz geschmückt (cross of sacrifice), wenn sich dort mehr als 40 Tote befinden und mit einem Gedenkstein (stone of remembrance), wenn mehr als 1.000 Gräber an einem Ort sind. Häufig ist eine Gedenktafel angebracht mit dem Bibelspruch „Their name liveth for evermore" (Ihre Namen leben ewig, *Ecclesiasticus 44:14*). Auf den britischen Grabsteinen findet sich neben dem Namen und dem Todesdatum häufig noch die Plakette des Regiments oder der sonstigen militärischen Einheit. Auf den Steinen der nicht zu identifizierenden Soldaten steht zumeist in anrührender Schlichtheit „A soldier known unto god" (Ein Soldat den nur Gott kennt), ein Zitat des englischen Schriftstellers Rudyard Kipling.

Heute unterhält die Commonwealth War Graves Commission im gesamten Gebiet der Somme 410 Friedhöfe mit insgesamt 130.000 Gräbern gefallener Soldaten aus Großbritannien, den früheren Dominions (Neuseeland, Australien, Kanada, Südafrika) sowie den ehemaligen Kolonien. Das französische Verteidigungsministerium betreut die 20 nationalen Soldatenfriedhöfe an der Somme, während der Volksbund Deutsche Kriegsgräberfürsorge e.V. für den Unterhalt und die Pflege von 13 Friedhöfen mit deutschen Gefallenen zuständig ist. Allein auf dem 1920 angelegten Soldatenfriedhof Vermandovillers befinden sich die Gräber von 22.632 an der Somme gefallenen deutschen Soldaten, unter ihnen die expressionistischen Schriftsteller Alfred Lichtenstein und Reinhard Johannes Sorge.

Das Historial de la Grande Guerre in Péronne

Die Idee, ein Museum (mit einem angeschlossenen Forschungszentrum) zu gründen, das ausschließlich dem Ersten Weltkrieg gewidmet ist, entstand 1986 im Generalrat des Département Somme. Realisiert wurde das Projekt mit Hilfe einiger französischer wie auch internationaler Historiker und Weltkriegsexperten. Eröffnet wurde das Historial de la Grande Guerre in der mittelalterlichen Festungsburg von Péronne am 16. Juli 1992. Die Architektur des Gebäudes aus weißem Stahlbeton, entworfen von dem französischen Architekten Henri-Edouard Ciriani in der Tradition Le Corbusiers, lehnt sich unaufdringlich an den Ziegelbau der alten Burgruine an, durch die der Besucher das eigentliche Museum betritt.

Das dreisprachige „Historial" – Französisch, Englisch und Deutsch – ist weder eine Gedenkstätte noch eine Kriegsausstellung. Es ist vielmehr ein kultur- und mentalitätsgeschichtlich orientiertes Museum, das zeigt, wie sich die Denk- und Anschauungsweisen von Soldaten und Zivilisten durch den Ersten Weltkrieg veränderten. Die „Gräben", d. h. in den Boden eingelassene Rechtecke, deren weißer Marmor den Kreideboden an der Somme symbolisiert, sollen das Leben in den Schützengräben sinnfällig machen: die auf dem Boden ausgebreiteten Uniformen sind bestückt mit diversen militärischen Objekten und persönlichen Gegenständen, Zeichen der Individualität und Verletzbarkeit der Soldaten. Oberhalb der Vertiefungen wird „Schützengraben-Kunst" (*Trench Art*) gezeigt, Kunstwerke von Künstler-Soldaten, die von Menschlichkeit erzählen und die Bedingungen des Soldatenlebens veranschaulichen: die Stimmung vor dem Angriff, die Trauer über den Verlust eines Kameraden, aber auch Themen wie Hygiene, Ernährung, Soldatenhumor, Fronturlaub und anderes mehr – dies alles in einem Krieg, der zunehmend von Materialeinsatz und Anonymität geprägt war. Die Wandvitrinen der Ausstellungssäle sind der Zivilbevölkerung gewidmet. Jedes Thema wird parallel auf drei Ebenen dargestellt, wobei jedem Land eine Ebene zugeordnet ist (oben Deutschland, in der Mitte Frankreich, unten Großbritannien). Dieses Verfahren erlaubt einen systematischen Vergleich sowohl der Gemeinsamkeiten als auch der Unterschiede in den Vorkriegs- und Kriegskulturen der großen, an der Westfront kämpfenden Nationen.

In vier großen Ausstellungsräumen werden die Vorgeschichte und die Ursachen des Weltkriegs ebenso beleuchtet wie das Alltagsleben im Krieg und die zunehmende Totalisierung eines durch Industrie und Technik geprägten Kriegs, mit dem Blick auf dessen politische und kulturelle Folgen für das 20. Jahrhundert. Die einzigartige Sammlung des Historial umfasst Objekte des militärischen und zivilen Kriegsalltags, aber auch Kunstwerke, die beispielhaft die Veränderungen in den europäischen Gesellschaften während des Kriegs belegen. Der brutale Wandel und die Widersprüche, die der Krieg hervorrief, lassen sich kaum besser versinnbildlichen als durch die in der Eingangshalle ausgestellte Serie von Radierungen *Der Krieg* des deutschen Malers Otto Dix. Dix, der als Freiwilliger an der Somme kämpfte, vollendete sechs Jahre nach Kriegsende (1924) dieses bewegende Werk, das Zeugnis ablegt von der fortgesetzten Traumatisierung durch die extreme Gewalt in einem industrialisierten Massenkrieg.

Als ein kurioses und gleichwohl instruktives Beispiel für die Stimmung der Soldaten mag das im Museum gezeigte riesige Holzbrett mit der Aufschrift „Nicht ärgern nur wundern" dienen, das die Deutschen kurz vor ihrem mit Verwüstungen einhergehenden Rückzug auf die Siegfriedlinie im März 1917 an dem durch britischen Artilleriebeschuss schwer beschädigten Rathaus von Péronne anbrachten.

Zeitgenössisches Filmmaterial – vorgeführt an 50 Videostationen, verteilt auf den gesamten Museumsbereich – ermöglicht Einblicke in die Bildsprache des Ersten Weltkriegs und weist darauf hin, welche Bedeutung Fotografie und Filmtechnik im Krieg für die offizielle Propaganda, aber auch für die private Erinnerung erlangten. Weiterhin gibt es „interaktive" Medien zur näheren Information. Für Besucher, die einzelne Fragestellungen vertiefen möchten, bietet das Historial de la Grande Guerre zudem regelmäßig Wechselausstellungen zu ausgewählten Themen des „Großen Kriegs" an.

Die zentralen Orte und Ereignisse sowohl der großen Somme-Schlacht von 1916 als auch der letzten Schlacht in der Picardie im Frühjahr 1918 sind in die Ausstellung des Historial de la Grande Guerre mit einbezogen, um dem Besucher des Erinnerungs-Parcours ein noch besseres Verständnis auch der regionalen Kriegsereignisse zu ermöglichen.

Frédérick Hadley

Die Erinnerungs-Rundfahrt – Circuit du Souvenir

Für die Besucher der Soldatenfriedhöfe und Gedenkstätten hat das Historial de la Grande Guerre eine besondere „Erinnerungs-Rundfahrt" eingerichtet. Man erkennt den ausgewählten Parcours an den roten Mohnblumen auf den örtlichen Hinweis-Schildern. Diese in der Somme-Gegend (wie auch in Flandern) weit verbreitete Feldblume (Klatschmohn) ist zum Wahrzeichen der britischen Erinnerungskultur (*poppy flower*) des Ersten Weltkriegs geworden. Der angebotene Audio-Führer ermöglicht zusätzlich einen literarischen Rundgang zu jenen Orten, die von den Schriftstellern aller Nationen, die an der Somme-Front kämpften, beschrieben wurden.

Das Historial de la Grande Guerre liegt im Zentrum der Stadt **Péronne (1)**. Péronne war im Weltkrieg ein strategischer Knotenpunkt der deutschen Armeen und deshalb ein wichtiges Ziel der alliierten Offensive von 1916. Die Offensive wurde damals vor den Toren der stark beschädigten Stadt gestoppt. So wie die meisten Städte und Dörfer in der Umgebung wurde auch Péronne mit seinen für die Region charakteristischen Ziegelbauten nach dem Krieg fast vollständig neu aufgebaut. An der Kreuzung Rue Saint Denis/Avenue Mac Orlan ist noch eines der provisorischen Gebäude aus der ersten Nachkriegszeit zu besichtigen. Mac Orlan war ein Schriftsteller aus Péronne, der selbst nahe seiner Geburtsstadt gekämpft hat. Die Gedenkstätte mit der Inschrift „Die Picardie verflucht den Krieg" und der emporgestreckten Faust einer verzweifelten Mutter ist das Werk des französischen Bildhauers Paul Auban.

In **Flaucourt (2)**, Richtung Biaches, steht eines der wenigen noch vorhandenen deutschen Denkmäler aus dem Ersten Weltkrieg. Die meisten anderen wurden bereits während des Kriegs oder danach zerstört. Auf einem Feld oberhalb der Straße befinden sich die Reste eines kleinen Friedhofs. Auf einer Ziegelmauer ist eine Tafel angebracht mit der Inschrift: „Zur Ehre der für Kaiser und Reich gefallenen Söhne Deutschlands".

In dem Ort **Frise (3)** eingangs der Fluss-Schleife hat man einen schönen Blick auf das gesamte Somme-Tal. Dort finden sich auch Reste von Schützengräben der Franzosen und Deutschen aus dem Jahre 1915. In Maricourt, nördlich der Somme, verlief im Sommer 1916 die Trennungslinie zwischen den französischen und den britischen Armeen.

In **Mametz (4)** erinnert ein 1987 eingeweihtes Denkmal der 38. walisischen Division an die harten Gefechte im benachbarten Wäldchen. Der Ort war von den Briten bereits am 1. Juli 1916 eingenommen worden, aber das kleine Waldstück konnte erst am 12. Juli erobert werden. Das Denkmal mit dem roten Drachen, dem Wahrzeichen von Wales, ist über den „Waliser Weg" im Dorf zu erreichen.

Fricourt (5), das bereits am 2. Juli fiel, war ein stark befestigtes Dorf in einem von den Deutschen gehaltenen Frontvorsprung. Zeitweilig war auf dem deutschen Friedhof im Norden des Dorfes der „Rote Baron" begraben, bevor der Leichnam des im April 1918 an der Somme abgestürzten Jagdfliegers Manfred von Richthofen nach Berlin und später nach Wiesbaden überführt wurde.

Die Stadt **Albert (6)** ist für viele Briten noch heute ein mit starken Emotionen verbundener Geschichtsort. Der Ort wurde seit Herbst 1914 wiederholt von der deutschen

Artillerie bombardiert. Im Januar 1915 traf eine Granate die Kirchenglocke der neo-byzantinischen Basilika. Die vergoldete Mutter Gottes, die das Bauwerk überragte, blieb bis zum Frühjahr 1918 waagerecht in der Luft hängen. So entstand die Legende von der „Hängenden Madonna von Albert" (Abb. S. 289): am Tag, an dem sie herunterfallen würde, werde der Krieg vorbei sein. Als die von den Alliierten gehaltene Stadt während der deutschen Offensive 1918 belagert wurde, sprengten die Briten die Kirche, um zu verhindern, dass sie von der deutschen Artillerie als Orientierungspunkt genutzt werden könnte. Der schließlich nahezu völlig zerstörte Ort verdankt seinen Wiederaufbau vor allem der englischen Stadt Birmingham. Neben der Basilika befindet sich heute ein kleines, eher bescheidenes Kriegsmuseum: Musée Somme 1916. Das imposante Rathaus von Albert unterstreicht die Bedeutung, die dem Wiederaufbau in dieser von den Kriegsereignissen stark betroffenen Gegend nach 1919 beigemessen wurde.

In dem Weiler **La Boisselle (7)** befindet sich der Minenkrater Lochnagar, wo an jedem 1. Juli eines Jahres um genau 7.28 Uhr in der Frühe – dem „Beginn" der großen Somme-Schlacht – eine schlichte und zugleich bewegende Gedenkfeier abgehalten wird. Der Krater hat einen Durchmesser von fast 100 Metern und ist 21 Meter tief. Er entstand durch die Explosion von 27 Tonnen Ammonial-Sprengstoff. Trümmer und Schutt wurden bis zu einer Höhe von über 1.000 Metern empor geschleudert. Der nachfolgende Angriff der irischen und schottischen Regimenter an diesem Ort war jedoch ein Misserfolg. So wurde der größte Krater des ganzen Kriegs zu einer Ikone der Schlacht an der Somme. Lochnagar

Lochnagar Minenkrater bei La Boisselle (7)

ist heute im Besitz des Engländers Richard Dunning, der dafür sorgt, dass dieser Trichter öffentlich zugänglich ist. Die Unebenheiten des Bodens in der Umgebung erinnern an den Minenkrieg, der in dieser Gegend seit Oktober 1914 stattfand. Noch heute kommen an der Somme jedes Jahr etwa 50 Tonnen Kriegsmaterial an die Oberfläche.

Die Schilder an der Straße von Albert nach Bapaume (D 929) zeigen die verschiedenen Etappen des langsamen britischen Vormarsches. In dem auf einem Höhenzug gelegenen Dorf **Pozières (8)** sind von „Gibraltar", einem damals als „Blockhaus" bezeichneten Unterstand der Deutschen, nur noch die Fundamente zu sehen. Mit Hilfe der dort aufgestellten Orientierungstafeln lassen sich die örtlichen Ereignisse der Schlacht von 1916 gut rekonstruieren. Der auf der zweiten deutschen Linie gelegene Unterstand mit dem Namen „Die Windmühle" (zur Erinnerung an eine Mühle an dieser Stelle aus dem 17. Jahrhundert) ist heute ebenfalls verschwunden. Eine dort angebrachte gusseiserne Platte ist dem Andenken an die 2. australische Division gewidmet, die bei den Kämpfen um Pozières schwere Verluste erlitt. Gegenüber der Anhöhe, direkt an der Straße, erinnert ein Denkmal mit vier Miniaturpanzern an den ersten britischen Tankangriff im September 1916.

Die Anhöhe und das (heute an dieser Stelle nicht mehr vorhandene) Dorf **Thiepval (9)** waren der Dreh- und Angelpunkt der deutschen Verteidigung im Norden der Somme. In und um Thiepval erlitten die Briten in der Zeit vom 1. Juli bis zum 26. September (dem Tag der endgültigen Einnahme) ihre größten Verluste. An dieser für die britische Kriegserinnerung so wichtigen Ort wurde 1932 eine Gedenkstätte eingeweiht, die an die im Gebiet

Kriegerdenkmal von Thiepval (9)

der Somme vermissten Briten und Südafrikaner erinnern soll. Über 73.000 Namen stehen heute auf den 16 Pfeilern des von dem britischen Architekten Sir Edwin Lutyens entworfenen, kilometerweit sichtbaren Denkmals. Seit 2004 besteht daneben ein vom Historial in Péronne betreutes Besucherzentrum, das über die Gedenkstätte sowie die Somme-Schlacht allgemein informiert. Der bereits 1921 erbaute Ulster-Turm in Thiepval ist die Nachbildung eines Turmes in Belfast. Er erinnert an die aus der irischen Provinz Ulster stammenden Soldaten, die an der Somme kämpften.

In **Beaumont-Hamel (10)** befindet sich die offizielle Gedenkstätte Neufundlands, das im Weltkrieg britische Kolonie war. Der bereits 1925 eingeweihte Neufundländische Gedenkpark, ein Werk des Landschaftsarchitekten Rudolph Cochius, besteht aus einem etwa 34 Hektar großen Gelände. Dort sind auch noch etliche Schützengräben erhalten. Von den 801 Neufundländern, die an dem Angriff vom 1. Juli 1916 beteiligt waren, kehrten nur 68 in ihre Heimat zurück. Der Hügel (*Caribou Hill*) mit der bronzenen Skulptur eines nordamerikanischen Rentiers, dem Wahrzeichen der Neufundländer, erlaubt einen guten Ausblick über dieses heftig umkämpfte Schlachtfeld; die erste deutsche Linie verlief nur wenige hundert Meter von hier am hinteren Teil des heutigen Parks. Dort steht das Denkmal eines Schotten im Kilt, das an die Einnahme der deutschen Stellungen am 13. November 1916 durch die 51. Highland-Division erinnert. Ein 2001 eingerichtetes Informationszentrum liefert interessante Details über die Somme-Schlacht sowie eine Chronik der Gefechte in dieser Gegend.

In **Courcelette (11)** befindet sich der offizielle Gedenkort der Kanadier, die von September bis November 1916 mit zwei Divisionen an der Somme-Schlacht teilnahmen. Die kanadischen Gesamtverluste an der Somme werden mit 24.000 Mann angegeben. In Martinpuich, wo Mitte September 1916 die ersten Tanks zum Einsatz kamen, wurde 1964 von deutschen Veteranen der Somme-Schlacht eine Gedenktafel am Fuß des örtlichen Denkmals angebracht.

Longueval (12) ist der Gedächtnisort der Südafrikaner. Im Wald von Delville erlebte die Mitte Juli 1916 dort eingesetzte südafrikanische Infanteriebrigade ihre Feuertaufe durch deutschen Artilleriebeschuss. Von den 3.200 Soldaten kamen nur 143 unverwundet zurück. Hinter dem 1926 eingeweihten Nationalmonument errichtete die südafrikanische Regierung 1986 ein Museum, das an den militärischen Einsatz von (weißen) Südafrikanern im Ersten Weltkrieg sowie in anderen Kriegen und Konflikten (Korea-Krieg, Berliner Blockade!) des 20. Jahrhunderts erinnert. In Longueval befinden sich eine weitere Gedenkstätte und der Friedhof von *Caterpillar Valley*. Beide erinnern an die Beteiligung der 1. neuseeländischen Division und deren massive Verluste im Herbst 1916, wo innerhalb von 23 Tagen 1.560 Soldaten getötet und 5.440 verwundet wurden.

Das in der Somme-Schlacht fast vollständig zerstörte Dorf **Guillemont (13)** wird in Ernst Jüngers Weltkriegsroman *In Stahlgewittern* beschrieben. Zwei Eingänge zu einem noch erhaltenen betonierten deutschen Unterstand befinden sich am Ortsausgang.

Rancourt (14) ist eine der wenigen Gemeinden, die drei Soldatenfriedhöfe (deutsch, französisch und britisch) auf ihrem Boden beherbergt. Die französische Gedenkkapelle entstand aus einer privaten Initiative zum Andenken an den gefallenen, einzigen Sohn der Familie du Bos.

Andere Orte in der Somme-Region erinnern an die Schlachten im Frühjahr und Sommer 1918. **Villers-Bretonneux (15)** bildete die äußerste Grenze der deutschen Offensive. Die Australier, die hier den deutschen Vormarsch endgültig zum Stehen brachten, errichteten an dieser Stelle 1938 ihren an der Somme vermissten Landsleuten ein Denkmal, auf dem die Namen der Soldaten ohne eigene Grabstätte aufgeführt sind (an der D 23). Die besondere Beziehung zwischen dem Département Somme und dem australischen Kontinent wurde im Jahre 1993 durch die Exhumierung eines Unbekannten Soldaten auf dem Soldatenfriedhof Adélaide und dessen Überführung nach Canberra in Australien noch enger. Das kleine Museum im ersten Stock der örtlichen Victoria-Schule geht auf ein Geschenk australischer Schulkinder aus Victoria zurück. Es dokumentiert anschaulich den Einsatz der australischen Truppen und die erste Tankschlacht in der Geschichte anhand von Modellen, Fotografien und Uniformen.

Der australische Gedenkpark in **Le Hamel (16)**, südlich von Albert (nicht zu verwechseln mit Beaumont-Hamel), erinnert an die Gefechte, die den sogenannten „Schwarzen Tag des deutschen Heeres" (so Ludendorff über den 8. August 1918) einleiteten. Am 4. Juli gelang General Monash, mit amerikanischer Unterstützung, ein moderner Großangriff unter Beteiligung von Artillerie, Infanterie, Luftwaffe und Tanks. In Cantigny in der Nähe von Montdidier fand am 28. Mai 1918 der erste bedeutende Angriff amerikanischer Einheiten an der Somme statt. Diesem Einsatz wird mit einem Denkmal der ersten US-Division (Big Red One) gedacht. Auf dem „Amerikanischen Somme-Friedhof" in Bony (Aisne) befinden sich die Grabstätten der 1917 und 1918 gefallenen amerikanischen Soldaten.

In **Noyelles-sur-Mer (17)**, nordöstlich von Abbeville, steht auf dem örtlichen Friedhof eine kleine Pagode, die an die beinahe 100.000 chinesischen Arbeiter erinnert, die hinter der Front (ohne Kombattanten-Status) eingesetzt waren. Gemäß den Abkommen zwischen ihren Regierungen waren die Chinesen sowohl von den Briten als auch den Franzosen seit April 1917 zu Transport- und Schanzarbeiten sowie nach Kriegsende zu Aufräumungsarbeiten an die Somme gebracht worden.

Die Vielfalt der Gedächtnisorte und Besichtigungspunkte in dieser Region dokumentiert noch einmal die große Zahl der Nationen, die während des Kriegs als Soldaten an der Somme kämpften und starben oder – dies gilt vor allem für Afrikaner und Asiaten –, die dort für die Alliierten arbeiteten, oftmals unter erbärmlichen Bedingungen. Die erhaltenen oder teilweise neu errichteten Gedenkstätten bekunden zugleich die großen Anstrengungen, die das Département Somme unternommen hat, um die Erinnerung an den Ersten Weltkrieg aufrecht zu erhalten und so seiner historischen Verpflichtung gerecht zu werden.

Von massiver Präsenz zu spärlichen Überresten

Heute existieren nur noch ganz vereinzelt Spuren der deutschen Präsenz an der Somme, obwohl hier in den Jahren 1914 und 1915 militärische Einheiten oftmals bis zu zwei Jahren stationiert waren. Die Soldaten befestigten in dieser Zeit ihre Stellungen, lernten die Gegebenheiten des Terrains genau kennen und versuchten dabei, sich in einem fast normalen Alltag einzurichten. Bei der großen Somme-Schlacht von 1916 waren schließlich mehr als 1,5 Millionen deutsche Soldaten eingesetzt.

Die deutschen Regimentsgeschichten[3] betonen die Entschlossenheit der „Somme-Kämpfer", trotz des feindlichen Beschusses stark befestigte Verteidigungsstellungen zu errichten bzw. die bereits vorhandenen weiter auszubauen. Fotografien aus der gesamten Zeit des Kriegs zeigen teilweise ausgetüftelte Stellungs- und Wohnanlagen sowohl für Offiziere als auch für Mannschaften. Auf verschiedenen Aufnahmen sind Regimentszeichen und Denkmäler leicht identifizierbar. Auch in Fotoalben aus den Jahren 1917 und 1918 lassen sich die im Krieg teilweise zerstörten, aber wieder neu aufgebauten deutschen „Erinnerungsorte" nachweisen.

Einige dieser „Erinnerungsorte" können heute noch besichtigt werden. Außer den bereits genannten ist das die Gedenksäule für die Jasta (Jagdstaffel) II auf dem Gemeindefriedhof von Bertincourt (Pas-de-Calais). Sie erinnert uns daran, dass die Somme-Schlacht nicht nur an einer einzigen Frontlinie stattfand, sondern dass auch Einheiten einbezogen wurden, die oft weit entfernt waren. Die Fliegerbasis Bertincourt war 1916 ein Knotenpunkt der Luftverteidigung. Die Jasta II wurde dort von dem „Fliegerass" Oswald Boelke eingerichtet, nachdem ab dem 10. August die neu geschaffene 1. Armee im nördlichen Somme-Gebiet operierte. Das mit einem Eisernen Kreuz sowie einem Flugzeug geschmückte Denkmal in Bertincourt muss also im Zusammenhang mit dem Fliegerhorst stehen, der später, als die Alliierten bis auf Geschützreichweite herangekommen waren, nach Lagnicourt verlegt wurde.

In der Nachkriegszeit wurden die Spuren der langwährenden Präsenz und Gedenkkultur der Deutschen häufig getilgt. Der Wunsch nach Vergeltung führte nicht selten zur Zerstörung der Denkmäler. Auf die Neuanlage von zentralen Friedhöfen für die deutschen Gefallenen folgte eine Politik des Auslöschens der Erinnerung an die Deutschen an der Somme. Mit dem allgemeinen Wiederaufbau der zerstörten Gebiete in den 1920er Jahren verschwanden weitere deutsche Relikte des Kriegs. Entsprechend lautete der Titel eines von Maximilian Ziese und Hermann Ziese-Behringer 1928 veröffentlichten Buchs über die Gedenkstätten an der Westfront: *Das unsichtbare Denkmal*. Zu dieser französischen Politik der Erinnerungs-Verweigerung gesellte sich ein allgemeines Desinteresse und schließlich Vergessen.

---

[3] Die Regimentsgeschichten sollte man allerdings kritisch lesen, denn diese Nachkriegs-Publikationen sind allzu oft bemüht, das jeweilige Regiment und seine Angehörigen zu glorifizieren.

Auch in der Umgebung von Amiens gibt es noch deutsche Überreste des Kriegs. So konnten manche Unterstände (Bunker), so genannte Blockhäuser, nicht abgerissen oder mit Erde überdeckt werden, so dass sie heute noch inmitten der Felder oder entlang einer Straße sichtbar sind. Gelegentlich wurden sie auch als Grundmauern für Wohnhäuer verwendet. Derartige Militärbauten werden heute von den Eigentümern des Geländes instand gehalten, manche dienen inzwischen Jugendlichen als Treffpunkte. Seit 1995 werden die Blockhäuser systematisch inventarisiert.[4] Dadurch entsteht eine Art Typologie der Stein- und Betonbauten, die auf unterschiedliche Kämpfe und Schlachten verweisen. Hin und wieder wird es dadurch auch möglich, die genauen Positionen der Deutschen seit Beginn des Kriegs zu ermitteln. Mitunter werfen die Standorte dieser Bunker neue Fragen auf. Die Tatsache, dass sie alle nach Westen ausgerichtet sind und deshalb vollständig im Schussfeld der Geschütze der Alliierten lagen, widerspricht den Vorgaben der militärischen Handbücher und lässt deshalb wichtige Schlüsse auf die Praktiken des Kampfes in einem vorgegebenen Terrain zu.

Auf jeden Fall zeugen diese Betonkonstruktionen von einem äußerst starken Bemühen um die Befestigung der deutschen „Wacht an der Somme". So ist im Park des Schlosses von Chaulnes ein über drei Meter hoher Beobachtungsturm zu sehen (Abb. S. 352). In Regimentsgeschichten wird beschrieben, wie es möglich war, diesen Beobachtungsstand derart nahe an der nur etwa 100 Meter entfernten französischen Frontlinie zu bauen. Die deutschen Soldaten schafften Beton herbei und errichteten Nacht für Nacht einen sanft ansteigenden Erdwall, hinter dem dann der Turm errichtet wurde. Solche regelrechten Camouflage-Aktionen fanden ihre Krönung in La Chavatte, wo der Beobachtungsturm die Form eines gewöhnlichen Wohnhauses hat. Erst aus einer Entfernung von wenigen Metern erkennt man, dass dieses Gebäude ganz aus Stahlbeton besteht. Das Département beabsichtigt, diesen Gedenkort deutschen Ursprungs in die Liste der französischen Nationalmonumente aufzunehmen.

Zuletzt seien noch die bislang verborgenen deutschen Überreste in Kellern und Wohnungen von Péronne erwähnt, wo man einzelne Graffitis und sogar Wandgemälde hat rekonstruieren können. So gibt es ein Wandgemälde, auf dem auf humoristisch-eindringlich Weise gezeigt wird, wie die Besatzung eines deutschen Automobils bei einer Bombardierung in einen Unterstand flüchtet. Sicherlich gibt es diese Zeugnisse an der Somme nicht so häufig wie an der Aisne und in der Umgebung von Arras. Gleichwohl legt diese Grabenkunst – genauso wie die von alliierter Seite hinterlassenen Erinnerungsspuren – Zeugnis davon ab, wie und unter welchen Bedingungen die Soldaten ihre Kriegserlebnisse und -erfahrungen festzuhalten suchten.

---

[4] Hierzu Peter Oldham, Pill Boxes on the Western Front: A Guide to the Design, Construction and Use of Concrete Pill Boxes 1914–1918, Havertown 1995, Taschenbuch 2011; vgl. auch die Foto-Serien, die Yazid Medmoun für den Conseil Départemental de la Somme angefertigt hat.

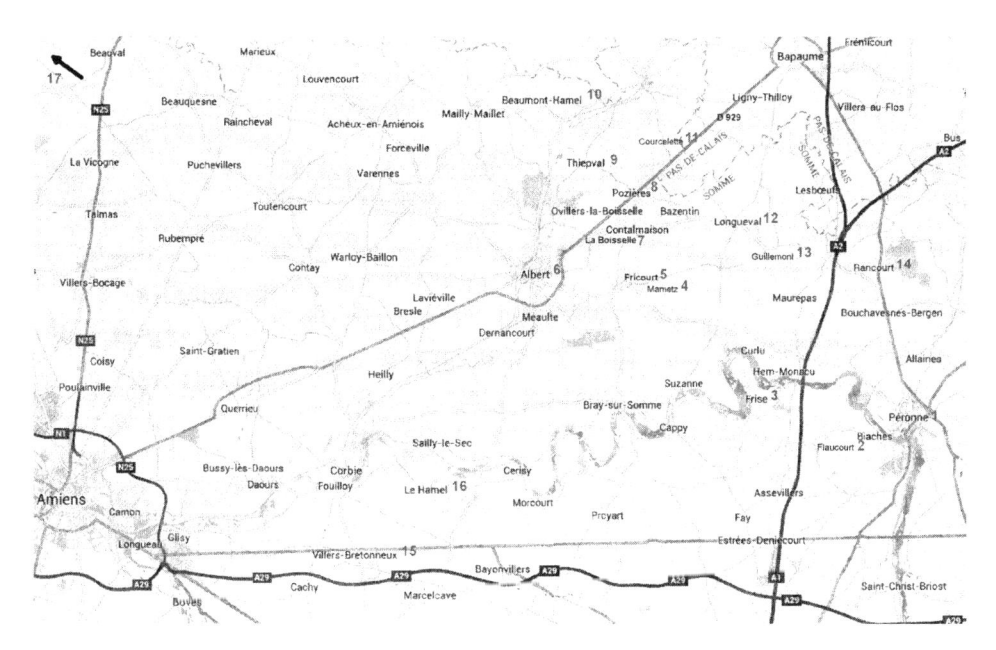

Erinnerungsorte an der Somme

Die Friedhöfe

Der Versailler Friedensvertrag von 1919 legte fest, dass die Deutschen, genau wie die anderen Nationen, für den Unterhalt ihrer Soldatenfriedhöfe selbst verantwortlich waren.[5] Die Wartungspflicht der Denkmäler obliegt allerdings nicht den Nationen, die sie errichtet haben, sondern denjenigen, auf deren Grund und Boden sie sich befinden. Deshalb konnte sich der Volksbund Deutsche Kriegsgräberfürsorge e.V. auch nicht um jene Denkmäler kümmern, die sich außerhalb der ihm zugewiesenen deutschen Soldatenfriedhöfe befanden. Um diesem Missstand abzuhelfen, wurden einige deutsche Denkmäler später auf Soldatenfriedhöfe versetzt, so beispielsweise das Denkmal bei Villers-au-Flos, das den Gefallenen des XIV. Reservekorps gewidmet ist. Diese Einheit war im September 1914 bei Bapaume eingesetzt worden mit dem Auftrag, die Franzosen nördlich der Somme aufzuhalten. Der Soldatenfriedhof von Villers wurde bereits im folgenden Monat angelegt. Das XIV. Reservekorps blieb länger als zwei Jahre in der Stellung, die sich von Bapaume, wo sich das Hauptquartier

---

[5] Niemand hat bislang schlüssig erklären können, warum die Deutschen schwarze Kreuze erhielten. Die oft veröffentlichte Behauptung, dass dies im Versailler Vertrag vorgeschrieben und zudem negativ konnotiert worden sei, ist nicht zutreffend. Auch die Akten des Volksbundes geben hierzu keinen Aufschluss.

befand, bis nach Thiepval hinzog. Bereits im Oktober 1914 errichtete man hier ein Denkmal, das von Prinz August Wilhelm, dem vierten Sohn des Kaisers, dem württembergischen König und dem Fürsten des Großherzogtums Baden eingeweiht wurde. Der später angebrachte Text, von einem Kreuz überhöht, hat folgenden Wortlaut:

> Wir neigen das Haupt / vor unseren Toten / Die furchtlos und treu / ihr Leben boten. / Was sterblich war / brachten wir hier zur Ruh. / Ihr Geist zog befreit / der Heimat zu.

Es folgt eine weitere Inschrift:

> Den in der Umgebung / von Bapaume / gefallenen Kameraden / zollt seinen Dank / durch dieses Denkmal / das XIV. Reserve Korps /1914–1918.

Nach Ende des Kriegs ließen die Franzosen die mehr als 800 Toten des Friedhofs von Villers-au-Flos umbetten. Das Denkmal selber wurde in der Zwischenkriegszeit auf seinen heutigen Standort versetzt. Gemäß einer damals üblichen Anordnung wurde es am hinteren Ende des Soldatenfriedhofes von Villers platziert und dominiert so einen Friedhof, auf dem 2.449 Gefallene aus der gesamten Kriegszeit bestattet sind.

Diese örtliche Verteilung der Gräberfelder war sehr stark nach Nationen unterschieden. Vor allem zwischen den feindlichen Nationen wurde strikt getrennt. Erst seit der Jahrtausendwende konnten durch mehr oder weniger offizielle Initiativen erreicht werden, dass der Soldaten verschiedener Nationen gemeinsam gedacht wurde. So gibt es in Serre, am äußersten Nordrand der Somme-Schlacht, eine von Hobby-Archäologen gestaltete Inschrift für vier gefallene Soldaten, zwei Briten und zwei Deutsche, die bei Ausgrabungen gefunden worden waren. Bei Gedenkfeiern kann somit der Gefallenen aller Nationen gleichzeitig gedacht werden.

Gedenkfahrten sind kein schlichter Tourismus, und jeder Besucher trägt seine individuellen Emotionen mit sich. Aber der Besuch der Schlachtfelder der Somme ist in jedem Fall lohnend, denn er erlaubt, sowohl das tägliche Leben und Leiden der Soldaten als auch die schrecklichen Höhepunkte der mörderischen Schlachten kennen zu lernen. Ein Besuch mag die Sensibilität für die Frage erhöhen, welche materiellen und kulturellen Auswirkungen der „Große Krieg" gehabt hat. Die Aufgabe des Museums ist es, das auf gesellschaftlichen und familiären Traditionen basierende historische Wissen, in neue und andere Zusammenhänge zu stellen. Auf diese Weise lernen wir, die Mechanismen besser zu verstehen, die diesen Krieg hervorgebracht und in Bewegung gehalten haben – ein Krieg, dessen Nachwirkungen auch heute noch spürbar sind und der das Bewusstsein der Nationen entscheidend geprägt hat.

Literatur

Susanne Brandt: Vom Kriegsschauplatz zum Gedächtnisraum. Die Westfront 1914–1940, Baden-Baden 2000.
Hugh Clout: After the Ruins. Restoring the Countryside of Northern France after the Great War, Exeter 1996.
Neil Hanson: The Unknown Soldier. The Story of the Missing of the Great War, New York 2005.
David Lloyd: Battlefield Tourism. Pilgrimage and the Commemoration of the Great War in Britain, Australia and Canada, 1919–1939, Oxford 1998.
Gavin Stamp: The Memorial to the Missing of the Somme, London 2006.
Jay Winter: Sites of Memory, Sites of Mourning. The Great War in European Cultural History, Cambridge 1995.
Maxim Ziese und Hermann Ziese-Beringer: Das unsichtbare Denkmal. Zehn Jahre später an der Westfront; dieses Buch enthält 200 in Kupfertiefdruck wiedergegebene Original-Photographien von dem heutigen Zustand der Kampfstätten an der ehemaligen Westfront, Berlin 1928.

Frédérick Hadley

Ruine eines deutschen Beobachtungsturms im Park von Chaulnes

Autoren

Quellen

Christian Bangert (1878–nach 1953), Lehrer an der Holbein Mittelschule in Frankfurt-Sachsenhausen, Gefreiter bei der 1. Gardereservedivision, Reserveinfanterieregiment 64.
Bibliothek für Zeitgeschichte in der Württembergischen Landesbibliothek (BfZ)
BfZ N Schüling, 947–956.
Georg David Bantlin (1879–1961), Sanatoriumsarzt aus Wyk/Föhr, Stabsarzt bei der 26. Infanteriedivision, Sanitätskompanie 3 des XIII Armeekorps.
BfZ N 06.1
Alfred Bauer (1878–1955), Badearzt aus Bad Rothenfelde/Teutoburger Wald und Stabsarzt der Reserve. Bataillonsarzt im 78. Reserveinfanterieregiment, seit Mai 1915 Feldlazarett 6.
Privatbesitz, Peter Lex, Adendorf
Ludwig Berg (1874–1939), katholischer Theologe aus Freiburg im Breisgau, ab November 1914 Feldgeistlicher im Großen Hauptquartier.
Selmar Blass, Stabsarzt bei der 4. bayerischen Infanteriedivision, bayerisches Infanterieregiment 9.
Bayerisches Hauptstaatsarchiv/Kriegsarchiv München, HS 2200
Cornelius Breuninger (1890–1956), Vikar aus Schorndorf, Leutnant, Verpflegungsoffizier bei der 26. Reservedivision, Infanterieregiment 180.
BfZ N 12.3
Eine Abschrift des Tagebuchs ist publiziert: Cornelius Breuninger: Kriegstagebuch 1914–1918, hg. von Frieder Riedel, Leinfelden-Echterdingen 2014.
Maria Degrutère, Lehrerin in Lille.
Privatbesitz
Karl Eisler, Sergeant bei der 28. Reservedivision, Reserve Feldartillerieregiment 29.
Bundesarchiv Militärarchiv Freiburg (BAMA) PH 12 II/57
Hugo Frick (1894–12.5.1917), Jurastudent aus Ellwangen, Vizefeldwebel, dann Leutnant bei der 9. Reservedivision, Reserveinfanterieregiment 6.
BfZ N 97.1
Hans Gareis, Vizefeldwebel bei der 10. bayerischen Infanteriedivision, bayerisches Infanterieregiment 16.
Bayerisches Hauptstaatsarchiv / Kriegsarchiv München HS 2106
Ludwig Harig (*1927), Schriftsteller, lebt in Sulzbach/Saarland
Sebastian Heinlein (1878–1944), Kaufmann aus Reupelsdorf, Sanitäter bei der 56. Infanteriedivision, Feldlazarett 4.
BfZ N 04.3
David Hirsch, Kaufmann in Roubaix.
Privatbesitz
Maximilian Jackowski (1893–8/1918), Angestellter eines Lebensmittelbetriebs aus Hannover, Kriegsfreiwilliger, Radfahrer beim Stab des IX. Reservekorps, Feldrekrutendepot 1.

BfZ N 91.1
Paul Kessler (1883–1978), Postamtsleiter aus Lahr, Feldpostsekretär bei der 2. Gardeinfanteriedivision.
BfZ N 98.1
Paul Knoch (1898–1982), Kriegsfreiwilliger aus Hannover, Fähnrich bei der 2. Gardeinfanteriedivision, Fußartillerieregiment 3.
BfZ N Knoch: Knoch
Edlef Köppen (1893–1939), Kriegsfreiwilliger 1914–1918, Schriftsteller und Rundfunkredakteur. Der „Heeresbericht" wurde 1935 verboten.
Gustav Krauß, nach dem Krieg Bankbeamter in Heidelberg, Unteroffizier (später Leutnant) bei der 80. Infanteriebrigade, Reserveinfanterieregiment 29.
BAMA PH 10 II/502
Fotografien BfZ I AH 52
Georg von der Marwitz (1856–1929), Generalinspekteur der Kavallerie, General, Oberbefehlshaber der 2. Armee, 1915 erhielt er den Orden „Pour le mérite".
Otto Maute (1896–1963), Angestellter einer Trikotwarenfabrik aus Tailfingen bei Balingen, Fahrer einer Maschinengewehrkompanie bei der 26. Reservedivision, Infanterieregiment 180.
BfZ N Knoch: Maute
Wilhelm Münz (1895–2.7.1916), Lehramtskandidat aus Schornbach, Gefreiter, Unteroffizier bei der 26. Reservedivision, Reserveinfanterieregiment 119.
BfZ N Knoch: Pressel
Hugo Natt (1881–1963), Arzt aus Frankfurt/Main, Stabsarzt bei der 56. Infanteriedivision, Infanterieregiment 118.
BfZ N 05.4
Eine Abschrift des Tagebuchs ist publiziert: Hugo Natt: Zwischen Schützengraben und Skalpell. Kriegstagebuch eines Arztes 1914–1918, hg. von Heinrich Hesse und Bernhard J. Natt, Frankfurt am Main 2007.
Gustav Sack (1885–5.12.1916), Schriftsteller aus München, Unteroffizier (später Leutnant) bei der 1. bayerischen Infanteriedivision, bayerisches Infanterieregiment 1.
Josef Schaller (1891–1933), Dr. rer. pol., Leutnant der Reserve, 15. Infanteriedivision, Feldartillerieregiment 59.
Joseph Trimborn (1853–1927), Generalmajor in der 2. Gardeinfanteriedivision, Gardefeldartilleriebrigade 2.
Otto Voegtle (1886–1962), Abiturient aus Heidenheim an der Brenz, Gefreiter, Kartenzeichner beim Regimentsstab des Infanterieregiments 475, 242. Infanteriedivision.
BfZ N 11.25
Walther Vogt (1888–1941), Arzt aus Marburg/Lahn, Feldunterarzt bei der 35. Infanteriedivision.
BfZ N 97.8
Franz Peter Weixler (1899–1971), Fotograf.
Ernst von Wolzogen (1855–1934), Schriftsteller.
Paul Zech (1881–1946), Schriftsteller, Kriegsfreiwilliger 1914–1918, Landsturmsoldat, seit 1915 an der Front.

Orthographie und Interpunktion der Quellentexte wurden zugunsten der Lesbarkeit der heutigen Rechtschreibung angepasst, Fehler stillschweigend korrigiert und die Abkürzungen aufgelöst.

Essays

Annette Becker — Professorin für Geschichte, Paris
Michael Geyer — Professor für Geschichte, Chicago
Frédérick Hadley — Wissenschaftlicher Mitarbeiter Musée du Louvre, Paris
Gerhard Hirschfeld — ehem. Direktor der Bibliothek für Zeitgeschichte und Professor für Geschichte, Stuttgart
John Horne — Professor für Geschichte, Dublin
Helmuth Kiesel — Professor für Neuere Deutsche Literatur, Heidelberg
Gerd Krumeich — Professor für Geschichte, Freiburg i. Br.
Markus Pöhlmann — Wissenschaftlicher Direktor am Zentrum für Militärgeschichte und Sozialwissenschaften der Bundeswehr, Potsdam
Rainer Rother — Künstlerischer Direktor der Deutschen Kinemathek – Museum für Film und Fernsehen sowie Leiter der Retrospektive der Berlinale, Berlin
Dietrich Schubert — Professor für Kunstgeschichte, Heidelberg
Larissa Wegner — Wissenschaftliche Mitarbeiterin, Geschichte, Freiburg i. Br.

Bildnachweis

Abb. S. 58 Hauptstaatsarchiv Stuttgart
Abb. S. 141 Christoph Schrempf, Oberstenfeld
Abb. S. 169 Bayerisches Hauptstaatsarchiv / Kriegsarchiv München
Abb. S. 192 Kupferstichkabinett Staatl. Museen Berlin
Abb. S. 193, S. 194, S. 197, S. 203, S. 205, S. 208, S. 209 Archiv Schubert, Heidelberg
Abb. S. 196 Hauswedell und Nolte, Hamburg
Abb. S. 200 Kabus, Otto Dix Stiftung, Vaduz
Abb. S. 201 Otto-Dix-Archiv, Bevaix
Abb. S. 202 Kunstmuseum Stuttgart
Abb. S. 204 Deutsches Literaturarchiv, Marbach
Abb. S. 207 Christie's London
Abb. S. 219 Kölnisches Stadtmuseum
Abb. S. 248 Bernhard Natt, Tel Aviv
Abb. S. 343, S. 344 Historial de la Grande Guerre, Péronne
Abb. S. 352 Yazid Medmoun, Amiens

Karten S. 21, S. 108, S. 273, aus: Enzyklopädie Erster Weltkrieg, Verlag Ferdinand Schöningh, Paderborn
Karten S. 247, S. 349 Bibliothek für Zeitgeschichte

Die übrigen Abbildungsvorlagen sind den Sammlungen der Bibliothek für Zeitgeschichte in der Württembergischen Landesbibliothek Stuttgart entnommen.

Autoren

Wir danken den Rechteinhabern für die freundlich gewährte Abdruckgenehmigung!
Alfred Bauer – Peter Lex, Adendorf
Ludwig Berg – Böhlau-Verlag, Wien, Köln, Weimar
Otto Dix – Rainer Pfefferkorn, Dix-Archiv Bevaix
Otto Griebel – Matthias Griebel, Dresden
Ludwig Harig – Carl Hanser Verlag, München/Wien
Edlef Köppen – Deutsche Verlags-Anstalt, München/Verlagsgruppe Random House, München
Max Pechstein – VG Bild-Kunst, Bonn
Josef Schaller, Joseph Trimborn – Heinrich Dreidoppel, Berlin
Paul Zech – Paul Zech-Rechtsnachfolger

Orte

A

Aachen 319
Abbeville 346
Achiet-le-Grand 172, 176
Achiet-le-Petit 172
Albert 13, 39, 41, 99, 102, 111, 114, 118, 154f. 179, 278, 288f., 291, 301, 333f., 342–344, 346
Allaines 160
Amiens 155, 190, 204, 275, 278, 348
Amsterdam 214
Angres 193, 199, 206
Antwerpen 23, 208
Armentières 233
Arras 27, 43, 94, 103, 110f., 179, 206, 231–234, 237, 246, 276, 288, 348
Ascq 22
Asservillers 124
Avesnes-les-Aubert 145f.
Awoingt 67

B

Bad Rothenfelde 353
Bapaume 26f., 41, 43, 99, 102–104, 109, 111, 113f., 122, 177, 189, 193, 199, 208, 221, 231f., 243, 272, 284, 288, 297, 333, 344, 349f.
Barleux 103
Bazentin 126, 128
Bazentin-le-Petit 301
Beaumont-Hamel 43–45, 97, 100, 104, 315, 334, 345f.
Becelaere 142
Bécourt 118
Belfast 345
Bellenglise 255, 259, 277
Belloy 124, 337
Berlin 14, 26f., 38, 71, 172, 204, 224, 277, 309, 342, 345
Bernes 251, 254
Berny 337f.
Berthaucourt 258f.
Bertincourt 347
Béthencourt 191, 336
Bétheniville 195
Beugnâtre 113
Beverloo 238
Biaches 131, 137, 139, 342
Biefvillers 113
Bihécourt 259
Birmingham 343
Bohain 255, 259
Bony 346
Bouchavesnes 104, 165, 220, 222, 293, 297f. 306
Bouvincourt 137
Boyelles 269
Bray-sur-Somme 118, 280, 293
Briey 53
Brüssel 15, 208
Bus 145, 264
Busigny 266

C

Cagnicourt 267–269
Cambrai 65, 67, 145, 172, 188, 233, 265, 276f., 284, 288, 290f., 301, 317f.
Canberra 346
Cantigny 346
Cartigny 129, 248, 251
Caudry 265
Chantilly 98
Charleville-Mézières 12, 265
Chaulnes 97, 280, 348, 352
Chemin des Dames 191, 235, 275, 279
Chemnitz 200
Chilly 103
Cléry-sur-Somme 103, 192, 198, 205f., 209, 291, 334
Combles 103, 185f., 188, 278, 301, 334
Conchy-les-Pots 307
Contalmaison 118f., 121–123

Courcelette 109, 111, 345
Craonne 191
Croisilles 267–269, 288
Curlu 97, 334
Cysoing 22

D

Delville Wald (Bois Delville) 345
Denain 318
Deniecourt 337f.
Devise 184
Dissen 149
Doingt 248, 253–255, 292
Dompierre 97
Dompierre-sur-Helpe 256
Dontrien 195, 205
Douai 318
Douaumont. Siehe Verdun
Douchy 179f., 182
Dresden 191f., 194, 197, 199f.

E

Ellwangen 163, 165, 353
Epehy 301
Epénancourt 336
Equancourt 277
Ercheu 308
Essigny-le-Grand 137
Estrées 124, 137, 337f.

F

Favreuil 113, 116, 172, 176f.
Fay 97, 101
Feuillères 124
Fins 183, 284
Flamicourt 132, 253
Flaucourt 124, 342
Flers 25, 125, 152
Fontaine-en-Dormois 117
Fontaine-lès-Clercs 287
Frankfurt am Main 67, 353f.
Fransart 27

Freiburg im Breisgau 124, 353
Frémicourt 33
Fresnes-Mazancourt 337f.
Fresnoy-le-Grand 171, 255
Fricourt 97, 99, 118–123, 342
Frise 28, 97, 342

G

Gera 183, 191, 195, 210
Ginchy 278
Gommecourt 97, 180
Gouzeaucourt 145, 261, 265, 290, 292, 310
Grandcourt 112–114, 116, 168, 174f.
Grévillers 112–114, 177
Guillemont 181–183, 188, 278, 301, 345
Guiscard 244, 307

H

Ham 194, 244, 335f.
Hamburg 29, 31f., 49
Hamel. Siehe Beaumont-Hamel
Hamelincourt 269
Hancourt 253–255.
Hannover 65, 179, 182f., 306, 353f.
Haplincourt 208
Hardecourt 30, 32, 34–36, 101, 278
Hattonchatel 183–189
Haudremont 93
Havrincourt 260
Heidelberg 354
Heidenheim an der Brenz 307, 354
Hem Monacu 35, 198, 208, 334
Hénin-Beaumont 199f.
Herculaneum 297
Hervilly 270

I

Irles 112, 177

J

Jules 39

K

Karlsruhe 194
Köln 65, 210, 219
Kopenhagen 31, 215
Kristiania 228

L

La Boiselle 39, 41, 119f., 122–124, 323, 343
La Chapelette 130f., 134
La Chavatte 348
La Fère 276, 307
Lagnicourt 347
Lahr 37, 147, 353
La Maisonnette 133–136, 138f., 161, 291, 325
Langemarck 205, 281
Laon 231, 233, 237, 246, 256, 293
La Vacquerie 310
Le Cateau 270, 290f.
Le Forest 298
Le Hamel 346
Leipzig 65, 213
Lens 149, 193, 199, 206
Le Pavé 265
Le Petit Fayt. Siehe Petit Fayt
Le Sars 109, 334
Lesboeufs 278, 302
Lesdain 301
Le Transloy 145, 262, 278
Licourt 336f.
Liéramont 147f.
Lille 15, 17, 22–24, 37, 55, 58, 66, 68–95, 103, 149, 353
Lochnagar 323, 343
London 206, 213, 215, 264, 316, 339
Longueval 125–128, 278, 301, 345
Longwy 53
Loretto-Höhe 192f., 199
Lüttich 11, 13

M

Magdeburg 26
Maissemy 258f.
Malancourt 91
Mametz 100, 120, 122f., 125, 155, 342
Manancourt 277, 301
Mannshaupten 45
Marburg an der Lahn 49, 301, 354
Marchélepot 337f.
Marcq-en-Barœl 22, 77, 84
Maricourt 97, 334, 342
Marquion 172
Marrières Wald (Bois Marrières) 156, 297
Martinpuich 103, 121, 345
Masnieres 67f., 71
Matigny 336
Maubeuge 256
Maucourt 97
Maurepas 334
Maurois 198
Méaulte 155
Méricourt 208
Metz 191
Metz-en-Couture 145f., 261–265
Mézières-sur-Oise 258
Miraumont 44, 104, 109–112, 114, 116, 168, 172–177, 334
Moislains 165f., 168, 293, 296f.
Monacu. Siehe Hem Monacu
Monchy 179f.
Mons 276
Mons-en-Barœl 22
Mont Saint Quentin 293
Montauban 100, 123, 127, 334
Montdidier 280, 346
Morchais 336
Morval 278
Mory 283
Moyenneville 267–269
München 31f., 354
Münsingen 110

N

Namur 91
Nesle 95, 244, 293, 335
Neuville-Bourjonval 150

Neuville-Saint-Amand 258
Neuville-Saint-Vaast 206
Nouzon 265
Noyelles-sur-Mer 346
Noyon 244, 280, 293, 335
Nurlu 170, 301

O
Oisy 256
Orainville 179
Osly 137
Ostende 143
Ovillers 39f., 42f.

P
Pargny 336
Paris 11–13, 15, 29, 51, 91, 98, 185, 190, 256, 293, 308
Péronne 13, 30, 101, 104, 128, 130f., 139, 163, 165, 183, 190, 195, 198, 207, 221–223, 232, 248–257, 277, 283, 287f., 290–295, 297, 299f., 306, 319, 322, 326, 333f., 336, 340–342, 345, 348
Petit Fayt 256
Pompeji 297
Pontru 259
Pozières 42, 102f., 110, 114, 117, 119, 344
Proyart 298
Puisieux 282, 334

R
Rancourt 103, 319, 346
Reims 73, 179, 181, 191, 195, 197, 221, 300
Rethel 194
Reupelsdorf 353
Rheine 65
Riencourt 266, 268
Roclincourt 43
Rocquigny 141–143, 145, 262, 264
Roisel 270
Roncq 22
Roubaix 22, 73, 81, 88–95, 353
Rouen 155
Roupy 271

Roye 95, 177

S
Sailly-Saillisel 145, 150, 301
Saint André. Siehe Lille
Saint Gilles 175
Saint Leger 267–269
Saint-Pierre-Divion 113f.
Saint-Pierre-Vaast Wald (Bois de Saint-Pierre-Vaast) 103, 183, 217, 220, 222, 225
Saint Quentin 48, 65, 171, 204, 244f., 258, 293, 307, 318
Saint Souplet 195, 270
Sainte Emilie 166, 168
Schneidemühl 195
Schornbach 39, 45, 47, 354
Schorndorf 41, 353
Sedan 92f.
Sequehart 255
Seraucourt-le-Grand 49
Serre 97, 100, 350
Sofia 215
Soissons 233, 293
Sorel 284
Souchez 193, 199, 206
Spaichingen 111
Stockholm 214, 228
Stuttgart 47

T
Tailfingen 109f., 354
Templeux-la-Fosse 165, 207, 209
Tertry 137, 139f.
Thiepval 18, 97, 100, 103, 116, 344f., 350
Tincourt 291
Tongern 195
Tourcoing 81f., 84f.
Transloy. Siehe Le Transloy
Trescault 264
Truchtelfingen 110
Tübingen 163

V

Vadancourt 259
Valenciennes 91, 144, 318
Vaux. Siehe Verdun
Vaux-en-Vermandoise 137
Vendelles 254f.
Verdun 18f., 89–91, 93, 98f., 105f., 146, 158, 163, 166, 168, 183, 207, 231f., 235, 276, 281, 285, 311f., 322f.
Vermand 258f.
Vermandovillers 29, 340
Versailles 185
Victoria 346
Villecourt 336
Villers-au-Flos 349f.
Villers-Bretonneux 280, 294, 346
Villers-Carbonnel 184
Villers-Guislain 277
Villers-Outréaux 296
Villers-Plouich 145, 264

Vimy 234f.
Vis-en-Artois 205
Vraignes 254
Vraucourt 283

W

Walincourt 171
Warlencourt 103, 109–111, 114
Wassigny 255
Wattrelos 89
Wiesbaden 342
Wijtschaete 203, 205
Wyk/Föhr 142, 146, 353

Y

Ypern 16f., 93, 115, 203

Z

Zwickau 194